Rechnungswesen
und Unternehmensüberwachung

Herausgegeben von
H.-J. Böcking, Frankfurt am Main
M. Hommel, Frankfurt am Main
J. Wüstemann, Mannheim

Die Schriftenreihe präsentiert Ergebnisse der betriebswirtschaftlichen Forschung zu den Themengebieten Financial Accounting, Business Reporting, Business Audit, Business Valuation und Corporate Governance. Die Beiträge dieser Reihe verfolgen das Ziel, Vorgaben der Gesetzgebung, der nationalen und internationalen Standardsetter sowie Empfehlungen der Wirtschaftspraxis mittels des Instrumentariums der betriebswirtschaftlichen Theorie zu beschreiben, zu analysieren und insbesondere vor dem Hintergrund der Anforderungen des Kapitalmarktes weiterzuentwickeln.

Herausgegeben von
Professor Dr. Hans-Joachim Böcking
Frankfurt am Main

Professor Dr. Jens Wüstemann
Mannheim

Professor Dr. Michael Hommel
Frankfurt am Main

Andreas D. Christ

Verbriefungsplattformen nach IFRS

Konsolidierungsprüfung von Zweckgesellschaften

Mit einem Geleitwort von Prof. Dr. Michael Hommel

Andreas D. Christ
Frankfurt am Main, Deutschland

Dissertation Universität Frankfurt am Main, 2013

ISBN 978-3-658-06164-7   ISBN 978-3-658-06165-4 (eBook)
DOI 10.1007/978-3-658-06165-4

Die Deutsche Nationalbibliothek verzeichnet diese Publikation in der Deutschen Nationalbibliografie; detaillierte bibliografische Daten sind im Internet über http://dnb.d-nb.de abrufbar.

Springer Gabler
© Springer Fachmedien Wiesbaden 2014
Das Werk einschließlich aller seiner Teile ist urheberrechtlich geschützt. Jede Verwertung, die nicht ausdrücklich vom Urheberrechtsgesetz zugelassen ist, bedarf der vorherigen Zustimmung des Verlags. Das gilt insbesondere für Vervielfältigungen, Bearbeitungen, Übersetzungen, Mikroverfilmungen und die Einspeicherung und Verarbeitung in elektronischen Systemen.

Die Wiedergabe von Gebrauchsnamen, Handelsnamen, Warenbezeichnungen usw. in diesem Werk berechtigt auch ohne besondere Kennzeichnung nicht zu der Annahme, dass solche Namen im Sinne der Warenzeichen- und Markenschutz-Gesetzgebung als frei zu betrachten wären und daher von jedermann benutzt werden dürften.

Springer Gabler ist eine Marke von Springer DE. Springer DE ist Teil der Fachverlagsgruppe Springer Science+Business Media.
www.springer-gabler.de

Geleitwort

Werthaltige Forderungen vermehren das (Brutto-)Vermögen des Gläubigers und versprechen ihm disponible Cashflows. Ist er aber kein Finanzinstitut, hält sich die Freude über die Forderungstitel in engen Grenzen; denn die Ansprüche sind potenziell ausfallbedroht, stehen noch nicht zur freien Disposition und ihr Beitreiben bindet Kapazitäten. Der Gläubiger hat deshalb ein vitales Interesse daran, sie möglichst schnell zu liquidieren. Der Kapitalmarkt bietet ihm dazu in Form von Verbriefungsplattformen (sog. ABS-Transaktionen) maßgeschneiderte Lösungen. Unter ihrem Einsatz erwerben andere Marktteilnehmer indirekt über zwischengeschaltete Zweckgesellschaften die noch nicht fälligen Forderungen und verschaffen dem Gläubiger dadurch die gewünschte Liquidation und häufig auch ein besseres Kreditrating.

ABS-Transaktionen haben aber auch ihre Schattenseiten. Neben den mit dem Forderungsverkauf verbundenen Kosten sind sie dann besonders problematisch, wenn der Gläubiger trotz des Forderungsverkaufs noch ganz oder teilweise für den Geldeingang beim Forderungskäufer haftet; denn bei geschickter Wahl der Vertragskonditionen wird die fortbestehende Haftung nicht mehr aus der (Konzern-)Bilanz des Forderungsverkäufers ersichtlich, wenn er die involvierte Verbriefungszweckgesellschaft bilanziell als konzernfremdes Drittunternehmen einordnet. Außenstehende Investoren erkennen dann nur noch unzureichend die Risikosituation des Forderungsverkäufers und laufen Gefahr, ihr eingesetztes Kapital zu verlieren, wenn es zum Haftungsfall kommt. Die Finanzmarktkrise 2008/09 unterstreicht dies eindrucksvoll; denn sie wurde maßgeblich durch ins Wanken geratende, weltweit agierende Verbriefungsplattformen ausgelöst. Es überrascht deshalb nicht, dass die Politik ebenso wie die breite Öffentlichkeit den Rechnungslegungsvorschriften eine erhebliche Mitschuld an der Kapitalmarktkrise gab und insbesondere den IFRS eine systematisch falsche Informationsvermittlung vorwarf.

Das IASB hat sich dieser Kritik gestellt und mit IFRS 10 u.a. neue Abbildungsregelungen für ABS-Transaktionen geschaffen. Ob die neuen Regelungen zur bilanziellen Behandlung der eingeschalteten Zweckgesellschaften aber tatsächlich Abhilfe schaffen und zu einer ökonomisch zutreffenderen Berichterstattung über die aus Verbriefungsplattformen resultierenden Unternehmensrisiken führen, ist unklar. Obwohl das IASB den Standard bereits im Mai 2011 verabschiedete und Unternehmen ihn auf Berichtsperioden anwenden müssen, die am oder nach dem 1. Januar 2013 (in der EU: 1. Januar 2014) beginnen, fehlt es bis heute an einer umfassenden Auseinandersetzung mit den einschlägigen Bestimmungen.

Die Arbeit von Herrn Christ leistet hier Pionierarbeit. Der Autor untersucht in ihr die neuen Regelungen und prüft, welche Auswirkungen sie auf die Darstellung der Vermögens-, Finanz- und Ertragslage des Forderungsverkäufers und anderer involvierter Parteien (wie Sponsoren und Investoren) haben. Die vorliegende Untersuchung besticht durch ihre klare Beweisführung. Der Verfasser versteht es, die komplexen Vertragsstrukturen der ABS-Transaktionen auf das Wesentliche zu konzentrieren und dem Leser die sich daraus ergebenden bilanziellen Probleme verständlich aufzubereiten. Sein Fazit ist ernüchternd. Zahlreiche der in den vorhergehenden Normen (IAS 27 und SIC-12) enthaltenen Unstimmigkeiten und Gestaltungsspielräume bleiben auch in IFRS 10 erhalten und neue werden hinzugefügt. Diesen Befund nimmt Herr Christ zum Anlass, ein neues, innovatives Zurechnungsmodell zu entwickeln. Es ist normativ geprägt und besticht durch seine innere Geschlossenheit. Mit ihm entwickelt der Verfasser das vom IASB in jüngeren Verlautbarungen favorisierte Control-Konzept ebenso weiter wie den übergeordneten Asset-Liability-Ansatz.

Praxis und Wissenschaft profitieren gleichermaßen von der Dissertation. Die Praxis erfährt aus ihr, auf welche gestalterischen Neuerungen und interpretatorischen Herausforderungen und Möglichkeiten sie sich bei Anwendung des IFRS 10 einstellen kann und muss. Und der Wissenschaft offeriert Herr Christ einen alternativen, tragfähigeren Lösungsansatz, der die Diskussion über eine informationstauglichere Rechenschaftslegung von ABS-Transaktionen wesentlich bereichert.

Ich wünsche der vorliegenden Arbeit nicht zuletzt deshalb eine breite Beachtung und starke Resonanz.

Prof. Dr. Michael Hommel

Vorwort

Die vorliegende Arbeit wurde im Dezember 2012 in leicht veränderter Form vom Fachbereich Wirtschaftswissenschaften der Goethe-Universität Frankfurt am Main als Dissertation angenommen. Sie entstand im Rahmen eines Promotions-Praxis-Modells, das vom Lehrstuhl für Wirtschaftsprüfung und Rechnungslegung der Goethe-Universität und der Pricewaterhouse-Coopers AG Wirtschaftsprüfungsgesellschaft getragen wurde.

Mein tief empfundener Dank gilt meinem akademischen Lehrer und Doktorvater Herrn Prof. Dr. Michael Hommel für die Ermöglichung der Promotion an seiner Professur und das in mich gesetzte Vertrauen. Seine stete Diskussionsbereitschaft und seine Aufgeschlossenheit gegenüber meinem Promotionsthema haben mich sehr motiviert und mir geholfen, diese Herausforderung zu meistern. Ich werde seine fachliche Unterstützung und seine persönliche Förderung stets zu schätzen wissen. Ein großer Dank gebührt ferner Herrn Prof. Dr. Dr. h.c. Reinhard H. Schmidt für die engagierte Übernahme des Zweitgutachtens. Dank schulde ich auch Herrn Prof. Dr. Hans-Joachim Böcking sowie Herrn Prof. Dr. Dres. h.c. Bertram Schefold für die Mitwirkung in der Prüfungskommission.

Für die finanzielle, zeitliche und fachliche Förderung gebührt großer Dank meinem ehemaligen Arbeitgeber PricewaterhouseCoopers AG Wirtschaftsprüfungsgesellschaft, namentlich Frau Dipl.-Vw. Hiltrud Thelen-Pischke und Herrn WP StB Wolfgang Weigel.

Dankbar bin ich auch meinen Kolleginnen und Kollegen des Lehrstuhls, insbesondere Herrn David Bielke (M.Sc.), Herrn Dipl.-Kfm. Stefan Dorissen, Dr. Florian Franke, Frau Uta Halwas-Bruckner, Frau WP StB Ute Kaufman, Herrn Sebastian Kempf (M.Sc.), Herrn Florian Kiy (M.Sc.), Herrn Dipl.-Vw. Timo Klees, Herrn Dipl.-Kfm. Stefan Laas, Frau Dr. Anja Morawietz, Frau Dr. Denise Pauly-Grundmann, Frau Dipl.-Kffr. Vanessa Richter, Frau StB Dr. Bettina Rößler, Frau Dr. Stefanie Schmitz, Frau Dr. Muriel Schulte, Herrn Dr. Oliver Schulte, Frau Dipl.-Kffr. Julia Späth, Herrn Dr. Thomas Weiland, Herrn Dr. Stefan Wich, Frau Dr. Sandra Wolf, Frau Prof. Dr. Sonja Wüstemann und Frau Dipl.-Kffr. Julia Zicke. Mit Ihnen verbinden mich unvergessliche Erinnerungen an inspirierende Diskussionen und gemeinsame Erlebnisse.

Grenzenlose Dankbarkeit empfinde ich gegenüber meiner Familie und meinen engsten Freunden. Ganz besonders möchte ich meinen Eltern danken. Ohne ihren Rückhalt und ihre Unterstützung wäre das Promotionsprojekt nicht vorstellbar gewesen. Ihnen widme ich diese Arbeit.

Andreas D. Christ

Inhaltsübersicht

Inhaltsübersicht IX
Inhaltsverzeichnis XI
Abbildungsverzeichnis XIX
Abkürzungsverzeichnis XXI

1 Problemstellung 1

2 Verbriefungstechniken und ABCP-Programme 4

3 Herleitung eines normativen Referenzmaßstabs für die IFRS 58

4 Konzernspezifische Grundlagen der IFRS 95

5 Beherrschung von Verbriefungsplattformen nach IAS 27 und SIC-12 ... 115

6 Control-Prüfung bei ABCP-Programmen nach IFRS 10 150

7 Herleitung eines alternativen Control-Konzepts de lege ferenda 200

8 Thesenförmige Zusammenfassung 233

Verzeichnis der zitierten Schriften 235
Verzeichnis der Verlautbarungen von Standardisierungsgremien 267
Gesetzesverzeichnis 270
Verzeichnis amtlicher Verlautbarungen 271
Anhang 272

Inhaltsverzeichnis

Inhaltsübersicht IX
Inhaltsverzeichnis XI
Abbildungsverzeichnis XIX
Abkürzungsverzeichnis XXI
1 Problemstellung 1
2 Verbriefungstechniken und ABCP-Programme 4
   2.1 Einführung in das Untersuchungsobjekt der Forderungsverbriefung 4
   2.2 Motive zur Durchführung einer Forderungsverbriefung 5
      2.2.1 Betriebswirtschaftliche Anreize für Verbriefungen 5
      2.2.2 Bilanzpolitische bzw. bilanzanalytische Ziele bei einer Verbriefung ... 6
   2.3 Merkmale einer Verbriefungstransaktion und deren Zweckgesellschaft 8
      2.3.1 Grundstruktur einer klassischen ABS-Transaktion 8
      2.3.2 Die Rolle der Verbriefungszweckgesellschaft 10
         2.3.2.1 Definition einer Zweckgesellschaft 10
         2.3.2.2 Ausprägungen von Autopiloten bei Zweckgesellschaften 11
         2.3.2.3 Die Aufgaben einer Verbriefungszweckgesellschaft 13
   2.4 Verbriefungstechniken zur Optimierung der Risikoverteilung bei der Zweckgesellschaft 14
      2.4.1 Maßnahmen des Credit Enhancement zur Vermögenssicherung der Special Purpose Entity 14
         2.4.1.1 Übersicherung und Regresshaftung durch den Forderungsverkäufer 14
         2.4.1.2 Reservekonten bzw. Excess-Spread-Konten 15
         2.4.1.3 Third-Party-Garantien 17
      2.4.2 Tranchierung zur Risikooptimierung der Passiva der Zweckgesellschaft 17
   2.5 Verdeutlichung der Verbriefungstechniken an einem Beispiel 19
      2.5.1 Einführung in das Verdeutlichungsbeispiel 19
      2.5.2 Durchführung einer Verbriefungstransaktion 21
         2.5.2.1 Auswirkungen auf die Bilanz der Verbriefungszweckgesellschaft 21
         2.5.2.2 Bilanzielle Abbildung beim Forderungsverkäufer (Einzelabschluss) 23
   2.6 Grundelemente eines klassischen ABCP-Programms 25
      2.6.1 Die Grundidee des Conduits 25
      2.6.2 Gründung und Festlegung der Ankaufvoraussetzungen 26

2.6.3	Termination Events	27
2.6.4	Cashflow-Management	27
2.6.5	Die Risikoabsicherung unter besonderer Beachtung des Liquiditätsrisikos	27
2.6.5.1	Absicherung von Kredit- und Marktpreisrisiken	27
2.6.5.2	Die Absicherung des Liquiditätsrisikos	28
2.6.5.2.1	Liquiditätsrisiko und Liquiditätsfazilität	28
2.6.5.2.2	Die Liquiditätslinie	29
2.6.5.2.3	Die Ankaufverpflichtung als alternative Liquiditätsfazilität	30
2.6.5.2.4	Zur Trennung von Kredit- und Liquiditätsrisiken	30
2.7	Systematisierung von ABCP-Programmen	31
2.7.1	Abgrenzung der ABCP-Konstrukte nach dem finanzwirtschaftlichen Motiv	31
2.7.2	ABCP-Plattformen (i.e.S.) mit der Unternehmensfinanzierung des Forderungsverkäufers als Hauptmotiv	32
2.7.3	ABCP-Plattformen mit der Arbitrage-Erzielung als Primärzweck	33
2.8	Typen von ABCP-Programmen i.e.S.	33
2.8.1	Single-Seller-Conduits	33
2.8.2	Multi-Seller-Conduits	34
2.8.2.1	Zweistufige Struktur von Multi-Seller-Conduits	34
2.8.2.2	Liquiditätsfazilität bei Multi-Seller-Conduits	35
2.8.2.3	Credit Enhancement bei Multi-Seller-Conduits	35
2.8.3	Zelluläre Struktur bei Multi-Seller-Conduits	37
2.9	Verdeutlichungsbeispiel eines Multi-Seller-ABCP-Programms (i.e.S.)	37
2.9.1	Einführung in das Beispiel-ABCP-Programm	37
2.9.2	Bilanzielle Auswirkungen für den Forderungsverkäufer	39
2.9.3	Effekte auf der Ebene der Ankaufzweckgesellschaften	40
2.9.4	Buchhalterische Auswirkungen auf das ABCP-Conduit und den Sponsor	41
2.9.5	Inanspruchnahme des Credit Enhancement bei Zahlungsausfällen als weitere Fallvariante	42
2.9.5.1	Bilanzielle Auswirkungen der Wertminderungen bei der Ankaufzweckgesellschaft	42
2.9.5.2	Effekte der Wertminderungen für das Conduit und den Sponsor	44
2.10	ABCP-Konstrukte als Arbitrage-Instrument	44
2.10.1	Arbitrage-Conduits	44
2.10.2	Hybrid-Conduits	46
2.10.3	Structured Investment Vehicles (SIV)	47
2.10.3.1	Abgrenzung von SIV- zu Conduit-Konstrukten	47

2.10.3.2	Management des SIV-Vermögens	48
2.10.3.3	Die Verantwortlichkeit für die Passivseite	48
2.10.3.4	Risikosteuerung bei SIV-Konstrukten	49
2.10.3.5	Verteilung der Residualgrößen	51
2.11	Der Verbriefungsmarkt vor dem Hintergrund der Subprime-Krise	53
2.11.1	Verlauf der Krise und die Rolle der Verbriefungen	53
2.11.2	Entwicklung des ABCP-Markts	55
2.12	Ausblick auf die Bilanzierungsfragen	57

3 Herleitung eines normativen Referenzmaßstabs für die IFRS 58

3.1 Herleitung des Fundamentalzwecks des IFRS-Normsystems 58
    3.1.1 Zur Notwendigkeit einer Deduktionsbasis 58
    3.1.2 Klärung des Rechtsnormcharakters der IFRS 58
    3.1.3 Methodenwahl zur Auslegung und Zweckermittlung eines Normsystems 60
    3.1.4 Eignungsfrage der Deduktion zur Ermittlung des IFRS-Normzwecks 60
        3.1.4.1 Die deduktive Methode 60
        3.1.4.2 Deduktion und Bilanztheorien 61
        3.1.4.3 Bilanztheoretisch auslegungsoffener Normzweck der IFRS als Hindernis einer reinen deduktiven Methode 64
    3.1.5 Die Induktion und deren Grenzen bei der Zweckermittlung der IFRS 65
    3.1.6 Eignung der Hermeneutik zur Herleitung des Fundamentalzwecks der IFRS 67
        3.1.6.1 Die hermeneutische Methode 67
        3.1.6.2 Tendenz zur Regelorientierung der IFRS und Hermeneutik 70
    3.1.7 Ansatzpunkte zur hermeneutischen Zweckbestimmung des IFRS-Normsystems und dessen Konkretisierung 72
        3.1.7.1 Überblick über mögliche Ansatzpunkte für eine Zweckermittlung der IFRS . 72
        3.1.7.2 Qualitätsgrundsätze der IFRS nach dem IASB-Rahmenkonzept 73
        3.1.7.3 Statische Konsistenzen in den jüngeren Einzelfallregelungen 74
3.2 Fazit 1: Asset Liability View als übergeordneter Referenzmaßstab 75
3.3 Präzisierung der Vermögenswertzurechnung als Sonderaspekt der statischen Ausrichtung der IFRS 76
    3.3.1 Einführung in die Vermögenswertkonzeption der IFRS 76
    3.3.2 Vermögenswertzurechnungskonzepte der IFRS 77
        3.3.2.1 Definition des Vermögenswerts und wirtschaftliche Betrachtungsweise 77
        3.3.2.2 Control-Ansatz 80
        3.3.2.3 Risks-and-Rewards-Ansatz 82
    3.3.3 Aggregationsebene der Vermögenswertzurechnung 83

3.3.3.1	All-or-Nothing-Ansatz und Components-Ansatz	83
3.3.3.2	Verhältnis von Vermögenswertzurechnung und Aggregationsebene	84

3.4 Fazit 2: Identifikation von Inkonsistenzen bei der Vermögenswertabgrenzung de lege lata 85

3.5 Herleitung eines De-lege-ferenda-Maßstabs für die bilanzielle Vermögenswertzurechnung 86

    3.5.1 Konsistenz in der Vermögenswertzurechnung der IFRS als Ziel 86

    3.5.2 Analyse von Standardprojekten zur Ermittlung eins De-le-ferenda-Referenzmaßstabs 86

    3.5.3 Analyse ausgewählter Standardentwürfe 87

        3.5.3.1 Revised Exposure Draft „Revenue from Contracts with Customers" 87

        3.5.3.2 Exposure Draft „Leases" 89

        3.5.3.3 Exposure Draft „Insurance Contracts" 91

3.6 Fazit 3: Statische Prägung mit Dominanz des Control-Ansatzes als Referenzmaßstab de lege ferenda der IFRS 92

3.7 Fazit 4: Aggregationsebene des anzuwendenden Control-Ansatzes 93

4 Konzernspezifische Grundlagen der IFRS 95

4.1 Konzernspezifische Ausprägung der IFRS 95

4.2 Konzern und Konzernabschluss 95

    4.2.1 Der Konzernbegriff im Allgemeinen und nach IFRS 95

    4.2.2 Notwendigkeit eines Konzernabschlusses 96

    4.2.3 Pflicht zur Aufstellung eines Konzernabschlusses nach IFRS 98

4.3 Konzerntheoretische Ausrichtung der IFRS 99

    4.3.1 Konzerntheorien 99

        4.3.1.1 Einführung in die Konzerntheorien 99

        4.3.1.2 Interessentheoretische Konzernabgrenzungskonzepte 100

        4.3.1.3 Einheitstheorie 102

    4.3.2 Einheitstheoretische Ausrichtung der IFRS 104

4.4 Einheitstheoretische Prägung und die Abgrenzung der wirtschaftlichen Einheit des IFRS-Konzerns 107

    4.4.1 Einheitstheoretische Implikationen für die Abgrenzung des Konsolidierungskreises 107

    4.4.2 Mögliche Abgrenzungskonzeptionen vor dem Hintergrund einer einheitstheoretischen Prägung der IFRS 107

        4.4.2.1 Legal-Control-Konzept 107

        4.4.2.2 De-facto-Control-Konzept 108

        4.4.2.3 Konzept der einheitlichen Leitung 108

4.4.2.4	Risks-and-Rewards-Ansatz als ergänzendes Abgrenzungskonzept	109
4.4.2.5	Frage der konzerntheoretisch konformen Abgrenzungskonzepte	109
4.5	Die Stufenkonzeption der IFRS-Konsolidierungsregeln	110
4.5.1	Darstellung des Stufenkonzepts der IFRS	110
4.5.2	Konsequenzen des Stufenkonzepts für die Bilanzierung von Verbriefungszweckgesellschaften	112
4.6	Wesentliche Erkenntnisse des Kapitels	113
5	**Beherrschung von Verbriefungsplattformen nach IAS 27 und SIC-12**	**115**
5.1	Konsolidierungsnormen im Umbruch: Vorbemerkungen zu IAS 27 und SIC-12	115
5.2	Das Beherrschungskonzept nach IAS 27	115
5.2.1	Die Control-Definition des IAS 27.4	115
5.2.2	Das Legal-Control-Konzept nach IAS 27.13	116
5.2.3	De-facto-Control-Konzept nach IAS 27	118
5.2.4	Regelungsunschärfe des IAS 27 bei (Verbriefungs-)Zweckgesellschaften	119
5.3	Beherrschung nach SIC-12 für Zweckgesellschaften von ABCP-Programmen	120
5.3.1	Das Prüfungsschema nach SIC-12 im Überblick	120
5.3.2	Kein Anwendungsausschluss als Regelfall bei Verbriefungszweckgesellschaften	121
5.3.3	Erfüllung der Definitionskriterien einer Zweckgesellschaft i.S.d. SIC-12	122
5.3.3.1	Kriterien an eine Special Purpose Entity i.S.d. SIC-12	122
5.3.3.2	Verdeutlichung der Ermessensspielräume bei SIV-Konstrukten und ABCP-Conduits	123
5.3.4	Bestimmung der Identifikationsebene	123
5.3.4.1	Silo-Accounting des SIC-12	123
5.3.4.2	Relevanz des Silo-Accounting bei Multi-Seller-Conduits	124
5.3.5	Analyse der Control-Indizien des SIC-12	127
5.3.5.1	Überblick über die vier Control-Indizien des SIC-12	127
5.3.5.2	Abstimmung der Geschäftstätigkeit nach SIC-12.10(a)	127
5.3.5.2.1	Abstimmung der Geschäftsaktivitäten	127
5.3.5.2.2	Das Problem des Interessenausgleichs bei Verbriefungszweckgesellschaften	129
5.3.5.2.3	Tendenzaussagen zum beherrschenden Gründer bei Conduits	130
5.3.5.3	Delegation von Entscheidungsmacht nach SIC-12.10(b)	131
5.3.5.3.1	Power-Delegation auf einen Autopiloten	131
5.3.5.3.2	Autopiloten mit latenter Entscheidungsmacht bei ABCP-Programmen	133

XV

5.3.5.3.3 Bilanzpolitische Anreize bezüglich der latenten Entscheidungsmacht bei ABCP-Programmen ... 134

5.3.5.4 Risks-and-Rewards-Ansatz nach SIC-12.10(c), (d) ... 136

    5.3.5.4.1 Mehrheit des Nutzens nach SIC-12.10(c) ... 136

    5.3.5.4.2 Mehrheit der Risiken nach SIC-12.10(d) ... 137

    5.3.5.4.3 Symmetrische und asymmetrische Risiko-Chancen-Verteilung ... 138

    5.3.5.4.4 Operationalisierung des Risks-and-Rewards-Ansatzes ... 140

    5.3.5.4.5 Durchführung des Risks-and-Rewards-Ansatzes bei einer Verbriefungsplattform ... 141

    5.3.5.4.6 Bilanzpolitik bei der Risiko-Chancen-Analyse am Beispiel eines Multi-Seller-Conduits ... 145

5.4 Konzeptionelle Würdigung des IAS 27 und des SIC-12 ... 146

  5.4.1 Konzeptionelle Analyse der Stringenz zwischen Standard und Interpretation ... 146

  5.4.2 Frage der Konsistenz vor dem Hintergrund des De-lege-ferenda-Referenzmaßstabs ... 149

6 Control-Prüfung bei ABCP-Programmen nach IFRS 10 ... 150

6.1 Der IFRS 10 als Ergebnis des Consolidation-Projekts ... 150

  6.1.1 Das Consolidation-Projekt ... 150

  6.1.2 Parallelen zum Framework-Projekt „Reporting Entity" ... 150

  6.1.3 Anwendungszeitpunkt der neuen konzernspezifischen Standards ... 151

6.2 Einführung in das Control-Konzept des IFRS 10 ... 152

  6.2.1 Control-Definition des IFRS 10 ... 152

  6.2.2 Die drei Kriterien des One-Size-fits-all-Control-Konzepts ... 153

6.3 Das Prüfungsschema des IFRS 10 im Überblick ... 154

6.4 Erfüllung der Anwendungsvoraussetzungen des IFRS 10 ... 155

6.5 Analyse der Identifikationsebene unter besonderer Beachtung des Silo-Accounting des IFRS 10 ... 156

6.6 Zweck-und-Struktur-Analyse ... 158

  6.6.1 Auslegungsfragen bei der Prüfung von „purpose and design" ... 158

  6.6.2 Analyse des Zwecks und der Ausgestaltung bei ABCP-Programmen ... 160

6.7 Prüfung des Kriteriums der Entscheidungsmacht bei ABCP-Programmen ... 161

  6.7.1 Die drei Subkriterien der Entscheidungsmacht im Überblick ... 161

  6.7.2 Das Subkriterium der substanziellen Rechte ... 162

    6.7.2.1 Definition und Abgrenzung der substanziellen Rechte ... 162

    6.7.2.2 Konzeptionelle Einordnung des Subkriteriums der substanziellen Rechte ... 163

    6.7.2.3 Subkriterium der substanziellen Rechte bei Verbriefungszweckgesellschaften ... 164

6.7.3	Das Ability-Subkriterium des IFRS 10	166
6.7.3.1	Das Ability-Subkriterium und das Power-to-Direct-Konzept	166
6.7.3.2	Ability-Subkriterium versus Stichtagsbetrachtung	167
6.7.3.3	Bedingte Power-Rechte bei vorbestimmten Aktivitäten	169
6.7.3.4	Verdeutlichung von bedingten Power-Rechten bei ABS-Transaktionen	170
6.7.4	Das Subkriterium der relevanten Aktivitäten	171
6.7.4.1	Definition der relevanten Aktivitäten	171
6.7.4.2	Signifikanz-Voraussetzung bei mehreren Parteien	172
6.7.4.3	Exposure-to-Variability-Ansatz zur Konkretisierung von „Signifikanz"	173
6.7.4.4	Das Kriterium der relevanten Aktivitäten bei ABCP-Programmen	175
6.8	Das Kriterium der variablen Rückflüsse	176
6.8.1	Definition der variablen Rückflüsse	176
6.8.2	Variable Rückflüsse bei Verbriefungsplattformen	178
6.9	Das Kriterium der Rückflussbeeinflussung	179
6.9.1	Aufdeckung von Prinzipal-Agenten-Beziehungen als Zielsetzung	179
6.9.2	Abberufungsrechte als Beweis eines Prinzipal-Agenten-Verhältnisses	180
6.9.2.1	Kontrolle durch Abberufungsrechte	180
6.9.2.2	Typische Abberufungsrechte bei ABCP-Programmen	181
6.9.2.2.1	Abberufungsrechte bei Multi-Seller-Conduits	181
6.9.2.2.2	Abberufungsrechte bei SIV-Konstrukten	182
6.9.3	Delegated-Power-Analyse	183
6.9.3.1	Rechtliche Delegated-Power-Prüfung	183
6.9.3.2	Quantitativ geprägte Delegated-Power-Prüfung unter Beachtung des Exposure-to-Variability-Ansatzes	183
6.9.3.3	Delegated-Power-Prüfung bei Verbriefungsplattformen	184
6.9.3.3.1	„Delegated power" bei Multi-Seller-Conduits	184
6.9.3.3.2	„Delegated power" bei SIV-Konstrukten	186
6.10	Konsolidierungsergebnis und das Problem der Gesamtwürdigung von Indizien	186
6.11	Anhangangaben nach IFRS 12	187
6.11.1	Anhangangaben nach IFRS 12 bei einer vorliegenden Konsolidierungspflicht	187
6.11.2	Angaben bei nicht-beherrschten Zweckgesellschaften	189
6.12	Konvergenzfrage mit anderen Rechnungslegungssystemen	190
6.12.1	Konvergenzbemühungen und Überarbeitung des FIN 46R	190
6.12.2	Vergebliche Konvergenzbestrebung des deutschen Gesetzgebers	192
6.13	Würdigung des Control-Konzepts nach IFRS 10	193

6.13.1	Das Für und Wider eines einheitlichen Abgrenzungskonzepts für alle Unternehmenstypen	193
6.13.2	Stringenz der Abgrenzungskonzepte für den Konsolidierungskreis	195
6.13.3	Konsistenzen mit der Vermögenswertdefinition und dem De-lege-ferenda-Maßstab	197
6.13.4	Die Frage der Zielerreichung des Consolidation-Projekts	198

7 Herleitung eines alternativen Control-Konzepts de lege ferenda 200

7.1	Abschaffung statt Zurückdrängung der Chancen-Risiko-Betrachtung	200
7.2	Skizzierung eines qualitativen Abgrenzungskonzepts	201
7.2.1	Allgemeine konzernspezifische Control-Definition des Konzepts	201
7.2.2	Vertragstheoretische Unterschiede und die Idee der Kontrollchronologie	202
7.3	Klärung des Konsolidierungsobjekts zu Beginn der Control-Prüfung	206
7.4	Das zweistufiges Alternativkonzept der gegenwärtigen und der ruhenden Kontrolle	207
7.4.1	Erste Stufe: Gegenwärtige Kontrolle	207
7.4.1.1	Gegenwärtige Bestimmungsbefugnis bei unvollständigen Unternehmensverträgen	207
7.4.1.2	Variable Rückflüsse bei unvollständigen Unternehmensverträgen	208
7.4.2	Zweite Stufe: Ruhende Kontrolle bei umfassenden Unternehmensverträgen	210
7.4.2.1	Ruhende, latente Entscheidungsmacht unter Beachtung der Kontrollchronologie	210
7.4.2.2	Das qualitative Kriterium der variablen Rückflüsse bei umfassenden Unternehmensverträgen	211
7.4.3	Konkretisierung des Konzepts der ruhenden Kontrolle hinsichtlich dessen Beginn und Ende	212
7.4.3.1	Ziele der standardübergreifenden Control-Untersuchung	212
7.4.3.2	Beginn bzw. Erlangung von Kontrolle	213
7.4.3.3	Verlust bzw. Übergang von Kontrolle	218
7.4.4	Zwischenergebnis: Axiome des Alternativkonzepts	222
7.5	Komponentenansatz als Auffanglösung für verbleibende Zweifelsfragen	224
7.6	Abschließende Betrachtung des Alternativmodells	230

8 Thesenförmige Zusammenfassung 233

Verzeichnis der zitierten Schriften 235

Verzeichnis der Verlautbarungen von Standardisierungsgremien 267

Gesetzesverzeichnis 270

Verzeichnis amtlicher Verlautbarungen 271

Anhang 272

Abbildungsverzeichnis

Abb. 1:	Grundstruktur einer ABS-Transaktion	10
Abb. 2:	Arten von Autopiloten bei Zweckgesellschaften	12
Abb. 3:	Bilanz der Zweckgesellschaft bei Übersicherung als Credit Enhancement	15
Abb. 4:	Bilanz der Zweckgesellschaft bei einem Reservekonto als Credit Enhancement	17
Abb. 5:	Verteilung der positiven Cashflows auf die Tranchen nach dem Wasserfallprinzip	18
Abb. 6:	Vorjahresbilanz des Beispielunternehmens A	19
Abb. 7:	IFRS-Abschluss von A zum 31.12.X1 ohne Verbriefungstransaktion	21
Abb. 8:	Abschluss der Zweckgesellschaft (A-SPE) zum 31.12.X1	23
Abb. 9:	IFRS-Abschluss des Forderungsverkäufers A zum 31.12.X1 bei einer Verbriefung	24
Abb. 10:	Kennzahlen und Jahresüberschüsse mit und ohne Verbriefung im Vergleich	25
Abb. 11:	Grundstruktur eines ABCP-Programms	29
Abb. 12:	Abgrenzung von ABCP-Konstrukten nach dem finanzwirtschaftlichen Zweck	32
Abb. 13:	Zweistufiges Single-Seller-Programm	34
Abb. 14:	Struktur des Multi-Seller-ABCP-Conduits des Beispiels	39
Abb. 15:	IFRS-Abschluss von A zum 31.12.X1 bei Nutzung des Multi-Seller-Conduits	40
Abb. 16:	Bilanzanalytischer Vergleich der Finanzierungsalternativen für den Forderungsverkäufer	40
Abb. 17:	Bilanz der Ankaufzweckgesellschaft zum 01.01.X1	41
Abb. 18:	IFRS-Bilanz der Ankaufzweckgesellschaft zum 31.12.X1	41
Abb. 19:	IFRS-Bilanz des Conduits am 01.01.X1	41
Abb. 20:	IFRS-Abschluss des Conduits zum 31.12.X1	42
Abb. 21:	Auswirkung auf die Bilanz des Conduits bei Inanspruchnahme des programmweiten Credit Enhancement	44
Abb. 22:	Typische Struktur eines Arbitrage-Conduits	45
Abb. 23:	Beispiel-Struktur eines Hybrid-Conduits	46
Abb. 24:	Struktur eines typischen SIV-Konstrukts	51
Abb. 25:	Entwicklung der europäischen ABCP-Emissionen	55
Abb. 26:	Vereinfachte Darstellung des hermeneutischen Zirkels anhand der Herleitung des Primärzwecks des handelsrechtlichen Einzelabschlusses	68
Abb. 27:	Hermeneutische Herleitung der (zeitwert-)statischen Prägung der IFRS	76
Abb. 28:	Zusammenhang zwischen den wesentlichen Vermögenswertkomponenten, der wirtschaftlichen Betrachtungsweise und den Zurechnungskonzepten	79

Abb. 29:	ABCP-Programme ohne und mit zellulärer Struktur	126
Abb. 30:	Barwertige Cashflows der einzelnen Umweltzustände und diesbezügliche Eintrittswahrscheinlichkeiten	142
Abb. 31:	Risikomaße auf der Ebene des Investment-Managers	143
Abb. 32:	Risikomaße auf der Ebene des Administrators	143
Abb. 33:	Risikomaße auf der Ebene des gesamten SIV-Konstrukts	144
Abb. 34:	Relation der Risikomaße zur Bestimmung der beherrschenden Partei	144
Abb. 35:	Konzeptvielfalt des IAS 27 und des SIC-12	148
Abb. 36:	Prüfungsschema der Control-Prüfung nach IFRS 10	155
Abb. 37:	Die drei Control-Kriterien des IFRS 10 inklusive der Subkriterien für „power"	161
Abb. 38:	Verwandte Abgrenzungskonzepte in IFRS 10 im Überblick	197
Abb. 39:	Kontrolle im Zeitverlauf	205
Abb. 40:	Skizzierung des Alternativmodells	206
Abb. 41:	Verdeutlichungsbeispiel zu *Reilands* Contractual Claims Approach	227
Abb. 42:	Brutto- und Nettobilanzierung einer Finanzgarantie im Vergleich zu einer Konsolidierung der Zweckgesellschaft	230
Abb. 43:	Mehrperiodige Cashflowbetrachtung bei einer SIV-Konstruktion	275
Abb. 44:	Erhebung der Cashflows je Partei und Szenario zum Ende der Transaktion	277
Abb. 45:	Barwerte zu Transaktionsbeginn und Eintrittswahrscheinlichkeiten der Szenarien	277
Abb. 46:	Gewichtete Abweichungen vom Erwartungswert für das Conduit	278
Abb. 47:	Gewichtete Abweichungen vom Erwartungswert jeweils für die Forderungsverkäufer A, B und C	278
Abb. 48:	Gewichtete Abweichungen vom Erwartungswert für den Sponsor S	279
Abb. 49:	Relationen der Risikomaße (vor Korrektur)	279
Abb. 50:	Relationen der Risikomaße (nach Korrektur)	280

Abkürzungsverzeichnis

a.A.	anderer Ansicht
AAA	American Accounting Association
Abb.	Abbildung
Abl. EG	Amtsblatt der Europäischen Gemeinschaft (Zeitschrift)
Abl. EU	Amtsblatt der Europäischen Union (Zeitschrift)
ABCP	Asset Backed Commercial Paper(s)
ABS	Asset Backed Security(/-ies)
Abs.	Absatz
ABX	Asset Backed Securities Index
a.F.	alte Fassung
AFME	Association for Financial Markets in Europe
AG	Aktiengesellschaft
AG	Application Guidance
AICPA	American Institute of Certified Public Accountants
AktG	Aktiengesetz
App.	Appendix
Art.	Artikel
Aufl.	Auflage
BB	Betriebs-Berater (Zeitschrift)
BC	Basis of Conclusions
BFuP	Betriebswirtschaftliche Forschung und Praxis (Zeitschrift)
BGB	Bürgerliches Gesetzbuch
BGBl.	Bundesgesetzblatt (Zeitschrift)
BGH	Bundesgerichtshof
BilMoG	Gesetz zur Modernisierung des Bilanzrechts (Bilanzrechtsmodernisierungsgesetz)
bzgl.	bezüglich
bzw.	beziehungsweise
ca.	circa
CDO	Collateralized Debt Obligation(s)
DB	Der Betrieb (Zeitschrift)
DBW	Die Betriebswirtschaft (Zeitschrift)
d.h.	das heißt
DK	Der Konzern (Zeitschrift)
DP	Discussion Paper
Dr.	Doktor
DRS	Deutsche Rechnungslegungs Standard(s)

ED	Exposure Draft
EG	Europäische Gemeinschaft
EFRAG	European Financial Reporting Advisory Group
ESF	European Securities Forum
EU	Europäische Union
EUR	Euro bzw. €
e.V.	eingetragener Verein
f.	folgende
FASB	Financial Accounting Standards Board
FB	Finanzbetrieb (Zeitschrift)
ff.	fortfolgende
FIN	FASB Interpretation
FMStG	Finanzmarktstabilisierungsgesetz
FMStFG	Gesetz zur Einrichtung eines Finanzmarktstabilisierungsfonds (Finanzmarktstabilisierungsfondsgesetz)
FN-IDW	Fachnachrichten des Instituts der Wirtschaftsprüfer (Zeitschrift)
FS	Festschrift
G-20	Gruppe der 20 wichtigsten Industrie- und Schwellenländer
GAAP	Generally Accepted Accounting Principles
GG	Grundgesetz
ggf.	gegebenenfalls
GmbH	Gesellschaft mit beschränkter Haftung
GmbHG	Gesetz betreffend die Gesellschaft mit beschränkter Haftung
GoB	Grundsätze ordnungsmäßiger Buchführung
GuV	Gewinn- und Verlustrechnung
GWB	Gesetz gegen Wettbewerbsbeschränkungen
Helaba	Landesbank Hessen-Thüringen
HFA	Hauptfachausschuss (des Instituts der Wirtschaftsprüfer in Deutschland e.V.)
HGB	Handelsgesetzbuch
Hrsg.	Herausgeber
http	Hypertext Transfer Protocol
IAS	International Accounting Standard(s)
IASB	International Accounting Standards Board
IASB-R.	Rahmenkonzept des International Accounting Standards Board
ICMA	International Capital Market Association
i.d.F.	in der Fassung
IDW	Institut der Wirtschaftsprüfer in Deutschland e.V.

i.e.S.	im engeren Sinn
IFRIC	International Financial Reporting Interpretations Committee
IFRS	International Financial Reporting Standard(s)
IFRS IC	International Financial Reporting Standards Interpretation Committee
IG	illustrative examples
i.H.v.	in Höhe von
IKB	IKB Deutsche Industriebank AG
insb.	insbesondere
inkl.	inklusive
IOSCO	International Organization of Securities Commissions
IRZ	Zeitschrift für Internationale Rechnungslegung (Zeitschrift)
i.S.d.	im Sinn des/der
i.S.v.	im Sinn von
i.V.m.	in Verbindung mit
IWF	Internationaler Währungsfonds
i.w.S.	im weiteren Sinn
Jg.	Jahrgang
JAccy	Journal of Accountancy (Zeitschrift)
JAE	Journal of Accounting and Economics (Zeitschrift)
KoR	Zeitschrift für kapitalmarktorientierte Rechnungslegung (Zeitschrift)
KWG	Gesetz über das Kreditwesen (Kreditwesengesetz)
LuL	Lieferungen und Leistungen
Mio.	Millionen
Mrd.	Milliarden
MTN	Medium Term Note(s)
m.w.N.	mit weiteren Nachweisen
n.F.	neue Fassung
No.	Number
Nr.	Nummer
o. Jg.	ohne Jahrgangsangabe
o. O.	ohne Ortsangabe
OTC	over the counter
PiR	Praxis der Internationalen Rechnungslegung (Zeitschrift)
Prof.	Professor

rev.	revised
RGBl.	Reichsgesetzblatt (Zeitschrift)
RE	Reporting Entity
RechKredV	Verordnung über die Rechnungslegung der Kreditinstitute und Finanzdienstleistungsinstitute (Kreditinstituts-Rechnungslegungsverordnung)
RS	Stellungnahme zur Rechnungslegung des Instituts der Wirtschaftsprüfung in Deutschland e.V.
S.	Seite
SEC	Securities and Exchange Commission (US-amerikanische Börsenaufsichtsbehörde)
SFAS	Statement of Financial Accounting Standards
SIC	Standing Interpretations Committee
SIV	Structured Investment Vehicle(s)
sog.	sogenannte(r)
SoFFin	Sonderfonds Finanzmarktstabilisierung
SolvV	Solvabilitätsverordnung
Sp.	Spalte
SPE	Special Purpose Entity(/-ies)
StuB	Steuern und Bilanzen (Zeitschrift)
StuW	Steuer und Wirtschaft (Zeitschrift)
T€	tausend Euro
Tz.	Textziffer
u.	und
u.a.	und andere
u.a.	unter anderem
UK	United Kingdom (Vereinigtes Königreich von Großbritannien)
US	United States
USA	United States of America (Vereinigte Staaten von Amerika)
USD	United States Dollar
US-GAAP	United States Generally Accepted Accounting Principles
v.	von
v.a.	vor allem
vgl.	vergleiche
VO	Verordnung
Vol.	Volume
VVG	Gesetz über den Versicherungsvertrag (Versicherungsvertragsgesetz)
WiSt	Wirtschaftswissenschaftliches Studium (Zeitschrift)
WISU	Das Wirtschaftsstudium (Zeitschrift)

WPg	Die Wirtschaftsprüfung (Zeitschrift)
www	World Wide Web
z.B.	zum Beispiel
ZfB	Zeitschrift für Betriebswirtschaft (Zeitschrift)
zfbf	Schmalenbachs Zeitschrift für betriebswirtschaftliche Forschung (Zeitschrift, ehemals zfhF)
zfhF	Zeitschrift für handelswissenschaftliche Forschung (Zeitschrift)
ZfgK	Zeitschrift für das gesamte Kreditwesen (Zeitschrift)
ZVglRWiss	Zeitschrift für vergleichende Rechtswissenschaften (Zeitschrift)

1 Problemstellung

Die bilanzielle Abbildung von Geschäftsbeziehungen zu Zweckgesellschaften ist seit dem Enron-Bilanzskandal im Jahr 2001 in den Fokus der Weltöffentlichkeit gerückt. Der Fall gilt „als der ‚Finanz-GAU' schlechthin"[1]. Der Enron-Konzern hatte umfangreiche Risiken auf nahezu 5.000 Special Purpose Entities ausgelagert, die nach den damaligen US-GAAP-Normen nicht in den Konzernabschluss von *Enron* einzubeziehen waren und später zur Insolvenz beitrugen.[2]

Die Diskussion um die Abbildung von Zweckgesellschaften entfachte durch die Vorgänge während der Subprime-Krise ab dem Jahr 2007 erneut. Während dieser Zeit waren vornehmlich Finanzinstitutionen hohen Belastungen durch die Inanspruchnahme von Kreditzusagen ausgesetzt, die sie vor dem Ausbruch der Krise an nicht-konsolidierte Verbriefungszweckgesellschaften gewährt hatten. Beispielsweise betrugen damals die außerbilanziellen Eventualverbindlichkeiten gegenüber Verbriefungszweckgesellschaften bei der *IKB* 11,9 Mrd. €[3] und bei der *SachsenLB* 1,9 Mrd. €[4].

Von dem Umfang der Risiken wurden die Analysten häufig überrascht; denn die Banken bezogen unter Berufung auf die bestehenden IFRS-Rechnungslegungsvorschriften die hierbei involvierten Zweckgesellschaften nicht in ihre Konzernabschlüsse ein. Diese Off-Balance-Konstrukte unter Einschaltung von Zweckgesellschaften gelten daher als „Beispiele für Schattenbanken"[5]. Erst als die Finanzkrise bereits ausgebrochen war, nahmen einige Institute die in Not geratenen Special Purpose Entities in ihren Konsolidierungskreis auf.[6] Eine derartige Berichterstattung konnte aber ebenso wenig überzeugen wie die Rechnungslegungsvorschriften selbst, die solche Auslegungsspielräume begünstigten.

---

[1] *Peemöller/Hofmann* (2005), S. 29.
[2] Vgl. zur Rolle der Zweckgesellschaften im Enron-Skandal z.B. *Brakensiek/Küting* (2002), S. 209; *Lüdenbach/Hoffmann* (2002), S. 1172; *Pellens/Sellhorn/Streckenbach* (2003), S. 191; *Baker/Hayes* (2004), S. 767–785; *Peemöller/Hofmann* (2005), S. 32–34; *Schäfer/Kuhnle* (2006), S. 7, 43–45; *Küting/Mojadadr* (2011), S. 273.
[3] Die Zahl bezieht sich auf Kreditzusagen, die in Zusammenhang mit Verbriefungstransaktionen an nicht-konsolidierte Zweckgesellschaften gewährt wurden. Dieser Betrag stellte damals mehr als 20% der Bilanzsumme der Bank (52,1 Mrd. €) dar. Vgl. *IKB* (2007a), S. 198, 147. Vgl. ferner hierzu auch *Ricken* (2008), S. 112.
[4] Die Angabe bezieht sich auf das Volumen an Kreditzusagen gegenüber vier außerbilanziellen Transaktionen mit Zweckgesellschaften für das Jahr 2006. Zu erwähnen ist hierbei, dass neben diesen Kreditzusagen noch Verpflichtungen der *SachsenLB* aus Wertpapierpensionsgeschäften mit diesen Zweckgesellschaften bestanden, woraus insgesamt eine mögliche Verpflichtung zur Liquiditätsbereitstellung von 9,4 Mrd. € für die Bank resultierte. Vgl. *SachsenLB* (2008), S. 80 f.
[5] *Rudolph* (2012), S. 650.
[6] Beispielsweise behandelt die *IKB* das zuvor nicht-konsolidierte Conduit „Rhineland Funding" nach der Inanspruchnahme der Kreditlinie als Tochtergesellschaft. Die Bank nahm entsprechend IAS 8 eine rückwirkende Änderung vor. Vgl. *IKB* (2007b), S. 4 f., 21 f. Vgl. ferner *Ricken* (2008), S. 114 f.; *Rudolph* (2008), S. 723 f.

Die infolge dieser Ereignisse aufkommende Kritik an den Konsolidierungsnormen veranlasste das *International Accounting Standards Board* (*IASB*) unter Aufforderung des *Financial Stability Board*[7] und dem Druck der Regierungen der G-20-Staaten,[8] die im Jahr 2003 begonnene Überarbeitung der IFRS-Konsolidierungsnormen zu beschleunigen.[9] Das Consolidation-Projekt fand mit dem in 2011 veröffentlichten Standard IFRS 10 seinen (vorläufigen) Abschluss. Diese Konsolidierungsregeln lösen IAS 27/SIC-12 ab und sind für Geschäftsjahre ab 2013[10] bzw. für Unternehmen in der EU ab 2014[11] anzuwenden.

Die Ursache für den Ausbruch der Subprime-Krise basiert maßgeblich auf Verbriefungsplattformen, die die globale Verbreitung von Kreditrisiken aus US-amerikanischen Hypotheken erst ermöglichten.[12] Bei diesen Transaktionen verfolgen die involvierten Parteien zumeist das bilanzpolitische Ziel, eine Einbeziehung der eingeschalteten Zweckgesellschaft zu umgehen.[13] Die vorliegende Arbeit konzentriert sich daher auf die Konsolidierungsregeln für Special Purpose Entities, die Bestandteil von solchen Verbriefungsprogrammen sind und stellt sie auf den Prüfstand.

Ob eine Verbriefungszweckgesellschaft in den Konzernabschluss eines involvierten Unternehmens einzubeziehen ist, richtet sich nach den einschlägigen IFRS-Normen zur Abgrenzung des Konsolidierungskreises. Der Standard IAS 27 und dessen Interpretation SIC-12 stellen die bislang gültigen Vorschriften dar, die auch vor und während der Subprime-Krise anzuwenden waren. Die herrschende Meinung bemängelt(e), dass sich die Spezialregelungen zur Konsolidierung von Zweckgesellschaften nicht systematisch in das Regelwerk der IFRS einfügen[14] und dass sie mit dem Risks-and-Rewards-Ansatz an zentraler Stelle Elemente enthalten, die zur Bilanzpolitik geradezu einladen.[15] Das *IASB* hat sich der Kritik angenommen. Der jüngst verabschiedete IFRS 10 löst die in Kritik geratenen Vorschriften IAS 27 und SIC-12 ab und soll die identifizierten Mängel beseitigen.[16]

Die nachfolgende Arbeit untersucht, ob und inwieweit das *IASB* seine Ziele erreicht hat und ob sich die Qualität der durch den Konzernabschluss gewährten Informationen durch die Neu-

---

7 Vgl. *Financial Stability Board* (2008), S. 25 f.
8 Vgl. IFRS 10.IN5.
9 Vgl. *Alvarez/Büttner* (2009), S. 201; *Beyhs/Buschhüter/Wagner* (2009), S. 61; *Pütz/Ramsauer* (2009), S. 867; *Zülch/Burghardt* (2009), S. 80; *Gryshcenko* (2010), S. 42; *Glander/Blecher* (2011), S. 467.
10 Vgl. IFRS 10.IN 2, IFRS 10.C1.
11 Vgl. *EU* (2013), Art. 2.
12 Vgl. *Blanchard* (2008), S. 6; *Bloss/Ernst/Hächer/Eil* (2009), S. 9; *Nastansky/Stroh* (2010).
13 Vgl. bezogen auf den Forderungsverkäufer z.B. *Soroosh/Ciesielski* (2004), S. 30; *Sickmann* (2005), S. 43.
14 Vgl. hierzu z.B. *Beyhs/Buschhüter/Wagner* (2009), S. 62 f.; *Leitner-Hanetseder/Schausberger* (2011), S. 379; *Lüdenbach* (2012), § 32, Tz. 77; *Zülch/Popp* (2012), S. 246.
15 Vgl. hierzu kritisch z.B. *Müller/Overbeck/Bührer* (2005), S. 30 f.; *Schäfer/Kuhnle* (2006), S. 66; *Glander/Blecher* (2011), S. 472 f.; *Lüdenbach/Freiberg* (2012), S. 49.
16 Vgl. IFRS 10.IN4.

ausrichtung der IFRS-Rechnungslegung ändert. Fortbestehende und neu hinzugekommene Schwachstellen werden aufgezeigt und durch eigene Lösungsvorschläge ersetzt. Diese zielen darauf, ein durchweg qualitatives Alternativmodell für die Abgrenzung der wirtschaftlichen Einheit des Konzerns zu formulieren. Das zu entwickelnde Modell verzichtet vollständig auf eine Quantifizierung der Risiken und Chancen der involvierten Parteien und basiert ausschließlich auf dem Konzept der Entscheidungsmacht.

Die vorliegende Arbeit umfasst acht Kapitel; davon sechs Hauptkapitel. Das nach der Problemstellung folgende Kapitel 2 beschreibt den Untersuchungsgegenstand der Verbriefungsprogramme und führt in relevante Strukturierungstechniken ein. Zur Anwendung des IFRS-Normsystems auf die hier zu untersuchenden Produkte bedarf es einer Deduktionsbasis. Daher erfolgt in Kapitel 3 eine Herleitung eines Referenzmaßstabs, der für die Fragestellung dieser Arbeit relevant ist. Er widmet sich im Allgemeinen der bilanztheoretischen Prägung der IFRS und im Besonderen der Abgrenzung der Vermögenswertzurechnung, die in konzeptionellem Bezug zur Abgrenzung des Konsolidierungskreises steht. Eine Erweiterung der Deduktionsbasis um konzernspezifische Aspekte erfolgt in Kapitel 4. Diese Ausführungen konkretisieren die konzerntheoretische Ausrichtung der IFRS. Anschließend folgen in Kapitel 5 die Darstellungen zu dem (während der Subprime-Krise) gültigen Beherrschungskonzept nach IAS 27/SIC-12 und in Kapitel 6 die Erläuterungen zu dem neuen Control-Konzept nach IFRS 10. Beide Kapitel verdeutlichen die Bilanzierungsnormen anhand von Verbriefungsplattformen und enden jeweils mit einer konzeptionellen Würdigung. In Kapitel 7 formuliert der Verfasser schließlich ein rein qualitatives Alternativkonzept zur Abgrenzung des Konsolidierungskreises. Der thesenförmigen Zusammenfassung in Kapitel 8 sind die wichtigsten Arbeitsergebnisse zu entnehmen.

2 Verbriefungstechniken und ABCP-Programme

2.1 Einführung in das Untersuchungsobjekt der Forderungsverbriefung

Die Verbriefung stellt „eine noch relativ neue Form der Unternehmensfinanzierung"[17] dar, deren Anfänge in den 1970er-Jahren in den USA liegen.[18] In der Fachsprache wird diese Technik als Asset-Backed-Securities(ABS)-Transaktion bezeichnet. Mit dieser Methode kommt es zur Liquidisierung von nicht marktgängigen Bilanzaktiva, indem das Unternehmen am Kapitalmarkt diese Aktiva nicht selbst unmittelbar zum Kauf anbietet, sondern stattdessen fungible Wertpapiere („securities") emittiert, die durch diese schwer handelbaren Vermögenswerte („assets") unterlegt („backed") werden.[19] Die Aktiva dienen der Sicherung und der Bedienung der Zahlungsansprüche der ABS-Investoren.

Für eine Verbriefung eignen sich insbesondere solche Aktiva, aus denen sich bestimmbare Cashflows unmittelbar ableiten lassen. Denn die Vorhersehbarkeit der Zahlungsströme ermöglicht deren Strukturierung. Da Aktivkredite im Regelfall diese Eigenschaft aufweisen, taugen sie besonders für diese Refinanzierungsmethode.[20] Die Forderungsverbriefung stellt daher den Standardfall von ABS-Transaktionen dar.[21] Typischerweise erfolgt die Durchführung einer solchen Transaktion über eine rechtlich selbstständige Zweckgesellschaft, die die Forderungen vom Forderungsverkäufer (Originator) ankauft und durch die Ausgabe von ABS refinanziert.[22]

Die im Rahmen dieser Forschungsarbeit schwerpunktmäßig zu behandelnden Verbriefungsprogramme (auch als Verbriefungsplattformen bezeichnet) sind „eine spezielle Variante von klassischen ABS-Strukturen"[23], deren erstmalige Aufsetzung Anfang der 1990er-Jahre stattfand.[24] Diese neuere Verbriefungsgeneration unterscheidet sich von den traditionellen ABS unter anderem dadurch, dass die Refinanzierung revolvierend ausgestaltet ist.[25] Im Gegensatz

---

[17] *Wolf/Hill/Pfaue* (2003), S. 167.
[18] Vgl. zur Entwicklung der Verbriefungstechnik *Person* (1990), S. 343–383; *Arbeitskreis „Finanzierung" der Schmalenbach-Gesellschaft* (1992), S. 499; *Ohl* (1994), S. 23; *Findeisen* (1998), S. 481; *Bartelt* (1999), S. 7.
[19] Vgl. *Borsak* (2006), S. 38; *Ricken* (2008), S. 21; *Becker* (2009), S. 92; *Brakensiek* (2001), S. 38; *Ohl* (1994), S. 1.
[20] Vgl. *Arbeitskreis „Finanzierung" der Schmalenbach-Gesellschaft* (1992), S. 495, 510; *Feld* (2007), S. 21 f. u. 31 f.
[21] Vgl. *Arbeitskreis „Finanzierung" der Schmalenbach-Gesellschaft* (1992), S. 511; *Becker/Peppmeier* (2006), S. 209; *Struffert* (2006), S. 13 f.
[22] Vgl. IDW HFA RS 9, Tz. 152.
[23] *Emse* (2005), S. 36. *Emse* bezieht sich auf ABCP-Programme.
[24] Das erste revolvierende ABCP-Conduit in Europa wurde 1992 von der *Barclays Bank* unter dem Namen „Sceptre" strukturiert. Vgl. hierzu *Kothari* (2006), S. 462; *Ricken* (2008), S. 57. *Boulkab/Marxfeld/Wagner* sehen den Beginn bereits Mitte der 1980er-Jahre, ohne allerdings Beispiele zu benennen. Vgl. *Boulkab/Marxfeld/Wagner* (2008), S. 497.
[25] Vgl. *Wolf/Hill/Pfaue* (2003), S. 167–169.

zu traditionellen Term-Deal-Verbriefungen, die eine begrenzte Laufzeit aufweisen,[26] ist der Betrieb dieser Programme auf Dauer ohne zeitlich fixierte Begrenzung angelegt.[27] Der Verfasser wählte diese als Untersuchungsobjekt, da deren bilanzielle Behandlung nach IFRS, im Gegensatz zu den älteren, oft kommentierten traditionellen Term-Deal-Verbriefungen[28], bis heute weder umfassend[29] noch abschließend[30] diskutiert wurde.

2.2 Motive zur Durchführung einer Forderungsverbriefung

2.2.1 Betriebswirtschaftliche Anreize für Verbriefungen

Aus der Perspektive eines potenziellen Forderungsverkäufers hängt die Durchführung einer ABS-Transaktion von verschiedenen betriebswirtschaftlichen und bilanzpolitischen Erwägungen ab:

Erstens soll die Transaktion die Finanzierungsaufwendungen des Unternehmens reduzieren. Dies gelingt dann, wenn die Refinanzierungsaufwendungen für die Verbriefungstitel geringer sind als die alternativen Zinsaufwendungen für eine Kreditaufnahme bei der Hausbank[31] oder als die Kosten für den Forderungsverkauf im Rahmen von Factoring-Transaktionen.[32]

Zweitens erfolgt mit der Nutzung von Verbriefungen eine „Diversifizierung der Finanzierungsquellen"[33]. Dies stärkt die Zahlungsfähigkeit des Unternehmens,[34] weil die Liquiditätsbeschaffung bei Verbriefungen über den Kapitalmarkt erfolgt und dadurch die Kreditlinie bei der Hausbank entlastet.[35]

Neben diesen zwei prominenten betriebswirtschaftlichen Zielen können weitere Motive zur Forderungsverbriefung in Abhängigkeit des nationalen, regulatorischen Umfelds eines Unter-

---

[26] Vgl. zu Term-Deal-Transaktionen *Wolf/Hill/Pfaue* (2003), S. 168.
[27] Vgl. *Emse* (2005), S. 19 f.; *Boulkab/Marxfeld/Wagner* (2008), S. 498; *Ricken* (2008), S. 39–41.
[28] Vgl. ausführlich zur bilanziellen Behandlung von traditionellen Term-Deal-ABS-Transaktionen *Brakensiek* (2001); *Matena* (2004); *Reiland* (2006); *Streckenbach* (2006); *Struffert* (2006); *Feld* (2007).
[29] Die bilanzielle Behandlung von ABCP-Programmen i.e.S. (Single- und Multi-Seller-Conduits) wurde von *Boulkab/Marxfeld/Wagner* (2008) u. *Brinkmann/Leibfried/Zimmermann* (2008) sowie vom *IASB* (2008a) kommentiert. Bilanzierungsfragen von ABCP-Programmen des Typs Structured Investment Vehicle wurden bislang allein vom *IASB* (2008b) diskutiert.
[30] Als nicht abschließend ist die Diskussion zu betrachten, da sich die Literaturmeinungen auf die bisherigen Regelungen zur Konsolidierungskreisabgrenzung nach IAS 27/SIC-12 stützen. Vgl. *Boulkab/Marxfeld/Wagner* (2008); *Brinkmann/Leibfried/Zimmermann* (2008).
[31] Vgl. *Jendruschewitz/Nölling* (2007), S. 216.
[32] Der Kaufpreis liegt bei echten Factoring-Transaktionen üblicherweise zwischen 80% und 90% des Forderungsbetrags. Vgl. hierzu *Jumpertz* (2009), S. 38.
[33] *Goldberg* (1990), S. 186 f. Vgl. ferner hierzu *Arbeitskreis „Finanzierung" der Schmalenbach-Gesellschaft* (1992), S. 520; *Jendruschewitz/Nölling* (2007), S. 216 f.; *Schmittat* (2007), S. 297; *Ricken* (2008), S. 105.
[34] Vgl. *Schmittat* (2007), S. 107; *Ricken* (2008), S. 107.
[35] Vgl. *Brenken/Papenfuß* (2007), S. 79 f.

nehmens hinzukommen. Es handelt sich i.d.R. um steuerrechtliche[36] oder bankenaufsichtsrechtliche[37] Aspekte.

2.2.2 Bilanzpolitische bzw. bilanzanalytische Ziele bei einer Verbriefung

Neben den oben dargestellten Motiven bestehen regelmäßig bilanzpolitische Anreize zur Durchführung einer ABS-Transaktion. Eine Verbriefung bezweckt einen bilanzwirksamen Abgang der übertragenen Vermögenswerte, wodurch sich die Bilanzstruktur und bestimmte Bilanzkennzahlen des Einzel- und ggf. Konzernabschlusses des Forderungsverkäufers verändern.[38]

Die folgende bilanzanalytische Betrachtung erfolgt aus der Perspektive des Forderungsverkäufers. Die bilanziellen Effekte eines Abgangs von Vermögenswerten hängen davon ab, ob die gewonnene Liquidität zur Tilgung von Verbindlichkeiten oder zur Reinvestition verwendet wird. Diese Differenzierung hat Auswirkungen darauf, welche Bilanzkennzahlen sich ändern.[39] Im Rahmen dieser Arbeit wird unterstellt, dass die gewonnene Liquidität zur Tilgung kurzfristiger Verbindlichkeiten Verwendung findet. Ökonomisch entscheidend ist diese Differenzierung jedoch nicht; denn beide Verwendungsalternativen führen in ihrer Gesamtwirkung zu vergleichbaren Ergebnissen bei der Bilanzanalyse.

Erfolgt mit den liquiden Mitteln eine Tilgung der (kurzfristigen) Verbindlichkeiten, sinkt die Bilanzsumme. Die dadurch verbesserte Kapitalstruktur des Forderungsverkäufers durch den tilgungsbedingten Abbau des Fremdkapitals führt zu einer Erhöhung der Eigenkapitalquote (a), die eine Steigerung der finanziellen Stabilität des Unternehmens indiziert.[40]

(a) $\text{Eigenkapitalquote} = \dfrac{\text{Eigenkapital}}{\text{Bilanzsumme}}$

Durch die Tilgung der bilanziellen Verpflichtungen verbessert sich auch die Verschuldungssituation des Unternehmens. Dies spiegelt sich im (statischen) Verschuldungsgrad (b) wider,[41] der darüber informiert, wie viel Fremdkapital zum Bilanzstichtag durch Eigenkapital unterlegt

---

[36] Vgl. zu steuerlichen Aspekten bei Verbriefungen z.B. *Wiese* (1998).
[37] Vgl. hierzu *Emse* (2005), S.75; *Ricken* (2007), S. 57, 186; *Bundesverband deutscher Banken* (2009), S. 28 f.
[38] Dies erfordert, dass erstens die ankaufende Zweckgesellschaft nicht vom Forderungsverkäufer in den Konzernabschluss einzubeziehen ist und dass zweitens die Voraussetzungen für eine bilanzielle Ausbuchung gegeben sind. Vgl. *Dreyer/Schmid/Kronat* (2003), S. 91; *Schwarcz* (1997), S. 1293; *Struffert* (2006), S. 42; *Feld* (2007), S. 3.
[39] Vgl. hierzu bezogen auf ABS-Transaktionen *Struffert* (2006), S. 42–49, insb. S. 43.
[40] Vgl. zur Eigenkapitalquote *Baetge/Kirsch/Thiele* (2004), S. 230; *Küting/Weber* (2009), S. 136; *Hommel/Rammert* (2012), S. 47–50. Vgl. umfassend zur Stabilitätsfunktion des Eigenkapitals *Küting/Weber* (2009), S. 136 f.
[41] Vgl. zum Verschuldungsgrad *Coenenberg* (2009), S. 1056.

ist. Die Kennzahl sinkt durch die Durchführung von ABS-Transaktionen.[42] Dies stellt einen Anhaltspunkt für eine verbesserte finanzielle Bestandfestigkeit des Unternehmens dar.[43] Insgesamt resultieren aus der veränderten Kapitalstruktur eine Steigerung der Eigenkapitalquote und eine Verringerung des Verschuldungsgrads, sodass sich bilanzanalytisch betrachtet die Bonität des Unternehmens erhöht.[44]

(b) $\text{(Statischer) Verschuldungsgrad} = \dfrac{\text{Fremdkapital}}{\text{Eigenkapital}}$

Neben den positiven Auswirkungen auf die Vermögenslage folgt aus dem Forderungsverkauf ceteris paribus auch eine (zumindest formale) Verbesserung der Liquiditätslage, die durch eine Analyse der Beziehung zwischen Mittelverwendung und Mittelherkunft nachweisbar ist. Da die Forderungsverbriefung entweder zu einer Erhöhung des Bestands an liquiden Mitteln oder im Wege von Tilgungen zu einer Verringerung der kurzfristigen Verbindlichkeiten führt, verbessern sich mit einer Verbriefung die Liquiditätssitutation und der Liquiditätsgrad (c).[45]

(c) $\text{Liquiditätsgrad (1. Grades)} = \dfrac{\text{liquide Mittel}}{\text{kurzfristige Verbindlichkeiten}}$

Darüber hinaus hat der Forderungsverkauf auch Auswirkungen auf die Kennzahlen, die den Zeitraum des operativen Zyklus[46] des zu analysierenden Unternehmens betreffen. Hier sind das Kundenziel (d) (Debitorenlaufzeit) und das Lieferantenziel (e) (Kreditorenlaufzeit) zu nennen.

Aus dem Kundenziel ergibt sich die durchschnittliche Dauer in Tagen, bis eine Begleichung der Forderungen aus Lieferungen und Leistungen stattfindet. Ein zeitlich niedriges Kundenziel gilt tendenziell als positives Zeichen, da dies eine geringe Kapitalbindung und niedrige Kapitalkosten der zumeist unverzinslichen Handelsforderungen bedeutet und auf eine hohe Bonität des Unternehmens schließen lässt.[47] Die Kennzahl wird durch einen (vorzeitigen) Verkauf von Forderungen aus Lieferungen und Leistungen an ein Verbriefungsprogramm verbessert.

(d) $\text{Kundenziel} = \dfrac{\text{Forderungen aus LuL}}{\text{Umsatzerlöse}} * 365 \text{ Tage}$

---

[42] Der Verschuldungsgrad sinkt bei ABS-Transaktionen, da sich das Fremdkapital durch Tilgungen mit den liquiden Mitteln aus der Forderungsveräußerung verringert.
[43] Ein hoher Verschuldungsgrad bedeutet ein hohes finanzielles Risiko für potenzielle Fremdkapitalgeber. Vgl. Hommel/Rammert (2012), S. 50.
[44] Vgl. Struffert (2006), S. 47.
[45] Vgl. zur Ermittlung der Liquiditätsgrade Küting/Weber (2009), S. 153 f.
[46] Unter dem operativen Zyklus ist der Zeitraum zu verstehen, der zwischen dem Erwerb von Vorräten, deren Realisation durch Umsatzakte und dem Ausgleich der Verbindlichkeiten aus LuL vergeht. Vgl. Revsine/Collins/Johnson/Mittelstaed (2008), S. 182; McLaney/Atrill (2008), S. 638 f.; Hommel/Rammert (2012), S. 88 f.
[47] Vgl. Peemöller (2003), S. 331; Hommel/Rammert (2012), S. 98.

Das Lieferantenziel gibt an, wie viele Tage das Unternehmen benötigt, um seine Lieferantenverpflichtungen zu begleichen. Ein niedriges Lieferantenziel ist als positives Indiz für die Zahlungsfähigkeit zu werten, da das Unternehmen über ausreichend finanzielle Mittel verfügt, die Verbindlichkeiten aus Lieferungen und Leistungen schnell zu bezahlen. Tilgungen von Lieferantenverbindlichkeiten unter Ausnutzung von Skontofristen tragen regelmäßig zu einer Reduzierung der Refinanzierungskosten bei, da die Opportunitätskosten aus nicht genutzten Skonti zumeist ein Vielfaches der Refinanzierungskosten bei der Nutzung von Kontokorrentkrediten mit der Hausbank betragen.[48] Die Kennzahl verbessert sich, wenn der Emissionserlös zur Bezahlung der Verbindlichkeiten aus Lieferungen und Leistungen eingesetzt wird.

$$(e) \; \text{Lierfantenziel} = \frac{\text{Verbindlichkeiten aus LuL}}{\text{Umsatzerlöse}} * 365 \text{ Tage}$$

Festzustellen bleibt, dass sich die Forderungsausbuchung und die Verwendung der gewonnenen Liquidität zur Schuldentilgung positiv auf die oben dargestellten Kennzahlen auswirken, deren Veränderungen durch die Durchführung einer ABS-Transaktion eine verbesserte Bonitätssituation indizieren. Diese Beobachtung gilt für alle Forderungsverkäufe, die nach den anzuwendenden Bilanzierungsregeln eine Ausbuchung zur Folge haben. Hierunter können neben Verbriefungen u.a. auch Factoring-Transaktionen fallen.[49]

2.3 Merkmale einer Verbriefungstransaktion und deren Zweckgesellschaft

2.3.1 Grundstruktur einer klassischen ABS-Transaktion

Ausgangspunkt einer Verbriefung sind die Kreditnehmer, die mit dem Forderungsverkäufer in einer Kreditbeziehung stehen. Ihre Bonität beeinflusst den Wert des zu verbriefenden Forderungspools.[50] Der Forderungsverkäufer überträgt das Kreditportfolio an eine Zweckgesellschaft, die von einem Dritten, dem sog. Sponsor, eigens zum Zweck der Verbriefung dieser Forderungen gegründet wird.[51] Klassischerweise handelt es sich um einen echten Verkauf („true sale"), bei dem die zivilrechtliche Inhaberschaft an den Forderungen auf die Special Purpose Entity im Wege einer Abtretung übergeht.[52] Den für das Forderungspool zu zahlenden Kaufpreis finanziert die Zweckgesellschaft durch die Emission von Schuldverschreibungen. Folglich werden diese als Asset Backed Securities (ABS) bezeichnet. Abnehmer dieser Wertpapiere sind regelmäßig institutionelle Investoren[53] wie Kreditinstitute, Versiche-

---

[48] Vgl. *Baetge/Kirsch/Thiele* (2004), S. 246; *Hommel/Rammert* (2012), S. 101.
[49] Vgl. zum Abgang beim Factoring *Betsch* (2001), Sp. 682; *Engel-Ciric/Schuler* (2005), S. 19–24; *Reiland* (2006), S. 44 f.
[50] Vgl. *Becker/Peppmeier* (2006), S. 212.
[51] Vgl. *Bartelt* (1999). S. 7 f.; *Schäfer/Kuhnle* (2006), S. 40 f.
[52] Vgl. zur Abtretung nach deutschem Zivilrecht §§ 398–413 BGB.
[53] Vgl. *Arbeitskreis „Finanzierung" der Schmalenbach-Gesellschaft* (1992), S. 508.

rungen,[54] Kapitalanlagegesellschaften und Hedgefonds. Privatanleger haben die Möglichkeit, über den Kauf von Geldmarktfonds in ABS zu investieren.[55]

Damit potenzielle Investoren die Risiken aus den ABS abschätzen können, beurteilt eine Ratingagentur die ausgegebenen Verbriefungstitel. Dies dient dem Abbau von Informationsasymmetrien, da der Investor im Gegensatz zum Forderungsverkäufer keine Kenntnisse über die Ausfallhistorie bzw. die Bonität der Schuldner des Forderungsportfolios hat.[56]

Die Verwaltung der Zahlungsströme vom Kreditnehmer an die Investoren erfolgt über einen Servicer, der die Aufgaben der Debitorenbuchhaltung, das Mahnwesen und die termingerechte Weiterleitung an die Inhaber der ABS übernimmt. Im Regelfall nimmt der Forderungsverkäufer diese Funktion wahr, sodass sich faktisch für den Schuldner der ursprünglichen Kreditbeziehung durch den Forderungsverkauf nichts ändert.[57]

Treuhänder, die zur Wahrung der Interessen der ABS-Investoren bestellt sind, überwachen die Tätigkeiten des Servicers.[58] Handelt es sich bei dem verbrieften Pool um dinglich besicherte Kredite, kann der Treuhänder die Sicherheiten bei Insolvenz des Forderungsverkäufers im Fall eines Zahlungsausfalls der Debitoren verwerten.[59] Die vereinfachte Gesamtstruktur einer typischen Verbriefungstransaktion fasst Abb. 1 grafisch zusammen.[60]

---

[54] Für Versicherungen bestehen in Deutschland Anlagebeschränkungen bezüglich der Investition in ABS. Vgl. hierzu *Rother* (2006), S. 1061–1064; *Beck/Wienert* (2009), S. 255.

[55] Vgl. *Ricken* (2008), S. 23.

[56] Vgl. zum Abbau von Informationsasymmetrien durch das Rating *Feld* (2007), S. 29.

[57] Für ABS-Transaktionen ist es nach deutschem Zivilrecht üblich, die Forderungen ohne Abtretungsbeschränkungen im Rahmen einer stillen Zession zu übertragen, sodass der Erwerb der Forderung durch die Zweckgesellschaft zwar nicht verhindert wird, jedoch erlischt der Rechtsanspruch daraus, wenn der Schuldner mit befreiender Wirkung an den ursprünglichen Gläubiger (den Forderungsverkäufer) zahlt (§ 407 Abs. 1 i.V.m. § 362 Abs. 1 BGB). Dies geschieht letztlich auch zur Wahrung des Datenschutzes und bei Forderungen, die von Kreditinstituten gewährt wurden, zur Einhaltung des Bankgeheimnisses. Vgl. hierzu *Struffert* (2006), S. 13 m.w.N. Vgl. ausführlich zur stillen Zession *Feld* (2007), S. 153–156.

[58] Vgl. *Paul* (1994), S. 163 f.; *Bigus* (2000), S. 40; *Beidenbach* (2005), S. 41; *Streckenbach* (2006), S. 68; *Feld* (2007), S. 31.

[59] Vgl. *Feld* (2007), S. 31.

[60] Vgl. hinsichtlich ähnlicher Grafiken z.B. *Reiland* (2006), S. 49; *Feld* (2007), S. 26.

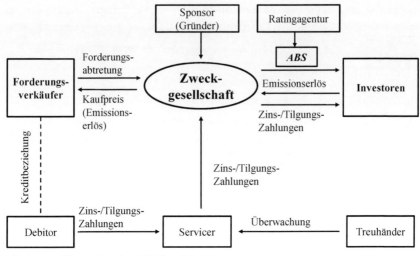

Abb. 1: Grundstruktur einer ABS-Transaktion

2.3.2 Die Rolle der Verbriefungszweckgesellschaft

2.3.2.1 Definition einer Zweckgesellschaft

Bei den bei Verbriefungen eingeschalteten Zweckgesellschaften handelt es sich um ein Unternehmen, das ausschließlich für einen konkret definierten, eng abgegrenzten Geschäftszweck gegründet wird.[61] Die in eine Transaktion involvierten Parteien steuern diese Gesellschaft, für die keine rechtsformspezifischen Beschränkungen bestehen,[62] zumeist nicht über gesellschaftsrechtliche Kontrollrechte wie z.b. Stimmrechte.[63] Um dennoch die Erreichung der betriebswirtschaftlichen Zielsetzungen der Beteiligten[64] sicherzustellen, werden die Geschäftsaktivitäten weitgehend vorherbestimmt.[65] Dies geschieht, indem die Satzung detailliert regelt, welche Vermögenswerte in welchem Volumen die Zweckgesellschaft erwirbt und unter Ver-

---

[61] Diese Terminologie der Zweckgesellschaft lehnt sich aus Objektivierungsgründen am Bilanzrecht an. Vgl. bezogen auf die IFRS-Rechnungslegung SIC-12.1; IDW RS HFA 2, Tz. 50. Vgl. bezogen auf die handelsrechtliche Rechnungslegung § 290 Abs. 2 Nr. 4 HGB; *Gelhausen/Fey/Kämpfer* (2009), Abschnitt Q, Tz. 58. Definitionen in anderen Rechtsgebieten sind weniger allgemein gefasst. Sie stehen jedoch nicht im Widerspruch zum Bilanzrecht. Vgl. die Definition von Zweckgesellschaften nach § 1 Abs. 26 KWG. Die finanzwirtschaftliche Begriffsabgrenzung deckt sich mit dieser Definition. Sie stellt jedoch oft auf bestimmte Strukturen ab. Vgl. z.B. *Wolf/Hill/Pfaue* (2003), S. 171 f.; *Rudolph* (2008), S. 718.
[62] Vgl. SIC-12.1. Vgl. ferner *Küting/Gattung* (2007), S. 399.
[63] Vgl. zur Definition von Structured Entities IFRS 12.App. A.
[64] Vgl. zu den Motiven einer Verbriefungstransaktion Abschnitt 2.2.1.
[65] Vgl. bezogen auf die IFRS-Rechnungslegung SIC-12.1 i.V.m. SIC-12.10(b). Vgl. in Bezug auf die handelsrechtliche Konsolidierung *Gelhausen/Fey/Kämpfer* (2009), Abschnitt Q, Tz. 61.

wendung welcher Instrumente sie die Käufe refinanziert. Die Prädeterminierung der Geschäftsaktivitäten erfolgt bei Zweckgesellschaften typischerweise durch einen sog. Autopilot-Mechanismus.[66]

2.3.2.2 Ausprägungen von Autopiloten bei Zweckgesellschaften

Ein Autopilot einer Zweckgesellschaft stellt eine „Selbststeuerung"[67] im Wege einer Festlegung der Geschäftspolitik durch den Gesellschaftsvertrag oder durch schuldrechtliche Verträge dar, sodass sich die laufenden Geschäftsaktivitäten auf die Verwaltungstätigkeiten beschränken.[68] Fortwährende betriebswirtschaftliche Grundsatzentscheidungen durch den Gründer oder durch andere beteiligte Parteien sind somit im Wege einer umfassenden Determinierung der Aktivitäten nicht erforderlich und häufig auch nicht (mehr) möglich. Hinsichtlich des Grads der Vorherbestimmung lassen sich drei Typen von Autopiloten feststellen:

- Autopiloten des Typs „brain dead",
- Autopiloten mit Residualaktivitäten und
- Autopiloten mit latenter Entscheidungsmacht.

Trägt ein Autopilot-Mechanismus die Bezeichnung „brain dead", soll damit zum Ausdruck kommen, dass „die Geschäftspolitik der SPE [...] zu 100% vorherbestimmt"[69] ist. Brain-Dead-Strukturen sind damit die weitreichendste Form der Determinierung, indem jegliche operative Tätigkeit (wie z.B. die Weiterleitung von Zahlungsströmen an bestimmte Parteien) im Vorhinein festgelegt ist.[70] Es bedarf weder betriebswirtschaftlicher Entscheidungen durch den Verwalter von innen noch durch die Beteiligten an der Transaktion von außen. Beispielsweise kann eine Zweckgesellschaft allein zum Halten erstklassiger Staatspapiere aufgesetzt sein. Die hieraus resultierenden Zinserträge stehen zur Bedienung der Zahlungsansprüche der Investoren, die Verbriefungstitel erworben haben, zur Verfügung. Die Tätigkeit des Geschäftsführers beschränkt sich darauf, den Zahlungsverkehr zu verwalten.[71]

Hat hingegen eine ausgewählte Partei (z.B. der Gründer der Zweckgesellschaft) in spezifischen Fällen das Recht, bestimmte Entscheidungen bei Eintritt definierter Sachverhalte zu treffen, handelt es sich um einen Autopilot mit Residualaktivitäten.[72] Denkbar ist hierbei bei-

---

[66] Vgl. zum Autopilot-Mechanismus SIC-12.1 i.V.m. SIC-12.10(b) u. SIC-12.App. (b). Vgl. in der Literatur in Bezug auf die IFRS z.B. *Feld* (2007), S. 92–95; *Küting/Gattung* (2007), S. 401 f.; *Ewelt-Knauer* (2010), S. 98; *Lüdenbach* (2012), § 32, Tz. 70.
[67] *Lüdenbach* (2012), § 32, Tz. 70.
[68] Vgl. SIC-12.14; IDW RS HFA 9, Tz. 156.
[69] *Gryshchenko* (2010), S. 44.
[70] Vgl. *PricewaterhouseCoopers* (2012), S. 1735.
[71] Vgl. in Bezug auf Brain-Dead-Strukturen *Gryshchenko* (2010), S. 44.
[72] Vgl. zur Diskussion der Berücksichtigung von Residualaktivitäten bei der Konsolidierung in Bezug auf ED 10.35 *Gryshchenko* (2010), S. 45; *Pütz/Ramsauer* (2009), S. 874.

spielsweise, dass eine beteiligte Partei im Fall von Zahlungsausfällen das Forderungsmanagement wahrnimmt bzw. den Verwaltern der Special Purpose Entity diesbezügliche Weisungen erteilen kann.[73] Als Beispiel für einen Autopiloten mit verbleibenden Residualaktivitäten einer Partei ist eine Verbriefungszweckgesellschaft zu nennen, die entsprechend des Autopilot-Mechanismus bestimmte Handelsforderungen an mittelständische Unternehmen erwirbt und verwaltet. Anders als bei dem obigen Beispiel mit den risikolosen Staatspapieren treten hier hin und wieder Zahlungsausfälle auf, für die eine an der Verbriefungstransaktion beteiligte Partei (z.b. der Forderungsverkäufer) bestimmte Entscheidungen (z.b. hinsichtlich der Verwertung von Sicherheiten) treffen kann und muss.

Eine weitere Differenzierung von Autopiloten betrifft das Vorliegen einer latenten Entscheidungsmacht. Hierunter ist ein temporärer Verzicht einer involvierten Partei auf die Ausübung der Bestimmungsbefugnisse zu verstehen. Das bedeutet, dass die Entscheidungsmacht von dieser nicht auf Dauer aufgegeben wird, sondern lediglich zeitweise durch die Vorherbestimmung der Aktivitäten nicht nötig ist.[74] Eine Änderung der Geschäftspolitik oder eine Liquidation der Zweckgesellschaft kann folglich durch eine bestimmte Partei jederzeit herbeigeführt werden. Die latente Entscheidungsmacht zielt demnach auf das Recht ab, den Autopilot-Mechanismus gegenwärtig, unbedingt und einseitig zu ändern, zu blockieren oder zu beenden.[75] Eine solche Rechtsposition kann eine Partei sowohl bei Brain-Dead-Strukturen als auch bei Autopiloten mit Residualaktivitäten innehaben. Einen grafischen Überblick über die möglichen Ausprägungen von Autopiloten gibt Abb. 2.

Autopilot des Typs „brain dead"		Autopilot mit verbleibenden Residualaktivitäten	
ohne latente Entscheidungsmacht	mit latenter Entscheidungsmacht	mit latenter Entscheidungsmacht	ohne latente Entscheidungsmacht
	Latente Entscheidungsmacht als Eingriffsmöglichkeit in den Autopilot-Mechanismus		

Abb. 2: Arten von Autopiloten bei Zweckgesellschaften

---

[73] Vgl. IFRS 10.B53, Example 11 f.
[74] Vgl. umfassend zur latenten Entscheidungsmacht bei Zweckgesellschaften *Feld* (2007), S. 88–96 u. 145. Vgl. kritisch in Bezug auf Möglichkeiten zur Sachverhaltsgestaltungen *Ewelt-Knauer* (2010), S. 94.
[75] Vgl. SIC-12.App. (b). Vgl. ferner *Feld* (2007), S. 94, 142, 145; *Ewelt-Knauer* (2010), S. 94.

2.3.2.3 Die Aufgaben einer Verbriefungszweckgesellschaft

Ein Ziel der Einschaltung einer Special Purpose Entity bei einer Verbriefungstransaktion ist die juristische Separierung der Forderungen von den Forderungsverkäufern. Die auf die Zweckgesellschaft übertragenen Vermögenswerte sind in der Regel insolvenzfest ausgestattet. Das bedeutet, dass im Insolvenzfall des Forderungsverkäufers die übertragenen Vermögenswerte nicht in die Insolvenzmasse des Forderungsverkäufers fallen. Dadurch ist die Werthaltigkeit der verbrieften Vermögenswerte unabhängig von der Zahlungsfähigkeit des Forderungsverkäufers.[76]

Betriebswirtschaftlich dient die Special Purpose Entity zumeist der Erzielung von Zinserträgen, die auf der Fristen- und Losgrößentransformation beruht.[77] Die positive Zinsspanne zwischen der Aktiv- und der Passivseite ergibt sich aus den unterschiedlichen Kapitalbindungsfristen der angekauften (meist kleinvolumigen) Forderungen und den emittierten (großvolumigen) Schuldverschreibungen. Die sich bei Fristeninkongruenz ergebenden Zinsänderungsrisiken kann die Zweckgesellschaft durch den Abschluss entsprechender Termingeschäfte beseitigen oder zumindest reduzieren.[78]

Neben diesen rechtlichen und ökonomischen Zielen erfolgt eine Gründung von Zweckgesellschaften aus der Perspektive des Forderungsverkäufers mit dem bilanzpolitischen Motiv, bestimmte Vermögenswerte sowie Schulden und Risiken nicht im Einzel- bzw. Konzernabschluss auszuweisen, um bestimmte Bilanzkennzahlen zu optimieren.[79] Zudem ist mit der Einschaltung einer (nicht-konsolidierungspflichtigen) Special Purpose Entity oft eine Ergebnisglättung beabsichtigt, da mittels der Überwälzung der Kreditrisiken auf andere Parteien eine Verringerung der Ergebnisschwankungen des Forderungsverkäufers erreichbar ist.[80] Treten Wertminderungen im verbrieften Portfolio auf, fallen die Abschreibungen bei der Zweckgesellschaft und nicht mehr beim Forderungsverkäufer an.

---

[76] Vgl. *Ohl* (1994), S. 32; *Findeisen* (1998), S. 482; *Brenken/Papenfuß* (2007), S. 16; *Ricken* (2008), S. 22; *Thelen-Pischke* (2010b), S. 188.
[77] Vgl. Arbeitskreis „Finanzierung" der Schmalenbach-Gesellschaft (1992), S. 520; *Michler/Thieme* (2009), S. 191.
[78] Vgl. *Ricken* (2008), S. 24.
[79] Vgl. *Soroosh/Ciesielski* (2004), S. 30; *Sickmann* (2005), S. 43.
[80] Vgl. zum Motiv des „earnings management" mittels Special Purpose Entities *Feng/Gramlich/Gupta* (2009); *Barth/Taylor* (2010); *Dechow/Myers/Shakespeare* (2009).

2.4 Verbriefungstechniken zur Optimierung der Risikoverteilung bei der Zweckgesellschaft

2.4.1 Maßnahmen des Credit Enhancement zur Vermögenssicherung der Special Purpose Entity

2.4.1.1 Übersicherung und Regresshaftung durch den Forderungsverkäufer

Bei Verbriefungen behält der Forderungsverkäufer zumeist aufgrund seines Informationsvorsprungs gegenüber den Investoren[81] einen Teil des Ausfallrisikos zurück, um letztlich ein gutes Bonitätsurteil für die Verbriefungstitel von den Ratingagenturen zu erhalten. Der (vollständige oder teilweise) Rückbehalt von Kreditrisiken kann in Form der Instrumente der „Bonitätsverstärkung"[82], dem sog. Credit Enhancement[83], erfolgen. Diese Maßnahmen setzen an der Aktivseite der Zweckgesellschaft an. Darüber hinaus kann die Tranchierungstechnik (Abschnitt 2.4.2) Anwendung finden, welche die Refinanzierungsseite der Special Purpose Entity strukturiert. Angefangen werden soll mit den Instrumenten auf der Vermögensseite der Special Purpose Entity.

Bonitätsverstärkende Maßnahmen sind auch im Interesse des Forderungsverkäufers, da er einen optimalen Verkaufspreis für die emittierten Wertpapiere erzielen möchte. Die Übersicherung und die Regresshaftung sind Instrumente des Credit Enhancement, mit denen der Forderungsverkäufer bestimmte Kreditrisiken zugunsten des Erwerbers der Wertpapiere auch noch nach dem Verkauf der Vermögenswerte trägt.

Bei der Übersicherung übersteigt das Volumen der verbrieften Forderungen das der Wertpapieremission.[84] Hierbei handelt es sich faktisch um einen Kaufpreisabschlag je Einzelforderung, der beim Ankauf durch die Zweckgesellschaft erfolgt.[85] So kann das Unternehmen beispielsweise Forderungen und Kredite im Volumen von 10 Mio. € an eine Zweckgesellschaft für 9 Mio. € veräußern. Die Differenz (1 Mio. €) zwischen den angekauften Forderungen (10 Mio. €) und den emittierten, verbrieften Verbindlichkeiten (9 Mio. €) wird als bedingte Verbindlichkeit der Special Purpose Entity an den Forderungsverkäufer vereinbart.[86] Die Bezahlung dieses Anteils am Gesamtkaufpreis erfolgt nur dann und in dem Umfang, in dem keine

---

[81] Vgl. zu Informationsasymmetrien zwischen dem Einzelunternehmen und dem Kapitalmarkt *Schmidt* (1988), S. 251; *Reiland* (2006), S. 50.
[82] *Wolf/Hill/Pfaue* (2003), S. 177.
[83] Vgl. hierzu z.B. *Bär* (2000), S. 207–227; *Pollock/Stadum/Holtermann* (1991), S. 276; *Feld* (2007), S. 38.
[84] Vgl. *Ohl* (1994), S. 88 f.; *Bär* (2000), S. 210.
[85] Vgl. zur Übersicherung bzw. zum Kaufpreisabschlag *Feld* (2007), S. 39 f.
[86] Bedingte Verbindlichkeiten sind in IAS 32.25 geregelt.

Zahlungsausfälle während der Laufzeit aufgetreten sind.[87] Fallen Forderungsausfälle bis zu einer Höhe von 1 Mio. € im verbrieften Pool an, ist die Rückzahlung der ABS wegen der Übersicherung nicht gefährdet. Ist der vorläufig vereinbarte Kaufpreisabschlag nicht oder nur teilweise für die Deckung der tatsächlichen Verluste vonnöten, fließt der verbleibende Betrag nach Abzug von Transaktionskosten an den Forderungsverkäufer am Ende der Laufzeit zurück.[88] Erleidet die Special Purpose Entity im Ausgangssachverhalt beispielsweise Forderungsausfälle in Höhe von 400 T€, erhält der Forderungsverkäufer am Laufzeitende lediglich eine Kaufpreisnachzahlung von 600 T€. Es handelt sich bei dem Betrag um eine verbliebene Überhangreserve; daher auch als Überschuss bzw. Excess Spread bezeichnet.[89] Die Bilanz der Zweckgesellschaft bei Übersicherung ist in Abb. 3 dargestellt.

Bilanz der Zweckgesellschaft in T€			
Angekaufte Forderungen	10.000	Verbriefte Verbindlichkeiten	9.000
		Verbindlichkeit an Forderungsverkäufer	1.000
		Davon: Bedingte Rückzahlungspflicht 1.000	
	10.000		10.000

Abb. 3: Bilanz der Zweckgesellschaft bei Übersicherung als Credit Enhancement

Als Alternative zur Übersicherung findet die Regresshaftung als eine weitere Methode zur Bonitätsverstärkung durch den Forderungsverkäufer Anwendung. Diese Maßnahme ist in zwei Varianten zu finden: Zum einen kann der Forderungsverkäufer für den Fall des Auftretens von Forderungsausfällen im verbrieften Portfolio dazu verpflichtet werden, weitere bonitätsmäßig einwandfreie Forderungen und/oder Darlehen an die Zweckgesellschaft unentgeltlich auf die Special Purpose Entity zu transferieren. Alternativ hierzu kann er verpflichtet sein, eventuell entstehende Verluste aus Kreditausfällen durch Barmittel auszugleichen.[90]

2.4.1.2 Reservekonten bzw. Excess-Spread-Konten

Eine Bonitätsverbesserung kann auch durch die Einrichtung eines Reservekontos (auch Excess-Spread-Konto genannt) erfolgen. Dieses Instrument setzt an den eingehenden und aus-

---

[87] Aus Vereinfachungsgründen ist hier davon auszugehen, dass die angekauften Forderungen verzinsliche Forderungen darstellen, sodass Barwerteffekte nach IAS 39.43 i.V.m. IAS 39.AG79 nicht zum Zugangszeitpunkt zu berücksichtigen sind.
[88] Vgl. IDW RS HFA 9, Tz. 123; *Struffert* (2006), S. 103.
[89] Vgl. *Moody's* (2003), S. 40; *Wolf/Hill/Pfaue* (2003), S. 188.
[90] Vgl. *Turwitt* (1999), S. 50; *Feld* (2007), S. 43.

gehenden Cashflows der Special Purpose Entity an.[91] Der verbleibende Netto-Cashflow bzw. Überschuss nach der Begleichung aller fest vereinbarten Zahlungsverpflichtungen trägt die Bezeichnung Excess Spread;[92] dieser kann auf zwei Effekten beruhen. Erstens können sich Excess Spreads aus der Nicht-Inanspruchnahme der Übersicherung ergeben.[93] Zweitens können sie auch aus der positiven Zinsspanne zwischen Aktiv- und Passivseite der Zweckgesellschaft resultieren. Es handelt sich bei zuletzt Genanntem um einen zinsinduzierten Excess Spread.[94] Das Konzept eines zinsinduzierten Excess Spread basiert auf der Annahme, dass selbst bei einer Identität der Nominalvolumina zwischen den angekauften Forderungen und den emittierten ABS eine positive Spanne zwischen Anlage- und Refinanzierungszinssatz erzielbar ist.[95] Ein zinsinduzierter Excess Spread kann z.B. bei einer 1%-igen, positiven Zinsspanne vorliegen, wenn der durchschnittliche Zinssatz der verbrieften Forderungen 10% beträgt, während der Zinssatz zur Bedienung der ABS bei lediglich 9% liegt.

Sehen die Vertragsbedingungen der jeweiligen Transaktion vor, dass der Excess Spread zu thesaurieren ist, verbleiben diese Beträge auf dem sog. Reservekonto (Excess-Spread-Konto).[96] Das Guthaben dieses Kontos dient – im Fall von möglichen Zahlungsausfällen innerhalb des verbrieften Kreditpools – zum Verlustausgleich und sichert die Liquidität zur fristgerechten Begleichung der Zahlungsansprüche der ABS-Investoren.[97] Beträgt das Guthaben des Reservekontos 10% des Nominalvolumens der ausgegebenen ABS, sind somit 10% der zuerst auftretenden Verluste aus dem Forderungspool abgesichert. Wenn vereinbart ist, dass das Reservekonto am Ende der Transaktion bzw. spätestens bei Liquidation[98] der Zweckgesellschaft dem Forderungsverkäufer zusteht,[99] besteht in gleicher Höhe eine entsprechende Verbindlichkeit (Abb. 4).

---

[91] Vgl. zum Reservekonto *Ohl* (1994), S. 92 (m.w.N.); *Bär* (2000), S. 213–215; *Moody's* (2003), S. 40; *Wolf/Hill/Pfaue* (2003), S. 187; *Struffert* (2006), S. 33; *Feld* (2007), S. 41.
[92] Vgl. *Wolf/Hill/Pfaue* (2003), S. 187; *IASB* (2008a), S. 10.
[93] Vgl. *Wolf/Hill/Pfaue* (2003), S. 187.
[94] Der Begriff „Excess Spread" lässt sich auch ins Deutsche als Zinsüberschuss (Zinserträge nach Saldierung der Zinsaufwendungen) übersetzen.
[95] Vgl. *Ohl* (1994), S. 92; *Moody's* (2003), S. 40.
[96] Vgl. *PricewaterhouseCoopers* (2012), S. 1737.
[97] Vgl. *Ohl* (1994), S. 92 (m.w.N.); *Feld* (2007), S. 41.
[98] Nach IAS 32.25 liegt eine bedingte Verpflichtung nicht vor, wenn allein im Fall der Liquidation der Emittent zur Lieferung liquider Mittel gezwungen werden kann. Der Ansatz einer bedingten Verpflichtung geht daher hier davon aus, dass vertragliche Möglichkeiten bestehen, auch vor einer Liquidation das Reservekonto auszuzahlen.
[99] Vgl. *IASB* (2008a), Tz. 10.

Bilanz der Zweckgesellschaft in T€			
Angekaufte Forderungen	10.000	Verbriefte Verbindlichkeiten	10.000
Kasse (Reservekonto)	1.000	Verbindlichkeit an Forderungsverkäufer	1.000
		davon aus bedingter Rückzahlungspflicht des Reserveguthabens	1.000
	11.000		11.000

Abb. 4: Bilanz der Zweckgesellschaft bei einem Reservekonto als Credit Enhancement

2.4.1.3 Third-Party-Garantien

Ist eine Überwälzung des Kreditrisikos auf eine Drittpartei von den beteiligten Unternehmen beabsichtigt, erfolgt dies durch sog. Third-Party-Garantien.[100] Hierzu gehören z.B. Finanzgarantien oder Kreditversicherungen.[101] Eine Finanzgarantie verpflichtet den Garantiegeber, bei einem Zahlungsausfall eines bestimmten Debitors eine Ausgleichszahlung für den Verlust zu leisten.[102] Credit Default Swaps, die am OTC-Markt erhältlich sind, kommen regelmäßig als Finanzgarantien zum Einsatz.[103] Bei einer Kreditversicherung (hier i.S.v. einer Delkredereversicherung) trägt eine Versicherung oder ein Kreditinstitut das Ausfallrisiko von Warenkrediten bzw. Forderungen aus Lieferungen und Leistungen von spezifischen Schuldnern.[104] Im Unterschied zu Finanzgarantien ist eine Kreditversicherung üblicherweise nicht auf Einzelforderungen, sondern auf Kredit-Portfolien (z.B. Forderungen an Kunden aus Brasilien) ausgerichtet.[105]

2.4.2 Tranchierung zur Risikooptimierung der Passiva der Zweckgesellschaft

Auf der Refinanzierungsseite der Zweckgesellschaft erfolgt zur Optimierung der Risikoverteilung eine Tranchierung, die den differenzierten Risiko-Rendite-Bedürfnissen der diversen ABS-Investoren Rechnung trägt. Dies geschieht im Rahmen eines Cashflow-Managements, indem die emittierten Verbriefungstitel mit einer Subordinationsstruktur ausgestaltet sind.[106] Demnach tragen verschiedene Tranchen der ABS-Emission unterschiedliche Risiken, sodass eine ungleich hohe Vergütung stattfindet. Die üblichen Bezeichnungen der Tranchen finden

---

[100] Vgl. *Moody's* (2003), S. 41.
[101] Vgl. *Bär* (2000), S. 216 f.
[102] Vgl. zur Definition der Finanzgarantie IAS 39.9 bzw. IFRS 9.App. A.
[103] Vgl. hierzu z.B. *Scharpf/Weigel/Löw* (2006), S. 1493 f.; *Hommel/Christ/Morawietz* (2008), S. 352–360; *PricewaterhouseCoopers* (2012), S. 741–763.
[104] Vgl. *Wittchen* (1995), S. 4.
[105] Vgl. *Grünberger* (2006), S. 83.
[106] Vgl. zur Subordination *Ohl* (1994), S. 89; *Bär* (2000), S. 212 f.

sich in Abb. 5. Die Senior-Tranche weist das geringste Risiko auf. Im Vergleich zu dieser sind alle weiteren nachgeordneten Tranchen (Mezzanin, Junior und Equity) mit einem zunehmend höheren Risiko behaftet. Die in den ABS verbrieften Gläubigeransprüche gegenüber der Zweckgesellschaft finden hinsichtlich des Rangs in einem Zahlungsplan ihre Regelung.[107] Dementsprechend erfolgt eine Aufteilung der positiven Cashflows aus dem Forderungspool zur Bedienung der Zins- und Tilgungsansprüche nach dieser Reihenfolge gemäß einem Wasserfallprinzip.[108] Die Equity-Tranche (auch First-Loss-Tranche genannt) ist in der Reihenfolge bei der Bedienung der übrigen Tranchen am stärksten nachgeordnet, sodass zuerst eine Verrechnung der Verluste mit den Zahlungsansprüchen dieser Tranche stattfindet.[109]

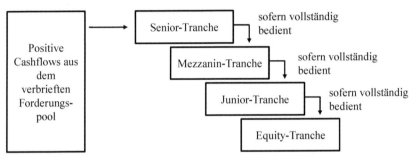

Abb. 5: Verteilung der positiven Cashflows auf die Tranchen nach dem Wasserfallprinzip

In der Praxis erhalten häufig nur die risikoarmen Senior- und Mezzanine-Tranchen eine Risikoeinstufung von einer Ratingagentur. Hingegen verbleiben die risikoreichen Junior- bzw. Equity-Tranchen oft ohne Ratingurteil. Daher halten zumeist die Forderungsverkäufer selbst diese Papiere.[110] Diese sind hierzu prädestiniert, da sie über umfassende Informationen über die Schuldner verfügen und das mit den Forderungen verbundene Risiko am ehesten einschätzen können.[111] Alternativ hierzu können die belasteten First-Loss-Papiere als sog. Schrottanleihen („junk bonds") am Kapitalmarkt veräußert werden.[112]

Kommen mehrere Maßnahmen zur Optimierung der Risiken (z.B. eine Regresshaftung, eine Third-Party-Garantie und eine Tranchierung) zur Anwendung, regeln die jeweiligen Verträge

---

[107] Vgl. *Feld* (2007), S. 27 f.
[108] Vgl. zum Wasserfallprinzip *Braun/Schmidt* (2005), S. 199; *Struffert* (2006), S. 32; *Feld* (2007), S. 26 f.
[109] Vgl. *Struffert* (2006), S. 32; *Ricken* (2008), S. 33; *Rudolph* (2008), S. 731.
[110] Vgl. hierbei zum Konflikt der Machbarkeit einer Transaktion und dem erstrebten Bilanzabgang z.B. *Dreyer/Schmidt/Kornat* (2003), S. 91.
[111] Vgl. *Feld* (2007), S. 29.
[112] Vgl. *Bär* (2000), S. 212; *Struffert* (2006), S. 32.

der Transaktion mit den Parteien die Rangfolge für die Verlustabsorption; Grund hierfür ist, dass Verbriefungen vertraglich individuell ausgestaltet sind.[113]

2.5 Verdeutlichung der Verbriefungstechniken an einem Beispiel

2.5.1 Einführung in das Verdeutlichungsbeispiel

Die obigen Ausführungen zu Verbriefungstechniken sollen hinsichtlich ihrer Wirkungsweise und ihrer bilanziellen Folgen veranschaulicht werden. Das folgende Beispiel sowie dessen Fallvarianten in Bezug auf Verbriefungsplattformen (Abschnitt 2.9) basieren auf fiktiven Fakten und Marktparametern. Sie dienen dazu, die theoretischen Überlegungen mit einem realitätsnahen Fall zu verdeutlichen.

Da Unternehmen ohne direkten Kapitalmarktzugang typischerweise Verbriefungsplattformen nutzen,[114] wurde ein mittelständischer Aufzugshersteller (Unternehmen A) als Beispielunternehmen gewählt. Die Vorjahresbilanz nach IFRS des Unternehmens ist als Ausgangssituation in Abb. 6 dargestellt.[115] In ihr hat das Beispielunternehmen noch keine Finanzoptimierung vorgenommen.

Bilanz von A zum 31.12.X0 in T€

Sachanlagen	6.000	Eigenkapital	3.000
Kasse	2.000	Gezeichnetes Kapital	3.000
		Gewinnrücklage	0
		Langfristige Bankverbindlichkeiten	5.000
	8.000		8.000

Abb. 6: Vorjahresbilanz des Beispielunternehmens A

---

[113] Vgl. zur Individualität bei Verbriefungen auf Grund des Vertragsrechts *Wolf/Hill/Pfaue* (2003), S. 167 f.
[114] Vgl. zur Nutzung von Verbriefungsplattformen durch mittelständische Unternehmen *Brenken/Papenfuß* (2007), S. 79 f.; *Meissmer* (2010), S. 1033; *Hülbert/Pytlik* (2010), S. 1036–1040; *Kunkel/Leipold* (2011), S. 20.
[115] Es handelt sich um eine freiwillige Anwendung der IFRS, da das mittelständische Beispielunternehmen typischerweise nicht kapitalmarktorientiert ist und somit in Deutschland nach § 315a HGB nicht verpflichtet ist, einen IFRS-Konzernabschluss aufzustellen. Vgl. ferner zur Diskussion zur Anwendung der IFRS für mittelständische Unternehmen z.B. *Böcking/Gros* (2010), S. 121–144; *Fülbier/Gassen/Ott* (2010), S. 1357–1360.

Am 01.01.X1 verkauft A zwanzig Aufzüge an verschiedene Kunden für einen Festpreis von jeweils 500 T€.[116] Da die Abnehmer erst mit der Fertigstellung der zu errichtenden Gewerbe- und Wohnimmobilien, in die die Aufzüge installiert werden, über ausreichend Liquidität verfügen, gewährt A seinen Kunden ein Zahlungsziel von 365 Tagen. Alle Kunden nehmen dieses Zahlungsziel in Anspruch. A erfasst am 01.01.X1 Umsatzerlöse in Höhe von 9.346 T€[117] (Rechnungsbetrag 10.000 T€ mit einem Zahlungsziel in einem Jahr). In gleicher Höhe aktiviert das Unternehmen den Barwert der Forderungen aus Lieferungen und Leistungen.[118] Als Diskontsatz zieht das Unternehmen einen Marktzins von 7% heran, der sich hier aus einem risikolosen Zins von 2% zuzüglich eines bonitätsbedingten, branchenüblichen Aufschlags (Credit Spread) von 5% errechnet.[119]

Für den Einkauf von Materialien zur Herstellung der Kabinen und Schiebetüren berechnen die Lieferanten 8.000 T€, die ebenfalls in 365 Tagen zu zahlen sind. Bei einem Diskontzinssatz von 7%[120] beträgt der Fair Value der Lieferverpflichtungen 7.477 T€.[121] In der Ausgangssituation ohne Verbriefungstransaktion fehlen die liquiden Mittel zur Nutzung der Lieferantenskonti, sodass sowohl Verbindlichkeiten aus Lieferungen und Leistungen als auch Materialaufwendungen in Höhe von 7.455 T€ am 01.01.X1 erfasst werden.

Die langfristigen Bankverbindlichkeiten bestehen unabhängig von der Transaktion. Sie werden mit 10% verzinst. Daraus ergibt sich in der Periode X1 ein (zahlungsmittelwirksamer) Zinsaufwand von 500 T€. Ferner fallen an allgemeinen Verwaltungskosten 500 T€ als Per-

---

[116] Annahmegemäß erfolgen die Montage und damit die Gewinnrealisierung gemäß IAS 18.14 am 01.01.X1. Eine Auftragsfertigung i.S.v. IAS 11 liegt annahmegemäß nicht vor. Eine solche ist i.S.v. IAS 11 hier nicht gegeben, da die Fertigung der Aufzugskomponenten nicht kundenspezifisch ist. Eine solche Fertigung und somit eine Anwendung der Ertragsrealisierungsregeln nach IAS 11 ist hier u.a. auszuschließen, da die Komponenten hier standardisiert und nicht kundenspezifischen sind (IAS 11.3). Bei Auftragsfertigungen sind die Auftragserlöse und Auftragskosten entsprechend dem Leistungsfortschritt am Abschlussstichtag als Erträge und Aufwendungen zu erfassen (IAS 11.22).

[117] $9.346 \text{ T€} = \frac{20 * 500 \text{ T€}}{(1,07)^1}$.

[118] Nach IAS 39.43 i.V.m. IAS 39.AG79 sind unverzinsliche Forderungen und Verbindlichkeiten mit dem Fair Value zum Zugangszeitpunkt anzusetzen, sofern der Zinseffekt wesentlich ist.

[119] Nach IAS 39.AG64 leitet sich der Marktzins aus vergleichbaren Finanzinstrumenten mit vergleichbarer Bonität ab. Bezogen auf das Beispiel ist daher anzunehmen, dass A die erwarteten Verluste für Forderungen aus LuL gegenüber den Kunden bekannt sind. Der risikolose Marktzinssatz lässt sich anhand der Verzinsung von risikolosen Staatsanleihen am Kapitalmarkt (hier: 2%) ableiten. Vgl. zur Ermittlung des Diskontzinssatzes *Goldschmidt/Weigel* (2009), S. 198–200.

[120] Der Diskontsatz zur Ermittlung des Barwerts der Verbindlichkeiten aus LuL beträgt (wie für die Forderungen aus LuL) 7%. Der Credit Spread für Forderungen aus LuL und Verbindlichkeiten aus LuL ist als identisch anzunehmen, da die Bonität von A durch die einseitige Kundenausrichtung abhängig von der Zahlungsfähigkeit der Kunden ist.

[121] $7.477 \text{ T€} = \frac{8.000 \text{ T€}}{(1,07)^1}$.

sonalaufwendungen an. Nach Zinsabgrenzungen ergibt sich am Tag der Fälligkeit der objektbezogenen Forderungen und Verbindlichkeiten (31.12.X1) der IFRS-Abschluss in Abb. 7.

Bilanz von A zum 31.12.X1 in T€

Sachanlagen		6.000	Eigenkapital		4.000
Kasse		1.000	Gezeichnetes Kapital	3.000	
Kurzfristige Forderungen		10.000	Gewinnrücklage	1.000	
Forderungen aus LuL	9.346		Langfristige Bankverbindlichkeiten		5.000
Abgegrenzte Zinsen	654		Verbindlichkeiten aus LuL		8.000
			Davon: abgegrenzte Zinsen	523	
		17.000			17.000

GuV von A für die Periode X1 in T€

Materialaufwand		7.477	Umsatzerlöse	9.346
Personalaufwand		500	Zinsertrag (Forderungen aus LuL)	654
Zinsaufwand		1.023		
für Verbindlichkeiten aus LuL	523			
für Bankverbindlichkeiten	500			
Jahresüberschuss		1.000		

Abb. 7: IFRS-Abschluss von A zum 31.12.X1 ohne Verbriefungstransaktion

2.5.2 Durchführung einer Verbriefungstransaktion

2.5.2.1 *Auswirkungen auf die Bilanz der Verbriefungszweckgesellschaft*

In Abwandlung der Ausgangssituation führt das Unternehmen A zum 01.01.X1 eine ABS-Transaktion unter Verwendung der Übersicherung als Credit Enhancement durch. Die Zweckgesellschaft (A-SPE), die von dem Sponsor S (der Hausbank von A) gegründet und verwaltet wird, kauft die Forderungen zu 90% des Barwerts (9.346 T€) an. Der am 01.01.X1 von der A-SPE bezahlte Kaufpreis beträgt somit 8.411 T€. Es liegt ein Kaufpreisabschlag in Höhe von 935 T€ vor. Der (aufgezinste) Excess Spread, der am Ende der Transaktion durch die Nicht-Inanspruchnahme der Übersicherung verbleibt, ist dem Forderungsverkäufer A zu erstatten (maximal 1.000 T€). Der zinsinduzierte Excess Spread, der aus der positiven Zinsspanne zwischen Aktiv- und Passivseite der Zweckgesellschaft resultiert, ist als Vergütung an den Sponsor S abzuführen. Neben der Entlohnung des Sponsors S fallen weitere Transaktionskosten i.H.v. 900 T€ für Ratingagenturen, Rechtsberatungskosten u.a. an, die vereinbarungsgemäß der Forderungsverkäufer A trägt.

Zunächst zeigen die folgenden Ausführungen die Auswirkungen auf die Bilanz der Zweckgesellschaft kurz nach der Durchführung der Verbriefungstransaktion. Die A-SPE setzt zum Zugangszeitpunkt (01.01.X1) die Forderungen zum Zeitwert von 9.346 T€ an.[122] Am gleichen Tag begibt sie ein Jahr lang laufende Verbriefungstitel mit einem Nominalzinssatz von 4%. Der Diskontzins liegt somit 2% über dem risikolosen Zinssatz von 2%. Der Bonitätsaufschlag von 2% repräsentiert das Kreditrisiko der ABS nach der Übersicherung.

Das Nominalvolumen der ABS beträgt 8.411 T€. Eine Überweisung der Emissionserlöse (zum Forderungsankaufspreis) an A findet am gleichen Tag statt. Da es sich um marktgerecht verzinste Verbindlichkeiten handelt, entspricht zum Zugangszeitpunkt der Fair Value der angekauften Forderungen (9.346 T€) dem emittierten Nominalvolumen der ABS von 8.411 T€ zuzüglich einer bedingten Kaufpreisverpflichtung an den Forderungsverkäufer in Höhe ihres Barwerts von 935 T€. Erfolgt keine Inanspruchnahme dieser bonitätsverstärkenden Maßnahme, da keine Forderungen ausfallen, ist am Ende der Vertragslaufzeit vereinbarungsgemäß der Nennbetrag der Übersicherung an den Forderungsverkäufer zu überweisen. Es handelt sich daher um eine zu passivierende bedingte Rückerstattungsverpflichtung.[123]

Zum 31.12.X1 grenzt die Zweckgesellschaft die Zinsen für die angekauften Forderungen (bei 7%: 654 T€), für die verbrieften Verbindlichkeiten (bei 4%: 336 T€) und für die (bedingten) Kaufpreisverbindlichkeiten an den Forderungsverkäufer (bei 7%: 65 T€) ab. Der von der Zweckgesellschaft erzielte Zinsüberschuss (zinsinduzierter Excess Spread) beträgt 253 T€.[124] Er ist am Ende der Laufzeit als Vergütung des Sponsors S abzuführen. Somit hat die Zweckgesellschaft in dieser Höhe eine Verbindlichkeit an den Sponsor S anzusetzen. Bei planmäßigem Verlauf erzielt die Special Purpose Entity weder einen Jahresüberschuss noch einen Fehlbetrag. Damit ergeben sich zum 31.12.X1 die Bilanz und die GuV der A-SPE in Abb. 8.

---

[122] Vgl. IAS 39.43 i.V.m. IAS 39.AG79.
[123] Es handelt sich um eine Verbindlichkeit mit einer bedingten Erfüllungsvereinbarung nach IAS 32.25, da die Verpflichtung gegenüber dem Forderungsverkäufer an das Ereignis geknüpft ist, dass keine Zahlungsausfälle im Portfolio während der Periode auftreten.
[124] Der zinsinduzierte Excess Spread (253 T€) ergibt sich aus den Zinsen der angekauften Forderungen (654 T€) abzüglich der Zinsen auf die ABS (336 T€) und abzüglich der Zinsen für die Aufzinsung der Verbindlichkeit an Forderungsverkäufer aus der Übersicherung (65 T€).

Bilanz der A-SPE zum 31.12.X1 in T€			
Angekaufte Forderungen	10.000	Verbriefte Verbindlichkeiten	8.747
Anschaffungskosten	9.346	ABS (nominal)	8.411
Anteilige Zinsen	654	Anteilige Zinsen	336
		Verbindlichkeiten an den Forderungsverkäufer A	1.000
		Rückerstattung des Übersicherungsbetrags	935
		Anteilige Zinsen auf Rückerstattung	65
		Verbindlichkeit aus Abführung des zinsinduzierten Excess Spread an den Sponsor S	253
	10.000		10.000

GuV der A-SPE für die Periode X1 in T€			
Zinsaufwand		401	Zinsertrag (Forderungen)	654
für verbriefte Verbindlichkeiten	336		
für Aufzinsung der Verbindlichkeiten an den Forderungsverkäufer	65		
Vergütungsaufwand		253	

Abb. 8: Abschluss der Zweckgesellschaft (A-SPE) zum 31.12.X1

2.5.2.2 Bilanzielle Abbildung beim Forderungsverkäufer (Einzelabschluss)

Die Transaktion schlägt sich auch in der Rechnungslegung des die Forderung verkaufenden Unternehmens nieder. Dieses veräußert am 01.01.X1 die Kundenforderung mit einem Barwert i.H.v. 9.346 T€ für 8.411 T€. Die Differenz stellt eine bedingte Forderung auf Rückerstattung an die A-SPE dar, sodass sich der unten stehende Buchungssatz ergibt:

Kasse 8.411
Forderungen an A-SPE 935 an Forderungen aus LuL 9.346

Mit dem erzielten Kaufpreis erfolgt eine sofortige Tilgung der Verbindlichkeiten aus Lieferungen und Leistungen. Bei einem vereinbarten Skontoabzug von 15%[125] des Rechnungsbetrags von 8.000 T€ sind 6.800 T€ an die Lieferanten zu überweisen. Der Materialaufwand sinkt entsprechend von 7.477 T€ auf 6.800 T€, sodass ein Ergebnisbeitrag durch die Nutzung der Skonti i.H.v. 677 T€ resultiert. Darüber hinaus verbessert sich durch den Bilanzabgang infolge der ABS-Transaktion die Bilanzstruktur (Abb. 9), sodass das Bilanzrating des Unter-

---

[125] Üblicherweise werden geringere Skonti (z.B. 2% bis 5%) für kürzere Zahlungsziele (z.B. von 10 bis 100 Tage) gewährt. Da im obigen Beispiel aus didaktischen Gründen ein Zahlungsziel von 365 Tagen gewährt wird, ist aufgrund der langen Laufzeit und der damit verbundenen Zusatzrisiken ein Skontoabzug von 15% nicht unrealistisch. Vgl. hinsichtlich üblicher Skonti sowie einer Jahresbetrachtung bezüglich der jeweiligen Rendite *Weber* (2010), S. 280.

nehmens besser ausfällt. Die Hausbank von A senkt daraufhin den Zinssatz für das Darlehen von 10% auf 8%. Folglich verringert sich der Zinsaufwand für die Bankverbindlichkeiten um 100 T€ auf 400 T€. Der Senkung der Material- und Zinsaufwendungen infolge der Verbriefung steht ein Verwaltungsaufwand i.H.v. 900 T€ gegenüber, der als Transaktionskosten für die Verbriefung bei A anfällt. Nach Zinsabgrenzung ergibt sich zum 31.12.X1 folglich der in Abb. 9 dargestellte IFRS-Abschluss des Forderungsverkäufers A.

Bilanz von A zum 31.12.X1 in T€			
Sachanlagen	6.000	Eigenkapital	3.811
Kasse	1.811	Gezeichnetes Kapital	3.000
Forderungen an SPE	1.000	Gewinnrücklage	811
		Bankverbindlichkeiten	5.000
	8.811		8.811

GuV von A für die Periode X1 in T€			
Materialaufwand	6.800	Umsatzerlöse	9.346
Personalaufwand	500	Ertrag aus Aufzinsung der Forderungen an A-SPE	65
Zinsaufwand (Bank)	400		
Verwaltungsaufwand	900		
Jahresüberschuss	811		

Abb. 9: IFRS-Abschluss des Forderungsverkäufers A zum 31.12.X1 bei einer Verbriefung

Bei einem Vergleich der Abschlüsse zum 31.12.X1 von A in der Ausgangssituation (Abb. 7) und bei einer Verbriefungstransaktion ist bilanzanalytisch bei den in Abb. 10 dargestellten Kennzahlen (mit Ausnahme des Jahresüberschusses) eine Verbesserung festzustellen. Die Eigenkapitalquote ist gestiegen und der Verschuldungsgrad ist gesunken, sodass sich zumindest formal die Bonität von A verbessert hat. Der Liquiditätsgrad hat sich auf über 100% erhöht, da keine kurzfristigen Verbindlichkeiten aus Lieferungen und Leistungen bestehen. Ebenso ist durch den Forderungsverkauf das Kundenziel und durch die Tilgung der Verbindlichkeiten aus Lieferungen und Leistungen das Lieferantenziel auf null Tage gesunken. Dies indiziert für den Fall mit ABS-Transaktion eine verbesserte Bonitätslage im Vergleich zur Ausgangssituation. Allerdings ist der Jahresüberschuss in der Fallvariante der Verbriefung um 189 T€ zurückgegangen. Dies ist auf die mit der ABS-Transaktion gestiegenen Verwaltungsaufwendungen i.H.v. 900 T€ zurückzuführen.

Daten zum 31.12.X1	ohne Verbriefung	mit Verbriefung
Eigenkapitalquote in %	23,5	43,3
Verschuldungsgrad	3,3	1,3
Liquiditätsgrad in %	12,5	>100
Kundenziel in Tagen	365	0
Lieferantenziel in Tagen	312	0
Jahresüberschuss in T€	1.000	811

Abb. 10: Kennzahlen und Jahresüberschüsse mit und ohne Verbriefung im Vergleich

Dieses Ergebnis ist typisch für entsprechende Transaktionen. In der Realität sind mit der Verbriefung so hohe Kosten verbunden, dass sich die Initiierung einer eigenständigen Special Purpose Entity mit befristeter Laufzeit für mittelständische Unternehmen häufig nicht lohnt. Die weiteren Ausführungen dieser Arbeit zeigen, wie durch die Nutzung einer Verbriefungsplattform in Form eines Multi-Seller-Conduits die Transaktionskosten durch eine Verteilung der Kosten auf mehrere Forderungsverkäufer gesenkt werden kann.

2.6 Grundelemente eines klassischen ABCP-Programms

2.6.1 Die Grundidee des Conduits

Bei Verbriefungsprogrammen erfolgt ein regelmäßiger Ankauf von Vermögenswerten durch eine Zweckgesellschaft. Sie unterscheiden sich von den traditionellen Verbriefungstransaktionen (Term-Deal-Strukturen) durch ihre auf Dauer angelegten revolvierenden Emissionen von Verbriefungstiteln. Anders als traditionelle ABS-Transaktionen enden sie nicht mit der Tilgung der emittierten verbrieften Verbindlichkeiten. Die von der Zweckgesellschaft dieser Plattformen ausgegebenen Finanzinstrumente stellen Commercial Papers dar, die zu der Wertpapiergattung der „Geldmarktpapiere" gehören.[126] Als Geldmarktpapiere gelten alle Schuldverschreibungen und andere festverzinsliche Wertpapiere, deren ursprüngliche Gesamtlaufzeit maximal ein Jahr beträgt.[127] Wegen der Besicherung durch die angekauften Vermögenswerte der Plattform werden diese Geldmarktpapiere als Asset Backed Commercial Papers (ABCP) bezeichnet, die namensgebend für die ABCP-Programme sind.[128]

---

[126] Vgl. allgemein zu Commercial Papers *Krumnow u.a.* (2004), § 16 RechKredV, Tz. 17. Vgl. in Bezug auf ABCP-Programme *Brinkmann/Leibfried/Zimmermann* (2008), S. 333; *Bundesverband deutscher Banken* (2009), S. 17.
[127] Vgl. § 16 Abs. 2a RechKredV. Vgl. hierzu auch *Krumnow u.a.* (2004), § 16 RechKredV, Tz. 15.
[128] Vgl. *Alenfeld* (2002), S. 18; *Emse* (2005), S. 37; *Schmittat* (2007), S. 19–23; *Boulkab/Marxfeld/Wagner* (2008), S. 497–504; *Sommer* (2008), S. 68.

Die Zweckgesellschaft, die die Geldmarktpapiere emittiert, stellt den „Kern"[129] der Verbriefungsplattform dar, die auch die Bezeichnung „Conduit" trägt. Diese Terminologie kommt aus dem Englischen und bedeutet „Röhre" bzw. „Leitung"[130], womit der durchleitende Charakter des dauerhaften, regelmäßigen Forderungsankaufs und die revolvierende Refinanzierung der gesamten Struktur erkenntlich werden. Die Grundidee von ABCP-Programmen besteht darin, dass das Conduit Handelsforderungen ankauft, deren Laufzeit in etwa der der emittierten Verbriefungstitel entspricht.

Sofern eine Vielzahl von Forderungsverkäufern dasselbe ABCP-Programm nutzt, wie es bei sog. Multi-Seller-Conduits der Fall ist, kommt es zu einer Verteilung der Fixkosten der Transaktion auf die Teilnehmer. Dies trägt zu einer Kostensenkung der Verbriefung für die einzelnen Forderungsverkäufer bei und ermöglicht mittelständischen Unternehmen ohne Kapitalmarktzutritt eine indirekte, rentable Refinanzierung über den Geldmarkt.[131] Daher handelt es sich bei den verbrieften Vermögenswerten grundsätzlich um kurz- bis mittelfristig laufende Handels-, Kreditkarten- oder Konsumentenforderungen.[132]

2.6.2 Gründung und Festlegung der Ankaufvoraussetzungen

Die Gründung des ABCP-Programms findet durch den Sponsor (zumeist ein Kreditinstitut) statt. Bei seiner Ausgestaltung strebt er ein positives Bonitätsurteil einer anerkannten Ratingagentur an. Die Einschätzung der Ratingagentur bezieht sich auf das gesamte Programm und nicht auf einzelne ABCP-Emissionen. Im Gegensatz zu traditionellen ABS-Transaktionen geht die Ratingbeurteilung somit nicht nur auf die Qualität der zugrunde liegenden Forderungen ein, sondern auch darauf, wie die Plattform ausgestaltet ist.[133] Daher ist es von besonderer Bedeutung, dass der Sponsor detaillierte Vorgaben über die Art und Qualität der von der Plattform anzukaufenden Forderungen setzt und Ankaufvoraussetzungen („eligibility criteria") formuliert.[134] Beispielsweise sind Forderungen, für die ein vertragliches oder gesetzliches Abtretungsverbot besteht, vom Ankauf durch diese Kriterien ausschließbar.[135]

---

[129] *Boulkab/Marxfeld/Wagner* (2008), S. 499.
[130] *Emse* (2005), S. 37.
[131] Vgl. *Brenken/Papenfuß* (2007), S. 79 f.; *Meissmer* (2010), S. 1033.
[132] Vgl. *Bundesverband deutscher Banken* (2009), S. 17. Von dieser Grundidee wird bei ABCP-Plattformen abgewichen, die als Arbitrage-Konstrukte ausgestaltet sind.
[133] Vgl. *Kothari* (2006), S. 471; *Ricken* (2008), S. 56.
[134] Vgl. zu Ankaufvoraussetzungen („eligibility criteria") *FitchRatings* (2001), S. 6; *Glüder/Böhm* (2003), S. 647; *Moody's* (2003), S. 35; *Feld* (2007), S. 153; *Kerl/Grunert* (2008), S. 328.
[135] Vgl. *Feld* (2007), S. 152–156 u. 160–162.

2.6.3 Termination Events

Die grundsätzliche Dauerhaftigkeit eines Verbriefungsprogramms bedingt die Formulierung bestimmter Kriterien, bei denen eine Auflösung der Plattform geboten ist. Solche Termination Events können beispielsweise vorliegen, wenn es zu einer Ratingverschlechterung unter ein bestimmtes Niveau kommt. Die Auflösung erfolgt durch einen Treuhänder. Diesem obliegt es auch, bei bestimmten vertraglich fixierten Verstößen, den Administrator zu ersetzen. Der Treuhänder dient damit der Überwachung des Administrators zum Schutz der Investoren. Die Insolvenz eines Forderungsverkäufers hingegen führt nicht zur Auflösung der Verbriefungsplattform. In dieser Situation sucht der Administrator stattdessen nach neuen Forderungsverkäufern als Ersatz für die ausscheidenden.[136]

2.6.4 Cashflow-Management

Die Zahlungsströme aus den veräußerten Vermögenswerten werden von den Debitoren wie bei traditionellen ABS-Transaktionen in Form von Zins- und Tilgungszahlungen an die Investoren weitergeleitet.[137] Das Cashflow-Management obliegt dem Administrator. Dieser prüft regelmäßig neue potenzielle Transaktionen mit alten oder neuen Forderungsverkäufern, überwacht die bonitätsmäßige Qualität der angekauften Vermögenswerte und führt die revolvierende Emission von Commercial Papers durch. Der Sponsor nimmt zumeist die Funktion des Administrators wahr.[138]

2.6.5 Die Risikoabsicherung unter besonderer Beachtung des Liquiditätsrisikos

2.6.5.1 Absicherung von Kredit- und Marktpreisrisiken

Conduits sind Kredit-, Markt- und Liquiditätsrisiken ausgesetzt. Eine Reduzierung der Kreditrisiken auf Seiten der Investoren der ABS-Papiere erfolgt über das Credit Enhancement, das in Abhängigkeit des jeweiligen Typs unterschiedlich ausgestaltet ist. Da es sich hier um ein Grundelement von ABCP-Programmen handelt, sei an dieser Stelle auf die Ausführungen zu den jeweiligen Produkten verwiesen (Abschnitt 2.8 bis 2.10).

ABCP-Programme unterliegen darüber hinaus Zinsänderungs- und Währungsrisiken. Einem Zinsänderungsrisiko sind ABCP-Programme stets dann ausgesetzt, wenn keine fristenkongruente Refinanzierung vorliegt. Dies ist dann der Fall, wenn die Zahlungen aus den angekauften Forderungen auf Festzinsbasis erfolgen, während die Refinanzierung variabel durch eine

---

[136] Vgl. *IASB* (2008a), Tz. 12, 14 f.
[137] Vgl. *Emse* (2005), S. 37.
[138] Vgl. *Moody's* (2003), S. 6; *Boulkab/Marxfeld/Wagner* (2008), S. 499.

ständig revolvierende Neuemission von ABCP durchführbar ist, deren Verzinsung sich nach dem aktuellen Marktzins richtet. Das Conduit verringert das Risiko zumeist durch den Abschluss eines Zinsswaps, indem es mit einer Drittpartei Festzinszahlungen gegen variable Zinszahlungen tauscht.[139]

Des Weiteren können Conduits einem Währungsrisiko ausgesetzt sein, wenn die angekauften Forderungen in einer anderen Währung als der der ausgegebenen Geldmarktpapiere denominiert sind.[140] Zur Absicherung („hedging") geht die Zweckgesellschaft daher Devisentermingeschäfte mit Dritten am Terminmarkt ein.[141]

2.6.5.2 Die Absicherung des Liquiditätsrisikos

2.6.5.2.1 Liquiditätsrisiko und Liquiditätsfazilität

ABCP-Programme unterliegen aufgrund ihrer Dauerhaftigkeit und der Entkopplung von Ankaufs- und Refinanzierungsgeschäften dem Liquiditätsrisiko.[142] Im Unterschied zu traditionellen Unternehmen, bei denen auftretende Verluste das bilanzielle Eigenkapital auffängt, ist die Solvenz des Conduits mangels Eigenkapitalausstattung[143] bei auftretenend Verlusten durch z.b. Zahlungsausfälle im angekauften Forderungspool unmittelbar bedroht. Das Conduit versucht in diesem Fall, die fälligen ABCP durch die Emission neuer Geldmarktpapiere zurückzubezahlen. Wenn sich allerdings die neuen ABCP vorübergehend nicht (vollständig) am Markt platzieren lassen, ist eine fristgerechte Rückzahlung der fälligen Commercial Papers ausgeschlossen.[144] Das Liquiditätsrisiko erhöht sich umso mehr, je mehr das Programm von einer fristenkongruenten Finanzierung abweicht.[145]

Die Liquiditätsrisiken eines Conduits verringern sich durch die sog. Liquiditätsfazilität, die als Liquiditätslinie oder Ankaufverpflichtung[146] ausgestaltet ist. Der Sponsor stellt regelmäßig die Liquiditätsfazilität einer ABCP-Plattform.[147] Zumeist aus regulatorischen Gründen[148] weist die Fazilität eine Laufzeit von unter einem Jahr auf, deren Prolongation durch die Ge-

---

[139] Vgl. *Moody's* (2003), S. 25, 35; *Ricken* (2008), S. 24; *Wolf/Hill/Pfaue* (2003), S. 186.
[140] Vgl. *Moody's* (2003), S. 46.
[141] Vgl. *Coen* (2001); *Moody's* (2003), S. 25, 35; *Wolf/Hill/Pfaue* (2003), S. 186.
[142] Vgl. zur Definition des Liquiditätsrisikos in Bezug auf ABCP-Programme *Moody's* (2003), S. 74.
[143] Vgl. zur mangelnden Eigenkapitalausstattung bei Zweckgesellschaften SIC-12.9; *Brakensiek* (2001), S. 303; *Küting/Gattung* (2007), S. 404. Vgl. bezogen auf ABCP-Conduits *Moody's* (2003), S. 36.
[144] Vgl. *Wolf/Hill/Pfaue* (2003), S. 184.
[145] Vgl. *Moody's* (2003), S. 6 f.
[146] Vgl. hinsichtlich dieser Abgrenzung der Liquiditätsfazilität zur Liquiditätslinie *FitchRatings* (2001), S. 9; *Moody's* (2003), S. 34. Vgl. hinsichtlich anderer Abgrenzung *Wolf/Hill/Pfaue* (2003), S. 184.
[147] Vgl. *Boulkab/Marxfeld/Wagner* (2008), S. 501.
[148] Vgl. hierzu für Kreditinstitute als Liquiditätsgeber § 50 Abs. 1 SolvV. Vgl. ferner *Emse* (2005), S. 37; *Schmittat* (2007), S. 23; *Marelja* (2009), S. 179.

nehmigung des Sponsors erfolgt.[149] Mit den obigen Ausführungen lässt sich daher unter Beachtung der Liquiditätsfazilität ein typisches ABCP-Programm entsprechend der Abb. 11 skizzieren.[150]

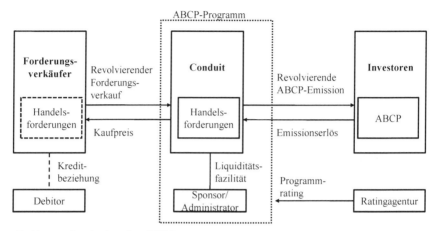

Abb. 11: Grundstruktur eines ABCP-Programms

2.6.5.2.2 Die Liquiditätslinie

Eine „klassische Art der Absicherung des Liquiditätsrisikos"[151] stellt die Liquiditätslinie dar. Dabei handelt es sich um eine Kreditzusage[152] (des Sponsors) an das Conduit. Die Inanspruchnahme der Liquiditätslinie ist an bestimmte vertraglich vorgegebene Voraussetzungen gebunden, die kumulativ zu erfüllen sind. Bei alleiniger Absicherung des Liquiditätsrisikos lauten diese Kriterien wie folgt:

- Das Conduit kann keine ausreichende Refinanzierung am Geldmarkt erreichen, da sich die ABCP nicht am Markt platzieren lassen.
- Das Conduit ist einem Liquiditätsengpass ausgesetzt, weil beispielsweise die fristgerechte Bedienung von Zahlungsansprüchen der Investoren ansteht.
- Die angekauften Forderungen sind nicht ausfallgefährdet.[153]

---

[149] Vgl. *FitchRatings* (2001), S. 10.
[150] Vgl. hinsichtlich ähnlicher Grafik *Bundesverband deutscher Banken* (2009), S. 16.
[151] *Wolf/Hill/Pfaue* (2003), S. 184.
[152] Kreditzusagen sind feste Verpflichtungen eines Kreditgebers zur Bereitstellung eines Kredits an einen potenziellen Kreditnehmer zu vorab vertraglich festgelegten Konditionen. Vgl. IAS 39.BC15. Vgl. ferner *PricewaterhouseCoopers* (2012), S. 790–794.
[153] Vgl. *FitchRatings* (2001), S. 9 f.; *Boulkab/Marxfeld/Wagner* (2008), S. 500.

Bei der Inanspruchnahme der Kreditzusage sieht das entstehende Kreditverhältnis nach den Vertragsbestimmungen oft eine Verpfändung der Zahlungsansprüche aus den angekauften Krediten vor.[154] Übernimmt der Liquiditätsgeber neben dem Liquiditätsrisiko noch das Kreditrisiko, entfällt die letztgenannte Voraussetzung. Das Conduit kann dann die Kreditzusage auch beanspruchen, wenn Zahlungsausfälle im Forderungspool drohen. Der Liquiditätsgeber trägt mithin Bonitäts- und Adressenausfallrisiken aus dem Kreditportfolio.[155] Für diese Fälle ist als weitere (einschränkende) Voraussetzung vereinbar, dass vor der Inanspruchnahme der Liquiditätsfazilität das Credit Enhancement bereits ausgeschöpft ist.[156]

2.6.5.2.3 Die Ankaufverpflichtung als alternative Liquiditätsfazilität

Neben der Liquiditätslinie stellt eine Ankaufverpflichtung eine weitere alternative Liquiditätsfazilität dar. Die Absicherung des Liquiditätsrisikos erfolgt, indem sich der Liquiditätsgeber (zumeist der Sponsor) dazu verpflichtet, alle nicht ausfallgefährdeten Forderungen von der Zweckgesellschaft anzukaufen, wenn Liquiditätsbedarf besteht.[157] Sofern eine Ankaufverpflichtung neben dem Liquiditätsrisiko zudem noch das Kreditrisiko absichern soll, sehen die vertraglichen Vereinbarungen regelmäßig vor, dass auch ausfallgefährdete Forderungen anzukaufen sind.[158]

2.6.5.2.4 Zur Trennung von Kredit- und Liquiditätsrisiken

Die vertragliche Trennung von Kredit- und Liquiditätsrisiken im Rahmen der Liquiditätsfazilität ist in normalen Marktsituationen praktikabel und sachgerecht, wenn kurzfristige Liquiditätsengpässe auftreten. Allerdings erweist sich die Trennung dieser Risiken bei gravierenden Marktstörungen, wie der Subprime-Krise, als „künstlich"[159]. Wenn bereits eine Liquiditätsfazilität wegen Zahlungsengpässen auf der Refinanzierungsseite in Anspruch genommen wurde, ohne dass Zahlungsausfälle im Forderungspool bislang aufgetreten sind, absorbiert der Liquiditätsgeber gegenüber dem Conduit zwangsläufig das Kreditrisiko. Das bedeutet, dass trotz eines vertraglichen Ausschlusses eine faktische Übernahme des Kreditrisikos der Special Purpose Entities durch den Liquiditätsgeber bzw. Sponsor in bestimmten Marktsituationen auftritt. Dies trifft beispielsweise dann zu, wenn zuerst ein Liquiditätsbedarf der Zweckgesellschaft durch Schwierigkeiten am Refinanzierungsmarkt (hier: ABCP-Markt) entsteht, was zu

---

[154] Vgl. in Bezug auf den zweistufigen Aufbau bei Multi-Seller-Conduits *Boulkab/Marxfeld/Wagner* (2008), S. 500.
[155] Vgl. *Wolf/Hill/Pfaue* (2003), S. 185.
[156] Vgl. *FitchRatings* (2001), S. 9 f.; *Boulkab/Marxfeld/Wagner* (2008), S. 500.
[157] Vgl. *Wolf/Hill/Pfaue* (2003), S. 185.
[158] Vgl. *FitchRatings* (2001), S. 10.
[159] *Ricken* (2008), S. 114.

einer Inanspruchnahme der Liquiditätslinie durch das Conduit führt, und zeitlich nachgelagert Forderungsausfälle in dessen Forderungspool auftreten. Die Subprime- und Finanzmarktkrise stellte eine solche anormale Marktsituation dar.[160]

2.7 Systematisierung von ABCP-Programmen

2.7.1 Abgrenzung der ABCP-Konstrukte nach dem finanzwirtschaftlichen Motiv

Da Verbriefungen auf nationalem, häufig disponiblem Vertragsrecht beruhen, weist deren Ausgestaltung ein hohes Maß an Flexibilität auf.[161] Daher haben sich – aufbauend auf der oben dargestellten, klassischen Grundstruktur (Abschnitt 2.6) – verschiedene Typen von ABCP-Verbriefungsplattformen entwickelt. Für eine Systematisierung der verschiedenen Arten von Programmen ist eine Differenzierung zwischen den Hauptmotiven „Unternehmensfinanzierung" und „Arbitrage" sachgerecht.

Ältere Quellen verstehen unter ABCP-Programmen nur Single-Seller- und Multi-Seller-Conduits, deren finanzwirtschaftlicher Primärzweck in der Unternehmensfinanzierung der Forderungsverkäufer liegt.[162] Im Rahmen dieser Arbeit tragen sie die Bezeichnung ABCP-Programme i.e.S. In jüngerer Zeit, insbesondere im Vorfeld der Subprime- und Finanzmarktkrise, sind aber vermehrt ABCP-Konstrukte aufgesetzt worden, die vordergründig der Arbitrage des Sponsors bzw. des Administrators dienen. Neuere Literaturquellen fassen dabei sowohl ABCP-Programme i.e.S. als auch Arbitrage-Konstrukte, zu denen Arbitrage- und Hybrid-Conduits sowie Structured Investment Vehicles zählen, unter den ABCP-Programmen zusammen.[163] Diese Arbeit schließt sich der Definition dieser jüngeren Quellen an, weil die Arbitrage-Konstrukte auch Asset Backed Commercial Papers emittieren und daher per Definition zu den ABCP-Programmen i.w.S. zählen.[164] Abb. 12 fasst diese Systematisierung nach dem jeweiligen finanzwirtschaftlichen Zweck der Produkte grafisch zusammen.

---

[160] Vgl. hierzu *Ricken* (2008), S. 114 f. Beispielsweise konsolidierte die *IKB* das zuvor nicht-konsolidierte Conduit „Rhineland Funding" nach der Inanspruchnahme der Kreditlinie. Vgl. *IKB* (2007b), S. 4 f.
[161] Vgl. *Wolf/Hill/Pfaue* (2003), S. 167 f.
[162] Vgl. *Wolf/Hill/Pfaue* (2003), S. 167–197; *Emse* (2005), S. 38.
[163] Vgl. für diese Systematisierung von ABCP-Programmen *ESF/ICMA* (2008), S. 2–4. Vgl. hinsichtlich gleicher Auffassung *Moody's* (2003), S. 7; *Boulkab/Marxfeld/Wagner* (2008), S. 497–504; *Sommer* (2008), S. 68–70.
[164] Vgl. zur Abgrenzung von SIV-Konstrukten zu ABCP-Programme i.e.S. *Meissmer* (2010), S. 1034. Vgl. zu sämtlichen ABCP-Programm-Typen *ESF/ICMA* (2008), S. 2–4.

Finanzwirtschaftlicher Zweck:	
Unternehmensfinanzierung des Forderungsverkäufers	Arbitrage des Sponsors oder des Administrators
ABCP-Programme i.e.S.	**Arbitrage-ABCP-Programme**
Beispiele: - Single-Seller-Conduits - Multi-Seller-Conduits	Beispiele: - Arbitrage-Conduits - Hybrid-Conduits - Structured Investment Vehicles
ABCP-Programme i.w.S.	

Abb. 12: Abgrenzung von ABCP-Konstrukten nach dem finanzwirtschaftlichen Zweck

2.7.2 ABCP-Plattformen (i.e.S.) mit der Unternehmensfinanzierung des Forderungsverkäufers als Hauptmotiv

Die betriebswirtschaftlichen und bilanziellen Motive des Forderungsverkäufers bei der Verwendung von ABCP-Programmen sind grundsätzlich mit den Zielen bei traditionellen ABS-Transaktionen vergleichbar (Abschnitt 2.2). Jedoch spielt bei den Verbriefungsplattformen der Aspekt der Senkung von Transaktionskosten eine wichtigere Rolle als bei den traditionellen Verbriefungen, weil die verbrieften Volumina einzelner Forderungsverkäufer regelmäßig geringer sind. Bei einer Verbriefungszweckgesellschaft entstehen laufende Fixkosten, die sich aus der Gründung, dem Abschlussprüferhonorar, den Entgelten für Ratingagenturen und den Kosten für die Absicherung von Marktpreisrisiken zusammensetzen. Je mehr Forderungsverkäufer dasselbe ABCP-Programm nutzen, desto mehr sinken die zu tragenden Kosten des Einzelnen. Im Vergleich zu traditionellen Term-Deal-Transaktionen, die als Single-Seller ausgestaltet sind, werden bei ABCP-Programmen Skaleneffekte erzielt, sodass auch die Verbriefung kleinerer Volumina rentabel wird. Daher eignen sich diese Plattformen besonders für die Forderungsverbriefung durch mittelständische Unternehmen.[165] Bereits Forderungsportfolios mit Nominalvolumina ab ca. 20 Mio. €, in Einzelfällen bereits ab 5 Mio. €, sind über ein Multi-Seller-ABCP-Programm renditesteigernd veräußerbar.[166]

Für mittelständische Unternehmen ist ferner von Vorteil, dass die Liquiditätsbeschaffung über den Kapitalmarkt erfolgt, wodurch die Kreditlinie bei deren Hausbank entlastet wird. Durch den Kreditverkauf erhalten die Forderungsverkäufer Finanzmittel über den Kapitalmarkt, sodass sie sich mit der ABS-Transaktion einen neuen Investorenkreis erschließen.[167] Ökonomisch findet mit einem ABCP-Programm i.e.S. eine Losgrößentransformation statt, indem mehrere mittelständische Unternehmen durch eine Art von „Zusammenschluss" eine Zweck-

---

[165] Vgl. zum Kostenaspekt bei Verbriefungsprogrammen *Jendruschewitz/Nölling* (2007), S. 216 f.; *Schmittat* (2007), S. 19; *Ricken* (2008), S. 104.
[166] Vgl. *Ricken* (2008), S. 62.
[167] Vgl. *Arnold/Byington/McKenzie* (1993), S. 144; *Feld* (2007), S. 43.

gesellschaft (Conduit) nutzen, die die überwiegend kleinvolumigen Forderungen ankauft und sich zentral refinanziert.[168]

2.7.3 ABCP-Plattformen mit der Arbitrage-Erzielung als Primärzweck

Finanzwirtschaftlich ist unter einem Arbitragegeschäft die Ausnutzung von unterschiedlichen Preisen an verschiedenen Orten (Handelsplätzen) zur Erzielung eines sicheren Gewinns zu verstehen.[169] Im Gegensatz zu Spekulationsgeschäften, die eine Realisierung von erwarteten, zeitlichen Preisunterschieden bezwecken, ist Arbitrage (theoretisch) ohne Risiko.[170]

Indem die Zweckgesellschaft an unterschiedlichen Märkten (wie dem ABS-Markt, dem Markt für Sicherungsgeschäfte für Marktpreisrisiken und dem Geldmarkt für Commercial Papers) agiert, strebt sie einen sicheren Arbitragegewinn durch die Nutzung positiver Zinsspannen an.[171] Das Zinsrisiko durch die kurzfristige Refinanzierung der angekauften, langfristigen Vermögenswerte bleibt nicht, wie bei einer Spekulation üblich, unbesichert, sondern wird i.d.R. mittels Zinstermingeschäften abgesichert.[172]

Bei Arbitrage-ABCP-Programmen kommt es hinsichtlich des treibenden Motivs bei der Aufsetzung einer solchen Struktur zu einem Perspektivenwechsel. Nicht die Ziele des Forderungsverkäufers, sondern die Absichten des Sponsors, der die Plattform strukturiert, stehen hier im Fokus. Der Primärzweck des Sponsors eines Arbitrage-ABCP-Programms liegt in der Erzielung von Erträgen am Kapitalmarkt durch die Nutzung der Fristeninkongruenz zwischen der Aktiv- und der Passivseite der zu gründenden Zweckgesellschaft.[173]

2.8 Typen von ABCP-Programmen i.e.S.

2.8.1 Single-Seller-Conduits

Veräußert nur ein Forderungsverkäufer revolvierend seine Handelsforderungen an das Conduit, liegt ein Single-Seller-Programm vor.[174] Hierbei erfolgen der Forderungsankauf und die Emission der ABCP durch dieselbe Zweckgesellschaft. Der Sponsor und der Forderungsverkäufer sind in diesem Fall dieselbe Partei, sodass der Forderungsverkäufer das Credit Enhancement und die Liquiditätslinie selbst zur Verfügung stellt. Er ist derjenige, der die Platt-

---

[168] Vgl. zum Aspekt der Kostenreduzierung bei der Nutzung einer Zweckgesellschaft durch mehrere Parteien *Arbeitskreis „Finanzierung" der Schmalenbach-Gesellschaft* (1992), S. 520.
[169] Vgl. zum Arbitrage-Begriff *Cramer u.a.* (2007a), S. 37 in Bezug auf *Belton/Galen* (1993).
[170] Wegen der Unsicherheit der künftigen Preisentwicklung ist Spekulation stets risikobehaftet. Vgl. hierzu *Cramer u.a.* (2007b), S. 1772.
[171] Vgl. *FitchsRatings* (2001), S. 3; *König* (2009), S. 18.
[172] Vgl. *Wolf/Hill/Pfaue* (2003), S. 186.
[173] Vgl. *Thelen/Pischke* (2010b), S. 192. *Thelen-Pischke* bezieht sich hierbei auf SIV-Konstrukte.
[174] Vgl. *ESF/ICMA* (2008), S. 2–4.

form betreibt, wenn es sich um ein Unternehmen mit hoher Bonität handelt; folglich erhalten auch die Verbriefungstitel gute Ratingnoten.[175]

Aufgrund der anfallenden Transaktionskosten, die bei Single-Seller-Conduits eine Partei allein tragen muss, sind die Single-Seller für viele potenzielle (mittelständische) Forderungsverkäufer nicht rentabel,[176] sodass deren Anteil am ABCP-Markt im Vergleich zu den Multi-Seller-Conduits von untergeordneter Bedeutung ist.[177]

Abb. 13 fasst das Konstrukt zusammen.[178]

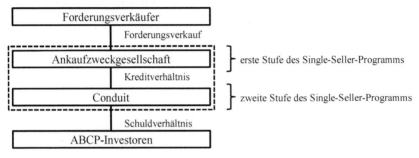

Abb. 13: Zweistufiges Single-Seller-Programm

2.8.2 Multi-Seller-Conduits

2.8.2.1 Zweistufige Struktur von Multi-Seller-Conduits

Wenn mehrere Forderungsverkäufer Kredite an eine Verbriefungsplattform verkaufen, trägt die Struktur die Bezeichnung „Multi-Seller-Conduit". Bei diesen liegt zumeist eine zweistufige Struktur vor.[179] Die Forderungsverkäufer veräußern das Forderungspool an eine Ankaufzweckgesellschaft (Purchaser-Special-Purpose-Entity).[180] In der zweiten Stufe refinanzieren sich diese Purchaser-Special-Purpose-Entities durch eine Darlehensaufnahme, die das Conduit gewährt. Alternativ hierzu können die erworbenen Vermögenswerte durch eine True-Sale-Transaktion von den jeweiligen Ankaufzweckgesellschaften an das Multi-Seller-Conduit weiterveräußert werden. In beiden Fällen finanziert das Multi-Seller-Conduit die Kredit-

---

[175] Vgl. *Covitz/Liang/Suarez* (2009), S. 8; *Moody's* (2003), S. 20 f.
[176] Vgl. zur Rentabilität von Single-Seller-Conduits bei Großkonzernen *Ricken* (2008), S. 61 f.
[177] Vgl. zur Marktbeherrschung der Multi-Seller-Conduits im Vergleich zu den Single-Seller-Conduits *AFME/ESF* (2010), S. 19; *AFME/ESF* (2011), S. 19.
[178] Vgl. hinsichtlich ähnlicher Abbildungen *Wolf/Hill/Pfaue* (2003), S. 171.
[179] Vgl. *Boulkab/Marxfeld/Wagner* (2008), S. 498; *Ricken* (2008), S. 55.
[180] Vgl. *Schmittat* (2007), S. 20.

gewährung bzw. die Ankäufe mittels Emission von verbrieften Verbindlichkeiten in Form von ABCP.[181]

2.8.2.2 Liquiditätsfazilität bei Multi-Seller-Conduits

Zur Absicherung des Liquiditätsrisikos eines Multi-Seller-Conduits dient eine Liquiditätsfazilität. Hierbei ist zwischen der poolspezifischen und der programmweiten Liquiditätsfazilität zu unterscheiden.

Gewährt der Liquiditätsgeber (zumeist der Sponsor) den jeweiligen Ankaufzweckgesellschaften eine Liquiditätslinie, besteht eine poolspezifische Liquiditätsfazilität, sodass die Purchaser-Special-Purpose-Entities jederzeit ihre Zahlungsverpflichtungen aus dem Kreditverhältnis mit dem Conduit begleichen können. Somit ist auch das Liquiditätsrisiko auf der Ebene des Conduits abgesichert. Alternativ zur Liquiditätslinie ist es auch möglich, Ankaufverpflichtungen den jeweiligen Ankaufzweckgesellschaften zu gewähren.

Erfolgt hingegen eine Einräumung einer Kreditlinie an das gesamte Conduit, handelt es sich um eine programmweite Liquiditätsfazilität.[182] Bei Multi-Seller-Conduits stellt zumeist der Sponsor programmweite Liquiditätslinien und Ankaufverpflichtungen.[183]

2.8.2.3 Credit Enhancement bei Multi-Seller-Conduits

Bei einer zweistufigen Struktur eines Multi-Seller-Conduits setzt das poolspezifische Credit Enhancement auf der Ebene der Ankaufzweckgesellschaft an. Die bonitätsverbessernde Maßnahme bezieht sich auf ein bestimmtes Kreditportfolio eines spezifischen Forderungsverkäufers. Die (Erst-)Verluste der Purchaser-Special-Purpose-Entity trägt im Regelfall der Forderungsverkäufer.[184] Diese bonitätsverbessernde Maßnahme soll die zuerst auftretenden Verluste bis zu einer vertraglich vereinbarten Grenze ausgleichen.[185] Zu den Maßnahmen des poolspezifischen Credit Enhancement zählen typischerweise die Übersicherung oder die Regresshaftung durch den Forderungsverkäufer. Darüber hinaus können aber auch Reservekonten (Excess-Spread-Konten) oder Third-Party-Garantien auf der ersten Stufe Anwendung finden.[186]

---

[181] Vgl. *Boulkab/Marxfeld/Wagner* (2008), S. 498 f.
[182] Vgl. zur poolspezifischen und programmweiten Liquiditätsfazilität *Moody's* (2003), S. 6 f., 77.
[183] Vgl. *FitchRatings* (2004), S. 4; *Boulkab/Marxfeld/Wagner* (2008), S. 499.
[184] Vgl. *Moody's* (2003), S. 25; *Boulkab/Marxfeld/Wagner* (2008), S. 502; *Ricken* (2008), S. 55.
[185] Vgl. *Moody's* (2003), S. 39; *Boulkab/Marxfeld/Wagner* (2008), S. 500.
[186] Vgl. *FitchRatings* (2001), S. 8; *Moody's* (2003), S. 39; *Boulkab/Marxfeld/Wagner* (2008), S. 500. Vgl. zu diesen Credit Enhancements ausführlich Abschnitte 2.4.1.2 und 2.4.1.3.

Das programmweite Credit Enhancement setzt auf der Ebene des Conduits an. Es fängt solche Verluste auf, die die vertraglich fixierte Grenze der zu tragenden, maximalen Erstverluste des poolspezifischen Credit Enhancement überschreiten. Die Absicherung bezieht sich nicht auf die Einzelportfolios, sondern auf die Gesamtstruktur.[187] Die Verantwortung für die Absicherung der Kreditrisiken liegt beim Administrator der Struktur, der zumeist identisch mit dem Sponsor ist. Dieser errichtet daher ein Reservekonto, das dem Conduit für Verluste aus Zahlungsausfällen zur Verfügung steht, die nicht vom poolspezifischen Credit Enhancement zu tragen sind. Das Konto wird oft am Anfang mit liquiden Mitteln durch den Sponsor aufgefüllt, sodass die Bezeichnung Cash-Reservekonto Verwendung findet. Über mehrere Perioden erhöht sich der Kontostand des Reservekontos durch die Thesaurierung der zinsinduzierten Excess Spreads.[188] Erreicht das Guthaben einen bestimmten Betrag, erfolgt keine weitere Erhöhung. Die vertraglichen Vereinbarungen sehen häufig die Auszahlung des Excess Spread an den Sponsor vor, sofern ein bestimmtes Mindestguthaben des Reservekontos gegeben ist.[189]

Als weitere bonitätsverstärkende Maßnahme ist es üblich, dass der Sponsor eine Garantie zu Gunsten des Conduits abgibt, die alle Verluste bis zu einer bestimmten Höhe absorbiert.[190] Darüber hinaus hat der Sponsor die Möglichkeit, wenn er das Kreditrisiko des Conduits nicht tragen möchte, auf Third-Party-Garantien zurückzugreifen.[191]

Wenn durch den Sponsor und/oder einen Dritten das Kreditrisiko unbegrenzt übernommen wird, tragen die ABCP-Investoren keine Adressenausfallrisiken (Fully-Supported-Transaktionen). Diese sind hier maßgeblich nur dem Risiko ausgesetzt, dass der Garantiegeber (Sponsor oder Dritter) ausfällt. Erfolgt lediglich eine teilweise Übernahme der Risiken durch den Sponsor oder durch eine Drittpartei, bedeutet dies für die Halter der Verbriefungstitel, dass sie bei Verlusten, die über das programmweite Credit Enhancement hinausgehen, Kürzungen von Zahlungsansprüchen hinnehmen müssen (Partially-Supported-Transaktionen).[192] Da bei einem Multi-Seller-Conduit im Regelfall der Sponsor sowohl die Liquiditätsfazilität

---

[187] Vgl. zum programmweiten Credit Enhancement *FitchRatings* (2001), S. 8; *Moody's* (2003), S. 39; *Wolf/Hill/Pfaue* (2003), S. 178; *Boulkab/Marxfeld/Wagner* (2008), S. 500.
[188] Vgl. *Moody's* (2003), S. 6, 39 f.; *Wolf/Hill/Pfaue* (2003), S. 178; *Boulkab/Marxfeld/Wagner* (2008), S. 500.
[189] Vgl. *IASB* (2008a), Tz. 10.
[190] Im englischsprachigen Raum wird auch von Letter of Credit gesprochen, bei dem es sich um ein garantieähnliches Akkreditiv handelt. Vgl. *Moody's* (2003), S. 41. Vgl. zur Absicherung mittels Garantien *IASB* (2008a), Tz. 9.
[191] Vgl. *Moody's* (2003), S. 39, 41; *Boulkab/Marxfeld/Wagner* (2008), S. 501.
[192] Vgl. *Roever/Fabozzi* (2003), S. 9; *FitchRatings* (2004), S. 4; *Schmittat* (2007), S. 22 m.w.N.; *Ricken* (2008), S. 55.

als auch das programmweite Credit Enhancement stellt, beeinträchtigt dessen Bonität das Ratingurteil des ABCP-Programms in besonderem Maße.[193]

2.8.3 Zelluläre Struktur bei Multi-Seller-Conduits

Multi-Seller-Conduits sind zumeist durch eine zelluläre Struktur geprägt. Das bedeutet, dass eine Abwicklung einer Vielzahl von Transaktionen über eine Zweckgesellschaft erfolgt und gleichzeitig die Einzeltransaktionen wirtschaftlich voneinander isoliert werden, um einen Vermengung von Risiken und Chancen zu verhindern.[194] Besteht eine solche Eins-zu-Eins-Beziehung zwischen bestimmten Vermögenswerten und Schulden einer Zweckgesellschaft, trägt diese Teileinheit einer Special Purpose Entity in der Literatur die Bezeichnung „Silo"[195] oder „Zelle"[196]. Es liegt dann eine „zelluläre[] Struktur [...] unter der einheitlichen rechtlichen Hülle der Zweckgesellschaft"[197] vor.

Eine Trennung von Chancen und Risiken ist durch die Exklusivität der obigen Sicherungsmaßnahmen für einzelne Ankaufzweckgesellschaften bzw. einzelne Portfolios möglich, sodass auf der Ebene des Conduits eine gegenseitige Haftung ausgeschlossenen ist. Eine Silo-Struktur ist demnach gegeben, wenn der jeweilige Sicherungsgeber das Credit Enhancement bzw. die Liquiditätsfazilität ausschließlich poolspezifisch gewährt.[198]

2.9 Verdeutlichungsbeispiel eines Multi-Seller-ABCP-Programms (i.e.S.)

2.9.1 Einführung in das Beispiel-ABCP-Programm

Die vorstehenden Ausführungen sollen anhand einer Fallerweiterung des Ausgangsbeispiels (Abschnitt 2.5) verdeutlicht werden. Neben dem Unternehmen A nutzen zwei weitere mittelständische Unternehmen (Unternehmen B und C) die zweistufige ABCP-Plattform, die aus Vereinfachungsgründen Forderungen in gleicher Höhe, gleicher Laufzeit und gleichen Konditionen wie A verkaufen. Die Verwaltung der Plattform erfolgt durch den Sponsor S, der dieses ABCP-Programm gegründet hat.

Zum 01.01.X1 kaufen die drei Ankaufzweckgesellschaften (Purchaser-SPE A, B, C) die Kundenforderung von A, B und C an. Im Rahmen eines poolspezifischen Credit Enhancement erfolgt ein Kaufpreisabschlag von 10% des Barwerts i.H.v. 9.346 T€ (Übersicherung von

---

[193] Vgl. *Kothari* (2006), S. 471; *Ricken* (2008), S. 56.
[194] Vgl. IDW RS HFA 2, Tz. 54.
[195] *Reiland* (2006), S. 348; *Streckenbach* (2006), S. 119.
[196] IDW RS HFA 2, Tz. 54; IDW RS HFA 9, Tz. 158.
[197] *Lüdenbach* (2012), § 32, Tz. 84.
[198] Vgl. IDW RS HFA 2, Tz. 54; IDW RS HFA 9, Tz. 158.

935 T€), d.h., die Forderungsverkäufer erhalten am 01.01.X1 eine Auszahlung von jeweils 8.411 T€. Treten keine Forderungsausfälle auf, wird bei Fälligkeit der angekauften Forderungen (01.01.X2) der Kaufpreisabschlag an den Forderungsverkäufer zum Zeitwert (1.000 T€) zurücküberwiesen. Für den Ankauf berechnet das Conduit jedem Forderungsverkäufer eine Gebühr von jeweils 300 T€. Diesem Entgelt liegt die Annahme zugrunde, dass die Transaktionskosten für die ABCP-Plattform ebenfalls, wie im Beispiel einer traditionellen Verbriefung, 900 T€ betragen. Es erfolgt eine gleichmäßige Verteilung dieser Kosten auf die drei Kunden der Plattform.

Die drei Ankaufzweckgesellschaften refinanzieren den Ankauf von jeweils 8.411 T€ zu einem Zinssatz von 7% durch eine Darlehensaufnahme beim Conduit. Das Conduit finanziert die Kreditgewährung an die Ankaufzweckgesellschaften durch eine Emission von ABCP i.H.v. von 25.233 T€ (= 3 * 8.411 T€).

Das Conduit verfügt über ein Reservekonto als programmweites Credit Enhancement. Auf diesem Konto erfolgt eine Thesaurierung der erzielten Zinsüberschüsse und Gebühren der Forderungsverkäufer bis zu einer Grenze von 6 Mio. €. Seit der Gründung des ABCP-Programms hat sich bereits aus vorangegangenen Perioden ein Guthaben von 6 Mio. € angesammelt, sodass der vereinbarte, maximale Betrag als Reserveguthaben zur Verfügung steht. Das Reservekonto fängt solche Verluste auf, die die jeweiligen poolspezifischen Credit Enhancements der Ankaufzweckgesellschaften überschreiten. Excess Spreads, die wegen des Erreichens des Limits von 6 Mio. € nicht thesauriert werden, sind vereinbarungsgemäß an den Sponsor als variable Vergütung für seine Dienstleistungen auszuzahlen. Bei einer potenziellen Auflösung der ABCP-Plattform aufgrund eines Termination Event[199] steht dem Sponsor das verbleibende Guthaben des Reservekontos als Liquidationserlös zu.[200]

Zur Liquiditätssicherung des Conduits übernimmt der Sponsor S eine programmweite Liquiditätslinie der ABCP i.H.v. 80% des Nominalvolumens der angekauften Forderungen. Die Liquiditätslinie kann vom Conduit auch bei drohenden Zahlungsausfällen in Anspruch genommen werden.

Die beauftragte Ratingagentur beurteilt das Programm mit der Bestnote, weil die ABCP-Investoren, infolge des poolspezifischen und des programmweiten Credit Enhancement sowie der programmweiten Liquiditätsfazilität, keine Kredit- und Liquiditätsrisiken tragen. Im (unrealistischen) Extremfall, dass alle drei Forderungsportfolios (Nominalvolumen von 30 Mio. €) einen Totalausfall aufweisen, tragen die Forderungsverkäufer (3 Mio. € (Erstver-

---

[199] Vgl. hierzu Abschnitt 2.6.3.
[200] Vgl. hinsichtlich eines ähnlichen Beispiels zum Multi-Seller-Conduit, bei dem das Reservekonto an den Sponsor bei Liquidation überwiesen wird, *IASB* (2008a), Tz. 10.

luste)), das Reservekonto (6 Mio. €) und die Liquiditätsfazilität (21 Mio. €) die Wertminderungsverluste.

Der Zinssatz der emittierten ABCP i.H.v. 25.233 T€ beträgt aufgrund der guten Ratingnote lediglich 2%, was im Beispiel dem risikolosen Marktzinssatz entspricht.[201] Die Laufzeit der ABCP ist identisch mit den angekauften Vermögenswerten (365 Tage). Sie sind daher ebenfalls am 01.01.X2 fällig. Die Abb. 14 verdeutlicht die Struktur.[202]

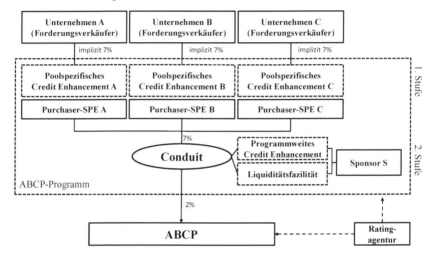

Abb. 14: Struktur des Multi-Seller-ABCP-Conduits des Beispiels

2.9.2 Bilanzielle Auswirkungen für den Forderungsverkäufer

Aus der Perspektive des Forderungsverkäufers gehen zum Verkaufszeitpunkt (01.01.X1) Forderungen mit einem Barwert von 9.346 T€ ab, wofür er einen Kaufpreis in Höhe von 8.333 T€ erhält, die der Begleichung der Verbindlichkeiten aus Lieferungen und Leistungen unter Ausnutzung von Skonti dienen. Das Entgelt für die Transaktion i.H.v. 300 T€ wird unter den Verwaltungsaufwendungen erfasst. Nach Zinsabgrenzung stellt sich der IFRS-Abschluss von A zum 31.12.X1 wie in Abb. 15 dar.

---

[201] Commercial Papers weisen (entgegen der vorgenommenen Vereinfachung) oft eine Verzinsung auf diskontierter Basis auf. Das bedeutet, dass statt laufender Zinszahlungen eine Ausgabe mit Abschlag (Disagio) erfolgt. Vgl. *Krumnow u.a.* (2004), § 16 RechKredV, Tz. 17.

[202] Vgl. hinsichtlich ähnlicher Grafiken *Wolf/Hill/Pfaue* (2003), S. 173; *Boulkab/Marxfeld/Wagner* (2008), S. 498.

Bilanz von A zum 31.12.X1 in T€			
Sachanlagen	6.000	Eigenkapital	4.411
Kasse	2.411	Gezeichnetes Kapital	3.000
Forderungen an Purchaser-SPE	1.000	Gewinnrücklage	1.411
Forderungen an Purchaser-SPE	935	Bankverbindlichkeiten	5.000
Abgegrenzte Zinsen	65		
	9.411		9.411

GuV von A für Periode X1 in T€			
Materialaufwand	6.800	Umsatzerlöse	9.346
Personalaufwand	500	Zinsertrag (Forderung an SPE)	65
Zinsaufwand (Bank)	400		
Verwaltungsaufwendungen	300		
Jahresüberschuss	1.411		

Abb. 15: IFRS-Abschluss von A zum 31.12.X1 bei Nutzung des Multi-Seller-Conduits

Eine bilanzanalytische Gegenüberstellung der Finanzierungsalternativen ohne Verbriefungen (Abschnitt 2.5.1), mit einmaliger Verbriefung (Abschnitt 2.5.2) und mit Nutzung des ABCP-Programms zeigt die Vorteilhaftigkeit eines Multi-Seller-Conduits aus Sicht des Forderungsverkäufers (Abb. 16). Der Jahresüberschuss hat sich um 600 T€ erhöht, indem sich die Transaktionskosten (300 T€ statt zuvor 900 T€) auf alle drei Teilnehmer (A, B und C) verteilen.

Daten zum 31.12.X1	ohne Finanz-optimierung	mit Verbriefung	mit ABCP-Multi-Seller-Conduit
Eigenkapitalquote in %	23,5	43,3	46,9
Verschuldungsgrad	3,3	1,3	1,1
Liquiditätsgrad in %	12,5	>100	>100
Kundenziel in Tagen	365	0	0
Lieferantenziel in Tagen	312	0	0
Jahresüberschuss	1.000	811	1.411

Abb. 16: Bilanzanalytischer Vergleich der Finanzierungsalternativen für den Forderungsverkäufer

2.9.3 Effekte auf der Ebene der Ankaufzweckgesellschaften

Die Ankaufzweckgesellschaft A erwirbt Forderungen zum 01.01.X1 mit einem Barwert von 9.346 T€ für einen Kaufpreis von 8.411 T€, den sie durch Darlehensaufnahme beim Conduit refinanziert. Die Differenz (935 T€) stellte eine bedingte Rückzahlungsverpflichtung an den Forderungsverkäufer dar, sodass sich die in Abb. 17 dargestellte Bilanz zum 01.01.X1 für die Ankaufzweckgesellschaft A ergibt.

Bilanz der Ankaufzweckgesellschaft zum 01.01.X1 in T€		
Angekaufte Forderungen 9.346	Verbindlichkeiten an das Conduit	8.411
	Bedingte Verbindlichkeit an Forderungsverkäufer	935
9.346		9.346

Abb. 17: Bilanz der Ankaufzweckgesellschaft zum 01.01.X1

Die Ankaufzweckgesellschaft refinanziert sich zum gleichen Zinssatz (7%) wie die implizite Verzinsung der angekauften Forderungen, sodass kein Jahresüberschuss von der Ankaufzweckgesellschaft erzielt wird, wie die Bilanz zum Bilanzstichtag in Abb. 18 zeigt. Die Zahlungseingänge der fälligen Forderungen der Debitoren am 01.01.X2 deckt die Begleichung der am selbigen Tag fälligen Verbindlichkeiten an das Conduit und den Forderungsverkäufer.

Bilanz der Ankaufzweckgesellschaft zum 31.12.X1 in T€		
Angekaufte Forderungen 10.000	Verbindlichkeiten an das Conduit	9.000
	Bedingte Verbindlichkeit an Forderungsverkäufer	1.000
10.000		10.000

Abb. 18: IFRS-Bilanz der Ankaufzweckgesellschaft zum 31.12.X1

2.9.4 Buchhalterische Auswirkungen auf das ABCP-Conduit und den Sponsor

Die Darlehensgewährung an die Ankaufzweckgesellschaften i.H.v. 25.233 T€ refinanziert das Conduit durch eine Emission von ABCP. Das zum 01.01.X1 bestehende Reserveguthaben beträgt 6.000 T€. In gleicher Höhe besteht eine Verbindlichkeit gegenüber dem Sponsor S, da diesem z.B. im Fall der Liquidation das Guthaben zusteht. Die Bilanz des Conduits zum 01.01.X1 zeigt Abb. 19.

Bilanz des Conduits am 01.01.X1 in T€		
Forderungen an Purchaser-SPE	25.233 Verbriefte Verbindlichkeiten	25.233
Kasse (Reservekonto)	6.000 Verbindlichkeit an Sponsor S	6.000
	31.233	31.233

Abb. 19: IFRS-Bilanz des Conduits am 01.01.X1

Innerhalb des Geschäftsjahrs fallen beim Conduit Verwaltungsaufwendungen i.H.v. 900 T€ für z.B. die Ratingagentur und die Abschlussprüfer der Zweckgesellschaften an. Diesem Aufwand stehen die Provisionserträge aus den Entgelten der Forderungsverkäufer in gleicher Höhe gegenüber.

Zum 31.12.X1 nimmt das Conduit Zinsabgrenzungen für die Forderungen an die Ankaufzweckgesellschaften mit dem vereinbarten Zinssatz von 7% vor, sodass es einen Zinsertrag i.H.v. 1.766 T€ vereinnahmt. Gleichzeitig entstehen Zinsaufwendungen für die emittierten 2%-ig verzinslichen ABCP i.H.v. 505 T€. Folglich beträgt der zinsinduzierte Excess Spread

1.261 T€ (Zinsüberschuss). Dieser dient üblicherweise der Thesaurierung auf dem Reservekonto. Da im Beispiel allerdings das Guthaben dieses Kontos bereits seinen vereinbarten Höchststand zur Erfüllung der Funktion als programmweites Credit Enhancement erreicht hat, ist dieser Betrag bei Fälligkeit (01.01.X2) an den Sponsor S auszuzahlen. Der volle Betrag ist als Verbindlichkeit gegenüber dem Sponsor S zu passivieren, da keine Zahlungsausfälle drohen. Es ergibt sich folglich der in Abb. 20 dargestellte IFRS-Abschluss des Conduits zum 31.12.X1.

Bilanz des Conduits zum 31.12.X1 in T€			
Forderungen an Purchaser-SPE	27.000	Verbriefte Verbindlichkeiten	25.739
davon anteilige Zinsen	1.766	davon anteilige Zinsen	505
Kasse (Reservekonto)	6.000	Verbindlichkeiten an Sponsor S	7.261
		Auszahlung des Excess Spread	1.261
		Rückerstattungspflicht des Reservekontos	6.000
	33.000		33.000

GuV des Conduits der Periode X1 in T€			
Zinsaufwand Verbindlichkeiten	505	Zinsertrag (Purchaser-SPE)	1.766
Verwaltungsaufwand	900	Provisionserträge	900
Aufwand	1.261		

Abb. 20: IFRS-Abschluss des Conduits zum 31.12.X1

Es handelt sich bei der Auszahlungsverpflichtung des erzielten Excess Spread an den Sponsor S um eine Verteilung des Residualerlöses. Der Sponsor erfasst in seinem Abschluss einen Provisionsertrag i.H.v. 1.261 T€, den er als Vergütung für die erbrachten Dienstleistungen für das ABCP-Programm erhält.

2.9.5 Inanspruchnahme des Credit Enhancement bei Zahlungsausfällen als weitere Fallvariante

2.9.5.1 Bilanzielle Auswirkungen der Wertminderungen bei der Ankaufzweckgesellschaft

Die bisherige Darstellung geht davon aus, dass in den drei Forderungspools der Ankaufzweckgesellschaften keine Zahlungsausfälle in der Periode X1 auftreten. Um die Wirkungsweise des poolspezifischen und des programmweiten Credit Enhancement zu verdeutlichen, ist im Folgenden in Abwandlung des obigen Sachverhalts anzunehmen, dass vier Debitoren (Forderungsvolumen jeweils 500 T€) des Forderungspools der Ankaufzweckgesellschaft A höchstwahrscheinlich einen Insolvenzantrag stellen.

Nach IAS 39.59 stellt dies einen objektiven Hinweis auf eine vorzunehmende Wertminderung dar. Nach den Schätzungen zum Bilanzstichtag rechnet die Ankaufzweckgesellschaft nicht mehr mit künftigen Zahlungseingängen aus den vier notleidenden Forderungen, sodass der Barwert dieser vier Kundenforderungen jeweils 0 € beträgt.[203] Eine Sicherheitsverwertung ergibt keine Verwertungserlöse.[204] Die Ankaufzweckgesellschaft A bucht eine Risikovorsorge i.H.v. 2.000 T€:[205]

Risikovorsorgeaufwand	2.000	an	Risikovorsorge	2.000

Ohne Credit Enhancement wäre die Ankaufzweckgesellschaft mit 2.000 T€ mangels Eigenkapital überschuldet. Die bonitätsverstärkende Maßnahme verhindert die drohende Insolvenz der Ankaufzweckgesellschaft A. Zunächst greift auf der ersten Stufe das poolspezifische Credit Enhancement. Die Übersicherung deckt zwei Zahlungsausfälle zu je 500 T€. Im Rahmen der Ausbuchung der Rückerstattungspflicht des Übersicherungsbetrags an den Forderungsverkäufer resultiert infolge der Zahlungsausfälle ein Ertrag bei der Ankaufzweckgesellschaft. Folgender Buchungssatz ergibt sich hieraus:

Bedingte Verbindlichkeiten an Forderungsverkäufer	1.000	an	Ertrag aus Inanspruchnahme des poolspezifischen Credit Enhancement	1.000

Damit ist das poolspezifische Credit Enhancement auf der Stufe der Ankaufzweckgesellschaft A ausgeschöpft. Es verbleibt ein Verlust von 1.000 T€, den das programmweite Credit Enhancement auffängt, indem das Conduit 1.000 T€ vom Reservekonto an die Ankaufzweckgesellschaft überweist. In dieser Höhe erfolgt eine Ertragsvereinnahmung, da entsprechend den Vertragsbedingungen das Conduit dieses Geld künftig nicht mehr zurückfordern kann. Die Ankaufzweckgesellschaft bucht folglich:

Kasse	1.000	an	Ertrag aus Inanspruchnahme des programmweiten Credit Enhancement	1.000

Die Maßnahmen des Credit Enhancement schützen die Ankaufzweckgesellschaft vor einer Überschuldung und sichern ihre Zahlungsfähigkeit. Mit den Zahlungseingängen der nichtwertzuberichtigenden Forderungen in Höhe von 8.000 T€ und dem Kassenbestand von 1.000 T€ kann die Zweckgesellschaft die Zahlungsverpflichtung an das Conduit von 9.000 T€ am 01.01.X2 begleichen. Für den Forderungsverkäufer hat die Inanspruchnahme des poolspezifischen Credit Enhancement die Auswirkung, dass eine Rückerstattung von 1.000 T€ entfällt.

---

[203] Vgl. IAS 39.63.
[204] Hier in dem Beispiel ist vorstellbar, dass bei einer ggf. rechtlich durchsetzbaren Deinstallation der verkauften Aufzüge lediglich ein unwesentlicher Schrottwert erzielt werden kann, da die Demontage der Einzelteile den Aufzug technisch zerstört.
[205] Vgl. IAS 39.63 i.V.m. IAS 39.AG84.

2.9.5.2 Effekte der Wertminderungen für das Conduit und den Sponsor

Auf das Conduit hat die Inanspruchnahme des programmweiten Credit Enhancement den Effekt, dass das Reservekonto aufgrund der Stützungsmaßnahme der Ankaufzweckgesellschaft um 1.000 T€ auf 5.000 T€ zurückgeht. Entsprechend vermindert sich die Verbindlichkeit an den Sponsor S, dem das Reserveguthaben im Liquidationsfall des Conduits zusteht. Bei Fälligkeit der angekauften Forderungen und der ABCP am 01.01.X2 dient der erzielte Excess Spread von 1.261 T€ i.H.v. 1.000 T€ zur Wiederauffüllung des Reservekontos auf den vereinbarten Betrag von 6.000 T€. Die Auszahlungsverpflichtung an den Sponsor S hat sich somit auf 261 T€ reduziert, wie aus der Bilanz des Conduits in Abb. 21 ersichtlich ist. Damit beeinflusst letztlich die Inanspruchnahme des programmweiten Credit Enhancement den Zahlungsstrom des Sponsors S, da es zu einer Minderung seiner variablen Entlohnung kommt.

Conduit-Bilanz zum 31.01.X1 in T€

Forderungen an Purchaser-SPE	27.000	Verbriefte Verbindlichkeiten	25.739
Kasse (Reservekonto)	5.000	Verbindlichkeiten an Sponsor S	6.261
		Auszahlung des Excess Spread an den Sponsor	261
		Rückerstattungspflicht des Reservekontos	5.000
		Pflicht zur Wiederauffüllung des Reservekontos	1.000
	32.000		32.000

Abb. 21: Auswirkung auf die Bilanz des Conduits bei Inanspruchnahme des programmweiten Credit Enhancement

2.10 ABCP-Konstrukte als Arbitrage-Instrument

2.10.1 Arbitrage-Conduits

Die Zweckgesellschaften von Arbitrage-Konstrukten fallen nicht unter die klassischen Verbriefungszweckgesellschaften.[206] Der Grund hierfür liegt in der primären Absicht, Erträge durch Fristentransformation (unter Ausnutzung der Zinsstrukturkurve) zu erwirtschaften, indem die Aufnahme von Verbindlichkeiten mit einer kürzeren Laufzeit den Erwerb von hochverzinslichen Wertpapieren finanziert.[207]

---

[206] Vgl. *Thelen-Pischke* (2010a), S. 941. *Thelen-Pischke* vergleicht hier Structured Investment Vehicles mit den Verbriefungszweckgesellschaften nach § 26 KWG, bei denen das Refinanzierungsmotiv im Vordergrund steht.
[207] Vgl. *Standard&Poor's* (2002), S. 1.

Bei Arbitrage-Conduits[208] investiert die Zweckgesellschaft somit in langfristige Senior-ABS-Tranchen, deren Refinanzierung durch die Emission von kurzfristig laufenden ABCP erfolgt. Da bei Arbitrage-Conduits die Laufzeit der Aktiva die der Passiva übersteigt, ist die Liquiditätsfazilität regelmäßig höher als die Bilanzsumme der Zweckgesellschaft.[209] Arbitrage-Conduits führen somit eine erneute Verbriefung (sog. Wiederverbriefung) durch.[210]

Zur Verdeutlichung dieser Strukturierung ist anzunehmen, dass der Sponsor S zusätzliche Erträge mit einem Arbitrage-Konstrukt generiert. Er setzte ein Arbitrage-Conduit auf, das Senior-ABS in Höhe von 10 Mio. € mit einer Laufzeit von 5 Jahren kauft, die eine Durchschnittsverzinsung von 5% aufweisen. Die Refinanzierung erfolgt revolvierend über ABCP, die mit 2% verzinst werden. Die Laufzeit der ABCP beträgt 180 Tage. Die Zinsüberschüsse aufgrund der 3%-igen Zinsspanne sind an den Sponsor S weiterzuleiten. Im Gegenzug gewährt der Sponsor S eine Liquiditätsfazilität von 12 Mio. €, die damit die Bilanzsumme der Zweckgesellschaft um 2 Mio. € übersteigt. Diese Liquiditätsfazilität deckt potenzielle Verluste für den Fall ab, dass durch einen allgemeinen Marktzinsanstieg der kurzfristige Zinssatz der revolvierend auszugebenden ABCP den Anlagezinssatz von 5% übersteigt. Abb. 22 verdeutlicht das Beispiel-Arbitrage-Conduit.

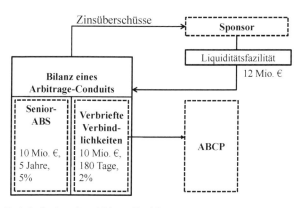

Abb. 22: Typische Struktur eines Arbitrage-Conduits

---

[208] Vgl. zu Arbitrage-Conduits *Schmittat* (2007), S. 19; *ESF ICMA* (2008), S. 2–4.
[209] Vgl. hierzu die Analyse des Arbitrage-Conduits „Rhineland Funding" der IKB *Ricken* (2008), insb. S. 108–115.
[210] Vgl. zur Wiederverbriefung bei Arbitrage-Konstrukten *Bundesverband deutscher Banken* (2009), S. 19; *Thelen-Pischke* (2010b), S. 192.

2.10.2 Hybrid-Conduits

Bei einer Kombination der Elemente eines Multi-Seller-Conduits mit einem Arbitrage-Conduit trägt die Special Purpose Entity die Bezeichnung „Hybrid-Conduit". Das bedeutet, dass einige Ankaufzweckgesellschaften der Plattform dem Forderungsankauf von mittelständischen Forderungsverkäufern dienen und andere Zweckgesellschaften die Eigenschaften von Arbitrage-Conduits aufweisen, indem sie in ABS-Tranchen anderer Verbriefungstransaktionen investieren.[211] Die Verwaltung der ABS-Portfolien erfolgt separat und die daraus resultierenden Chancen und Risiken trägt zumeist der Sponsor.[212]

In Abwandlung an das Beispiel des Arbitrage-Conduits des vorangegangenen Abschnitts ist nun der Sponsor S bestrebt, die Fixkosten für das Arbitrage-Conduit zu senken, indem er, wie in Abb. 23 veranschaulicht, eine Arbitrage-Zweckgesellschaft in das bestehende ABCP-Programm integriert. Diese Arbitrage-Zweckgesellschaft erwirbt Senior-ABS mit einer Laufzeit zwischen einem und fünf Jahren von anderen fremden Verbriefungszweckgesellschaften. Eine kurzfristige Darlehensaufnahme beim Conduit finanziert den Ankauf der ABS. Die Laufzeiten der Darlehen an die Ankaufzweckgesellschaften bzw. die Arbitrage-Zweckgesellschaft weisen die gleiche Dauer (unter einem Jahr) wie die vom Conduit begebenen ABCP auf. Das dargestellte Hybrid-Conduit (Abb. 23) dient nicht mehr allein der Refinanzierung von mittelständischen Forderungsverkäufern, sondern auch der Ertragsgenerierung durch die Nutzung der Fristentransformation der Arbitrage-Zweckgesellschaft.

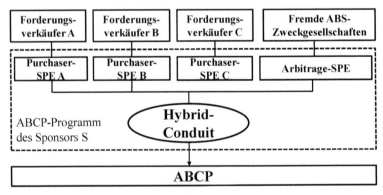

Abb. 23: Beispiel-Struktur eines Hybrid-Conduits

---

[211] Vgl zu Hybrid-Conduits *Moody's* (2002), S. 3; *ESF/ICMA* (2008), S. 2–4; *Marelja* (2009), S. 152.
[212] Vgl. z.B. das ABS-Portfolio des ABCP-Programms „Ophusalpha" *Helaba* (2010), S. 94; *Helaba* (2011), S. 93.

2.10.3 Structured Investment Vehicles (SIV)

2.10.3.1 Abgrenzung von SIV- zu Conduit-Konstrukten

Structured Investment Vehicles (SIV)[213] unterscheiden sich von den vorangegangenen Arbitrage- und Hybrid-Conduits dadurch, dass sie sich nicht ausschließlich durch die Emission von ABCP refinanzieren. Denn die Zweckgesellschaft einer SIV-Strukturierung begibt unter der Nutzung der Tranchierungstechnik auch Finanzinstrumente, deren Zahlungsansprüche gegenüber denen der ABCP nachrangig sind.[214] Dies erfolgt in der Weise, dass das Structured Investment Vehicle einen Teil des Ankaufs von Wertpapieren mit Capital Notes finanziert, bei denen es sich um nachrangige Schuldverschreibungen handelt, die eine Laufzeit von zumeist zehn Jahren aufweisen.[215] Sie haben oft kein Rating.[216]

Ähnlich der Equity-Tranche bei einer konventionellen ABS-Transaktion, tragen die Halter der Capital Notes die Verluste der Zweckgesellschaft zuerst. Somit findet, entsprechend der Gläubigerrangreihenfolge innerhalb des SIV-Vertragswerks, eine Kürzung der Ansprüche der Capital-Notes-Halter zunächst vor allen anderen Anspruchsinhabern statt. Dafür liegt der Festzins der Capital Notes deutlich höher als der der ABCP.[217]

Capital Notes stellen meist nur einen geringen Teil der Refinanzierung dar. Im Regelfall beträgt der Anteil der Commercial Papers über 50% der Passiva der Structured Investment Vehicles.[218] Darüber hinaus findet eine Emission von Medium Term Notes statt, bei denen es sich um Schuldverschreibungen handelt, die im Gegensatz zu Commercial Papers eine deutlich längere Laufzeit von einem Jahr bis zehn Jahren aufweisen.[219] Im Durchschnitt liegt das Verhältnis der Nominalvolumina der Capital Notes zu den Volumina der Commercial Papers und Medium Term Notes zwischen eins zu zehn bis eins zu fünfzehn.[220]

Ein weiterer Unterschied zu den Conduit-Plattformen liegt in der Rolle des Sponsors. Anders als bei Conduits stellt der Sponsor nach der Strukturierung typischerweise keine Liquiditätsfazilität und keine Maßnahmen zum Credit Enhancement zur Verfügung.[221]

---

[213] Vgl. finanzwirtschaftlich zu SIV *Moody's* (2003), S. 8; *Standard&Poor's* (2003); *Standard&Poor's* (2007); *Rudolph* (2008), S. 721; *Sommer* (2008), S. 68–70; *Polizu* (2007), S. 621 ff.; *Thelen-Pischke* (2010a), S. 941; *Thelen-Pischke* (2010b), S. 192. Vgl. zur Bilanzierung nach IFRS *IASB* (2008b).
[214] Vgl. zur Tranchierung Abschnitt 2.4.2.
[215] Vgl. *IASB* (2008b), Tz. 2.
[216] Vgl. *Polizu* (2007), S. 627.
[217] Vgl. *IASB* (2008b), Tz. 2 u. 15; IFRS 10.B13, Example 2.
[218] Vgl. *Polizu* (2007), S. 623.
[219] Vgl. *Polizu* (2007), S. 623; *IASB* (2008b), Tz. 2.
[220] Vgl. *ESF/ICMA* (2008), S. 3.
[221] Vgl. *IASB* (2008b), Tz. 3, 17 f. A. A. *Polizu* (2007), S. 627.

2.10.3.2 Management des SIV-Vermögens

Für die Aktivseite des SIV ist zumeist der Investment-Manager verantwortlich, der über den Ankauf und Verkauf von Vermögenswerten für die Zweckgesellschaft entscheidet.[222] Hierbei hat er die bei der Gründung vereinbarte Anlagerichtlinie zu beachten, die eine Diversifizierung der angekauften Vermögenswerte nach Typ (z.B. Verbriefungen von Hypotheken aus Wohneigentum oder gewerblichen Immobilien) und geografischer Herkunft (z.b. aus den USA) vorschreibt. Im Regelfall ist vorgegeben, Schuldinstrumente mit sehr guten Ratingnoten (z.b. AAA und AA) zu erwerben.[223] Es erfolgt eine Kapitalanlage in bonitätsmäßig einwandfreie ABS anderer Emittenten, die in keiner Verbindung mit den Beteiligten des SIV-Konstrukts stehen.[224]

Die Vergütung des Investment-Managers besteht in einer fest vereinbarten marktgerechten Gebühr, sowie einem Anteil am Residualgewinn. Darüber hinaus hält er zumeist Capital Notes.[225] Der Investment-Manager ist besonders geeignet, diese nachrangigen Schuldverschreibungen zu halten, da er umfassende Informationen über das von ihm verwaltete Vermögen besitzt.

2.10.3.3 Die Verantwortlichkeit für die Passivseite

Die Refinanzierung des SIV-Konstrukts fällt in den Verantwortungsbereich des Administrators, der die Passivseite des SIV steuert. Da die Anlagestrategie des Investment-Managers den Bestand der Zahlungsmittel beeinflusst, hat der Administrator gegenüber den Entscheidungen des Investment-Managers zumeist ein Vetorecht. Sofern sich keine neuen Commercial Papers mehr am Kapitalmarkt absetzen lassen, wie dies beispielsweise während der Subprime-Krise der Fall war,[226] kann der Administrator den Verkauf von Vermögenswerten anordnen.[227]

Für das Management der Refinanzierung und der damit verbundenen Back-Office-Tätigkeiten erhält der Administrator eine variable Vergütung als Anteil am Residualgewinn. Für die Bereitstellung der Kreditlinie gegenüber dem SIV bezieht er eine marktgerechte Gebühr.[228]

Für die Rentabilität des SIV-Konstrukts sind somit beide Parteien verantwortlich. Der Investment-Manager ist bestrebt, möglichst hohe Zinserträge mit dem Vermögen der SIV zu generieren. Der Administrator optimiert die Verbindlichkeiten in der Art, dass die Zinsaufwen-

---

[222] Vgl. *IASB* (2008b), Tz. 5–7, 19 f.
[223] Vgl. *Polizu* (2007), S. 626 f.
[224] Vgl. *Thelen/Pischke* (2010b), S. 192.
[225] Vgl. *IASB* (2008b), Tz. 5–7.
[226] Vgl. hierzu *Khasawneh* (2007), S. 3; *Rudolph* (2008), S. 721 f.; *Sommer* (2008), S. 70.
[227] Vgl. *IASB* (2008b), Tz. 21.
[228] Vgl. *IASB* (2008b), Tz. 8 f., 21.

dungen möglichst niedrig sind. Es ist aber auch möglich, dass bei einem SIV-Konstrukt vereinbart ist, dass der Investment-Manager und der Administrator dieselbe Partei darstellen.[229] Die Direktoren eines SIV-Konstrukts können sowohl den Investment-Manager als auch den Administrator beim Eintritt bestimmter Ereignisse (wie z.B. Vertragsbrüche gegen die Anlagerichtlinien) abberufen. Somit wahren die Direktoren die Interessen der Investoren. Darüber hinaus halten sie zumeist auch die stimmrechtslosen Anteile der Zweckgesellschaft.[230]

2.10.3.4 Risikosteuerung bei SIV-Konstrukten

Das SIV reduziert das Kreditrisiko seiner Investoren zumeist über die Tranchierungstechnik und über ein Reservekonto, das auch der Liquiditätssteuerung dient. Die Tranchierung erfolgt durch die Emission nachrangiger Wertpapiere, den Capital Notes. Sie tragen die Verluste aus den Wertminderungen der Wertpapiere in Form von Kürzungen der nominalen Zahlungsansprüche.[231] Das Kreditrisiko eines SIV ist im Regelfall niedrig, da die Ankaufrichtlinien vorschreiben, dass der Investment-Manager nur einwandfreie Wertpapiere mit einem hohen Rating kaufen darf. Gleichwohl können Wertverluste durch eine Abstufung des Ratings der gehaltenen Vermögenswerte auftreten, die auf eine Bonitätsverschlechterung zurückzuführen sind.[232]

Das SIV-Konstrukt ist Marktrisiken ausgesetzt, deren Minimierung durch Sicherungsgeschäfte erfolgt. Da es sich bei SIV-Konstrukten um Arbitrage- und keine Spekulationsinstrumente handelt, werden durch Terminkontrakte wie Zins- und Währungsswaps idealerweise alle Marktrisiken so weit abgesichert, dass sich die Wertänderungen der Grund- und Sicherungsgeschäfte kompensieren.[233]

Das Liquiditätsrisiko einer SIV resultiert aus der revolvierenden Refinanzierung mittels der ABCP und der Medium Term Notes. Verstärkt wird dieses Risiko durch die Fristeninkongruenz zwischen den langfristig gehaltenen Aktiva und den kurz- bis mittelfristig laufenden Schuldverschreibungen.[234] Gleichwohl ist das Risiko eines Liquiditätsengpasses nach dem Grundkonzept eines SIV-Konstrukts deutlich geringer als bei einem ABCP-Programm i.e.S. Denn die Aktivseite des SIV setzt sich hier aus marktgängigen, hoch liquiden Vermögenswerten zusammen, deren Zeitwerte jederzeit durch Verkaufstransaktionen am Kapitalmarkt realisierbar sind. Die erworbenen, marktgängigen Vermögenswerte dienen somit als Liquidi-

---

[229] Vgl. *IASB* (2008b), Tz. 28.
[230] Vgl. *IASB* (2008b), Tz. 4.
[231] Vgl. *IASB* (2008b), Tz. 10 f.
[232] Vgl. zum Kreditrisiko bei SIV *Standard&Poor's* (2003).
[233] Vgl. zum Marktrisiko bei SIV *Polizu* (2007), S. 649 f. Vgl. zu Sicherungsgeschäften von Zins- und Währungsrisiken im Allgemeinen z.B. *PricewaterhouseCoopers* (2012), S. 1571.
[234] Vgl. *Standard&Poor's* (2003).

tätsreserve.²³⁵ Dagegen sind die angekauften Forderungen eines Single- oder Multi-Seller-Conduits regelmäßig nicht am Markt handelbar.²³⁶

Die Behebung von Liquiditätsengpässen mittels Verkauf der Senior-ABS-Tranchen funktioniert in Krisenzeit nicht oder nur eingeschränkt, wenn kein aktiver Markt für die von der SIV gehaltenen Vermögenswerte vorliegt. Dies war beispielsweise während der Subprime-Krise der Fall.²³⁷

Die Steuerung der Liquidität erfolgt mittels eines Reservekontos. Auf diesem Spread Account findet die Thesaurierung der Zinserträge bis zu einer festgelegten Grenze statt.²³⁸ Das Guthaben dient sowohl der Liquiditätssteuerung als auch dem Credit Enhancement. Bei Liquidation ist es zumeist an den Administrator und den Investment-Manager auszuzahlen.²³⁹

Da die Liquiditätslage im Regelfall durch das Reservekonto und im Ausnahmefall durch einen Verkauf der jederzeit liquidisierbaren Vermögenswerte sichergestellt ist, liegt die gewährte Liquiditätsfazilität des Liquiditätsgebers daher zumeist in einer Bandbreite von 5% bis 40% des Nominalwerts der Aktiva.²⁴⁰ Häufig stellt der Administrator der SIV die Liquiditätslinie oder die Ankaufverpflichtung und erhält dafür eine marktgerechte Gebühr.²⁴¹ Abb. 24 fasst die unterschiedlichen Beziehungen zusammen, die innerhalb eines SIV-Konstrukts bestehen.

---

[235] Vgl. *Moody's* (2003), S. 23.
[236] Vgl. *Ricken* (2008), S. 21.
[237] Vgl. zu den Bilanzierungsfolgen, wenn kein aktiver Markt mehr vorliegt, *Goldschmidt/Weigel* (2009), S. 192–204.
[238] Vgl. *Polizu* (2007), S. 624.
[239] Vgl. *IASB* (2008b), Tz. 10. Ggf. erhält der Sponsor eines SIV ebenfalls Liquidationserlöse.
[240] *Polizu* sieht eine Bandbreite von 25% bis 40% als üblich für die Liquiditätsfazilität bei SIV an. Die *ESF/ICMA* sieht sogar eine Liquiditätslinie von 15% des Nominalvolumens als ausreichend an. Vgl. *ESF/ICMA* (2008), S. 3. Vgl. *Polizu* (2007), S. 625; *Khasawneh* (2007), S. 3; *ESF/ICMA* (2008), S. 3. *Rudolph* beschränkt die Bandbreite auf 5% bis 10% der Assets. Vgl. *Rudolph* (2008), S. 722.
[241] Vgl. *IASB* (2008b), Tz. 8 f., 21. Vgl. zur Liquiditätssteuerung bei SIV mittels Liquiditätslinie *Moody's* (2003), S. 44. Vgl. ferner zum Umfang von Liquiditätslinien bei SIV-Konstrukten *Ricken* (2008), S. 111.

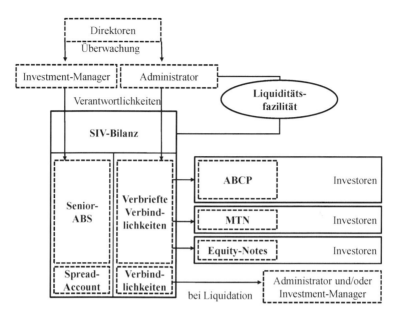

Abb. 24:   Struktur eines typischen SIV-Konstrukts

2.10.3.5   Verteilung der Residualgrößen

Finanzielle Überschüsse ergeben sich im Wesentlichen aus der positiven Zinsspanne zwischen Aktiv- und Passivseite der Zweckgesellschaft. Erträge aus Wertsteigerungen der Vermögenswerte spielen gegenüber den Zinserträgen eine untergeordnete Rolle, da es sich bei den Aktiva grundsätzlich um Schuldinstrumente (wie z.b. bonitätsmäßig einwandfreie ABS-Senior-Tranchen) handelt, bei denen es bis zum Laufzeitende wegen der Rückzahlung zum Nominalwert regelmäßig zu keiner dauerhaften Wertsteigerung kommt.

Marktwertschwankungen der festverzinslichen ABS (z.B. aufgrund eines Rückgangs des Marktzinses während der Laufzeit) schlagen sich häufig nicht im Wert des SIV-Konstrukts nieder, weil sie durch die gegenläufigen Bewertungseffekte der Zinssicherungsinstrumente (wie z.B. Zinsswaps) ausgeglichen werden.[242]

---

[242]   Vgl. zur Absicherung des Zinsrisikos und dessen bilanzielle Auswirkungen nach IFRS *PricewaterhouseCoopers* (2012), S. 562–636.

Die positiven Cashflows dienen nach der folgenden beispielhaften Gläubigerrangreihenfolge zur Begleichung der Verpflichtungen der SIV:[243]

- Zunächst sind die Zahlungsverpflichtungen gegenüber den Marktteilnehmern aus Termingeschäften sowie fest vereinbarte Gebühren (wie z.b. die Gebühren an die Direktoren) zu begleichen.
- Anschließend erfolgt eine Bedienung der feststehenden Zahlungsansprüche der verbrieften Wertpapiere aus Zins- und Tilgungszahlungen nach der Reihenfolge, dass zunächst die Verpflichtungen gegenüber den Haltern der Commercial Papers und dann die gegenüber den Medium-Term Notes-Investoren beglichen werden. Erst nach der vollständigen Befriedigung der Ansprüche der ABCP- und Medium-Term-Notes-Investoren sind die Festzinszahlungen an die Capital-Notes-Halter zu überweisen.
- Der verbleibende Überschuss (Excess Spread vor Credit Enhancement) ist auf einem Reservekonto zu thesaurieren. Die Aufstockung des Kontos erfolgt bis zu einem vereinbarten Maximalbetrag.
- Die Überschussbeträge, die nicht für die Erhöhung des Excess-Spread-Kontos erforderlich sind (Excess Spread nach Credit Enhancement), verteilen sich auf die Beteiligten des SIV-Konstrukts als Residualgewinne.[244] Zu diesen Parteien zählen regelmäßig die Capital-Notes-Inhaber, die (neben möglichen Festzinszahlungen) eine variable Vergütung erhalten. Des Weiteren findet eine anteilige Auszahlung der Residualerlöse an den Investment-Manager, den Administrator und den Sponsor (nach zuvor vertraglich festgelegten Prozentsätzen) statt.[245]

Negative Einzahlungsüberschüsse z.B. aus Zahlungsausfällen sind nach der Saldierung mit den erzielten Zinserträgen des SIV nach der umgekehrten Reihenfolge aufzufangen; d.h., es erfolgt zunächst eine Auflösung des Reserveguthabens. Anschließend nimmt die SIV die Liquiditätsfazilität in Anspruch. Darüber hinausgehende Verluste sind von den Capital-Notes-Inhabern zu tragen. Verbleiben nach den vorangegangenen Maßnahmen noch negative Cashflows, die aufzufangen sind, erfolgt eine Kürzung der Zahlungsansprüche der Medium-Term-Notes-Investoren und, sofern nötig, schließlich der ABCP-Inhaber.[246]

Da bereits in den Abschnitten 2.5 und 2.9 die Funktionsweisen des Credit Enhancement, der Liquiditätsfazilität und der Verwendung des zinsinduzierten Excess Spread durch Fallvarianten verdeutlicht wurden, erfolgt an dieser Stelle Verzicht auf ein weiteres Zahlenbei-

---

[243] Vgl. hinsichtlich ähnlicher Beispiele der Gläubigerrangreihenfolge *Standard&Poor's* (2002), Chart 4; *IASB* (2008b), Tz. 10 f., 13.
[244] Vgl. *IASB* (2008b), Tz. 10 i.V.m. 13.
[245] Vgl. hinsichtlich möglicher Verteilungen *IASB* (2008b), Tz.15; *Standard&Poor's* (2002), Chart 4.
[246] Diese Reihenfolge richtet sich nach der oben beschriebenen Gläubigerrangreihenfolge für positive Cashflows.

spiel zur Veranschaulichung von SIV-Konstrukten. Ein Structured Investment Vehicle greift als einziges ABCP-Programm auf die Tranchierungstechnik durch die Ausgabe nachrangiger Capital Notes zurück. Der Verfasser verweist für diesen Sonderfall auf das mehrperiodige Beispiel eines SIV-Konstrukts im Anhang, Anlage Nr. 1.

2.11 Der Verbriefungsmarkt vor dem Hintergrund der Subprime-Krise

2.11.1 Verlauf der Krise und die Rolle der Verbriefungen

Verbriefungen spielten eine bedeutende Rolle bei der globalen Ausbreitung der Subprime-Krise ab Mitte 2007, aus der sich eine weltweite Finanz- und Bankenkrise in den Folgejahren entwickelte.[247] Die Wurzel der Krise liegt geografisch in den USA. Begünstig durch einen Nachfrageanstieg nach privaten Wohnimmobilien seit Mitte der 1990er-Jahre[248] und eine expansive Geldpolitik seit dem Platzen der Aktienblasen auf dem „Neuen Markt" um die Jahrtausendwende[249] kam es zur Entwicklung einer Immobilienpreisblase. Immerhin verdreifachten sich von 1995 bis 2005 die durchschnittlichen Preise von Wohnimmobilien in den USA.[250] Durch das niedrige Zinsniveau konnten die Banken in dieser Zeit nur relativ geringe Zinsmargen realisieren. Sie versuchten daher, ihren absoluten Gewinn durch eine Geschäftsvolumenausweitung zu halten. Dies geschah spätestens seit Ende 2004 durch eine Lockerung der Kreditvergabestandards.[251]

In der Folgezeit erhöhte sich der Anteil an Subprime-Krediten, die namensgebend für die darauffolgende Krise sind. Es handelt sich hierbei um Hypothekendarlehen, die zweitklassigen Kreditnehmern mit niedriger Bonität gewährt wurden. Dabei beruhte die Kreditvergabe „auf der Erwartung, dass selbst bei Ausfall des Kunden der Wert der Immobilie den ausstehenden Kreditbetrag übersteigen würde"[252].

Die Vergabe von Hypothekenkrediten an Subprime-Schuldner führte zu einer Ausweitung des Geschäftsvolumens. Zur Finanzierung dieser Kredite verfolgten die US-amerikanischen Banken zumeist das Orginated-to-Distribute-Modell, bei dem die Darlehen allein für den Zweck vergeben werden, um sie an dem Kapitalmarkt in Form von Verbriefungen weiterzu-

---

[247] Vgl. umfassend zur Entwicklung z.B. *Blanchard* (2008); *Nastansky/Strohe* (2010), S. 26. Vgl. ferner *Bloss/Ernst/Häcker/Eil* (2009), S. 9.
[248] Vgl. *Michler/Thieme* (2009), S. 187.
[249] Vgl. *Beck/Wienert* (2009), S. 254; *Nastansky/Strohe* (2010), S. 26.
[250] Vgl. *Rudolph* (2008), S. 716 m.w.N. Vgl. bzgl. der Wachstumsraten von 1997 bis 2006 auch *Beck/Wienert* (2009), S. 255.
[251] Vgl. *Rudolph* (2008), S. 717.
[252] *Syring/Thelen-Pischke* (2008), S. 906.

reichen.[253] Folglich wuchs der Gesamtbestand an verbrieften US-amerikanischen Forderungen von 5 Billionen USD im Jahr 2000 auf über 11 Billionen USD bis Ende 2006 an.[254]

Ende 2006 bzw. spätestens Anfang 2007 platzte die Immobilienblase. Die exzessive, vollständige Kreditfinanzierung von Immobilien war nicht mehr aufrechtzuerhalten und die Subprime-Krise begann. Im Frühjahr 2007 kam es zu einem drastischen Anstieg von Zahlungsausfällen von Hypothekenschuldnern. Dies führte am 2. April 2007 dazu, dass die *New Century Financial Corporation*, einer der größten Refinanzierer für Subprime-Hyothekenkredite in den USA, wegen massiver Refinanzierungsprobleme einen Antrag auf Gläubigerschutz nach Chapter 11 der US-amerikanischen Insolvenzordnung stellte. Weitere Neubewertungen von Kreditportfolios, Schließung von Hedgefonds sowie hohe Abschreibungen von Investmentbanken folgten.[255]

Die Ratingagenturen stuften ihre Einschätzungen für die Papiere drastisch herunter. Der ABX-Index (Index für Subprime-Hypotheken-Verbriefungen) verlor von Januar bis August 2007 über 80% seines Werts.[256] Da in diesem unsicheren Marktumfeld der Subprime-Krise 2007 keine Nachfrage mehr nach verbrieften Krediten bestand, brach der Markt für Verbriefungstitel zusammen, was zu drastischen Wertminderungen dieser Papiere führte.[257]

Der *Internationale Währungsfonds* (*IWF*) bezifferte den geschätzten Abschreibungsbedarf für Unsicherheiten von Vermögenswerten infolge der Krise in den Konzernbilanzen der Kreditinstitute für den Zeitraum 2. Quartal 2007 bis 4. Quartal 2010 weltweit auf 2.810 Mrd. USD. Davon entfielen 1.025 Mrd. USD auf die USA, 1.619 Mrd. USD auf europäische Länder und 166 Mrd. USD auf asiatische Länder.[258] Gleichwohl die Finanzmarktkrise ihren ursächlichen Ursprung in der US-amerikanischen Immobilienkrise hatte, entfielen folglich ca. 64%[259] des vom *IWF* geschätzten Wertminderungsbedarfs auf nicht-amerikanische Banken. Die globale Streuung der Kreditrisiken ist auf die Verbriefungen zurückzuführen und verdeutlicht, wie es zu der weltweiten Finanzkrise kam.[260] Während bis zum Ausbruch der Krise

---

[253] Vgl. zum Originated-to-Distribute-Modell *Frese/Uhl* (2009), S. 935; *EZB* (2008); *Syring/Thelen-Pischke* (2008), S. 908.
[254] Vgl. *Michler/Thieme* (2009), S. 191.
[255] Vgl. hinsichtlich einer Chronik der Ereignisse *Scharff* (2009); *Michler/Thieme* (2009), S. 185; *Borio* (2008); *Rudolph* (2008). Vgl. ferner *Beck/Wienert* (2009), S. 255; *Syring/Thelen-Pischke* (2008), S. 906; *Brinkmann/Leibfried/Zimmermann* (2008), S. 334.
[256] Vgl. zum ABX-Index *Rudolph* (2008), S. 60.
[257] Vgl. *Rudolph* (2008), S. 59 f.; *Beck/Wienert* (2009), S. 255.
[258] Davon wurden bis einschließlich zum 2. Quartal 2009 nach Erhebung des *IWF* von den US-amerikanischen Banken ca. 60% und von den europäischen Banken lediglich ca. 40% in den Bilanzen realisiert. Vgl. *IWF* (2009). Vgl. ferner *Sachverständigenrat* (2010), S. 122.
[259] Der Anteil ermittelt sich wie folgt: (1.619 Mrd. USD + 166 Mrd. USD) / 2.810 Mrd. USD.
[260] Vgl. zur Rolle der Verbriefungen zur Ausbreitung der Krise *Blanchard* (2008), S. 6; *Bloss/Ernst/Häcker/Eil* (2009), S. 9; *Nastansky/Stroh* (2010).

lediglich ein Drittel der US-amerikanischen Subprime-Verbriefungstitel bei US-amerikanischen Kreditinstituten verblieben, wurden ca. 60% dieser Wertpapiere von europäischen Bankkonzernen gehalten.[261] Die notwendigen Abschreibungen fielen so hoch aus, dass viele Institute auf staatliche Stützungsmaßnahmen angewiesen waren. Beispielsweise leistete die englische Notenbank der britischen Bank *Northern Rock* einen Liquiditätsbeistand.[262] In den USA erhielten die Hypothekenfinanzierer *Fannie Mae* und *Freddie Mac* massive Kapitalzufuhren durch den Staat.[263]

Auch in Deutschland musste die Bundesregierung Stützungsmaßnahmen für den angeschlagenen Finanzsektor durchführen. Als Reaktion auf die Krise errichtete die Bundesregierung den *Sonderfonds zur Finanzmarktstabilisierung (SoFFin)*[264], der zur finanziellen Stabilisierung (unter bestimmten Voraussetzungen) Garantien, Eigenkapitalhilfen und Risikoübernahmen an in Not geratene Finanzinstitute gewährt.[265]

2.11.2 Entwicklung des ABCP-Markts

Während Term-Deal-Verbriefungen mit Hypotheken-gedeckten Verbriefungen in den 1970er-Jahren in den USA ihren Anfang nahmen,[266] wurde das erste revolvierende ABCP-Conduit in Europa 1992 strukturiert.[267] In nur zehn Jahren erlebte der globale ABCP-Markt eine Verzehnfachung. Von 1995 bis 2005 steigerte sich das weltweite Emissionsvolumen von 110 Mrd. USD auf 1.100 Mrd. USD.[268] Wie die Entwicklung der Volumina in Abb. 25[269] zeigt, stieg das Emissionsvolumen europäischer ABCP bis zum Ausbruch der Krise 2007 an und stabilisierte sich anschließend auf niedrigerem Niveau.

Jahr	2004	2005	2006	2007	2008	2009	2010	2011	2012	2013
Volumen in Mrd. €	131,5	195,1	288,2	450,2	301,8	157,2	145,4	230,7	357,2	187,7

Abb. 25: Entwicklung der europäischen ABCP-Emissionen

---

[261] Vgl. *Bundesverband deutscher Banken* (2009), S. 21.
[262] Vgl. *Rudolph* (2008), S. 724.
[263] Vgl. *Rudolph* (2008), S. 726 m.w.N.
[264] Vgl. zur Einrichtung und Zweck des *SoFFin* § 1 f. FMStFG.
[265] Vgl. zu den Stabilisierungsmaßnahmen §§ 2 bis 5 FMStG. Vgl. ferner hierzu *Sachverständigenrat* (2010), Tz. 179–186.
[266] Vgl. zur historischen Entwicklung traditioneller ABS-Transaktionen seit den 1970er-Jahren *Person* (1990), S. 343–383; *Arbeitskreis „Finanzierung" der Schmalenbach-Gesellschaft* (1992), S. 499; *Bartelt* (1999), S. 7. Vgl. ferner *Ohl* (1994), S. 23; *Findeisen* (1998), S. 481; *Soroosh/Ciesielski* (2004), S. 30.
[267] Vgl. *Kothari* (2006), S. 462; *Ricken* (2008), S. 57.
[268] Vgl. *Schmittat* (2007), S. 24
[269] Vgl. hinsichtlich jährlicher Volumina in Abb. 25 *AFME/ESF* (2014), S. 21.

Die Grundidee von ABCP-Programmen bestand anfangs darin, dass vor allem kleineren, mittelständischen Unternehmen wegen der gegenüber traditionellen Term-Deal-Verbriefungen günstigeren Transaktionskosten ein weiteres Finanzierungsinstrument zur Verfügung gestellt wurde. Da Handelsforderungen zumeist eine kurze Laufzeit haben, bietet sich die Refinanzierung mittels kurzlaufender Commercial Papers über ABCP-Programme an.[270] Die Abkehr von diesem Grundgedanken zog den ABCP-Markt während der Krise in Mitleidenschaft. Denn viele Banken, die als Sponsoren die Plattformen betreiben, nutzten den ABCP-Markt entgegen der ursprünglichen Idee zur kurzfristigen Refinanzierung von Arbitrage-Konstrukten, die in langfristige US-Subprime-Hypotheken investiert waren.[271]

Auch deutsche Kreditinstitute mussten aufgrund von Beziehungen zu Arbitrage-ABCP-Plattformen hohe Verluste tragen. Prominente Beispiele hierfür stellen die *IKB* und die *SachsenLB* dar. Infolge der Krise wurden die beiden Institute durch die jeweils gewährten Liquiditätszusagen gegenüber den Conduits in Anspruch genommen, da sich die Zweckgesellschaften nicht mehr über den zusammengebrochenen ABCP-Markt refinanzieren konnten. Sowohl die *IKB* als auch die *SachsenLB* konnten die milliardenschweren Verpflichtungen aus den ABCP-Vehikeln nicht aus eigener Kraft stemmen und waren auf Stützungsmaßnahmen angewiesen.[272]

Seit Ausbruch der Krise im Jahr 2007 sind die Emissionsvolumina von Arbitrage-Konstrukten gesunken.[273] Hingegen haben sich die ABCP-Programme i.e.S. als Instrument der Unternehmensfinanzierung für mittelständische Unternehmen auch nach der Krise als Instrument der Unternehmensfinanzierung etabliert.[274]

---

[270] Vgl. *Schmittat* (2007), S. 27; *Bundesverband deutscher Banken* (2009), S. 25 f.
[271] Vgl. *Cerveny/Bechtold* (2010), S. 436-438.
[272] Vgl. detailliert hierzu *Rudolph* (2008), S. 723 f.
[273] Im Sommer 2007 betrug der Marktanteil von Arbitrage-Konstrukten am europäischen Markt für ABCP-Programme 12%. Vgl. *ESF/ICMA* (2008), S. 2. Im Jahr 2008 ist die Neuemission von SIV-Konstrukten auf 4% zurückgegangen. Die Neuemission betrug 12,5 Mrd. € von insgesamt 301,8 Mrd. €. Vgl. *ESF* (2009), S. 18. Im Jahr 2009 kam es zu einem weiteren Rückgang. Vgl. *AFME/ESF* (2010), S. 19. Für das Jahr 2010 und 2011 gab das *AFME/ESF* keine Angaben mehr zu SIV-Konstrukten an. (Die entsprechende Zeile für SIV-Emissionen in der Quartalsstatistik blieb ohne Erläuterung unausgefüllt.) Arbitrage- und Hybrid-Konstrukte werden lediglich unter den nicht näher spezifizierten Verbriefungsprogrammen aufgeführt. Vgl. *AFME/ESF* (2012), S. 20 f.
[274] In Deutschland wurden im Jahr 2009 elf ABCP-Conduits von Kreditinstituten mit jeweiligen Volumina von 3 Mrd. € bis 15 Mrd. € betrieben. Vgl. *Cerveny/Bechtold* (2010), S. 436. Vgl. hinsichtlich jüngerer Tätigkeiten von ABCP-Programmen i.e.S., die primär der Refinanzierung mittelständischer Unternehmen dienen, *Deutsche Bank* (2012), S. 34–37; *Helaba* (2012), S. 95.

2.12 Ausblick auf die Bilanzierungsfragen

Die Subprime-Krise zog eine Diskussion über Bilanzierungsnormen nach sich.[275] Während der Krise gerieten Finanzinstitute durch die Inanspruchnahme von Liquiditätsfazilitäten, die sie zuvor an Zweckgesellschaften von Verbriefungsprogrammen gewährt hatten, in Not. Die Bilanzadressaten dieser Institute konnten diese Risiken zumeist nicht rechtzeitig erkennen, da einige Banken die Zweckgesellschaften als fremde Dritte behandelten und nicht in ihren Konzernabschluss einbezogen. Wesentliche Risiken blieben damit oft zu lange unentdeckt.[276]

Die nationalen und internationalen Gesetz- und Normgeber reagierten darauf, indem sie die Einbeziehung von Zweckgesellschaften in den Konzernabschluss neu regelten.[277] Im Jahr 2011 veröffentlichte das *IASB* den Standard IFRS 10, der die Abgrenzung des Konsolidierungskreises grundlegend neu reglementiert. Diese neue Norm ist für kapitalmarktorientierte EU-Unternehmen ab 2014[278] anzuwenden und löst die bislang gültigen Konsolidierungsregeln des IAS 27 bzw. SIC-12 ab.[279]

Die nachfolgende Untersuchung analysiert die Konsolidierungsnormen nach IFRS und wendet sie auf die Produkte an, die Anlass zur Beschleunigung des Consolidation-Projekts des *IASB* gaben.[280] Um die Normänderungen und ihre Auswirkungen kritisch würdigen zu können, bedarf es eines Referenzmaßstabs für das IFRS-Normsystem, der im folgenden Kapitel erarbeitet wird.

---

[275] Vgl. z.B. *Brinkmann/Leibfried/Zimmermann* (2008), S. 333–340; *Mujkanovic* (2008), S. 136–141.
[276] Vgl. *Ricken* (2008), S. 114 f. Beispielsweise konsolidierte die *IKB* das zuvor nicht-konsolidierte Conduit „Rhineland Funding" nach der Inanspruchnahme der Kreditlinie. Vgl. *IKB* (2007b), S. 4 f. Die Einbeziehung in den Konsolidierungskreis von zuvor nicht-beherrschten Special Purpose Entities wird teilweise auch mit einer Vermeidung von Reputationsschäden für die Sponsoren begründet. Vgl. hierzu IFRS 12.BC87 und BC107.
[277] Die handelsrechtliche Abgrenzung des Konsolidierungskreises wurde angepasst. Im Zuge des BilMoG kam es zu einer Änderung des § 290 HGB. Für die Konsolidierungsprüfung bei Zweckgesellschaften ist seit dem BilMoG § 290 Abs. 2 Nr. 4 HGB anzuwenden. Für die US-amerikanische Rechnungslegung verabschiedete das *FASB* den SFAS 167 in 2009. Hierbei kam es zu einer Änderung der Interpretation FIN 46R. Diese Interpretation schreibt die Konsolidierungsprüfung für Zweckgesellschaften nach US-GAAP vor.
[278] Vgl. *EU* (2013), Art. 2.
[279] Vgl. IFRS 10.IN2; IFRS 10.C1.
[280] Vgl. zur Aufforderung der Beschleunigung des Consolidation-Projekts des IASB *Financial Stability Board* (2008).

3 Herleitung eines normativen Referenzmaßstabs für die IFRS

3.1 Herleitung des Fundamentalzwecks des IFRS-Normsystems

3.1.1 Zur Notwendigkeit einer Deduktionsbasis

Die IFRS schreiben (wie jedes Rechnungslegungssystem) vor, auf welche Art Geschäftsvorfälle sachgerecht und zweckadäquat zu erfassen und im Abschluss darzustellen sind.[281] Aufgrund der Vielzahl möglicher Sachverhalte, die beim gewählten Untersuchungsobjekt der Verbriefungsplattformen vorliegen können, treten regelmäßig Zweifelsfragen und Regelungslücken bei der Anwendung der IFRS auf, die einer Normauslegung bedürfen.[282] Um dabei im Einzelfall auf eine bestimmte Bilanzierungsfrage ein konkretes Ergebnis zu erhalten, das mit der Gesamtheit des IFRS-Normsystems konsistent ist[283] und dem wissenschaftlichen Ideal der Intersubjektivität[284] entspricht, bedarf es einer Deduktionsbasis. Eine solche konzeptionelle Grundlage formuliert den Sinn und Zweck des jeweiligen Rechnungslegungssystems eindeutig und widerspruchsfrei, sodass damit eindeutige Bilanzierungslösungen ableitbar sind. Gleichzeitig dient die Deduktionsbasis als normativer Referenzmaßstab dem Aufdecken konzeptioneller Schwachstellen und inkonsistenter Normen.[285] Diese Erkenntnisse können dem Standardsetzer bei der Überarbeitung von neuen Bilanzierungsnormen behilflich sein, um Inkonsistenzen künftig zu vermeiden.[286]

3.1.2 Klärung des Rechtsnormcharakters der IFRS

Das Normsystem der IFRS umfasst das IASB-Rahmenkonzept, die Standards (IAS/IFRS) und die Interpretationen (SIC/IFRIC).[287] Das Rahmenkonzept bildet das theoretische Fundament[288] der IFRS-Rechnungslegung. Es soll als Deduktionsbasis[289] bei der Entwicklung neuer Standards[290] und zur Ableitung von Bilanzierungs- und Bewertungsmethoden für nicht in den

---

[281] Vgl. *Döllerer* (1959), S. 1220; *Leffson* (1987a), S. 21; *Scharenberg* (2009), S. 27.
[282] Vgl. zur Auslegung der IFRS als Bestandteil des europäischen Rechts z.B. *Kirchner* (2005), S. 202; *Scharenberg* (2009), S. 28. Vgl. in Bezug auf die Aufgabe des Rahmenkonzepts *Reiland* (2006), S. 9.
[283] Vgl. zur Konsistenz in der Rechnungslegung *Wüstemann/Wüstemann* (2010b).
[284] Vgl. zum Ideal der Intersubjektivität in der Wissenschaft *Adrian* (2009), S. 34 f. m.w.N.
[285] Vgl. zur Aufgabe einer Deduktionsbasis *Reiland* (2006), S. 9.
[286] Vgl. zum Zusammenhang zwischen De-lege-ferenda-Betrachtung und dem „standardsetting" des *IASB* z.B. *Weißenberger/Maier* (2006), S. 2083.
[287] Vgl. zur Definition des IFRS-Normsystems IAS 1.7. Vgl. auch *Zülch* (2005), S. 2. Das Preface (Vorwort) wird teilweise ebenfalls als separate Norm aufgezählt. Es ist für die Auslegung jedoch von untergeordneter Bedeutung. Vgl. hierzu *PricewaterhouseCoopers* (2012), S. 123.
[288] Vgl. *PricewaterhouseCoopers* (2012), S. 123.
[289] Vgl. hierzu in Bezug auf das IASB-Rahmenkonzept *Kampmann/Schwedler* (2006), S. 521 f.; *Wiedmann/Schwedler* (2007), S. 683; *Pelger* (2009), S. 156.
[290] Vgl. IASB-R.Purpose and Status.

Standards geregelte Sachverhalte dienen.[291] In Konfliktfällen haben allerdings die Regelungen der Standards Vorrang vor denen des Rahmenkonzepts.[292] Die vom *IASB* erlassenen Standards regeln spezielle Themen- und Anwendungsbereiche der Rechnungslegung. Die Interpretationen, die der IFRS IC (ehemals IFRIC, davor SIC) verabschiedet, dienen zur Auslegung von Regelungslücken der IFRS.[293]

Die IFRS haben grundsätzlich keine formale Bindungskraft, da das *IASB* und das Interpretationskomitee IFRS IC als privatrechtliche Gremien handeln. Daher spielt die Anerkennung der IFRS durch andere Institutionen wie die internationale Vereinigung der Börsenaufsichtsbehörden *IOSCO*, der US-amerikanischen Börsenaufsicht *SEC* und der *Europäischen Union (EU)* eine große Rolle für deren internationale Durchsetzbarkeit.[294]

Die *EU* hat sich mit der Verabschiedung der IAS-Verordnung aus dem Jahr 2002 (EG/1606/2002) dafür entschieden, die IFRS als verbindliches Rechnungslegungssystem für kapitalmarktorientierte Unternehmen vorzuschreiben. Unternehmen mit Sitz in einem EU-Mitgliedstaat müssen Konzernabschlüsse für Geschäftsjahre ab 2005 nach den IFRS aufstellen,[295] wenn emittierte Wertpapiere des Mutterunternehmens am geregelten Markt gehandelt werden.[296]

Die Übernahme von Standards und Interpretationen in die EU-Rechtsordnung erfolgt durch ein mehrstufiges Komitologieverfahren (Endorsement).[297] Die auf diese Weise anerkannten IFRS haben als sekundäres Gemeinschaftsrecht[298] Bindungswirkung und entfalten EU-weit Rechtsnormcharakter.[299] Dabei ist zu beachten, dass das Framework bis heute nicht das Endorsement-Verfahren der *EU* durchlaufen hat. Bilanztheoretisch bedeutet dies, dass die Leitlinien des Rahmenkonzepts zwar dazu herangezogen werden können, um zweckadäquate Bestimmungen innerhalb der einzelnen IFRS zu identifizieren und zweckwidrige als solche zu entlarven. Für das Regelwerk der EU-IFRS besteht die Möglichkeit jedoch grundsätzlich nicht, denn in diesem Kontext ist das Framework schlicht nicht existent. Andererseits ist bei der Auslegung und der Fortentwicklung von IFRS-Normen der Regelungswille des Standard-

---

[291] Vgl. IAS 8.11(b).
[292] Vgl. IASB-R.Purpose and Status.
[293] Vgl. *PricewaterhouseCoopers* (2012), S. 124.
[294] Vgl. *Kupsch* (2008), S. 345; *Scharenberg* (2009), S. 17.
[295] Vgl. *EU* (2002), Art. 4, Satz 3 und *EU* (2002), Art. 5, Satz 3. Vgl. zur Umsetzung der EU-Vorgaben in deutsches Recht § 315a HGB.
[296] Vgl. bezogen auf deutsche, kapitalmarktorientierte Untenrehmen § 315a Abs. 1 HGB. Ferner schreibt § 315a Abs. 2 HGB bereits bei einer beantragten Zulassung zum Handel eine Anwendungspflicht der IFRS vor. Für nicht-kapitalmarktorientierte Konzerne besteht ein Wahlrecht zwischen HGB- und IFRS-Bilanzierung (§ 315a Abs. 3 HGB).
[297] Vgl. zu diesem Verfahren *EG* (1999), Art. 5.
[298] Als sekundäres Gemeinschaftsrecht sind solche europäischen Rechtsnormen zu verstehen, die von den Organen der EU erlassen werden. Vgl. hierzu *EU* (2008), Art. 288.
[299] Vgl. zu dieser Einschätzung *PricewaterhouseCoopers* (2012), S. 88–91; *Wich* (2009), S. 8–12 m.w.N.

setzers zu berücksichtigen, der sich – solang die EU keine Regelungsidee explizit dagegensetzt – auch im nicht endorsierten Framework niederschlägt.[300]

3.1.3 Methodenwahl zur Auslegung und Zweckermittlung eines Normsystems

Die EU-IFRS stellen ein rechtliches Normsystem dar, sodass sich (wie bei jedem anderen Rechtssystem auch) bei der Anwendung der Standards und Interpretationen regelmäßig die Frage stellt, nach welcher Methode diese Normen auszulegen sind. Die Würdigung von Tatbestandsmerkmalen sowie die Ermittlung eines Normzwecks sind Aufgaben der Rechtsanwendung.[301]

In der juristischen Methodenlehre[302] im Allgemeinen sowie in der bilanzrechtlichen Literatur[303] im Besonderen sind die Deduktion, die Induktion und die Hermeneutik zur Herleitung des Normzwecks zu diskutieren: Bei der deduktiven und der induktiven Methode handelt es sich jeweils um eine systematische Vorgehensweise der wissenschaftlichen Erkenntnisgewinnung.[304] Die Hermeneutik stellt als „die Lehre der Auslegung [...] [ein] Verfahren zur Erklärung von Schriftstücken"[305] in den Geisteswissenschaften dar,[306] der sowohl die Betriebswirtschaftslehre[307] im Allgemeinen als auch die Bilanztheorie[308] im Speziellen zuzuordnen sind.

Im Folgenden ist zu prüfen, welche der drei genannten Methoden zur Auslegung und Normzweckermittlung der IFRS geeignet ist.

3.1.4 Eignungsfrage der Deduktion zur Ermittlung des IFRS-Normzwecks

3.1.4.1 Die deduktive Methode

Die Deduktion ist der Schluss vom Allgemeinen auf das Besondere[309] und ist als teleologische Methode zu verstehen.[310] Intersubjektiv nachprüfbare Lösungen ergeben sich im Wege

---

[300] Vgl. kritisch zu fehlenden juristischen Bindungswirkung des Rahmenkonzepts *Schmidt/Berg/Schmidt* (2011), S. 60 f.
[301] Vgl. *Rüthers/Fischer* (2010), Tz. 730a.
[302] Vgl. *Adrian* (2009), S. 35, 80–82; *Kaufmann* (2011), Tz. 2.3.6.4.1-2.3.6.4.3.
[303] Vgl. hinsichtlich einer Gegenüberstellung aller drei Methoden *Ruhnke* (2008), S. 185–190; *Baetge/ Kirsch/Thiele* (2011a), S. 105–112; *Scharenberg* (2009), S. 27–35.
[304] Vgl. *Adrian* (2009), S. 35.
[305] *Adrian* (2009), S. 80.
[306] Vgl. *Adrian* (2009), S. 58, 78.
[307] Vgl. bezüglich der Untersuchung des Handelns der Wirtschaftssubjekte als geisteswissenschaftliche Disziplin *Antoni* (1983), S. 55–60.
[308] Die Nähe der Bilanztheorie zur Rechtswissenschaft besteht in Form einer angewandten, analytischen Textwissenschaft. Vgl. *Rüthers/Fischer/Birk* (2011), Tz. 308; *Schmitz* (2012), S. 155.
[309] Vgl. *Adrian* (2009), S. 35; *Kaufmann* (2011), Tz. 2.3.6.4.1.
[310] Vgl. *Leffson* (1987a), S. 31.

einer Abwägung von Zweckelementen des Normsystems.[311] Angewandt auf die Bilanzierung ermittelt die deduktive Methode Prinzipien aus dem Zweck des Rechnungslegungssystems.[312] In der Theorie ist zwischen betriebswirtschaftlichen und gesetzlichen Bilanzzwecken zu unterscheiden.[313]

Die betriebswirtschaftliche deduktive Methode ermittelt den Zweck der Rechnungslegung aus den kaufmännischen Einzelinteressen. In Ermangelung eines allgemein anerkannten, eindeutigen ökonomischen Zwecksystems fehlen grundsätzlich die Voraussetzungen zur Gewinnung von eindeutigen Bilanzierungsprinzipien aus der betriebswirtschaftlichen Deduktion.[314] Die betriebswirtschaftlich deduktive Methode ist daher nicht dazu geeignet, zwingende, allgemeingültige Normen widerspruchsfrei zu bestimmen.

Hingegen geht die an Gesetzen ausgerichtete deduktive Methode[315] von der Annahme aus, dass ein deduktionsfähiges, widerspruchsfreies Zwecksystem in den Normen eines Rechnungslegungssystems zu finden ist.[316]

Eine einheitliche Zwecksetzung ist gegeben, wenn eine Rechnungslegung stringent an einen Primärzweck ausgerichtet ist, dem gegenüber anderen Zielsetzungen eindeutig Vorrang zukommt.[317] Dies ist zutreffend, wenn die Bilanzierung konsequent an einer in sich geschlossenen und widerspruchsfreien Bilanztheorie ausgerichtet ist, da dann eine eindeutige Zwecksetzung und Orientierung (z.B. Vermögensorientierung versus Gewinnorientierung) vorliegt. Daher ist nachstehend auf diese zentralen Bilanztheorien näher einzugehen.

3.1.4.2 Deduktion und Bilanztheorien

Die Statik, die Dynamik und die Organik gelten als die drei klassischen Bilanztheorien. Die statische Bilanztheorie reicht im deutschen Bilanzrecht auf *Herman Veit Simon*[318] zurück. Das angelsächsische Pendant nennt sich Asset Liability View, die v.a. von *Sprouse/Moonitz*[319] diskutiert wurde.

---

[311] Vgl. *Leffson* (1987a), S. 36; *Beisse* (1990), S. 502; *Scharenberg* (2009), S. 30 m.w.N.
[312] Vgl. *Döllerer* (1959), S. 1217 f.; *Leffson* (1987a), S. 28 f.
[313] Vgl. zu dieser Differenzierung *Ruhnke* (2008), S. 186; *Scharenberg* (2009), S. 29; *Baetge/Kirsch/Thiele* (2011), S. 106.
[314] Vgl. zum Versuch der Ermittlung allgemeingültiger betriebswirtschaftlicher GoB *Yoshida* (1976), S. 58. Vgl. kritisch zu *Yoshidas* Versuch *Baetge/Kirsch/Thiele* (2011a), S. 106.
[315] Vgl. zur Deduktion *Leffson* (1987a), S. 29; *Döllerer* (1959), S. 1217–1221; *Moxter* (1994), S. 97–102; *Baetge/Kirsch/Thiele* (2011a), S. 105–107.
[316] Vgl. *Scharenberg* (2009), S. 29; *Baetge/Kirsch/Thiele* (2011a), S. 106.
[317] Vgl. *Ruhnke* (2008), S. 186.
[318] Vgl. *Simon* (1899); *Simon* (1910). Vgl. auch zur statischen Bilanztheorie *Moxter* (1984a), S. 5–28.
[319] Vgl. *Sprouse/Moonitz* (1962), S. 11–12. Vgl. ferner zum Asset Liability View *Wüstemann/Wüstemann* (2010b), S. 9 m.w.N.

Die Bilanz stellt in der statischen Sichtweise „eine zu einem bestimmten Zeitpunkt aufgemachte Gegenüberstellung von Vermögen und Schulden"[320] dar, die Gläubigerschutzgesichtspunkten[321] im Sinn einer bilanziellen Schuldendeckungsprüfung[322] gerecht wird. Der statische Gewinn ist dabei als Reinvermögenszuwachs in einer Periode konzipiert. Der Zweck der Bilanzierung liegt nach dieser Auffassung in der Ermittlung des Vermögens bzw. des Vermögenszuwachses eines Unternehmens in der Berichtsperiode.[323]

Jedoch vermag die Statik lediglich ein „Buchvermögen" und nicht das „Effektivvermögen" zu bestimmen; denn Letzteres umfasst insbesondere auch den originären Geschäfts- und Firmenwert, der im Rahmen der (statischen) Einzelbewertung der Vermögenswerte nicht im Bilanzvermögen enthalten ist. Er kann z.B. die Belegschaftsqualität oder die Marktposition eines Unternehmens darstellen.[324] Eine praxisnahe, statische Bilanztheorie, die sich durch einen hohen Objektivierungsgrad auszeichnet,[325] stößt daher durch die Problematik der (Effektiv-)Vermögensbewertung an die Grenzen ihrer Aussagefähigkeit.[326]

Aus der Erkenntnis, dass das Effektivvermögen bilanziell nicht ermittelbar ist, ziehen die Dynamiker den Schluss, die vermögensorientierte, statische Bilanzierung zugunsten einer gewinnorientierten, dynamischen Rechnungslegung aufzugeben.[327] Die Dynamik geht in Deutschland auf *Eugen Schmalenbach*[328] zurück. Im angelsächsischen Raum entspricht die dynamische Bilanztheorie der Revenue Expense View, als deren bedeutende Vertreter *Paton/ Littleton*[329] in der englischsprachigen Literatur zu nennen sind. Nach dynamischer Sichtweise lässt sich mit dem Jahresabschluss ein „aussagefähiger Gewinn"[330] feststellen, der „zum Zwecke richtiger Betriebssteuerung"[331] dient. Denn die dynamische Bilanz soll die Performance, den wirtschaftlichen Erfolg des Unternehmens, messen.[332] Nach *Schmalenbach* ist dabei der Gewinn umsatzgebunden.[333] Für die Ermittlung dieses „Geschäftserfolg[s]"[334] ist

---

[320] *Moxter* (1979), S. 432.
[321] Vgl. *Moxter* (1979), S. 432.
[322] Vgl. weiterführend zur (bilanziellen und insolvenzrechtlichen) Schuldendeckungskontrolle *Hommel* (1998b), S. 297–322; *Berndt* (2001), S. 366–390; *Moxter* (2007), S. 413 f.
[323] Vgl. *Moxter* (1984a), S. 5 f.
[324] Vgl. *Moxter* (1979), S. 433.
[325] Vgl. *Hommel* (1998a), S. 58.
[326] Vgl. zu den Grenzen der Statik *Moxter* (1984a), S. 24–28. Vgl. ferner kritisch zur Effektivvermögensermittlung *Hommel/Schmidt/Wüstemann* (2004), S. 89 f.
[327] Vgl. *Moxter* (1979), S. 433.
[328] Vgl. *Schmalenbach* (1919); *Schmalenbach* (1962). Vgl. auch zur dynamischen Bilanztheorie *Moxter* (1984a), S. 33–56.
[329] Vgl. *Paton/Littleton* (1940). Vgl. ferner *Wüstemann/Wüstemann* (2010b), S. 9 m.w.N.
[330] *Moxter* (1984a), S. 31.
[331] *Schmalenbach* (1962), S. 50. Vgl. ferner hierzu *Moxter* (1984a), S. 32.
[332] Vgl. *Moxter* (2007), S. 414.
[333] Vgl. hierzu *Moxter* (1984a), S. 55.
[334] *Schmalenbach* (1962), S. 28.

stetig[335] zu bilanzieren, sodass die dynamische Bilanztheorie „bestimmte Verzerrungen der Vermögensdarstellung in Kauf"[336] nimmt. Dies verdeutlicht das Beispiel von außerplanmäßigen Abschreibungen, die „dem Dynamiker verhaßt [sind, da] hier doch die Rechnungsperiode mit Aufwand belastet [wird], der in Wirklichkeit früheren Perioden zugehört (in früheren Perioden aber noch nicht erkannt wurde)"[337]. Dieser Aufwand ist aus dynamischer Sicht „aperiodisch"[338].

Der Verdienst der Dynamik liegt in der Betonung einer stetigen Bilanzierung. Hingegen vernachlässigt die dynamische Bilanztheorie (zumindest vordergründig) den Gläubigerschutz. Durch die strenge Ablehnung von Stetigkeitsdurchbrechungen in Form von beispielsweise außerplanmäßigen Abschreibungen kommt es zudem zum bilanziellen Ausweis von Vermögenswerten, die ggf. gar nicht (mehr) existieren.[339]

Eine weitere Bilanztheorie stellt die von *Fritz Schmidt*[340] konzipierte Organik dar. Ihre Grundidee wird in der angelsächsischen Literatur von *Revsine* beschrieben und diskutiert.[341] Die Organik verfolgt einen dualen Ansatz, indem sie dynamische und statische Elemente verbindet, um mit „einer (einzigen) Bilanz, das richtige Vermögen und zugleich den richtigen Gewinn"[342] festzustellen. Dies soll durch die Bewertung der Aktiva zu Tageswerten gelingen. Die Bewertungseffekte sind erfolgsneutral in einem separaten Passivposten zu erfassen,[343] sodass die Aussagefähigkeit des Periodengewinns mit Bewertungseffekten nicht verwässert wird. Der Verdienst der organischen Bilanztheorie „liegt in der Warnung vor preissteigerungsbedingten Scheingewinnen"[344].

Allerdings verfehlt die Organik (trotz der Bewertung zu Tageswerten) eine Effektivvermögensermittlung, da sie (positive bzw. negative) Geschäfts- und Firmenwerte vernachlässigt. Die Tageswertbewertung der Aktiva ist daher als „ein wenig bedeutsamer Schritt zur Bilanzwahrheit"[345] zu werten.

---

[335] Vgl. zur stetigen Bilanzierung in der Dynamik *Schmalenbach* (1962), insb. S. 49.
[336] *Moxter* (1984a), S. 31.
[337] *Moxter* (1979), S. 433.
[338] *Moxter* (1979), S. 433.
[339] Vgl. *Moxter* (1979), S. 434.
[340] Vgl. *Schmidt* (1928). Vgl. auch zur organischen Bilanztheorie *Moxter* (1984a), S. 57–79.
[341] Vgl. *Revsine* (1973).
[342] *Moxter* (1984a), S. 57.
[343] Vgl. *Schmidt* (1928), S. 305. Vgl. auch *Moxter* (1984a), S. 64.
[344] *Moxter* (1984a), S. 79.
[345] *Moxter* (1984a), S. 79.

Jeder der dargestellten Ansätze weist Grenzen in seiner Aussagefähigkeit auf. In den kasuistisch entstandenen IFRS finden sich sowohl statische und dynamische[346] als auch organische[347] Elemente. Ein solches Zweckkonglomerat eignet sich aber nicht dazu, stringente Folgeprinzipien abzuleiten und zweckmäßige Fortentwicklungen der aktuellen Normen zu ermöglichen. Daher kommen sowohl der Standardsetzer (hier das *IASB*) als auch die bilanzierenden Unternehmen bei der Rechtsfortschreibung bzw. Normauslegung nicht umhin, einer Bilanztheorie den Vorrang einzuräumen, wenn sie zu stringenten, systemisch überzeugenden Lösungen gelangen wollen.[348]

3.1.4.3 Bilanztheoretisch auslegungsoffener Normzweck der IFRS als Hindernis einer reinen deduktiven Methode

Zur Ermittlung des Normzwecks der IFRS ist nach der deduktiven Methode die Zielsetzung zu untersuchen, die sich unmittelbar aus den geschriebenen Rechnungslegungsnormen ergibt. Liegt eine Zweckformulierung vor, ist anschließend diese dahingehend zu analysieren, ob ein Vorrang einer bestimmten Bilanztheorie feststellbar ist. Die Fundamentalnorm zum „general purpose" der IFRS ist im IASB-Rahmenkonzept[349] vom September 2010[350] verankert:

„The objective of general purpose financial reporting is to provide financial information about the reporting entity that is useful to existing and potential investors, lenders and other creditors in making decisions about providing resources to the entity."[351]

Der Normzweck besteht nach dieser Zwecksetzung in der Vermittlung entscheidungsrelevanter Informationen für Eigen- und Fremdkapitalgeber. Damit ist die Funktion der IFRS-Rechnungslegung am Decision Usefulness Approach[352] ausgerichtet. Die Primäraufgabe des Jahres- bzw. Konzernabschlusses nach IFRS besteht darin, Informationen für Investitionsentscheidungen zu vermitteln.[353] Mit diesem Bilanzzweck knüpft das *IASB* sowohl an die Tradi-

---

[346] Die IFRS-Bilanzierung verfolgt sowohl Elemente der Asset Liability View (z.B. nach IAS 41.12, 26) als auch Elemente der Revenue Expense View (z.B. nach IAS 20.12). Vgl. *Wüstemann/Wüstemann* (2010b), S. 10.
[347] Als Beispiel für eine organische Bilanzierung ist die erfolgsneutrale Erfassung der Zeitwertgewinne an Immobilien nach IAS 16.31-42 und an immateriellen Vermögenswerten nach IAS 38.75-87 zu nennen. Vgl. hierzu *Hommel* (2005), S. 289.
[348] Vgl. kritisch hierzu *Moxter* (1979), S. 432 f. (ohne Bezug auf ein bestimmtes Rechnungslegungssystem).
[349] Das IASB-Rahmenkonzept ist (anders als die IFRS-Standards und die Interpretationen) nicht das Komitologieverfahren der *EU* („endorsement") durchlaufen. Der Rechtsnormcharakter wird allerdings geheilt, indem die Zwecksetzung der Decision Usefulness auch in IAS 1.9 enthalten ist.
[350] Seit 2004 überarbeiten *FASB* und *IASB* ihre Rahmenkonzepte in einem Konvergenz-Projekt. Phase A „Objectives and Qualitative Characteristics" wurde im September 2010 abgeschlossen.
[351] IASB-R.OB2.
[352] Vgl. zur Diskussion dieses Ansatzes *Staubus* (1961), S. viii, 11; *Revsine* (1973), S. 4–8; *AAA* (1977), S. 10, 12; *Schmitz* (2012), S. 89–114.
[353] Vgl. grundlegend hierzu *Jaedicke/Sprouse* (1965), S. 6, 33 f. und 37 f.; *Schmitz* (2012), S. 90.

tion des vorangegangenen IASB-Rahmenkonzepts aus dem Jahr 1989[354] als auch an die vom US-amerikanischen Standardsetzer *FASB* seit den 1960er-Jahren verfolgte Orientierung an der Entscheidungsnützlichkeit an.[355]

Decision Usefulness stellt eine „normative Basisentscheidung"[356] dar und ist als „normativer Referenzpunkt der Standardsetter FASB und IASB"[357] zu werten. Bilanztheoretisch ist die Entscheidungsnützlichkeit allerdings auslegungsoffen, wenn der Vorrang einer klassischen Bilanztheorie wie der Statik, Dynamik oder Organik zu bestimmen ist. Sämtliche der vorangestellten Bilanztheorien reklamieren für sich, dem Bilanzadressaten entscheidungsnützliche Informationen zu gewähren, wenn auch mit radikal anderen Bilanzierungsvorschriften.

Ferner können die Informationsbedürfnisse für relevante Entscheidungen der Eigen- und Fremdkapitalgeber, die das IASB-Rahmenkonzept als Bilanzadressaten nennt, unterschiedlich sein. Es ist vorstellbar, dass langfristige Investoren andere Informationsbedürfnisse als kurzfristige Kreditgeber haben. Aufgrund der unterschiedlichen Informationswünsche der Abschlussadressaten lässt sich mit der deduktiven Methode für das IFRS-Regelwerk aus Decision Usefulness weder ein konsistentes Zwecksystem[358] noch der Vorrang einer Bilanztheorie bestimmen.

Aus dem Rechnungslegungszweck der Entscheidungsrelevanz normative Ansätze zu begründen, ist kritisch zu betrachten, da die Abschlussadressaten individuelle Entscheidungsmodelle und Informationsbedürfnisse verfolgen.[359] Decision Usefulness bleibt damit eine „Leerformel, weil sie faktisch nur ex post feststellbar ist"[360]. Wegen des offensichtlichen Scheiterns der deduktiven Methode bei der bilanztheoretischen Normzweckbestimmung ist im Folgenden zu prüfen, ob die Induktion eine geeignete Methode zur Bestimmung der bilanztheoretischen Prägung der IFRS darstellt.

3.1.5 Die Induktion und deren Grenzen bei der Zweckermittlung der IFRS

Schlussfolgert eine Analyse vom Besonderen auf das Allgemeine, handelt es sich um die Induktion, die eine empirische Methode darstellt.[361] Mit diesem Ansatz werden Grundsätze durch die Beobachtung von Einzelobjekten bzw. Sachverhalten abgeleitet.[362]

---

[354] Vgl. IASB-R.12 a.F. (zitiert nach *IDW* (2011b)).
[355] Vgl. *AICPA* (1973). Vgl. auch *Wich* (2009), S. 13 m.w.N.
[356] *Küpper* (2005), S. 26.
[357] *Kuhner* (2004b), S. 751.
[358] Vgl. *Schneider* (1983), S. 148; *Scharenberg* (2009), S. 29 f.; *Baetge/Kirsch/Thiele* (2011a), S. 106.
[359] Vgl. *Revsine* (1973), S. 4–8; *Schmitz* (2012), S. 92.
[360] *Ballwieser* (2005a), S. 745.
[361] Vgl. z.B. *Leffson* (1987a), S. 29; *Adrian* (2009), S. 35.
[362] Vgl. *Adrian* (2009), S. 35.

In der bilanzrechtlichen Literatur findet die induktive Methode zum Beispiel durch *Schmalenbach* Anwendung, der Grundsätze aus etablierten Handelsbräuchen der Kaufleute ableitet.[363] Verbreitung findet der Ansatz auch in der stark kasuistisch ausgestalteten US-amerikanischen Rechnungslegung, deren Standardsetzung traditionell induktiv ausgerichtet ist.[364]

Die induktive Methode bringt in deren Anwendung zur Normzweckherleitung regelmäßig die folgenden Probleme mit sich, die die Aussagekraft der gefundenen Ergebnisse einschränken:

– Bei einem bestehenden Mangel einer theoretischen Fundierung eines Rechnungslegungssystems[365] birgt die induktive Methode die Gefahr, dass es zu einer Ermittlung von inkonsistenten Regelungen kommt.[366] Da Decision Usefulness als Normzweckformulierung der IFRS bilanztheoretisch nicht deduktiv auslegbar ist, besteht die Möglichkeit einer unterschiedlichen Auslegung der Standards durch den einzelnen Interpreten. Folglich liegt ein nicht durch die Induktion heilbarer, konzeptioneller Mangel vor.

– Da die IFRS-Anwender zwar regelmäßig sachverständig, aber nicht neutral sind, kann außerdem die Problematik auftreten, dass die Herleitung zwar im Sinn des Rechtsanwenders, aber nicht im Einklang mit dem Normzweck steht.[367] Die empirisch ermittelten Regelungen können somit interessengeleitet sein.[368] Hinzu kommt eine damit verbundene mögliche Einflussnahme industriell oder politisch organisierter Gruppen auf den Standardsetzer,[369] die nicht zwingend eine konsistente Auslegung der Einzelnormen verfolgen.

– Ferner besteht regelmäßig das Problem, dass nicht alle Sachverhalte beobachtbar und nicht alle individuellen Interpretationen erfassbar sind.[370] Streng genommen müsste die Erhebung weltweit erfolgen.

Aufgrund der oben aufgezählten Argumente ist eine induktive Herleitung des Fundamentalzwecks der IFRS (mehr als) bedenklich. Der Verfasser lehnt daher die Induktion als alleinige Methode zur Fundamentalzweckermittlung des IFRS-Normsystems ab.

Gleichwohl die induktive Methode für die Bestimmung des Primärzwecks eines Rechnungslegungssystems nicht geeignet ist, kann sie als „Ideenlieferant"[371] für die Setzung und Überarbeitung von spezifischen (Einzelfall-)Rechnungslegungsvorschriften dienen.

---

[363] Vgl. *Ruhnke* (2008), S. 186.
[364] Ein Vertreter der induktiven Methode ist beispielsweise *Littleton*. Vgl. *Littleton* (1952), S. 167–173; *Littleton* (1953), S. 185–208. Vgl. ferner *Wich* (2009), S. 53 m.w.N.
[365] Die fehlende konzeptionelle Basis wird beispielsweise durch *Moonitz* kritisiert. Vgl. *Moonitz* (1974), S. 23. Vgl. ferner *Wich* (2009), S. 53 f.
[366] Vgl. *Beisse* (1990); *Leffson* (1987b), S. 5; *Scharenberg* (2009), S. 28.
[367] Vgl. bezüglich der Ermittlung der GoB *Ruhnke* (20008), S. 185 f.
[368] Vgl. *Leffson* (1987b), S. 5; *Baetge/Kirsch/Thiele* (2011a), S. 105, 112.
[369] Vgl. *Fülbier* (2006), S. 240; *Wich* (2009), S. 54.
[370] Vgl. *Kaufmann* (2011), Tz. 2.3.6.4.2.
[371] *Scharenberg* (2009), S. 30. Vgl. hierzu auch *Leffson* (1987a), S. 31; *Beisse* (1990), S. 503.

Bezogen auf die Frage dieser Forschungsarbeit (nach welchen Kriterien eine Zweckgesellschaft in einem Verbriefungssachverhalt einem beherrschenden Unternehmen zuzurechnen ist), kann eine empirische Analyse Aufschluss darüber geben, welche Unternehmen in einer bestimmten Rolle (z.B. als Forderungsverkäufer oder Sponsor) eine Zweckgesellschaft konsolidieren.[372] Die hier interessierende, fundamentale Frage, warum und nach welcher Auslegung der einschlägigen Vorschriften eine Special Purpose Entity als beherrschtes Konzernunternehmen zu identifizieren ist, bleibt hingegen unbeantwortet. Die weitere Analyse dieser Arbeit verzichtet daher auf eine empirische Auswertung.

3.1.6 Eignung der Hermeneutik zur Herleitung des Fundamentalzwecks der IFRS

3.1.6.1 Die hermeneutische Methode

Als Zwischenergebnis der bisherigen Untersuchung ist festzuhalten, dass sich ein bilanztheoretischer Normzweck von Rechtsnormen im Allgemeinen und der IFRS-Rechnungslegung im Besonderen weder allein deduktiv noch induktiv identifizieren lässt.[373] Die in der Rechtswissenschaft[374] regelmäßig angewandte hermeneutische Methode, die Elemente der Deduktion und Induktion vereint,[375] verspricht Abhilfe. Bei einer Rechtsanwendung, die innerhalb der juristischen Methodenlehre als hermeneutische Rechtsdogmatik[376] bezeichnet wird, handelt es sich nicht um ein „Überstülpen einer Norm über ein Stück Realität"[377], sondern ein schrittweises Annähern von einem Tatbestandsmerkmal und einem Sachverhaltsmerkmal.[378] Die so verstandene Rechtsdogmatik befindet sich somit auf „mittlerer Abstraktionsebene zwischen Gesetz und Fall"[379]. Die Methode vermittelt zwischen diesen beiden Ebenen, sodass sie ihren Namen dem griechisch-mythologischen Gott „Hermes", dem Vermittler der Götter, verdankt.[380] Mit jeder Rechtsanwendung geht gleichzeitig eine Rechtsfort-

---

[372] Als weiteres Beispiel eines induktiven, kapitalmarktorientierten Forschungsansatzes in Bezug auf die Konsolidierung ist die Untersuchung von *Hsu Duh Cheng* zu nennen, die empirisch den Zusammenhang zwischen dem angewandten Konsolidierungsmodells unterschiedlicher Rechnungslegungssysteme und dem den Marktpreis der Anteile analysieren. Vgl. *Hsu/Duh/Cheng* (2012), S. 198–225.
[373] Vgl. in Bezug auf die Jurisprudenz *Kaufmann* (2011), Tz. 2.3.6.4.3. Vgl. hinsichtlich der IFRS-Rechnungslegung *Wich* (2009), S. 39.
[374] Vgl. zur Hermeneutik in der juristischen Methodenlehre *Schlapp* (1989), S. 71–75; *Röhl/Röhl* (2008), S. 116–122; *Adrian* (2009), S. 78–82.
[375] Vgl. *Kaufmann* (2011), Tz. 2.3.6.4.3.
[376] Vgl. zur hermeneutischen Sichtweise der Rechtsdogmatik *Schlapp* (1989), S. 71–75. Unter Rechtsdogmatik ist eine Erschließung der Systematik eines Rechtsgebiets zu verstehen. Vgl. zu unterschiedlichen Aspekten der Rechtsdogmatik *Adrian* (2009), S. 75.
[377] *Schlapp* (1989), S. 71.
[378] Vgl. *Hassemer* (1968), S. 108; *Schlapp* (1989), S. 71 f.
[379] *Hassemer* (1968), S. 108.
[380] Vgl. *Röhl/Röhl* (2008), S. 116.

schreibung einher.[381] Anders ausgedrückt findet ein „Hin und Her zwischen Vorverständnis und Deutung"[382] statt, das die Bezeichnung hermeneutischer Zirkel[383] trägt.

Dieser Zirkel aus Rechtsanwendung und Rechtsfortschreibung ist kurz am Beispiel des Normzwecks des handelsrechtlichen Einzelabschlusses darzustellen, der sich hermeneutisch ermittelt.[384] Nach der durch *Moxter* formulierten „Ausschüttungsstatik"[385] leitet sich aus den GoB, namentlich dem Realisations- und Imparitätsprinzip sowie weiteren Vereinfachungs- und Objektivierungsprinzipien, nur ein widerspruchsfreier Bilanzzweck ab: „der Ausweis eines vorsichtig ermittelten Umsatzgewinns, der [...] ausschüttungsfähig ist."[386] Mit der Beachtung der kodifizierten Prinzipien bildet sich im Wege der Rechtsfortbildung ein Normzweck heraus. Gleichzeitig konkretisiert sich die Rechtsanwendung durch das aufgestellte Zwecksystem, indem die GoB zweckkonform auszulegen sind. Damit lassen sich die obigen Ausführungen zum hermeneutischen Zirkel mit der Normzweckherleitung der handelsrechtlichen Bilanzierung in Abb. 26 verdeutlichen.[387]

Abb. 26: Vereinfachte Darstellung des hermeneutischen Zirkels anhand der Herleitung des Primärzwecks des handelsrechtlichen Einzelabschlusses

Um zu zeigen, dass es sich beim hermeneutischen Zirkel um keinen Zirkelschluss handelt, bei dem „das Ergebnis letztlich bereits vor dem hermeneutischen Erkenntnisprozess fest-

---

[381] Vgl. *Hassemer* (1968), S. 149; *Schlapp* (1989), S 72.
[382] *Röhl/Röhl* (2008), S. 117.
[383] Vgl. zum hermeneutischen Zirkel in der juristischen Methodenlehre *Röhl/Röhl* (2008), S. 116 f. Vgl. zum hermeneutischen Zirkel in der handelsrechtlichen Rechnungslegung *Moxter* (1987), S. 363.
[384] Vgl. *Hommel/Schmidt/Wüstemann* (2004), S. 91.
[385] *Moxter* (1986), S. 176.
[386] *Hommel/Schmidt/Wüstemann* (2004), S. 91. Vgl. hierzu auch *Döllerer* (1968), S. 637; *Beisse* (1984), S. 4; *Moxter* (1984b), S. 1783; *Moxter* (1987), S. 368.
[387] Vgl. hinsichtlich ähnlicher Abbildung *Schulte* (2010), S. 80.

stünde"[388], verwendet die Literatur klarstellend den Begriff „hermeneutische Spirale"[389]. Dieser Ausdruck veranschaulicht den Erkenntnisfortschritt der Hermeneutik, die zur Bestätigung einer ursprünglichen Annahme (z.B. eines bestimmten Rechnungslegungszwecks) führt.

Die hermeneutische Auslegung ist als ganzheitliche Methode zum Rechtsverständnis zu verstehen, die vier fundamentale Elemente umfasst:

- teleologische (vom Normzweck ableitende),
- grammatikalische (vom Wortlaut ableitende),
- systematische (vom Regelungs- und Bedeutungszusammenhang ableitende),
- historische (die Entstehungsgeschichte der Norm betreffende).[390]

Neben diesen vier Grundaspekten der Hermeneutik ist bei der Auslegung von Rechnungslegungsnormen eine Betrachtung wirtschaftlicher Zusammenhänge geboten, um zweckkonforme Bilanzierungslösungen zu erhalten.[391] Hingegen ist die Bilanzierungspraxis für sich genommen kein Gegenstand nach den genannten vier hermeneutischen Grundaspekten, sondern lediglich ein Ideengeber für die Schaffung bzw. Überarbeitung neuer Bilanzierungsregeln.[392]

Die vier oben genannten Elemente der Hermeneutik finden sich in den jeweiligen Rechtskreisen in unterschiedlicher Ausprägung. Welchen Gesichtspunkten mehr Gewicht bei der Rechtsanwendung zukommt, hängt insbesondere von der Regelungsdichte des jeweiligen Normsystems ab. Die teleologische und die systematische Vorgehensweise haben im prinzipienbasierten Normsystem, wie dem kontinental-europäisch geprägten „code law", tendenziell eine dominante Rolle inne,[393] weil hier regelmäßig ein eindeutiges Zwecksystem vorliegt. Hingegen hat in einzelfallorientierten Rechtskreisen, wie im angelsächsischen „case law", die Auslegung nach dem Gesetzeswortlaut eine größere Bedeutung,[394] da sich regelbasierte Rechtssysteme „im Wesentlichen in großem Detail mit Einzelfragen ohne eine Einbindung in eine übergeordnete Struktur grundsätzlicher Regelungen"[395] befassen.

---

[388] *Baetge/Kirsch/Thiele* (2011a), S. 110.
[389] *Röhl/Röhl* (2008), S. 117. Vgl. auch *Hassemer* (1968). Vgl. in Bezug auf die Bilanzierung *Baetge/Kirsch/Thiele* (2011a), S. 110.
[390] Vgl. *Spetzler* (1991), S. 580; *Scharenberg* (2009), S. 31; *Baetge/Kirsch/Thiele* (2011a), S. 107–112. Vgl. auch, ohne allerdings die Hermeneutik namentlich zu nennen, *Leffson* (1987a), S. 32. Vgl. ferner zu den genannten Auslegungsmitteln des Wortlauts, der systematischen und der historischen Auslegung *Rüther/Fischer* (2010), S. 727–730.
[391] Vgl. *Böcking* (1994), S. 20 f.
[392] Vgl. *Baetge/Kirsch/Thiele* (2011a), S. 111.
[393] Vgl. *Hauck/Prinz* (2005), S. 639.
[394] Vgl. zur Hermeneutik im „code law" und „case law" *Scharenberg* (2009), S. 31.
[395] *Weber* (2004), S. 43.

3.1.6.2 Tendenz zur Regelorientierung der IFRS und Hermeneutik

Aufgrund der oben geschilderten Problematik, dass die vier genannten hermeneutischen Ansätze in Abhängigkeit des Rechtssystemcharakters („code law" versus „case law") ein unterschiedliches Gewicht erhalten, ist zunächst zu klären, ob die IFRS tendenziell prinzipien- oder regelorientiert sind.

Unter Prinzipien („principles") versteht die bilanzrechtliche Literatur weitgefasste, übergeordnete Richtlinien, mit denen die Normanwender Bilanzierungslösungen für konkrete Einzelsachverhalte mittels „professional judgment"[396] ableiten können.[397] Eine prinzipienorientierte Rechnungslegung weist somit einen geringeren regulatorischen Detaillierungsgrad als eine regelbasierte Berichterstattung auf.[398] Ein solches Normsystem „zeichnet sich durch die Verallgemeinerungsfähigkeit seiner Normen und die durch Abstraktion erreichbare Lückenlosigkeit des Normsystems aus."[399] Die handelsrechtlichen GoB sind hier exemplarisch für Rechnungslegungsprinzipien zu nennen, mit deren Anwendung eine Vielzahl von Bilanzierungsfragen lösbar ist.[400]

Bei Regeln („rules") handelt es sich um Normen, die detaillierte Vorgaben zur bilanziellen Behandlung von bestimmten Sachverhalten geben.[401] Als Beispiel für eine solche Regel sind quantitative Schwellenwerte (sog. Bright-Line-Regeln) zu nennen.[402] Ein regelbasiertes Rechnungslegungssystem charakterisiert sich folglich durch einen hohen Grad an Regelungsdichte.[403] Durch die Tendenz zur Regelung von Einzelfällen[404] besteht die Gefahr, dass es zu einer „fast unüberschaubare[n] Kasuistik"[405] kommt. Aufgrund der Vielzahl an denkbaren Sachverhalten existiert kein Normsystem, das es schafft, jeden Einzelfall zu regeln. Ferner besteht ein Anreiz des Normanwenders, bei starren Regeln mittels Sachverhaltsgestaltungen die gewünschten Bilanzierungsfolgen zu erzielen.[406] Daher bedarf es in regelbasierten Rech-

---

[396] *Bennett/Bradbury/Prangnell* (2006), S. 189.
[397] Vgl. z.B. *Tweedie* (2002); *Tweedie* (2005), S. 33 f.; *Bennett/Bradbury/Prangnell* (2006), S. 189; *Tweedie* (2007), S. 7; *DiPiazza u.a.* (2008), S. 7; *Agodia/Doupnik/Tsakumis* (2009), S. 6 f.; *Wüstemann/Wüstemann* (2010b), S. 14 f. Vgl. in der deutschen Literatur z.B. *Weber* (2004), S. 40; *Kampmann/Schwedler* (2006), S. 522.
[398] Vgl. *Wich* (2009), S. 51 in Bezug auf den Detaillierungsgrad der IFRS und der US-GAAP.
[399] *Berndt* (2005), S. 212.
[400] Vgl. zur Prinzipienorientierung der HGB-Bilanzierung *Moxter* (1985), S. 17–28; *Beisse* (1994), S. 3–31; *Wich* (2009), S. 52 m.w.N.
[401] Vgl. *SEC* (2003); *Smith/Kivi/Wagner* (2004), S. 11; *Wüstemann/Wüstemann* (2010b), S. 14.
[402] Vgl. *SEC* (2003); *Bonham u.a.* (2009), S. 71. Vgl. kritisch hierzu *Wüstemann/Wüstemann* (2010b), S. 15.
[403] Vgl. *Wich* (2009), S. 48.
[404] Vgl. *Scharenberg* (2009), S. 39 m.w.N.
[405] *Kuhner* (2004a), S. 262.
[406] Vgl. *Kuhner* (2004a), S. 266; *Wüstemann/Wüstemann* (2010b), S. 18.

nungslegungssystemen, zu denen beispielsweise die US-GAAP-Bilanzierung zählt,[407] einer permanenten Veröffentlichung neuer Normen und Interpretationen des Standardsetzers.[408] Ob die IFRS als prinzipienorientiertes oder regelbasiertes System zu werten sind, hängt von dem gewählten Referenzmaßstab ab. Im Vergleich zu den deutlich regelungsintensiveren US-GAAP folgen sie einem prinzipienorientierten Ansatz. Im Vergleich zur handelsrechtlichen Bilanzierung, die mit einer überschaubaren Anzahl kodifizierter und nicht-kodifizierter GoB auskommt, sind die IFRS als regelungsbasiert zu bezeichnen.[409] Diese Einschätzung wird nicht zuletzt dadurch gestützt, dass der IFRS-Normzweck der Decision Usefulness keine Deduktionsbasis darstellt, auf deren Grundlage Prinzipien stringent ableitbar sind, durch deren Abstraktion sich eine Lückenlosigkeit des Normgefüges erreichen lässt.[410]

Liegen Regelungslücken vor, dienen zur Klärung keine übergeordneten Prinzipien. Stattdessen erfolgt ein Heranziehen von „Hilfsquellen"[411], für die die folgende „Auslegungshierarchie"[412] nach IAS 8 gilt:

– Zunächst ist auf die Regeln und Anwendungsleitlinien von Standards bzw. Interpretationen ähnlicher oder verwandter Themengebiete zurückzugreifen.[413]
– Sofern dies nicht möglich ist, ist ein Rückgriff auf Definitionen, Erfassungskriterien und Bewertungskonzepte für Vermögenswerte, Verpflichtungen, Erträge und Aufwendungen des IASB-Rahmenkonzepts vorzunehmen.[414]
– Des Weiteren sind Verlautbarungen anderer Standardsetzer, die ein ähnliches konzeptionelles Rahmenkonzept aufweisen, heranzuziehen.[415] In der Praxis erfolgt oft eine Bezugnahme auf entsprechende Vorschriften der US-GAAP.[416]

---

[407] Vgl. zu dieser Einschätzung *Kuhner* (2004a), S. 261–263; *Weber* (2004), S. 43–46; *Kupsch* (2008), S. 346.
[408] Vgl. grundlegend hierzu *Wüstemann/Wüstemann* (2010b), S. 3. Vgl. bezogen auf die IFRS *Wich* (2009), S. 54.
[409] Vgl. zur Polarität der IFRS *Hoffmann* (2010), S. 334. Vgl. zur regelbasierten Tendenz der IFRS *Wollmert/Achleiter* (1997), S. 211; *Ekkenga* (2001), S. 2367; *Böcking* (2004), S. 178 f.; *Hauck/Prinz* (2005), S. 638; *Wich* (2009), S. 52 f.; *Wolf* (2010), S. 153. Vgl. zur Einschätzung, dass die IFRS kein prinzipienorientiertes Rechnungslegungssystem darstellen, *Ballwieser* (2005a), S. 729; *Ballwieser* (2005b), S. 28 f.; *Euler* (2002), S. 876; *Grau* (2002), S. 38–42.
[410] Vgl. *Bernd* (2005), S. 212; *Wich* (2009), S. 52.
[411] *Scharenberg* (2009), S. 40.
[412] *Zülch* (2005), S. 4.
[413] Vgl. IAS 8.11(a).
[414] Vgl. IAS 8.11(b).
[415] Vgl. IAS 8.12.
[416] Vgl. auch *PricewaterhouseCoopers* (2012), S. 125.

- Außerdem können gängige Bilanzierungspraktiken für die Klärung der Bilanzierungsfragen unter dem Vorbehalt Anwendung finden, dass sie mit den IFRS und dem IASB-Rahmenkonzept vereinbar sind.[417]

Dieses stufenweise Vorgehen zur Schließung von Regelungslücken ist kasuistisch und bestätigt die regelbasierte Tendenz der IFRS.[418] Ein Beleg dieser Aussage findet dadurch statt, dass in Konfliktfällen die Regelungen der Standards Vorrang vor den Grundsätzen des IASB-Rahmenkonzepts haben.[419] Andererseits ist aber auch eine gewisse Prinzipienbasierung der IFRS erkennbar. Das Heranziehen von Standards für ähnliche Sachverhalte macht eine Beachtung der internen Konsistenz der IFRS bei Analogieschlüssen nötig, da sonst die Vergleichbarkeit der IFRS-Abschlüsse eingeschränkt ist.[420] Durch die Tendenz zur Regelbasierung im Allgemeinen und der kasuistischen Schließung von Regelungslücken nach IAS 8 im Besonderen findet in einer De-lege-lata-Betrachtung vor allem eine Auslegung nach dem Wortlaut statt. Systematische Aspekte, wie nach der hermeneutischen Methode üblich, sind lediglich bei Analogieschlüssen gem. IAS 8.11(a) heranzuziehen, die mit anderen Regelungen konsistent sind. Teleologische Elemente, die zur Hermeneutik in prinzipienbasierten Normsystemen zur Anwendung kommen, spielen aber bei der Überarbeitung und Schaffung künftiger IFRS-Standards im Rahmen einer De-lege-ferenda-Betrachtung eine nicht zu unterschätzende Rolle.[421]

3.1.7 Ansatzpunkte zur hermeneutischen Zweckbestimmung des IFRS-Normsystems und dessen Konkretisierung

3.1.7.1 Überblick über mögliche Ansatzpunkte für eine Zweckermittlung der IFRS

So kasuistisch die Auslegungshierarchie nach IAS 8 ist, gibt sie doch Hinweise auf mögliche Ansatzpunkte für eine hermeneutische Herleitung des Fundamentalzwecks der IFRS. Indem auf das IASB-Rahmenkonzept innerhalb der Auslegungshierarchie verwiesen wird, das sowohl nach Ansicht von Literaturmeinungen[422] als auch vom *IASB*[423] als Deduktionsbasis dient, wird ein erster Ansatzpunkt für eine hermeneutische Auslegung sichtbar.

Der andere Bezugspunkt für die Hermeneutik liegt in dem bei Regelungslücken vorzunehmenden Analogieschluss mit anderen IFRS-Normen. Nach der Hermeneutik stellt die Er-

---

[417] Vgl. IAS 8.12.
[418] Vgl. kritisch hierzu *Wich* (2009), S. 51 f.
[419] Vgl. IASB-F.2 f.
[420] Vgl. *Wüstemann/Wüstemann* (2010b), S. 4.
[421] Vgl. z.B. *Wich* (2009), S. 55 (bezogen auf die zeitwertstatische Konzeption der IFRS).
[422] Vgl. *Kampmann/Schwedler* (2006), S. 521 f.; *Wiedmann/Schwedler* (2007), S. 683; *Pelger* (2009), S. 156.
[423] Vgl. IASB-R.Purpose and Status.

mittlung des Normzwecks mittels Analogien zu anderen IFRS-Regeln eine systematische Auslegung dar.

Bei der folgenden hermeneutischen Ermittlung des Zwecksystems der IFRS ergibt sich aber konsequenter Weise die umgekehrte Reihenfolge (erstens: Analyse des Rahmenkonzepts, zweitens: interne Konsistenzen) zur Auslegungshierarchie nach IAS 8, da hier das Allgemeine (das Zwecksystem der IFRS) und nicht das Besondere (eine Bilanzierungslösung für einen bestimmten Sachverhalt) im Vordergrund steht. Eine Heranziehung von Regelungen anderer Bilanzierungssysteme in der hermeneutischen Methode unterbleibt, da eine systematische Auslegung grundsätzlich systemimmanent zu erfolgen hat.[424]

3.1.7.2 Qualitätsgrundsätze der IFRS nach dem IASB-Rahmenkonzept

Zur Erreichung des formulierten Zwecks der Entscheidungsnützlichkeit stellt das IASB-Rahmenkonzept vom September 2010 Qualitätsgrundsätze auf. Als fundamentale Basiskriterien („fundamental qualitative characteristics") für entscheidungsrelevante Abschlussinformationen in der IFRS-Rechnungslegung gelten Relevanz und glaubwürdige Darstellung („faithful representation"), die kumulativ zu erfüllen sind.[425]

Das erste Basiskriterium der Relevanz schreibt vor, dass die im Abschluss dargestellten Informationen den Adressaten zur Entscheidungsfindung dienen, wenn sie voraussagenden und/oder bestätigenden Nutzen innehaben, um damit Prognosen zu treffen und/oder frühere Einschätzungen zu bestätigen.[426] Als konkretisierendes Merkmal der Relevanz dient die Wesentlichkeit. Informationen sind wesentlich, sobald ihr Weglassen oder ihre falsche Darstellung die Entscheidungsfindung der Adressaten beeinflusst.[427]

Die glaubwürdige Darstellung als zweites Basiskriterium hat den Qualitätsgrundsatz der Verlässlichkeit („reliability") des vorangegangenen IASB-Rahmenkonzepts[428] abgelöst. Damit beabsichtigte das *IASB* lediglich eine Begriffsklärung.[429] Die glaubwürdige Darstellung fordert, dass die Informationen der IFRS-Rechnungslegung vollständig, neutral und ohne Fehler sein müssen.[430] Dieses Kriterium dient daher der Objektivität der IFRS-Rechnungslegung.[431]

---

[424] Vgl. grundlegend hierzu *Gelhausen/Fey* (1996), S. 9; *Müller/Maul* (1999), S. 446, 453. Vgl. in Bezug auf die IFRS *Scharenberg* (2009), S. 41, 43.
[425] Vgl. IASB-R.QC5 i.V.m. IASB-R.QC17. Vgl. ferner hierzu *PricewaterhouseCoopers* (2012), S. 144.
[426] Vgl. IASB-R.QC6-10.
[427] Vgl. IASB-R.QC11.
[428] Vgl. IASB-R.31–38 a.F.
[429] Vgl. IASB-R.BC3.19. Vgl. hierzu *Wüstemann/Wüstemann* (2010b), S. 13.
[430] Vgl. IASB-R.QC12.
[431] Vgl. *Küting/Mojadadr/Strauß* (2011), S. 1405.

Als unterstützende, sekundäre Qualitätsmerkmale[432] der beiden Basiskriterien gelten die Grundsätze der (intertemporalen und zwischenbetrieblichen) Vergleichbarkeit[433], der Nachprüfbarkeit[434], der Aktualität[435] und der Verständlichkeit[436].

Die obigen qualitativen Anforderungen des IASB-Rahmenkonzepts können den auslegungsoffenen Normzweck der Decision Usefulness nicht heilen.[437] Die Qualitätsgrundsätze „sind geradezu universell. Jeder, der Regeln der Rechnungslegung schafft, wird diese Ziele für sich in Anspruch nehmen."[438] Zur Konkretisierung des Normzwecks der IFRS verbleibt die folgende Untersuchung der standardübergreifenden Konsistenzen.

3.1.7.3 Statische Konsistenzen in den jüngeren Einzelfallregelungen

Die Ermittlung des impliziten Fundamentalzwecks der IFRS soll anhand einer systematischen Auslegung erfolgen, indem Konsistenzen innerhalb der IFRS-Standards offenzulegen sind. Zur hermeneutischen Auslegung gehört ferner auch die Einbeziehung historischer Aspekte. Daher ist die bilanztheoretische Entwicklung der IFRS im Zeitverlauf zu betrachten, um die Stoßrichtung des gegenwärtigen und künftigen IFRS-Normsystems zu erfassen.[439]

In der älteren Ausrichtung der IFRS Ende der 1970er- bzw. Anfang der 1980er-Jahre prägte die Revenue Expense View die Standardsetzung. Aus dieser Zeit stammen die Standards zur Gewinnrealisierung IAS 18 und IAS 11.[440] Insbesondere die Percentage-of-Completion-Methode des IAS 11 (1978)[441] ist an der Dynamik ausgerichtet, indem bei Auftragsfertigungen eine Ertragsrealisierung nach dem Leistungsfortschritt vorzunehmen ist.[442] IAS 18 (1982)[443] knüpft die Umsatzrealisierung an den Abbau der Risiken und Chancen aus der Dienstleistungsarbeit bzw. dem Verkaufsgegenstand. Der zivilrechtliche Eigentumsübergang der veräußerten Ware ist hingegen nicht ausschlaggebend.[444] Die somit erreichte Periodisierung nach IAS 18 ist ebenfalls teilweise dynamisch geprägt. Diese Tendenz wird besonders bei Dienstleistungsverträgen deutlich, deren Erlöse nach dem Fertigstellungsgrad zu erfassen

---

[432] Vgl. IASB-R.QC19.
[433] Vgl. IASB-R.QC20. Vgl. kritisch zur Erreichbarkeit der intertemporalen und der zwischenbetrieblichen Vergleichbarkeit *Schmotz* (2004), S. 9.
[434] Vgl. IASB-R.QC26-.QC27.
[435] Vgl. IASB-R.QC29.
[436] Vgl. IASB-R.QC30-32.
[437] Vgl. *Wolf* (2010), S. 149.
[438] *Schildbach* (2007), S. 13.
[439] Vgl. zur historischen Entwicklung bilanztheoretischer Ausrichtungen der IFRS *Wich* (2009), S. 26–37.
[440] Vgl. *Camfferman/Zeff* (2007), S. 115.
[441] Vgl. IAS 11.2.
[442] Vgl. IAS 11.12.
[443] Vgl. IAS 18.2.
[444] Vgl. IAS 18.14-18.19.

sind.[445] Ein weiteres Beispiel für eine dynamisch geprägte Regelung findet sich in IAS 20 (1984);[446] denn diese Norm ordnet, entsprechend der Revenue Expense View, die Zuschüsse der öffentlichen Hand den diesbezüglichen Aufwendungen zu.[447]

Die jüngere Fortentwicklung des IFRS-Normsystems ist hingegen seit der Jahrtausendwende maßgeblich durch eine (zeitwert-)statische „Neuausrichtung der IFRS-Rechnungslegung"[448] geprägt, die sich durch eine Zuwendung zur Asset Liability View auszeichnet.[449] Nach dieser neueren bilanztheoretischen Prägung der IFRS steht die Ermittlung der Vermögenslage im Mittelpunkt. Die Gewinnermittlung ist dieser Zielsetzung nachgeordnet und „nicht (mehr) als realisierte[r] Umsatzgewinn, sondern als entstandene[r] Reinvermögenszuwachs der Berichtsperiode"[450] zu verstehen. Neuere Standards wie z.B. IAS 39 (2004)[451], IAS 40 (2000)[452] und IAS 41 (2003)[453] verfolgen eine (zeitwert-)statische Konzeption, indem sie für bestimmte Bilanzobjekte (Zeitwert-)Gewinne am ruhenden Vermögen erfolgswirksam vereinnahmen.[454] Vereinzelt findet sich auch eine erfolgsneutrale Erfassung von (Zeit-)Wertänderungen entsprechend der organischen Bilanztheorie (wie z.B. in IAS 16 und IAS 38).[455]

3.2 Fazit 1: Asset Liability View als übergeordneter Referenzmaßstab

Mangels einer bilanztheoretisch eindeutigen, formulierten Deduktionsbasis innerhalb des IFRS-Normsystems lässt sich nach der vorangegangenen Analyse hermeneutisch de lege lata in der jüngeren Zeit eine Tendenz zur Asset Liability View herleiten.[456] Aus Perspektive der Hermeneutik erfolgt somit die Bestimmung der bilanztheoretischen Ausrichtung der IFRS anhand von Einzelregelungen. Hierbei spielen systematische Aspekte in Bezug auf die Konsistenz der Regelungen eine wesentliche Rolle. Die Herangehensweise lässt sich grafisch in Abb. 27 als vereinfachte, hermeneutische Spirale zusammenfassen.

---

[445] Vgl. IAS 18.20.
[446] Vgl. IAS 20.41.
[447] Vgl. IAS 20.12. Vgl. auch *Wolf* (2010), S. 151; *Wüstemann/Wüstemann* (2010b), S. 10.
[448] *Wüstemann/Kierzek* (2005), S. 430.
[449] Vgl. zu dieser Einschätzung *Ballwieser/Küting/Schildbach* (2004), S. 529-549; *Hommel/Schmidt/Wüstemann* (2004), S. 90; *Hommel* (2007a), S. 323; *Wich* (2009), S. 35; *Wolf* (2010), S. 153; *Pricewaterhouse-Coopers* (2012), S. 140.
[450] *Hommel* (2007a), S. 323.
[451] Vgl. IAS 39.103.
[452] Vgl. IAS 40.86.
[453] Vgl. IAS 41.58.
[454] Vgl. IAS 39.46, 47(a), IAS 40.35, IAS 41.12. Vgl. hierzu auch *Wich* (2009), S. 36. Vgl. ferner in Bezug auf IAS 41 *Wüstemann/Wüstemann* (2010b), S. 10.
[455] Vgl. IAS 16.31-42 und IAS 38.75-87. Vgl. ferner *Hommel* (2005), S. 289.
[456] Vgl. zu dieser Einschätzung *Ballwieser/Küting/Schildbach* (2004), S. 529-549; *Hommel/Schmidt/Wüstemann* (2004), S. 90; *Hommel* (2007a), S. 323; *Wich* (2009), S. 35, 55; *Wolf* (2010), S. 153.

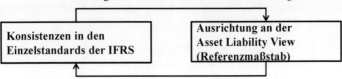

Abb. 27:   Hermeneutische Herleitung der (zeitwert-)statischen Prägung der IFRS

Die Vermögensorientierung dieses statischen Referenzmaßstabs zieht die Frage nach der bilanziellen Vermögenswertzurechnung als Sondereffekt nach sich. Dieser Aspekt ist in der vorliegenden Forschungsarbeit von Bedeutung. Denn die Entscheidung, ob eine Zweckgesellschaft dem Konsolidierungskreis eines Konzerns angehört, sollte unter Konsistenzgesichtspunkten in Übereinstimmung mit der generellen Vermögenswertzurechnung der IFRS erfolgen.[457]

3.3 Präzisierung der Vermögenswertzurechnung als Sonderaspekt der statischen Ausrichtung der IFRS

3.3.1 Einführung in die Vermögenswertkonzeption der IFRS

Die Orientierung des IFRS-Normsystems an der Asset Liability View erfordert eine Auseinandersetzung mit der Definition des (Brutto-)Vermögens (bzw. der Schulden). In einer statisch geprägten Rechnungslegung wie dem IFRS-Normsystem spielt die Vermögenswertzurechnung im Vergleich zu einer dynamisch orientierten Bilanzierung eine größere Rolle, da ein zweckkonform zu ermittelnder Vermögensstatus konzeptionell zwingend eine Definition des wirtschaftlichen Eigentums erfordert. Während sich diese Fragestellung bei der statischen Bilanztheorie auf alle identifizierbaren Vermögenswerte und Schulden erstreckt, ist der Aspekt der Vermögenswertübertragung im Rahmen der Dynamik auf die Konkretisierung des Umsatzakts bzw. des Realisationszeitpunkts beschränkt.

Das IASB-Rahmenkonzept stellt klar, dass sich die Identifikation von Vermögenswerten (und Schulden) des Unternehmens nicht nach den zivilrechtlichen Gegebenheiten richtet, sondern nach einer wirtschaftlichen Betrachtungsweise („substance and economic reality"[458]). Die bilanziellen Vermögensverhältnisse hängen folglich von den tatsächlichen Verfügungsmöglich-

---

[457]   Vgl. zu dieser Forderung in Bezug auf die Konsolidierung *Matena* (2004), S. 57.
[458]   IASB-R.4.6.

keiten des Unternehmens über den wirtschaftlichen Nutzen des Vermögenswerts ab.[459] Das so definierte wirtschaftliche Eigentum dient auch in Abgrenzung zur zivilrechtlichen Vermögenszuordnung der statischen (Rein-)Vermögensermittlung, um bilanziell abzubilden, „was [...] wirtschaftlich wertvoll ist"[460].

Insbesondere bei komplexen Sachverhalten, bei denen das zivilrechtliche und das wirtschaftliche Eigentum auseinanderfallen und/oder Rechte und Pflichten an einem Vermögenswert auf mehrere Parteien aufgeteilt sind, hat eine Präzisierung der wirtschaftlichen Vermögenswertzurechnung zu erfolgen. Im Rahmen der Konkretisierung stellt sich erstens die Frage, welche Vermögenswertzurechnungskonzepte anzuwenden sind (Abschnitt 3.3.2). Zweitens ist zu klären, auf welcher Aggregationsebene die bilanzielle Vermögenswertzurechnung ansetzt (Abschnitt 3.3.3). Zunächst erfolgt eine Behandlung der ersten Fragestellung.

3.3.2 Vermögenswertzurechnungskonzepte der IFRS

3.3.2.1 Definition des Vermögenswerts und wirtschaftliche Betrachtungsweise

Das IASB-Rahmenkonzept definiert einen Vermögenswert wie folgt:

„An asset is a resource controlled by the entity as a result of past events and from which future economic benefits are expected to flow to the entity."[461]

Nach dieser Vermögenswertkonzeption ist das maßgebliche Kriterium für die wirtschaftliche Zugehörigkeit die Verfügungsmacht („control") über den ökonomischen Nutzen („benefits") des Aktivums.[462] „Control" und „benefits" stellen folglich die zwei Grundelemente eines Vermögenswerts dar. Dem Unternehmen, das beide Kriterien für sich beanspruchen kann, ist folglich der Vermögenswert bilanziell zuzuordnen.[463] Die Vorschrift definiert somit die wirtschaftliche Zugehörigkeit an einem Vermögenswert für die IFRS-Bilanzierung. Unter der verwandten Terminologie der „wirtschaftliche Zugehörigkeit" ist hier sowohl das Eigentum an Sachen[464] als auch die Inhaberschaft an Rechten[465] zu subsumieren.[466] Im Rahmen der Arbeit

---

[459] Vgl. *Matena* (2004), S. 84.
[460] *Breidert/Moxter* (2007), S. 914 (bezogen auf das wirtschaftliche Eigentum in der handelsrechtlichen Bilanzierung).
[461] IASB-R4.4(a).
[462] Vgl. *Matena* (2004), S. 54.
[463] Vgl. zu den zwei Komponenten des wirtschaftlichen Eigentums *Schneider* (2009), S. 38.
[464] Vgl. hinsichtlich einer Legaldefinition des Eigentums § 903 BGB.
[465] Das BGB enthält keine Legaldefinition der Inhaberschaft. Gleichwohl erfolgt zivilrechtlich eine Verwendung des Begriffs des Inhabers. Vgl. § 613a BGB sowie §§ 25, 53 HGB.
[466] Das Rahmenkonzept macht keine Einschränkungen dahingehend, dass sich diese Vermögenswertdefinition nur auf Sachen bzw. nur auf Rechte bezieht. Es ist daher davon auszugehen, dass sowohl Sachen als auch Rechte unter IASB-R.4.4(a) fallen.

wird der Terminus „Zugehörigkeit" als übergeordneter Begriff für die Zuordnung von Sachen und Rechten verwandt.

Als Ausgangspunkt für die bilanzielle Vermögenswertzurechnung kann die zivilrechtliche Zuordnung herangezogen werden,[467] dessen konkrete Ausgestaltung vom jeweiligen nationalen Rechtsystem abhängig ist. Während das deutsche Zivilrecht keine Legaldefinition der Inhaberschaft kennt, ist der privatrechtlich kodifizierte Eigentümer an einer Sache derjenige, der „mit der Sache nach Belieben verfahren und andere von jeder Einwirkung ausschließen"[468] kann. Der Ownership-Begriff des angelsächsischen „case law" ist geprägt von der Property-Rights-Theorie und versteht unter dem „owner" den Inhaber eines Bündels aus Rechten und Pflichten.[469] Nach dieser Konzeption ist derjenige Inhaber des Bündels, der bestimmte Rechte und/oder Pflichten als Indizien aufweist. Als Beispiele von solchen Rechten gelten der Besitz, die Nutzenziehung und die Fähigkeit zur Übertragung.[470] Als typische Pflichten eines Eigentümers an Sachen bzw. eines Rechtsinhabers sind beispielsweise Erhaltungs- und Abgabepflichten – wie z.B. Zahlungspflichten für gesetzlich vorgeschriebene Versicherungen sowie Steuern und/oder amtlich erhobene Abgaben – zu nennen.[471]

Wenn in Grenzfällen die zivilrechtliche und die bilanzielle Zurechnung voneinander abweichen, sind nicht die rechtlichen, sondern die wirtschaftlichen Faktoren maßgeblich; denn bei der Beurteilung über die bilanzielle Vermögenswertzurechnung der IFRS-Rechnungslegung gilt der Substance-over-Form-Grundsatz.[472] Die nach diesem Grundsatz geforderte wirtschaftliche Betrachtungsweise setzt an beiden Hauptelementen der Vermögenswertkonzeption an; dem Control- und dem Benefit-Aspekt.

Hinsichtlich der Control-Komponente dienen die jeweiligen Zivilrechtsnormen zwar der Objektivierung, stellen aber keine notwendige Ansatzvoraussetzung dar. Im Rahmen der wirtschaftlichen Betrachtungsweise sind faktische Verhältnisse zu berücksichtigen, die die

---

[467] Vgl. bezogen auf das HGB *Gelhausen/Fey/Kämpfer* (2009), Abschnitt B, Tz. 15. Vgl. bezogen auf die IFRS *Scharenberg* (2009), S. 99.
[468] § 903 Satz 1 BGB.
[469] Vgl. grundlegend zur Property-Rights-Theorie *Coase* (1960); *Honoré* (1961), S. 107–147; *Alchian* (1965); *Demsetz* (1967); *Richter/Furubotn* (2003), S. 85–87, S. 303 f.
[470] Vgl. *Honoré* (1961), S. 107–147. Vgl. ferner *Scharenberg* (2009), S. 102 f.
[471] Vgl. mit weiteren Beispielen *Scharenberg* (2009), S. 133.
[472] Der Substance-over-Form-Grundsatz des alten Rahmenkonzepts ist jetzt unter der glaubwürdigen Darstellung („faithful representation") zu subsumieren. Vgl. IASB-R.BC3.26; IASB-F.35 a. F. Vgl. auch IAS 8.10(b)(ii). Vgl. grundlegend zur wirtschaftlichen Betrachtungsweise z.B. *Moxter* (1989), S. 237. Vgl. in Bezug auf den Substance-over-Form-Grundsatz der IFRS *Hommel* (1998a), S. 56; *Grau* (2002), S. 125. Vgl. zur Abgrenzung von wirtschaftlicher und formalrechtlicher Betrachtungsweise der HGB-Bilanzierung *Böcking* (1997), S. 86–92.

Control-Komponente der Vermögenswertdefinition um tatsächliche und ökonomisch relevante Gegebenheiten erweitern. Als Beispiele sind Kulanzrückstellungen[473] zu nennen. Der Substance-over-Form-Grundsatz erfordert die tatsächliche Kontrolle der Nutzenziehung durch das Unternehmen. Bei einer wirtschaftlichen Betrachtungsweise ist zu prüfen, wem die wesentlichen wirtschaftlichen Vorteile oder Lasten zuwachsen.[474] Die Betrachtung der Verteilung der Chancen und Risiken konkretisiert die Nutzen-Komponente der Vermögenswertdefinition. Eine weiterführende Quantifizierung – z.B. unter Anwendung eines noch zu diskutierenden Risks-and-Rewards-Ansatzes – kann in Zweifelsfragen helfen, den wirtschaftlich Zugehörigen zu identifizieren. Dies ist allerdings von der Gewichtung beider Elemente („control" und „benefits") abhängig; eine Abwägung, die der Standardsetzer beim „standardsetting" und der IFRS-Anwender bei Normauslegungen in Bezug auf Regelungslücken vornehmen muss. Diese Zusammenhänge verdeutlicht Abb. 28 bildlich.

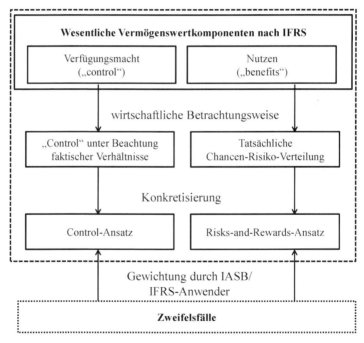

Abb. 28: Zusammenhang zwischen den wesentlichen Vermögenswertkomponenten, der wirtschaftlichen Betrachtungsweise und den Zurechnungskonzepten

---

[473] Vgl. hierzu *Hommel* (2007b), S. 185.
[474] Vgl. *Mellwig* (1983), S. 1613; *Hommel* (2007b), S. 184.

3.3.2.2 Control-Ansatz

Zunächst erfolgt eine Analyse des Control-Ansatzes, der u.a. im Rahmen der Abgangsprüfung von finanziellen Vermögenswerten nach IAS 39.20(c) i.V.m. IAS 39.23 bzw. IFRS 9.3.2.6, bei der Abgrenzung des Konsolidierungskreises nach IAS 27.4 bzw. IFRS 10.5, bei der Umsatzrealisierung nach IAS 18.14(b) und bei der Frage der Übertragbarkeit von Kundenstämmen nach IAS 38.13 Anwendung findet.

Der Control-Ansatz knüpft an den Aspekt der Verfügungsbefugnis des Vermögenswerts an, um hierüber den wirtschaftlich Zugehörigen zu identifizieren.[475] Das entscheidende Merkmal des wirtschaftlichen Eigentümers bzw. Rechtsinhabers besteht im „Exklusivprinzip"[476], das beinhaltet, „den zukünftigen Nutzen aus einem Vermögenswert zu erhalten [...] und gleichzeitig den Zugriff anderer Parteien auf diesen Nutzen [...] auszuschließen"[477]. Von Bedeutung ist somit die faktische Verfügungsmacht und nicht deren juristische Form.[478] Damit grenzt sich der Control-Ansatz von dem Legal-Property-Ansatz ab, der im Rahmen einer formalrechtlichen Betrachtung eine zivilrechtliche Vermögenswertzurechnung verfolgt.[479]

Zur Operationalisierung des Control-Ansatzes greift die Literatur[480] in Anlehnung an die angelsächsische Ownership-Konzeption auf die (oben bereits erwähnte) Property-Rights-Theorie[481] zurück. Das Abstellen auf bestimmte Einzelrechte des Vermögenswerts (wie Nutzungs- und Verwertungsrechte[482]) unter Beachtung einer wirtschaftlichen Betrachtungsweise charakterisiert den wirtschaftlich Zugehörigen als denjenigen, „der diese Rechte faktisch inne hat"[483].

Bei komplexeren Sachverhalten können die Eigentümer- und Inhaberbefugnisse in unterschiedlichen Kombinationen[484] und Intensitäten[485] auftreten. Hierbei stellt sich die Frage, inwieweit rechtliche und faktische Verhältnisse voneinander abweichen können.

---

[475] Vgl. *Matena* (2004), S. 54.
[476] *Reiland* (2006), S. 151.
[477] *Reiland* (2006), S. 151.
[478] Vgl. *Grau* (2002), S. 126.
[479] Vgl. umfassend zum Legal-Property-Ansatz bzw. zur formalrechtlichen Betrachtungsweise *Beisse* (1984), S. 11–13; *Moxter* (1989), S. 237; *Böcking* (1997), S. 92; *Reiland* (2006), S. 145–148.
[480] Vgl. in Bezug auf eine Konkretisierung des Control-Ansatzes *Matena* (2004), S. 18; *Reiland* (2006), S. 167 f.; *Streckenbach* (2006), S. 170–174.
[481] Vgl. grundlegend zur Property-Rights-Theorie *Coase* (1960); *Honoré* (1961), S. 107–147; *Alchian* (1965); *Demsetz* (1967); *Richter/Furubotn* (2003), S. 85–87, S. 303 f.
[482] Vgl. zu diesen Rechten z.B. *Matena* (2004), S. 16–18; *Scharenberg* (2009), S. 108–115; *Schneider* (2009), S. 38.
[483] *Ballwieser* (1987), Tz. 74. Dies gilt gleichermaßen für Pflichten. Vgl. in Bezug auf IAS 37 *Hommel* (2007b), S. 185.
[484] Vgl. *Wildner* (2004), S. 85.
[485] Vgl. *Löcke* (1998), S. 129.

Als Beispiel für das Auseinanderfallen von rechtlichen und faktischen Verfügungsbefugnissen lassen sich in Bezug auf die Macht über ein anderes Unternehmen Präsenzmehrheiten aufführen, bei denen keine formale Stimmrechtsmehrheit vorliegt. Bei Konzernverhältnissen führt im Regelfall eine gesellschaftsrechtliche Beherrschung über eine formale Stimmrechtsmehrheit (50% + X% Stimmrechte an der Gesamtheit aller Stimmrechte) zu einer Kontrolle durch das Unternehmen.[486] Hingegen verfügt bei einer Präsenzmehrheit keine Partei über eine absolute formale Stimmrechtsmehrheit. Dennoch kann der Inhaber der Präsenzmehrheit unter Beachtung der Präsenz stimmberechtigter Anteilseigner bei Gesellschafter- bzw. Hauptversammlungen seinen Willen gegen die übrigen Minderheiten durchsetzen. Tatsächlich beherrscht er somit das andere Unternehmen, indem er die Geschäftspolitik nach seinen Gunsten gestalten kann.[487] Jedoch zeigt dieses Beispiel, dass bei einer über die Jahre schwankenden Hauptversammlungspräsenz die Übergänge zwischen einer rechtlichen und einer faktischen Beherrschung fließend verlaufen. In diesen Fällen führen Objektivierungsvorgaben[488] (wie z.B. die Pflicht zum Nachweis einer historischen, nachhaltigen Präsenzmehrheit) zu einer Zurückdrängung der wirtschaftlichen Betrachtungsweise.[489]

Zur Erreichung von systematisch überzeugenden Zurechnungsregeln ist der Substance-over-Form-Grundsatz daher einerseits als „Spielart der teleologischen Interpretation"[490] auszulegen, um „die wirtschaftliche Bedeutung der bilanzrechtlichen Norm zu berücksichtigen."[491] Anderseits stellt eine „objektivierungsbedingt zwingend gebotene Verrechtlichung"[492] des Substance-over-Form-Grundsatzes die Grenze des Control-Ansatzes für komplexere Sachverhalte dar. Um diese Problematik zu lösen, stellt die IFRS-Rechnungslegung fallweise in bestimmten (v.a. älteren) Standards dem Control-Ansatz einen Risks-and-Rewards-Ansatz zur weiteren Operationalisierung der Vermögenswertzurechnung (gleichberechtigt) zur Seite.

---

[486] Vgl. IAS 27.13.
[487] Vgl. zu Präsenzmehrheit z.B. *IASB* (2005); *Müller/Overbeck/Bührer* (2005), S. 27; *IDW* (2006), Abschnitt N, Tz. 636; *Streckenbach* (2006), S. 148; *PricewaterhouseCoopers* (2010), Tz. 24.71; *Lüdenbach* (2012), § 32, Tz. 24; *PricewaterhouseCoopers* (2012), S. 1720.
[488] Vgl. zum Objektivierungsgrundsatz der IFRS IASB-R.QC12. Vgl. ferner *Küting/Mojadadr/Strauß* (2011), S. 1405.
[489] Vgl. in Bezug auf die BFH-Rechtsprechung *Breidert/Moxter* (2007), S. 916.
[490] *Beisse* (1984), S. 12.
[491] *Beisse* (1980), S. 645. Vgl. hierzu auch bezogen auf die HGB-Bilanzierung *Moxter* (1989), S. 232.
[492] *Breidert/Moxter* (2007), S. 919. Das Zitat bezieht sich auf die grundsätzlich stärker objektivierte HGB-Bilanzierung im Vergleich zur IFRS-Rechnungslegung. Vgl. hierzu in Bezug auf die Aktivierung immaterieller Vermögenswerte z.B. *Berndt/Hommel* (2009), S. 2193. Gleichwohl haben die mit dem IFRS-Abschluss dargestellten Informationen (wie bei jedem Rechnungslegungssystem) verlässlich zu sein. Vgl. hierzu z.B. *Wich* (2009), S. 22 f. Der Verlässlichkeitsgrundsatz fällt unter den Grundsatz der glaubwürdigen Darstellung („faithful representation") des IASB-Rahmenkonzepts. Vgl. IASB-R.BC3.19.

3.3.2.3 Risks-and-Rewards-Ansatz

Eine Anwendung des Risks-and-Rewards-Ansatzes[493], der im Rahmen der bilanziellen Vermögenswertzurechnung den Fokus auf die Verteilung der Chancen und Risiken setzt, erfolgt beispielsweise bei Leasingverträgen nach IAS 17.8, beim Abgang von Finanzinstrumenten nach IAS 39.20 und bei der Konsolidierung von Zweckgesellschaften nach SIC-12.10(c), (d). Ferner ist er bei der Umsatzrealisierung nach IAS 18.14(a) zu finden.

Zum Verständnis dieses Ansatzes ist die Terminologie der „Chancen" bzw. der „Risiken" zu klären. In der Wissenschaft hat sich bislang kein einheitlicher Chancen- und Risikobegriff herausgebildet.[494] Im Kontext einer wirkungsbezogenen Definition ist das Risiko bestimmt als eine „Möglichkeit von Abweichungen von Referenz- oder Sollwerten"[495]. Daher sind Risiken als negative und Chancen als positive Abweichungen von einem Erwartungswert zu verstehen.[496] Aus einer ursachenbezogenen Perspektive[497] stellt ein Risiko die „Unsicherheit über die Höhe und zeitliche Verteilung"[498] des Zahlungsstroms aus einem Vermögenswert dar. Chancen sind somit als unsichere Möglichkeit zur Vereinnahmung höherer Einzahlungsüberschüsse (resultierend aus einem Vermögenswert) als ursprünglich kalkuliert zu verstehen. Risiken stellen Gefahren eines möglichen, durch den Vermögenswert hervorgerufenen Abflusses von Zahlungsmitteln dar. Anstatt „Chancen" und „Risiken" verwendete das *IASB* jüngst den Sammelbegriff der „Rückflüsse", die negativ und positiv sein können.[499]

Der Risks-and-Rewards-Ansatz kommt im Rahmen der IFRS-Rechnungslegung regelmäßig in Zusammenhang mit Bright-Line-Regeln zur Anwendung.[500] Das bedeutet, dass eine konkrete Norm einen quantitativen Schwellenwert (wie z.B. ein Mehrheitserfordernis) explizit als Maßstab für die Entscheidung über eine bestimmte Bilanzierungsfrage vorgibt.[501] Dieser Ansatz konkretisiert den Control-Ansatz und unterstellt den wirtschaftlichen Regelfall, dass eine hohe Korrelation zwischen der Verfügungsbefugnis und der Risiko-Chancen-Tragung gegeben ist.[502] Der Ansatz vermutet deshalb, dass derjenigen Partei der Vermögenswert bilan-

---

[493] Vgl. zum Risks-and-Rewards-Ansatz IDW RS HFA 9, Tz. 126-134. Vgl. auch *Reiland* (2006), S. 338–341; *Feld* (2007), S. 106–132; *Scharenberg* (2009), S. 116 f.
[494] Vgl. *Helten* (1994), S. 19; *Karten* (1972), S. 147–169; *Philipp* (1967), S. 34; *Selch* (2003), S. 109; *IDW* (2006), Abschnitt P, Tz. 8.
[495] *Dobler* (2004), S. 9.
[496] Vgl. *Scharenberg* (2009), S. 127.
[497] Vgl. zur Abgrenzung von wirkungs- und ursachenbezogener Risikodefinition *Dobler* (2004), S. 9.
[498] *Reiland* (2006), S. 338 (in Bezug auf den Risks-and-Rewards-Ansatz bei der Konsolidierungsfrage von Zweckgesellschaften).
[499] Vgl. IFRS 10.15.
[500] Vgl. Beispiele innerhalb des IFRS-Normsystems zu Bright-Line-Regeln IAS 17.8, IAS 39.20 und SIC-12.10(c),(d).
[501] Vgl. zu Bright-Line-Regeln und regelbasierter Rechnungslegung *SEC* (2003); *Bonham u.a.* (2009), S. 71; *Wüstemann/Wüstemann* (2010b), S. 15.
[502] Vgl. in Bezug auf ED 10.12 *Zülch/Burghardt* (2009), S. 80.

ziell zuzurechnen ist, die die Volatilität der Chancen und Risiken signifikant[503] oder zumindest mehrheitlich absorbiert.

Die Auslegung des Risks-and-Rewards-Ansatzes ist uneinheitlich. Während die herrschende Meinung unter dem Tragen der wesentlichen Risiken im Rahmen der Abgangsprüfung von finanziellen Vermögenswerten[504] und (bislang) beim Leasing[505] eine Variabilität von mehr als 90% (teilweise auch 75% bis 95%) der Variabilität befürwortet,[506] reicht bei der Anwendung dieses Ansatzes nach den bisherigen IFRS-Konsolidierungsregeln des SIC-12.10(c),(d) nach der vorherrschenden Literatur eine Absorption von mehr als 50% der Variabilität der Risiken aus.[507] Eine Einheitlichkeit hinsichtlich des quantitativen Schwellenwerts in Bezug auf den Risks-and-Rewards-Ansatz besteht somit nicht standardübergreifend innerhalb des IFRS-Normsystems de lege lata.

3.3.3 Aggregationsebene der Vermögenswertzurechnung

3.3.3.1 All-or-Nothing-Ansatz und Components-Ansatz

Im Folgenden ist der Frage nachzugehen, auf welcher Aggregationsebene eine Prüfung der wirtschaftlichen Zugehörigkeit zu erfolgen hat. Bezieht sich die Feststellung der bilanziellen Vermögenswertzurechnung auf den originären Vermögenswert als Ganzes, handelt es sich um den All-or-Nothing-Ansatz.[508] Der Vermögenswert wird „als unteilbare Einheit aufgefasst und kann insofern nur in seiner Gesamtheit einer [...] Vertragspartei[...] zugerechnet werden."[509] Der originäre Vermögenswert gilt nach dieser Theorie als „indivisible unit"[510].

Bei dem Components-Ansatz[511] hingegen erfolgt eine Aufspaltung des originären Vermögenswerts in Teileinheiten („components"),[512] die den in die Transaktion involvierten

---

[503] Vgl. hierzu *Matena* (2004), S. 214.
[504] Vgl. IAS 39.20.
[505] Vgl. IAS 17.8.
[506] Vgl. in Bezug auf IAS 39 IDW RS HFA 9, Tz.133; *Reiland* (2006), S. 112; *Feld* (2007), S. 197; *PricewaterhouseCoopers* (2012), S. 501. Vgl. in Bezug auf IAS 17 *Scharenberg* (2009), S. 214; *PricewaterhouseCoopers* (2012), S. 2015.
[507] Vgl. IDW RS HFA 2, Tz. 62; *Müller/Overbeck/Bührer* (2005), S. 28; *Baetge/Hayn/Ströher* (2006), IAS 27, Tz. 93; *Reiland* (2006), S. 336–338; *Feld* (2007), S. 98, 122 f.; *Boulkab/Marxfeld/Wagner* (2008), S. 503; *Eick/Ehrcke* (2009), S. 238; *Ewelt-Knauer* (2010), S. 96, 100; *Lüdenbach* (2012), § 32, Tz. 83.
[508] Vgl. zum All-or-Nothing-Ansatz z.B. *Joint Working Group* (2000), S. 185, Tz. 3.15(a); *Fülbier/Pferdehirt* (2005), S. 276; *Reiland* (2006), S. 95-98; *Scharenberg* (2009), S. 95 f.
[509] *Reiland* (2006), S. 96.
[510] *Joint Working Group* (2000), S. 185, Tz. 3.15(a) (in Bezug auf Finanzinstrumente).
[511] Vgl. zum Components-Ansatz *Joint Working Group* (2000), S. 186, Tz. 3.15(a); *Scharenberg* (2009), S. 95; *Reiland* (2006), S. 95–108. Vgl. in Bezug auf den Components-Ansatz nach IAS 16 z.B. *Mujkanovic/Raatz* (2008), S. 246 f. Vgl. ferner in der HGB-Bilanzierung *Hommel/Rößler* (2009), S. 2526–2530.
[512] Vgl. in Bezug auf Finanzinstrumente *Joint Working Group* (2000), S. 186, Tz. 3.15(b).

Parteien zugeordnet sind.[513] Der Standardsetzer geht somit bei diesem Ansatz von „divisible units (or components)"[514] aus. Ein Komponentenansatz findet sich de lege lata in Reinform auf der Bewertungsebene (nicht aber auf der Ebene der Bestimmung eines Vermögenswerts) z.B. bei der Aufspaltung von Sachanlagen aufgrund unterschiedlicher Abschreibungslaufzeiten.[515]

3.3.3.2 Verhältnis von Vermögenswertzurechnung und Aggregationsebene

Die oben genannten Vermögenszurechnungskonzepte, der Control-Ansatz und der Risks-and-Rewards-Ansatz, stehen in Beziehung zu dem All-or-Nothing- bzw. dem Components-Ansatz. Setzt der Control-Ansatz auf der Ebene von einzelnen Komponenten an, liegt ein Komponentenansatz vor. In Bezug auf Finanzinstrumente findet sich die Bezeichnung Financial-Components-Ansatz[516], der nach IAS 39.20(c)(i) bzw. IFRS 9. 3.2.6(c)(i) hinsichtlich der Bilanzierung von Finanzinstrumenten anzuwenden ist. Die Verfügungsmacht knüpft an das einzelne Zugehörigkeitsrecht an, anstatt am Bündel aller Eigentums- bzw. Inhaberrechte eines originären Vermögenswerts.

Auch der Risks-and-Rewards-Ansatz dient in den meisten aktuellen IFRS-Normen der Konkretisierung des All-or-Nothing-Ansatzes,[517] „indem in einer wirtschaftlichen Gesamtbetrachtung auf Basis der Risiko-Chancen-Verteilung in Bezug auf das zugrundeliegende asset überprüft wird, ob die zurückbehaltenen Rechte und Pflichten dazu führen, dass der Übertragende die Verfügungsmacht über den (originären) Vermögenswert behalten hat."[518] Entfällt der wesentliche Teil bzw. zumindest die Mehrheit der Chancen und Risiken auf eine Partei, so ist dieser Partei nach dem Risks-and-Rewards-Ansatz der gesamte Vermögenswert zuzurechnen. Bezogen auf z.B. Leasing-Transaktionen steht somit dem wirtschaftlich Zugehörigen, der nach dem Risks-and-Rewards-Ansatz des IAS 17 ermittelt wird, das gesamte Leasingobjekt und nicht einzelne Eigentumsrechte an dem Objekt zu.

Grundsätzlich können aber sowohl auf originäre Vermögenswerte als auch auf deren Einzelrechte jeweils der Control-Ansatz und der Risks-and-Rewards-Ansatz für die bilanzielle Zurechnung Anwendung finden. Bei einer Negierung der wirtschaftlichen Zugehörigkeit am Rechtsbündel ist der Control-Ansatz gleichwohl eher geeignet, durch seine Erkenntnisse aus der übergeordneten Prüfung ansatzfähige Einzelrechte auf disaggregierter Ebene zu identifi-

---

[513] Vgl. *Scharenberg* (2009), S. 96.
[514] *Joint Working Group* (2000), S. 186, Tz. 3.15(b) (in Bezug auf Finanzinstrumente).
[515] Vgl. IAS 16.43 f. Vgl. hierzu *Mujkanovic/Raatz* (2008), S. 246 f.
[516] Vgl. *Gebhardt/Naumann* (1999), S. 1465; *Scharenberg* (2009), S. 120.
[517] Als Beispiele hierzu zählen die Anwendungen des Risks-and-Rewards-Ansatzes nach IAS 17.8, IAS 39.20 und SIC-12.10(c), (d).
[518] *Scharenberg* (2009), S. 120 (im Original teilweise hervorgehoben).

zieren. Daher spricht der (partielle) Rückgriff des Standardsetzers auf den Komponentenansatz (eher) für die Dominanz des Control-Ansatzes gegenüber dem Risks-and-Rewards-Ansatz, der (tendenziell) mit dem All-or-Nothing-Ansatz korrespondiert.

3.4 Fazit 2: Identifikation von Inkonsistenzen bei der Vermögenswertabgrenzung de lege lata

Die statische Prägung des IFRS-Normsystems führt zu einer prominenten Rolle der bilanziellen Zugehörigkeit des Vermögenswerts und der Schulden. Die bilanzielle Vermögenswertzurechnung der IFRS erfolgt unter Beachtung einer wirtschaftlichen Betrachtungsweise. Die Asset-Definition weist die Control- und die Benefits-Komponente als Wesensmerkmale auf. Aus der ersten Komponente lässt sich der Control-Ansatz als Abgrenzungskonzeption für Vermögenswerte ableiten. Der Risks-and-Rewards-Ansatz operationalisiert die Benefits-Komponente.

Das kasuistische Nebeneinander von Control- und Risks-and-Rewards-Ansatz bei der Vermögenswertzurechnung ist konzeptionell fragwürdig. Gleichwohl stets beide Komponenten für die Erfüllung der Vermögenswertdefinition gegeben sein müssen, ist aus Konsistenzgründen im Rahmen der Operationalisierung nicht ersichtlich, wieso einmal der eine Ansatz und ein anderes Mal der andere Vorrang hat. Beispielsweise sind finanzielle Vermögenswerte bei einem Rückbehalt der (wesentlichen) Risiken und Chancen nach IAS 39.20(c) weiterhin beim Unternehmen anzusetzen, ohne dass eine Control-Prüfung durchzuführen ist. Gleiches gilt für Leasingobjekte nach IAS 17.8. Hingegen sind im Rahmen der Konsolidierungsprüfung die Vermögenswerte und Schulden eines rechtlich beherrschten Unternehmens nach IAS 27.13 zu bilanzieren, ohne dass eine Chancen-und-Risiko-Analyse vorzunehmen ist. Erfolgt innerhalb eines Abschlusses bei einem Aktivum eine Abgrenzung primär nach dem einen Konzept und bei einem weiteren Vermögenswert nach dem anderen, leidet die Konsistenz der Rechnungslegung. Der Bilanzleser muss sich zudem die Frage stellen, ob eine tatsächliche Verfügungsgewalt über den originären Vermögenswert bestehen muss, um ihn dem Unternehmen zuzurechnen, oder ob die bilanzielle Zugehörigkeit einer Sache bzw. eines Rechts davon abhängt, dass Barwerte künftiger Cashflows aus der Sache bzw. dem Recht vom Unternehmen gezogen werden.

Auf der Aggregationsebene, auf die sich die obigen Abgrenzungskonzeptionen beziehen, findet de lege lata überwiegend eine Prüfung für den gesamten originären Vermögenswert nach dem All-or-Nothing-Ansatz Anwendung. Vereinzelte Vorschriften sehen die Bilanzierung von Einzelrechten nach dem Components-Ansatz vor. Ein übergeordnetes, standardübergreifendes Prinzip ist de lege lata auch hier nicht auf den ersten Blick erkennbar.

Damit bleibt als wichtiges Zwischenfazit festzuhalten, dass de lege lata die Vermögensabgrenzungskonzepte, der Control-Ansatz und der Risks-and-Rewards-Ansatz, standardübergreifend nicht konsistent zur Anwendung kommen bzw. deren Hierarchieverhältnis zueinander keine Stringenz innerhalb des IFRS-Normsystems aufweist. Hieraus lässt sich zunächst noch kein eindeutiger normativer Referenzmaßstab de lege lata in Bezug auf die Konkretisierung der wirtschaftlich Zugehörigen der Sachen und Rechte herleiten. Um dieses unbefriedigende Ergebnis zu heilen, sind im nächsten Abschnitt Anhaltspunkte zu finden, um einen greifbaren De-lege-ferenda-Referenzmaßstab für die weitere wissenschaftliche Untersuchung der Konsolidierungsregeln zu erhalten.

3.5 Herleitung eines De-lege-ferenda-Maßstabs für die bilanzielle Vermögenswertzurechnung

3.5.1 Konsistenz in der Vermögenswertzurechnung der IFRS als Ziel

Das *IASB* sprach sich jüngst mehrfach im Rahmen unterschiedlicher Projekte für eine Stärkung von standardübergreifenden Konsistenzen aus.[519] Beispielsweise ist mit dem im Mai 2011 veröffentlichten IFRS 13 eine einheitliche, standardübergreifende Ermittlung des Zeitwerts von Vermögenswerten und Schulden beabsichtigt.[520] Unter Konsistenz versteht der Standardsetzer „the use of the same methods for the same items"[521]. Übertragen auf die obige Fragestellung bedeutet dies, dass eine vorrangige Abgrenzungskonzeption bei ähnlichen Sachverhalten zur Anwendung kommt.

Ausgehend von einer vom *IASB* angestrebten Steigerung der internen Konsistenz in der IFRS-Rechnungslegung ist somit eine standardübergreifende Hierarchie zwischen den beiden Ansätzen – Control- und Risks-and-Rewards-Ansatz – wünschenswert. Die Klärung des Verhältnisses zwischen den beiden Ansätzen im Sinn eines standardübergreifenden Prinzips erhöht die Konsistenz[522] und damit die Vergleichbarkeit[523] der IFRS-Rechnungslegung (de lege ferenda) in Bezug auf die wirtschaftliche Zugehörigkeit der Sachen und Rechte und reduziert eine ausufernde Kasuistik.

3.5.2 Analyse von Standardprojekten zur Ermittlung eins De-le-ferenda-Referenzmaßstabs

Die IFRS und damit deren bilanztheoretische Ausrichtung befindet sich „im Fluss"[524]. Bei der festgestellten statischen Prägung der IFRS handelt es sich um eine Momentaufnahme, die einer stetigen Überprüfung bedarf. Unter der Annahme einer angestrebten Konsistenzerhö-

---

[519] Vgl. IASB-F.QC22; IFRS 9.IN2; IFRS 10.IN4; IFRS 12.IN7; IFRS 13.IN6.
[520] Vgl. IFRS 13.IN6.
[521] IASB-F.QC22.
[522] Vgl. zu internen (In-)Konsistenzen im IFRS-Normsystem *Wüstemann/Wüstemann* (2010b).
[523] Vgl. zum Verhältnis von Konsistenz und Vergleichbarkeit der Rechnungslegung *Reiland* (2006), S. 25.
[524] *Ballwieser* (2005c), Tz. 129. Vgl. ferner zu dieser Einschätzung *Wich* (2009), S. 35.

hung durch den Standardsetzer gewähren die jüngsten Projekte und Standardentwürfe des *IASB* Anhaltspunkte, welche Stoßrichtung hinsichtlich der bilanztheoretischen Prägung und der Vermögenswertzurechnung die IFRS-Entwicklung nimmt. Standardentwürfe (Exposure Drafts, abgekürzt ED) können sowohl in der historischen als auch in Form einer systematischen Auslegung im Rahmen der hermeneutischen Methode als Ansichten des Standardsetzers Berücksichtigung finden.[525] Die hieraus gewonnenen Erkenntnisse besitzen allerdings eher Indiz- als Beweischarakter, da „die endgültigen Normen in der Regel ein Ergebnis politischer Verhandlungen oder eines package deal sind und somit möglicherweise stark von den Entwurfsfassungen abweichen."[526] Konsistenzen in Entwürfen können den normativen Referenzmaßstab für eine De-lege-ferenda-Betrachtung präzisieren. Für konkrete Bilanzierungsfragen de lege lata sind Standardentwürfe hingegen nicht als Auslegungshilfe heranzuziehen,[527] da sie noch kein Teil des auszulegenden Ganzen sind.

Im Folgenden sind ausgewählte Standardprojekte zu untersuchen, die bilanztheoretisch bedeutsame Hinweise auf die Gewichtung zwischen dem Control- und Risks-and-Rewards-Ansatz geben können. Hierbei handelt es sich um den ED „Revenue from Contracts with Customers", den ED „Leases" und den ED „Insurance Contracts".

3.5.3 Analyse ausgewählter Standardentwürfe

3.5.3.1 Revised Exposure Draft „Revenue from Contracts with Customers"

Im November 2011 veröffentlichte das *IASB* zusammen mit dem US-amerikanischen Standardsetzer *FASB* gemeinsam einen überarbeiteten Exposure Draft „Revenue from Contracts with Customers" (ED/2011/6), dem bereits ein Erstentwurf vom Juni 2010 (ED/2010/6) vorangegangen war. Das Revenue-Recognition-Projekt zielt auf eine Änderung der Regeln zur Umsatzrealisierung bei Kundentransaktionen ab.[528]

Nach dem (überarbeiteten) Standardentwurf entstehen auf der Verkäuferseite mit Vertragsabschluss ein Vergütungsanspruch und eine Leistungsverpflichtung. Diese sind über die Vertragsabwicklungsdauer saldiert auszuweisen.[529] Ist der Anspruch höher als die Verbindlichkeit, liegt ein Vermögenswert und im umgekehrten Fall eine Verpflichtung vor.[530] Somit interpretiert das *IASB* „den Gewinn [...] als positive Veränderung des Netto-Vermögens eines

---

[525] Vgl. *Baetge/Kirsch/Thiele* (2011a), S. 107.
[526] *Scharenberg* (2009), S. 43.
[527] Vgl. *PricewaterhouseCoopers* (2012), S. 125.
[528] Vgl. zum Revenue-Recognition-Projekt *Wüstemann/Wüstemann* (2010a), S. 2035–2040; *Hommel/Schmitz* (2011), S. 17–24; *Wüstemann/Wüstemann* (2011), S. 3117–3119; *Grote/Pilhofer* (2012), S. 105–113; *Zeyer/Engler* (2012), S. 121–128.
[529] Vgl. ED/2011/6, Tz. 104, BC235.
[530] Vgl. ED/2011/6, Tz. 105.

Unternehmens"[531]. Bilanztheoretisch betrachtet weist der Standardentwurf daher eine eindeutig statische Prägung auf.[532]

Die Prüfung der Umsatzrealisierung[533] ist von einer statischen, wirtschaftlichen Betrachtungsweise geprägt.[534] Der Zeitpunkt des Umsatzausweises bestimmt sich anhand der Erfüllung der Leistungsverpflichtung. Diese tritt ein, wenn der zugesicherte Vermögenswert in die Verfügungsgewalt des Kundens übergeht bzw. wenn dieser Nutzen aus der Ware oder der Dienstleistung ziehen kann.[535] Die Umsatzrealisierung ist somit an die Kontrollerlangung des Abnehmers von Waren und Dienstleistungen gebunden. Dies entspricht einer Ausrichtung an dem Control-Ansatz.[536]

Ob sich die Prüfung nach dem Control-Ansatz oder dem Risks-and-Rewards-Ansatz richtet, bestimmt maßgeblich den Zeitpunkt der Realisation des Umsatzes. Dies lässt sich am Beispiel einer Aufnahmegebühr für ein Fitnessstudio veranschaulichen: Nach dem Risks-and-Rewards-Ansatz ist eine solche Gebühr spätestens mit der Aufnahme des Kunden in die Kartei des Studios bei diesem gewinnwirksam zu vereinnahmen, sofern das Fitnessstudio keine weiteren Bedingungen erfüllen muss, denn dann wurden sämtliche Chancen und Risiken, die mit der Aufnahme in Verbindung stehen, abgebaut. Das Unternehmen hat geleistet. Nach dem Control-Ansatz steht die Leistung des Studios dagegen noch aus. Es liegt mit dem Verpflichtungsgeschäft kein Vermögenswerttransfer an den Kunden vor.[537] Der Kunde konsumiert die Leistung aus der Aufnahmegebühr über die Vertragslaufzeit durch die Nutzung des Studios, sodass nach dem Control-Ansatz eine Passivierung der Gebühr und eine ertragswirksame Verteilung über die Mindestlaufzeit des Vertrags erforderlich sind.[538]

Mit der Novellierung der Normen zur Umsatzerfassung beabsichtigten die Standardsetzer ursprünglich den Risks-and-Rewards-Ansatz komplett abzuschaffen, obwohl er bisher die Ertragsvereinnahmung des IAS 18 und IAS 11 dominierte.[539] Konsequenterweise war das Risks-and-Rewards-Kriterium in dem Standardentwurf vom Juni 2010 gestrichen worden.[540] In der überarbeiteten Fassung vom November 2011 hielt der Risks-and-Rewards-Ansatz in abge-

---

[531] *Hommel/Schmitz* (2011), S. 17 (Zitat in Bezug auf ED/2010/6, Tz. 64).
[532] Vgl. zu dieser Einschätzung in Bezug auf ED/2011/6 *Grote/Pilhofer* (2012), S. 105; Vgl. in Bezug auf die vorangegangene Entwurfsfassung ED/2010/6 *Ballwieser* (2009), S. 25; *Wüstemann/Wüstemann* (2010a), S. 2040; *Hommel/Schmitz* (2011), S. 17 f., 23.
[533] Vgl. zu den fünf Schritten bei der Umsatzrealisierung ED/2011/6, Tz. 4.
[534] Vgl. *Hommel/Schmitz* (2011), S. 23 (in Bezug auf ED/2010/6).
[535] Vgl. ED/2011/6, Tz. 31 f. Vgl. ferner *Lühn* (2010), S. 274.
[536] Vgl. ED/2011/6, Tz. BC83. Vgl. *Grote/Pilhofer* (2012), S. 106, 108 (mit Einschränkungen bei zeitraumbezogenen Umsatzrealisierungen); *Zeyer/Engler* (2012), S. 128.
[537] Vgl. ED/2011/6, Tz. B28.
[538] Vgl. weiterführend zu diesem Beispiel in Bezug auf ED/2010/6 *Hommel/Schmitz* (2011), S. 21.
[539] Vgl. ED/2010/6, Tz. BC60; *Hommel/Schmitz* (2011), S. 22.
[540] Vgl. ED/2010/6, Tz. BC60-BC63.

milderter Form Einzug in den Entwurf. Für zeitpunktbezogene Leistungen gilt das Risiko-Chancen-Kriterium nunmehr als „helpful indicator"[541] (neben anderen Indizien wie z.B. Besitz[542]) für die Bestimmung von Kontrolle durch den Kunden.[543] Die Aufweichung der zuvor bestehenden Stringenz des Erstentwurfs mit Fortschreiten des Revenue-Recognition-Projekts ist einem Nachgeben der Standardsetzer gegenüber der Bilanzierungspraxis geschuldet.[544] Unabhängig von der Einflussnahme bestimmter Interessensgruppen, ist – bilanztheoretisch betrachtet – das gegenwärtige „standardsetting" in Bezug auf die Ertragsrealisierung aber an „control" ausgerichtet,[545] was durch die Indizfunktion des Risks-and-Rewards-Ansatzes der überarbeiteten Entwurfsfassung unterstrichen wird.

3.5.3.2 Exposure Draft „Leases"

Das *IASB* und das *FASB* haben als Ergebnis eines weiteren gemeinsamen Projekts im August 2010 den Standardentwurf „Leases" (ED/2010/9) veröffentlicht, der den gültigen IAS 17 ablösen soll.[546]

Die bisherigen Regelungen des IAS 17.8 ordnen das wirtschaftliche Eigentum am Leasingobjekt, in Abhängigkeit der Verteilung der Chancen und Risiken, dem Leasingnehmer (Finance Lease) bzw. dem Leasinggeber (Operating Lease) zu.[547] Künftig entfällt die Differenzierung zwischen Operating Lease und Finance Lease.[548] Stattdessen strebt der Entwurf für den Leasingnehmer das Right-of-Use-Modell[549] und für den Leasinggeber in Abhängigkeit der Risiko-Chancen-Verteilung den Performance-Obligation-Ansatz bzw. den Derecognition-Ansatz[550] an. Damit verschwindet die bisherige All-or-Nothing-Zuordnung des wirtschaftlichen Eigentums des Leasinggegenstands an den Leasingnehmer oder Leasinggeber.[551]

Nach dem Right-of-Use-Modell soll der Leasingnehmer die Vermögenswerte und Schulden abbilden, die aus dem Leasingverhältnis resultieren. Er bilanziert daher ein Nutzungsrecht an dem Leasinggegenstand, dem Right-of-Use-Vermögenswert, sowie eine Verpflichtung zur

---

[541] ED/2011/6, Tz. BC84.
[542] Vgl. ED/2011/6, Tz. 37(c).
[543] Vgl. ED/2011/6, Tz. 37(d), BC83.
[544] Vgl. ED/2011/6, Tz. BC84. Vgl. auch *Grote/Pilhofer* (2012), S. 106. Vgl. ferner kritisch zum Einfluss der Bilanzierungspraxis auf den überarbeiteten Entwurf aus Konsistenzgesichtspunkten *Wüstemann/Wüstemann* (2011), S. 3317–3119.
[545] Vgl. ED/2011/6, Tz. BC83.
[546] Vgl. zur Definition von Leasing-Verhältnissen IAS 17.4.
[547] Vgl. zu den Definition von Operating-Leasing und Finanzierungsleasing IAS 17.4. Vgl. zur Identifikation eines Finance Lease IAS 17.10. Vgl. *PricewaterhouseCoopers* (2012), S. 2010–2035.
[548] Vgl. *Muggenthaler/Mujkanovic* (2010), S. 306.
[549] Vgl. ED/2010/9, Tz. 10. Vgl. ferner zu dem Right-of-Use-Modell *Fülbier/Fehr* (2010), S. 1020 f.; *Laubach/Findeisen/Murer* (2010), S. 2402; *Muggenthaler/Mujkanovic* (2010), S. 306 f.
[550] Vgl. ED/2010/9, Tz. 28 f.
[551] Vgl. hierzu das wirtschaftliche Eigentum betreffend *Lorenz* (2010), S. 2560.

Zahlung der Leasingraten an den Leasinggeber.[552] Der Ansatz der entstehenden Vermögenswerte und Schulden des Leasingnehmers entspricht der Asset Liability View. Das Nutzungsrecht und die Verpflichtung weist der Leasingnehmer erstmals zu dem Zeitpunkt aus, an dem ihm der Leasinggegenstand zur Nutzung überlassen wird („date of commencement").[553] Die Aktivierung des Nutzungsrechts und der Zahlungspflicht erfolgt somit zum Zeitpunkt, in dem der Leasingnehmer die Kontrolle am Leasingobjekt „[u]nabhängig von der Verteilung der Risiken und Chancen"[554] erlangt. Das verdeutlicht, dass die statisch geprägte Bilanzierung des Leasingnehmers einhergeht mit einer Dominanz des Control-Ansatzes und einer Zurückdrängung des Risks-and-Rewards-Ansatzes.

Der Leasinggeber hat zu Beginn des Leasingverhältnisses („date of inception") zu analysieren,[555] ob er bezüglich des Leasingobjekts während oder nach der Vertragslaufzeit signifikante Chancen und Risiken zurückbehält.[556] Je nach Ergebnis ergibt sich folgende Bilanzierung des Leasingverhältnisses beim Leasinggeber:

- Behält der Leasinggeber wesentliche Chancen und Risiken aus dem Leasingobjekt während oder nach der Vertragslaufzeit zurück, bildet er das Leasingverhältnis bilanziell nach dem Performance-Obligation-Ansatz ab.[557] Dabei weist er eine Forderung an den Leasingnehmer auf Erhalt der Leasingraten aus. Gleichzeitig bilanziert er das Leasingobjekt sowie die Verpflichtung zur Nutzungsüberlassung des Leasinggegenstands.[558] Im Rahmen einer offenen Saldierung in der Bilanz ist der Saldo der Vermögenswerte und Schulden netto ausgewiesen.[559]
- Stellt der Leasinggeber fest, dass er während oder nach der Vertragslaufzeit keinen signifikanten Anteil der Chancen und Risiken am Leasingobjekt trägt, hat er das Leasingobjekt teilweise auszubuchen, sodass der Entwurf vom Derecognition-Ansatz spricht.[560] Nach diesem Ansatz ist derjenige Betrag auszubuchen, der die endgültige Überlassung des Nutzungsrechts an den Leasingnehmer darstellt. Somit bilanziert der Leasinggeber einen Residualvermögenswert. Das zivilrechtliche Eigentum verbleibt jedoch beim Leasing-

---

[552] Vgl. ED/2010/9, Tz. 10.
[553] Vgl. ED/2010/9, Tz. 10 i.V.m. App. A. Vgl. ferner *Muggenthaler/Mujkanovic* (2010), S. 306.
[554] *Lorenz* (2010), S. 2556.
[555] Vgl. ED/2010/9.App. A.
[556] Vgl. ED/2010/9, Tz. 28.
[557] Vgl. ED/2010/9, Tz. 29.
[558] Vgl. zum Performance-Obligation-Ansatz ED/2010/8, Tz. 30–45. Vgl. ferner *Fülbier/Fehr* (2010), S. 1021; *Muggenthaler/Mujkanovic* (2010), S. 311.
[559] Vgl. ED/2010/9, Tz. 42.
[560] Vgl. ED/2010/9, Tz. 29.

geber. Des Weiteren weist der Leasinggeber eine Forderung an den Leasingnehmer auf Erhalt der Leasingraten aus.[561]

Auch die Bilanzierung beim Leasinggeber ist (wie beim Leasingnehmer) durch die bilanzielle Erfassung der Rechte und Pflichten aus dem Leasingverhältnis an der Asset Liability View ausgerichtet. Jedoch kritisiert *Lorenz* zu Recht den Mangel an Stringenz im Entwurf. „Es erscheint wenig konsistent, den Risk-and-Reward-Approach bei der Bilanzierung aus Sicht des Leasingnehmers zurückzudrängen und zugleich die Bilanzierung beim Leasinggeber davon abhängig zu machen."[562] Darüber hinaus ergibt sich nicht nur eine standardinterne, sondern auch eine standardübergreifende Inkonsistenz, indem eine grundsätzliche, erkennbare Abkehr vom bislang dominierenden Risks-and-Rewards-Ansatz in anderen Standardprojekten zu beobachten ist.

3.5.3.3 Exposure Draft „Insurance Contracts"

Der im Juli 2010 vom *IASB* veröffentliche Exposure Draft „Insurance Contracts" (ED/2010/8) stellt die zweite Phase des seit 1997 andauernden Projekts zur Erarbeitung von Bilanzierungsregeln für Versicherungsverträge dar. Vorausgegangen ist der seit 2005 anzuwendende IFRS 4[563], der als „Übergangsstandard"[564] die erste Projektphase beendete, der eine Fortführung der nationalen Bilanzierungspraxis erlaubte.[565]

Der Entwurf schreibt mit Abschluss des Versicherungsvertrags die Identifizierung des entstehenden bilanziellen Vermögenswerts (Prämienanspruch) und der bilanziellen Schuld (Vertragsschuld) vor.[566] Die Rechte und Pflichten aus dem Versicherungsvertrag sind separat zu bewerten.[567] Mit der Orientierung an den Rechten und Pflichten aus dem Versicherungsvertrag verfolgt das *IASB* eine Asset Liability View.[568] Die aus dem Versicherungsvertrag resultierenden Ansprüche und Verpflichtungen sind zum früheren der beiden folgenden Zeitpunkte anzusetzen:

– Zeitpunkt, zu dem der Versicherte an den Vertragsinhalt gebunden ist (Unterzeichnung des Vertrags),

---

[561] Vgl. zum Derecognition-Ansatz ED/2010/9, Tz. 46–63. Vgl. ferner *Fülbier/Fehr* (2010), S. 1021; *Muggenthaler/Mujkanovic* (2010), S. 311.
[562] *Lorenz* (2010), S. 2557.
[563] Vgl. hinsichtlich des Anwendungszeitpunkts IFRS 4.41.
[564] *PricewaterhouseCoopers* (2012), S. 2055.
[565] Vgl. *Engeländer/Kölschbach* (2004), S. 574–579; *Schweinberger/Horstkötter* (2010), S. 546.
[566] Vgl. ED/2010/8, Tz. 13.
[567] Vgl. ED/2010/8, Tz. 17. Vgl. ferner *Ellenbürger/Kölschbach* (2010), S. 1230.
[568] Vgl. zu dieser Einschätzung *Schweinberger/Horstkötter* (2010), S. 546.

- Zeitpunkt, zu dem der Versicherungsschutz beginnt (z.B. durch vorläufige Deckungszusage).[569]

Somit kommt es beim Ansatz nicht auf den Zeitpunkt der Risikotragung an. Dies entspricht der Dominanz des Control-Ansatzes und einer Zurückdrängung des Risks-and-Rewards-Ansatzes, wie es bereits oben beim ED „Revenue from Contracts with Customers" und dem ED „Leases" festzustellen ist.

Im Rahmen der Folgebewertung sind die eingehenden Prämienzahlungen erfolgsneutral zu erfassen, indem sie die Versicherungsschuld erhöhen. Veränderungen der Risikomarge, Zinseffekte und Schätzungsänderungen wirken sich GuV-wirksam auf die Verbindlichkeiten aus.[570] Darüber hinaus erfolgt die Ertragsvereinnahmung im Wege der Auflösung des Barwerts der Gewinnmarge über die Vertragslaufzeit.[571] Somit findet die Gewinnerfassung periodengerecht mit der Erbringung der Versicherungsdienstleistung (Risikotragung) statt.[572] Die Regeln verhindern den Ausweis eines unrealisierten Gewinns zum Vertragszeitpunkt.[573]

Mit der Berücksichtigung der Gewinnmarge wird die Periodisierung des Gewinns über die Erbringung der Risikotragung erreicht. Dies ist formal als ein dynamisches Ziel zu werten. Die statische Gewinnkonzeption ist gleichwohl dominant, da sich der Gewinn als Differenz aus Prämienanspruch und Versicherungsverpflichtung errechnet.

3.6 Fazit 3: Statische Prägung mit Dominanz des Control-Ansatzes als Referenzmaßstab de lege ferenda der IFRS

Die untersuchten Standardprojekte bestätigen die statische Ausrichtung der IFRS. Denn der Kern der angestrebten Bilanzierungsregeln knüpft an eine Aktivierung der Rechte bzw. eine Passivierung der Pflichten an, die aus den jeweiligen Verträgen resultieren. Der so verstandene statische Gewinn ist als Reinvermögensänderung zu interpretieren.

Bei der Vermögenswertzurechnung sind in den Standardentwürfen eine Dominanz des Control-Ansatzes und eine damit verbundene konzeptionellen Abschwächung des Risks-and-Rewards-Ansatzes festzustellen. Dies gilt für den Revised Exposure Draft „Revenue from Contracts with Customer" vom November 2011, wenn auch weniger stark ausgeprägt als in der vorangegangen Entwurfsfassung vom Juni 2010. Der Entwurf zur Regelung der Leasingverhältnisse drängt den Risks-and-Rewards-Ansatz ebenfalls beim Leasingnehmer zurück, um ihn anschließend beim Leasinggeber wieder aufleben zu lassen. Bei Versicherungsverträgen

---

[569] Vgl. ED/2010/8, Tz. 14. Vgl. ferner *Ellenbürger/Kölschbach* (2010), S. 1230.
[570] Vgl. *Schweinberger/Horstkötter* (2010), S. 549.
[571] Vgl. *Ellenbürger/Kölschbach* (2010), S. 1230.
[572] Vgl. *Schweinberger/Horstkötter* (2010), S. 547.
[573] Vgl. ED/2010/8, Tz. 76. Vgl. ferner *Schweinberger/Horstkötter* (2010), S. 549–551.

ist der bilanzielle Ansatz der Ansprüche auf Versicherungsraten bzw. der Versicherungsschuld ebenfalls am Control-Ansatz orientiert, sodass abschließend ein tendenzieller Vorrang des Control-Ansatzes gegenüber dem Risks-and-Rewards-Ansatz erkennbar ist. Diese in den drei untersuchten Standardentwürfen beobachtete Tendenz findet ihre Bestätigung durch den überarbeiteten Standard IFRS 10 zur Abgrenzung des Konsolidierungskreises, der im weiteren Verlauf der Arbeit näher untersucht wird. In IFRS 10 erfolgt eine Fokussierung auf Control-Verhältnisse bei gleichzeitiger Abschaffung des Risks-and-Rewards-Ansatzes als Bright-Line-Regel.[574] Auch das mittlerweile eingestellte Derecognition-Projekt[575] aus dem Jahr 2009 hatte zum Ziel, den bislang vorrangigen Risks-and-Rewards-Ansatz bei der Abgangsprüfung von Finanzinstrumenten[576] abzuschaffen.[577] Statt einer Umsetzung dieser Absicht fand eine Eins-zu-eins-Übertragung der bisherigen Abgangsregeln gemäß IAS 39 in den neuen IFRS 9 statt.[578] Die Übernahme der alten Regelung nach IFRS 9 besitzt Übergangscharakter, da das *IASB* betont, sich künftig mit der Neuausrichtung der Derecognition-Regeln erneut auseinanderzusetzen.[579] Vor dem Hintergrund der angestrebten Erhöhung von Konsistenzen ist damit zu rechnen, dass der Standardsetzer bei einer Wiederaufnahme des Projekts eine Dominanz des Control-Ansatzes fokussieren wird.

Damit bleibt bezüglich der Analyse der Entwürfe und jüngerer Standardveröffentlichungen festzuhalten, dass von einer Dominanz des Control-Ansatzes bei der Vermögenswertzurechnung als Referenzmaßstab de lege ferenda auszugehen ist.

3.7 Fazit 4: Aggregationsebene des anzuwendenden Control-Ansatzes

Abschließend ist zu klären, auf welcher Aggregationsebene der (als dominant identifizierte) Control-Ansatz anzuwenden ist. Die Prüfung, ob die wirtschaftliche Zugehörigkeit einer Partei an einem Vermögenswert vorliegt, folgt üblicherweise einem Top-Down-Ansatz; d.h., der Control-Ansatz setzt auf oberer Ebene an. Die Control-Prüfung findet somit zunächst bezogen auf einen originären Vermögenswert als Ganzes statt. Eine Negierung eines Control-Verhältnisses auf der übergeordneten Ebene des originären Vermögenswerts bedeutet, dass das bilanzierende Unternehmen ferner auf nachgeordneter Ebene zu prüfen hat, ob Anhaltspunkte für die Aktivierung von Teilrechten bzw. die Passivierung von Teilpflichten bestehen. Es erfolgt somit ein Aufschnüren des Rechtsbündels des originären Vermögenswerts in ein-

---

[574] Vgl. IFRS 10.IN4 i.V.m. IFRS 10.BC3.
[575] Vgl. ED/2009/3. Vgl. hierzu *Berger/Kaczmarska* (2009), S. 319–328.
[576] Vgl. zur Vorrangigkeit des Risks-and-Rewards-Ansatzes IAS 39.20(c). Vgl. hierzu auch *PricewaterhouseCoopers* (2012), S. 500.
[577] Vgl. ED/2009/3, Tz. IN11.
[578] Vgl. IFRS 9.IN8. Vgl. hierzu kritisch *Christian* (2011), S. 7.
[579] Vgl. *IASB* (2010g), S. 7.

zelne Rechte und Pflichten, auf die wiederrum der Control-Ansatz anzuwenden ist. Diese Vorgehensweise ist z.B. beim Financial-Components-Ansatz bei Finanzinstrumenten oder beim Right-of-Use-Modell beim Leasingnehmer nach dem ED „Leases" zu finden. Ein Components-Ansatz bzw. eine Aufspaltung in Teileinheiten ist folglich sachgerecht, wenn auf übergeordneter Ebene das Control-Kriterium nicht erfüllt ist. Diese idealtypische Prüfungsreihenfolge gewährleistet den Ansatz aller Rechte und Pflichten, die sich in der wirtschaftlichen Zugehörigkeit des Unternehmens befinden. Dies entspricht der Asset Liability View der IFRS, die folglich in jeder Aggregationsebene eingehalten ist.

Übertragen auf die Abgrenzung des Konsolidierungskreises findet somit ein Components-Ansatz Anwendung, wenn auf der übergeordneten Ebene des potenziellen Tochterunternehmens keine Beherrschungsmöglichkeit festgestellt wird. Wietere Ausführungen zur Präzisierung konzernspezifischer und konzerntheoretischer Zusammenhänge mit dem erarbeiteten Referenzmaßstab de lege ferenda erfolgen im nächsten Kapitel.

4 Konzernspezifische Grundlagen der IFRS

4.1 Konzernspezifische Ausprägung der IFRS

Da sich der Konzernabschluss aus den Einzelabschlüssen der einbezogenen, rechtlich selbstständigen Unternehmen zusammensetzt, „gelten [...] die klassischen Bilanztheorien grundsätzlich auch für den Konzernabschluss"[580]. Bezogen auf die IFRS-Rechnungslegung heißt dies, dass sowohl der Einzelabschluss als auch der Konzernabschluss bilanztheoretisch tendenziell an der Asset Liability View ausgerichtet sind.

Ergänzend zu den allgemeinen Bilanzierungsfragen existieren allerdings konzernspezifische Fragestellungen. In Bezug auf diesen Themenkomplex haben sich parallel zu den klassischen Bilanztheorien „für den Konzernabschluss eigene Konzerntheorien entwickelt"[581], die versuchen, „den Zweck des Konzernabschlusses und dessen Konzeption unter Beachtung seiner Eigenart, d.h. der wirtschaftlichen Verbundenheit der Konzernunternehmen, herzuleiten."[582]

Da sich die Arbeit schwerpunktmäßig mit der Abgrenzung der wirtschaftlichen Einheit des Konzerns im Allgemeinen bzw. mit der Frage der Konsolidierung von Zweckgesellschaften im Besonderen befasst, ist es erforderlich, neben der oben erarbeiteten, allgemeinen bilanztheoretischen Deduktionsbasis, die den faktischen Normzweck des IFRS-Normsystems bestimmt, die konzerntheoretische Prägung der IFRS-Konsolidierungsregeln festzustellen. Die konzerntheoretische Ausrichtung der IFRS ist somit als erweiterte Deduktionsbasis aufzufassen. Die konzeptionelle Ausweitung des Referenzmaßstabs ist durch die Wahl eines Konzernthemas als Forschungsgebiet begründet.

4.2 Konzern und Konzernabschluss

4.2.1 Der Konzernbegriff im Allgemeinen und nach IFRS

Der Konzernbegriff findet in diversen wissenschaftlichen bzw. regulatorischen Forschungsgebieten Verwendung. Neben dem hier im Fokus stehenden Konzernbilanzrecht lassen sich als Beispiele das Gesellschaftsrecht[583], das Wettbewerbsrecht[584] sowie das Bankenaufsichtsrecht[585] nennen. Die Konzernabgrenzung in den verschiedenen Regelungsgebieten weist keine

---

[580] *Küting Gattung* (2003), S. 505.
[581] *Hendler* (2007), S. 249.
[582] *Baetge/Kirsch/Thiele* (2011b), S. 15.
[583] Vgl. zur gesellschaftsrechtlichen Konzerndefinition § 18 AktG. Vgl. ferner *Ebeling* (1995a), S. 20; *Theisen* (2000), S. 14.
[584] Vgl. § 36 Abs. 2 GWB. Vgl. hierzu *Baetge/Kirsch/Thiele* (2011b), S. 1. Vgl. weiterführend *Herdzina* (1999).
[585] Vgl. § 10a Abs. 2 KWG. Vgl. auch *Thelen-Pischke/Christ* (2008), S. 67–74.

Einheitlichkeit auf.[586] Grund hierfür sind die unterschiedlichen Zwecksetzungen der Regelungsbereiche, die jeweils zweckadäquat bestimmen, welche Unternehmen dem Konzern angehören. Die folgende allgemeine Konzern-Definition ist daher als kleinster gemeinsamer Nenner verschiedener Regelungen anzusehen.

Der Ursprung des deutschen Worts „Konzern" lässt sich aus dem lateinischen Wort „concernere" ins Deutsche als „zusammenfügen" bzw. „vermischen" übersetzen.[587] Im Englischen findet hingegen der Begriff „group" (zu Deutsch „Gruppe") Verwendung.[588] Aus der Anwendung dieser Terminologie leitet sich das Wesensmerkmal des Konzerns ab, das in der Verbindung von Einzelunternehmen zu einer „Unternehmens-Formation"[589] liegt. Die Zusammensetzung von mindestens zwei rechtlich selbstständigen Unternehmen, die wirtschaftlich abhängig sind, zu einer wirtschaftlichen Einheit trägt daher die Bezeichnung „Konzern". Dieser besitzt keine eigene Rechtspersönlichkeit, sodass er über keine eigenen Konzernorgane verfügt. Die Konzernleitung erfolgt durch das an der Konzernspitze stehende, beherrschende Mutterunternehmen.[590]

Innerhalb des IFRS-Normsystems definiert IAS 27 den Konzern als „ein Mutterunternehmen mit all seinen Tochterunternehmen."[591] Diese Bezeichnung gilt unter dem neuen Konsolidierungsstandard IFRS 10 entsprechend.[592] Ein Tochterunternehmen stellt ein Unternehmen dar, „das von einem anderen Unternehmen (als Mutterunternehmen bezeichnet) beherrscht wird."[593]

4.2.2 Notwendigkeit eines Konzernabschlusses

Nach den allgemeinen (nationalen) Kaufmannspflichten ist für jedes rechtliche Einzelunternehmen ein Jahresabschluss aufzustellen.[594] Bei bestehenden Einzelabschlüssen stellt sich die Frage nach dem Zweck eines Abschlusses für den Konzern. Die Notwendigkeit zur Aufstellung eines Konzernabschlusses ergibt sich durch die Auswirkungen von konzerninternen Transaktionen auf die Vermögens-, Finanz- und Ertragslage der Einzelunternehmen. „Liegen Konzernverhältnisse vor"[595], so *Moxter*, „dann eröffnen sich der Konzernleitung vielfältige Möglichkeiten, die auszuweisenden Jahresergebnisse der einzelnen Konzernglieder zu beein-

---

[586] Vgl. *IDW* (2006), Abschnitt T, Tz. 156.
[587] Vgl. *Ochs* (1976), S. 5 f.; *Küting/Weber* (2010), S. 77; *Küting/Grau/Seel* (2010), S. 35.
[588] Vgl. IAS 27.4.
[589] *Goebel* (1995), S. 3.
[590] Vgl. *Baetge/Kirsch/Thiele* (2011b), S. 7; *Küting/Weber* (2010), S. 81.
[591] IAS 27.4.
[592] Vgl. hinsichtlich Group-Definition IFRS 10.App. A.
[593] IAS 27.4. Vgl. ferner zur inhaltlich identischen Definition im Staff Draft *IASB* (2010f), App. A.
[594] In Deutschland ergibt sich die Buchführungspflicht des Kaufmanns nach § 242 HGB.
[595] *Moxter* (1961), S. 641.

flussen"[596]. Die damit verbundenen Probleme werden in der Literatur als Konzernrisiken bezeichnet. Diesbezüglich erfolgt eine Unterscheidung zwischen erfolgsverlagernden und erfolgsverändernden Transaktionen.[597]

Durch eine erfolgsverlagernde Transaktion kommt es bei einem Konzernunternehmen zu einer Erhöhung und bei einem anderen zu einer Verminderung des Erfolgsbeitrags eines Geschäftsvorfalls innerhalb einer Periode. Typischerweise erfolgt dies durch nicht marktgerechte Verrechnungspreise zwischen Konzernunternehmen oder durch die Gewährung von Krediten zu nicht marktüblichen Konditionen. Die Durchsetzung dieser Preis- bzw. Konditionengestaltung kann aufgrund der Weisungsmacht des Mutterunternehmens erfolgen, das somit höhere Erträge als bei marktgerechten Transaktionen erzielt. Parallel hierzu erleiden die Tochtergesellschaften einen finanziellen Nachteil in gleicher Höhe.[598] In der Summe neutralisieren sich die Ergebniseffekte aus Sicht des Konzerns.[599] Wie es der Name impliziert, haben sich die Periodenerfolge lediglich zwischen den Konzernunternehmen verlagert.

In Abgrenzung zu den erfolgsverlagernden Transaktionen gleichen sich bei den erfolgsverändernden Transaktionen die Ergebniseffekte auf Konzernebene nicht aus. Der Grund hierfür liegt darin, dass der konzerninterne Geschäftsvorfall bis zum Bilanzstichtag noch keine Bestätigung durch eine Markttransaktion erfahren hat. Kommt es beispielsweise zu einem Verkauf von Sachanlagen oder Finanzinstrumenten zwischen Konzernunternehmen zum Zeitwert, so erfolgt eine Hebung stiller Reserven, wenn die Vermögenswerte bislang zu (fortgeführten) Anschaffungskosten im Einzelabschluss des verkaufenden Konzernunternehmens angesetzt wurden.[600]

Erfolgsverlagernde und erfolgsverändernde Transaktionen können zu Informationsverzerrungen über die wirtschaftliche Lage in den Einzelabschlüssen der jeweiligen Konzernunternehmen führen. Folglich wächst die Notwendigkeit zur Erstellung eines Konzernabschlusses bei zunehmendem Bindungsgrad zwischen den Konzernunternehmen.[601]

Zur Eindämmung der oben geschilderten Konzernrisiken dienen die Konsolidierungsregeln des jeweiligen Rechnungslegungssystems. Bei der Erstellung eines IFRS-Konzernabschlusses ist zur Vermeidung von vermögensverlagernden Transaktionen insbesondere eine Aufwands- und Ertragskonsolidierung durchzuführen. Dadurch findet beispielsweise eine Verhinderung der Aufblähung von Zinsaufwendungen und Zinserträgen aufgrund konzerninterner Kredit-

---

[596] *Moxter* (1961), S. 641 (im Original teilweise hervorgehoben).
[597] Vgl. zu den Konzernrisiken *Lebertshuber* (1986), S. 100–110; *Ballwieser* (1997), S. 35–46; *Sürken* (1999), S. 14–17; *Streckenbach* (2006), S. 85–90.
[598] Vgl. *Sürken* (1999), S. 15.
[599] Vgl. *Ballwieser* (1997), S. 36 f.
[600] Vgl. zu diesem und weiteren Beispielen *Lebertshuber* (1986), S. 101–110; *Ballwießer* (1997), S. 40–46.
[601] Vgl. *Gräfer/Scheld* (2009), S. 4.

verhältnisse statt. Um vermögensverändernden Transaktionen Rechnung zu tragen, sind im IFRS-Konzernabschluss die konzernintern übertragenen Vermögenswerte ohne interne Zwischengewinne bzw. Zwischenverluste mit ihren Konzernanschaffungs- bzw. Konzernherstellungskosten anzusetzen.[602]

Die Vermeidung von Konzernrisiken im Wege der Neutralisation von internen Geschäften sichert die Aufgabe des Konzernabschlusses, die darin liegt, „das Ergebnis der wirtschaftlichen Aktivitäten der Konzernunternehmen so zu zeigen, wie es sich für den Konzern als wirtschaftliche Einheit darstellt"[603].

4.2.3 Pflicht zur Aufstellung eines Konzernabschlusses nach IFRS

Nach der IAS-Verordnung (EG/1606/2002) sind solche Gesellschaften zur Konzernrechnungslegung verpflichtet, die Wertpapiere in einem beliebigen EU-Mitgliedstaat zum Handel an einem geregelten Markt emittieren.[604] Aus dieser Kapitalmarktorientierung resultiert nach geltendem EU-Recht bzw. nach § 315a HGB für deutsche Unternehmen eine Aufstellungspflicht des Konzernabschlusses nach IFRS.[605] Zu trennen ist die Vorschrift zur Anwendung der IFRS von der Aufstellungspflicht eines Konzernabschlusses sowie der Abgrenzung des Konsolidierungskreises.[606] Die (deutschen) Konzernmutterunternehmen müssen somit das folgende dreistufige Vorgehen beachten:

- Erste Stufe: Bei vorliegendem Mutter-Tochter-Verhältnis i.S.d. §§ 290–293 HGB ist ein Konzernabschluss aufzustellen.
- Zweite Stufe: Wenn eine Kapitalmarktorientierung gemäß § 315a HGB bzw. gemäß Art. 4 der IAS-Verordnung (EG/1606/2002) besteht, sind die IFRS-Bilanzierungsvorschriften anzuwenden.
- Dritte Stufe: Sind die erste und die zweite Stufe erfüllt, erfolgt eine Abgrenzung des Konsolidierungskreises nach den Konsolidierungsvorschriften der IFRS (IAS 27/SIC-12 bzw. künftig nach IFRS 10).[607]

Für die weitere Untersuchung ist anzunehmen, dass die beiden ersten Stufen bereits erfüllt sind.

---

[602] Vgl. IAS 27.20 f. Vgl. ferner mit Fokus auf die Konsolidierung bei Kreditinstituten *PricewaterhouseCoopers* (2012), S. 1924–1930.
[603] *Gräfer/Scheld* (2009), S. 4.
[604] Vgl. *EG* (2002), Art. 4.
[605] Vgl. *PricewaterhouseCoopers* (2012), S. 191–197.
[606] Vgl. *Hommel/Rammert/Wüstemann* (2011), S. 36–46.
[607] Vgl. zu diesem dreistufigen Vorgehen *PricewaterhouseCoopers* (2012), S. 202–208.

4.3 Konzerntheoretische Ausrichtung der IFRS

4.3.1 Konzerntheorien

4.3.1.1 Einführung in die Konzerntheorien

Um die konzerntheoretische Ausrichtung der IFRS festzustellen, ist zunächst eine Einführung in die gängigen Konzerntheorien vorzunehmen. Diese befassen sich mit der „Einbeziehung der Einzelabschlüsse von Konzernunternehmen in den Konzernabschluss"[608] sowie mit der Frage der Behandlung von Minderheitsanteilen im Verhältnis zu den Hauptanteilseignern des Konzerns.[609] Es handelt sich somit bei Konzerntheorien um „Konzerndarstellungskonzept[e]"[610].

Im englischsprachigen Schrifttum finden sich das Proprietary Concept[611] und das Entity Concept[612] als die „zwei Hauptansichten über die grundlegende Natur des Konzernabschlusses"[613], deren Ursprünge auf den Beginn des 20. Jahrhunderts zurückführen.[614] In den 50er- und 60er-Jahren wurden diese Theorien (teilweise kontrovers) in der angelsächsischen Literatur diskutiert.[615] In Deutschland erfolgte erstmals 1935 durch *Bores* eine ausführliche Darstellung der Konzerntheorien, die er unter den Begriffen „Interessentheorie" und „Einheitstheorie" erörterte.[616]

Nach der Interessentheorie erfolgt die Aufstellung des Konzernabschlusses aus der Perspektive der Anteilseigner der Muttergesellschaft. Dabei nimmt dieser Ansatz einen Interessengegensatz zwischen den Mehr- und Minderheitsgesellschaften eines Tochterunternehmens an. Im Rahmen der Aufstellung eines interessentheoretischen Abschlusses bilden die Mehrheitsgesellschafter die „alleinige[n] Eigenkapitalgeber des Konzerns"[617].

Hingegen steht bei der Einheitstheorie der Konzern als wirtschaftliche Einheit im Mittelpunkt. Die einheitstheoretische Sichtweise geht von gleichgerichteten Interessen aller Gesellschafter aus, da die Anteilseigner des Mutterunternehmens ihre Ziele aufgrund ihrer Machtposition

---

[608] *Baetge/Kirsch/Thiele* (2011b), S. 15.
[609] Vgl. *Göth* (1997), S. 27; *Hayn* (1999), S. 21; *Küting/Gattung* (2003), S. 506; *Küting/Weber* (2010), S. 88.
[610] *Hendler* (2007), S. 250.
[611] Vgl. zu den Anfängen des Proprietary Concept *Carson* (1923), S. 1–6, 390 f.; *Montgomery* (1923), S. 350; *Sunley* (1923a), S. 350–355; *Sunley* (1923b), S. 310–313; *Bell* (1925), S. 195–199.
[612] Vgl. zu den Anfängen des Entity Concept *Kester* (1925), S. 561 f. Vgl. zur Nennung von deutschen und angelsächsischen Vertretern der beiden Konzerntheorien *Baetge/Kirsch/Thiele* (2011b), S. 15.
[613] *Küting/Gattung* (2003), S. 506.
[614] Vgl. *Chatfield* (1977), S. 223; *Baetge/Kirsch/Thiele* (2011b), S. 15.
[615] Vgl. beispielsweise *Husband* (1954), S. 552–563; *Suojanen* (1954), S. 391–398; *Sprouse* (1957), S. 369–378; *Staubus* (1959), S. 3–13; *Li* (1960a), S. 674–679; *Li* (1960b), S. 258–263; *Lorig* (1964), S. 563–573; *AAA* (1965), S. 358–367; *Gynther* (1967), S. 274–290.
[616] Vgl. *Bores* (1935), S. 129 f. Vgl. ferner *Hendler* (2007), S. 249.
[617] *Hendler* (2007), S. 255.

gegenüber den Minderheitsgesellschaftern der Tochterunternehmen durchsetzen können.[618] Dabei nimmt die einheitstheoretische Sichtweise die Position der leitenden Konzernspitze (die Geschäftsführung der Muttergesellschaft) ein.[619]

Aufbauend auf den beiden Konzerntheorien haben sich Mitte der 70er-Jahre „weitere Lösungsansätze zur Minderheitenproblematik entwickelt"[620]. *Baxter/Spinney*[621] haben mit dem Parent Company Concept und dem Parent Company Extension Concept „Mischformen"[622] aus dem Entity Concept und dem Proprietary Concept konzipiert. Da beide Theorien die Perspektive des Mehrheitsgesellschafters einnehmen, kommt es zu einer Zuordnung dieser Ansätze zu der Interessentheorie.[623] Diese beiden neueren Ansätze sind daher zusammen mit dem Proprietary Concept im Folgenden unter den interessentheoretischen Konzernabgrenzungskonzepten darzustellen.

4.3.1.2 Interessentheoretische Konzernabgrenzungskonzepte

Innerhalb der interessentheoretischen Konzepte ist zwischen der partiellen Konsolidierung, die beim dem Proprietary Concept vorliegt, und der Vollkonsolidierung zu unterscheiden. Die zuletzt genannte Methode findet beim Parent Company Concept und beim Parent Company Extension Concept Anwendung.[624]

Nach dem Proprietary Concept stellt der Konzernabschluss einen erweiterten Einzelabschluss der Muttergesellschaft dar. Der Abschluss bildet die Vermögenswerte und Schulden ab, die den Mehrheitsgesellschaftern rechtlich zustehen.[625] Der Konzernabschlusszweck liegt nach diesem Konzept in der Reinvermögensermittlung der Anteilseigner des Mutterunternehmens.[626] Den Minderheitsgesellschaftern der Tochterunternehmen „wird der Charakter gleichwertiger Eigenkapitalgeber [...] nicht zuerkannt"[627], sodass sie somit konzernfremden Gläubigern gleichgestellt sind.[628] Aus dieser Perspektive folgt, dass die Tochterunternehmen quotal in den Konzernabschluss einzubeziehen sind.[629] Das bedeutet, dass die Vermögenswerte und Schulden entsprechend der Beteiligungsquote der Mehrheitsgesellschafter am

---

[618] Vgl. zur Abgrenzung der beiden Konzepte *Bores* (1935), S. 136; *Hendler* (2007), S. 251; *Küting/Gattung* (2003), S. 506.
[619] Vgl. *Münstermann* (1957), S. 437; *Dreger* (1969), S. 41; *Streckenbach* (2006), S. 92 m.w.N.
[620] *Küting/Gattung* (2003), S. 506 f.
[621] Vgl. *Baxter/Spinney* (1975).
[622] *Bertsch* (1995), S. 149.
[623] Vgl. *Dreger* (1969), S. 41; *Hendler* (2002), S. 21–50; *Küting/Gattung* (2003), S. 507; *Baetge/Kirsch/Thiele* (2011b), S. 17–20.
[624] Vgl. *Küting/Weber* (2010), S. 90–92.
[625] Vgl. *Fuchs/Gerloff* (1954), S. 96; *Küting/Gattung* (2003), S. 507; *Küting/Weber* (2010), S. 90.
[626] Vgl. *AAA* (1965), S. 391; *Streckenbach* (2006), S. 94.
[627] *Hayn* (1999), S. 24.
[628] Vgl. *Hendler* (2007), S. 256.
[629] Vgl. *Schindler* (1986), S. 35.

Tochterunternehmen in den Konzernabschluss einfließen, sodass das Proprietary Concept als eine Form der „Interessentheorie mit partieller Konsolidierung"[630] aufzufassen ist. Die Ergebnisse aus konzerninternen Transaktionen sind nach dieser Theorie in Höhe des Anteils der Minderheitsgesellschafter als realisiert anzusehen.[631]

Die Aufstellung des Konzernabschlusses nach den neueren Konzepten, dem Parent Company Concept und dem Parent Company Extension Concept, erfolgt ebenfalls aus der Sichtweise der Anteilseigner der Muttergesellschaft.[632] In Abgrenzung zum älteren Proprietary Concept soll der Konzernabschluss nach diesen modernen Konzepten nicht die auf die Anteilseigner rechtlich quotal entfallenden Vermögensansprüche abbilden, sondern vielmehr darüber informieren, welche Vermögenswerte und Schulden unter dem wirtschaftlichen Einfluss der Gesellschafter des Mutterunternehmens stehen.[633] Damit beachten die neueren interessentheoretischen Konzepte (wie die Einheitstheorie) „die wirtschaftliche Einheit der Konzernunternehmen auch als das relevante Objekt für die Anteilseigner des Mutterunternehmers"[634]. Aus dieser Ansicht folgt, dass die Vermögenswerte und Schulden der Tochtergesellschaften vollständig in den Konzernabschluss einzubeziehen sind, sodass es sich hierbei um interessentheoretische Ansätze mit Vollkonsolidierung handelt.[635]

Das Parent Company Concept und das Parent Company Extension Concept unterscheiden sich hinsichtlich der Neubewertung der Vermögenswerte, der Behandlung der konzerninternen Transaktionen und des Ausweises der Anteile der Minderheitsgesellschafter.

Nach dem Parent Company Concept kommt es zur Aufdeckung der stillen Reserven im Rahmen der Erstkonsolidierung anteilig entsprechend der Beteiligungsquote.[636] Das bedeutet, dass „nur die anteilig auf die Gesellschafter des Mutterunternehmens entfallenden Vermögenswerte zu Zeitwerten, alle anderen zu Buchwerten"[637] zu übernehmen sind.

Die Auffassung, wie konzerninterne Transaktionen nach dem Parent Company Concept zu erfassen sind, ist unter den Anhängern dieses Konzepts nicht einheitlich. *Baxter/Spinney* fordern konzerninterne Umsätze in Höhe der Beteiligungsquote der Muttergesellschaft zu eliminieren.[638] Hingegen vertreten z.B. *Weber* und *Pacter* eine vollständige Eliminierung aller Innenumsätze, konzerninterner Kreditbeziehungen und Zwischenergebnisse, sofern sie aus Lieferungen des Mutterunternehmens an das Tochterunternehmen (Downstream-Trans-

---

[630] *Baetge/Kirsch/Thiele* (2011b), S. 18. Vgl. ferner *Küting/Weber* (2010), S. 90.
[631] Vgl. *Bores* (1935), S. 130; *Küting/Weber* (2010), S. 90.
[632] Vgl. *Hendler* (2002), S. 22.
[633] Vgl. *Griesar* (1998), S. 35.
[634] *Baetge/Kirsch/Thiele* (2011b), S. 19.
[635] Vgl. *Baetge/Kirsch/Thiele* (2011b), S. 20; *Küting/Gattung* (2003), S. 510.
[636] Vgl. *Baxter/Spinney* (1975), S. 34.
[637] *Weber* (1991), S. 14.
[638] Vgl. *Baxter/Spinney* (1975), S. 34.

aktionen) resultieren.[639] Der Ausweis der Anteile von Minderheitsgesellschaftern an Tochterunternehmen erfolgt nach dem Parent Company Concept „im Fremdkapital als Quasi-Verbindlichkeit"[640]. Streng genommen weisen sie allerdings keinen Verbindlichkeitscharakter auf, da die Minderheitsanteile keine konkreten Zahlungsverpflichtungen des Konzerns darstellen.[641]

Das Parent Company Extension Concept sieht eine vollständige Aufdeckung aller stillen Reserven und Lasten der einzubeziehenden Tochterunternehmen zum Erwerbszeitpunkt vor.[642] Es erfolgt somit bei Erstkonsolidierung eine vollständige Neubewertung.[643]

Eine vollständige Eliminierung der internen Transaktionen findet nach dem Parent Company Extension Concept statt.[644] Die Anteile von Minderheitsgesellschaftern der Tochterunternehmen werden nach diesem Ansatz zwischen dem Eigen- und Fremdkapital ausgewiesen, da weder die Eigen- noch die Fremdkapitalkriterien eindeutig erfüllt sind.[645]

Kommt es im Rahmen der Erstkonsolidierung zu einem Goodwill (als Gegenüberstellung der identifizierten und zum Fair Value bewerteten Vermögenswerte und Schulden zu dem Kaufpreis des Tochterunternehmens), entfällt dieser nur auf die Mehrheitsgesellschafter. Eine Aufdeckung des Minderheitengoodwills erfolgt weder nach dem Parent Company Concept noch nach dem Parent Company Extension Concept.[646]

4.3.1.3 Einheitstheorie

Nach der Einheitstheorie (Entity Concept) erfolgt die Aufstellung des Konzernabschlusses aus dem Blickwinkel der wirtschaftlichen Einheit des Konzerns[647] bzw. aus der Perspektive des Managements der Konzernspitze.[648] Hierbei stellt der Konzernabschluss einen eigenständigen und keinen erweiterten Abschluss der Muttergesellschaft dar.[649] Indem die Einheitstheorie

---

[639] Vgl. *Weber* (1991), S. 15; *Pacter* (1992), S. 61. Nur Zwischenergebnisse, die bei Tochtergesellschaften aus Lieferungen an die Muttergesellschaft (Upstream-Lieferungen) oder an andere Tochtergesellschaften des Konzerns (Cross-stream-Lieferungen) anfallen, sind in Höhe des Konzernanteils zu eliminieren. Vgl. hierzu ferner auch *Küting/Weber* (2010), S. 91.
[640] *Matthews* (1964), S. 238; *Küting/Gattung* (2003), S. 511.
[641] Vgl. *Hylton* (1966), S. 190. Vgl. ferner *Streckenbach* (2006), S. 95; *Küting/Weber* (2010), S. 92.
[642] Vgl. *Baxter/Spinney* (1975), S. 34.
[643] Vgl. *Küting/Weber* (2010), S. 91.
[644] Vgl. *Baxter/Spinney* (1975), S. 34; *Streckenbach* (2006), S. 96.
[645] Vgl. *Hendler* (2002), S. 35; *Küting/Weber* (2010), S. 92.
[646] Vgl. *Pellens/Basche/Sellhorn* (2003), S. 1.
[647] Vgl. *Göth* (1997), S. 28; *Küting/Gattung* (2003), S. 512; *Hendler* (2007), S. 251.
[648] Vgl. *Münstermann* (1957), S. 437; *Dreger* (1969), S. 41; *Streckenbach* (2006), S. 92 m.w.N.
[649] Vgl. *Schäfer/Kuhnle* (2006), S. 24.

von einer homogenen Interessenlage aller Anteilseigener ausgeht,[650] sind die Minderheitsden Mehrheitsgesellschaftern der Tochterunternehmen gleichgestellt.[651]

Aufgrund der einheitstheoretischen „Fiktion der rechtlichen Einheit des Konzerns"[652] kommt es zur vollständigen Übernahme der Einzelabschlüsse in den Konzernabschluss. Mangels der fehlenden Unterscheidung zwischen Mehr- und Minderheitsgesellschaftern erfolgt im Rahmen der Erstkonsolidierung eine vollständige Neubewertung aller Vermögenswerte und Schulden.[653]

Die Durchführung der Erstkonsolidierung richtet sich nicht wie bei den interessentheoretischen Konzepten nach dem Erwerbszeitpunkt, sondern nach dem Zeitpunkt, zu „dem das Beteiligungsunternehmen Tochterunternehmen geworden ist"[654]. Dies entspricht der einheitstheoretischen Sichtweise, die davon ausgeht, dass die Vermögenswerte und Schulden zur wirtschaftlichen Einheit des Konzerns gehören, wenn sie in den Verfügungsbereich der Muttergesellschaft gelangen.[655]

Im Rahmen der Erst- und Folgekonsolidierung gelten interne Transaktionen „als mit sich selbst abgeschlossen"[656]. Daher ist eine Vollkonsolidierung durchzuführen, die bei einer Einbeziehung aller Tochterunternehmen die vollständige Eliminierung aller internen Transaktionen vorschreibt.[657] Somit sind alle konzerninternen Erträge und Aufwendungen, Zwischengewinne und Schuldenbeziehungen komplett zu eliminieren.[658]

Aufgrund der Behandlung der Minderheitsgesellschafter der Tochterunternehmen als Eigenkapitalgeber des Konzerns sind deren Anteile als Eigenkapital zu bilanzieren. Ein gesonderter Davon-Ausweis innerhalb des Eigenkapitalpostens ist einheitstheoretisch möglich, aber nicht zwingend.[659]

Dem einheitstheoretischen Gedanken entsprechend, dass Mehr- und Minderheitsgesellschafter gleichgestellt sind, erfolgt nach dem „reinen entity concept"[660] eine Berechnung des Geschäfts- und Firmenwerts für alle Anteilseigner. Diese Ermittlung schließt den Goodwill, der auf die Minderheiten entfällt (Minderheitsgoodwill), nach der Full-Goodwill-Methode[661] ein.

---

[650] Vgl. *Bores* (1935), S. 130. Vgl. ferner *Hendler* (2007), S. 251.
[651] Vgl. *Otte* (1998), S. 101; *Schildbach* (2008), S. 44 f.; *Baetge/Kirsch/Thiele* (2011b), S. 16.
[652] *Busse von Colbe/Ordelheide/Gebhardt/Pellens* (2010), S. 25.
[653] Vgl. *Otte* (1998), S. 101.
[654] *Ebeling* (1995a), S. 137.
[655] Vgl. *Kester* (1946), S. 574; *Küting/Gattung* (2003), S. 512.
[656] *Bores* (1935), S. 136.
[657] Vgl. zur Definition der Vollkonsolidierung *Baetge/Kirsch/Thiele* (2011b), S. 17.
[658] Vgl. *Bores* (1935), S. 136, 139; *Hendler* (2007), S. 252 f.; *Baetge/Kirsch/Thiele* (2011b), S. 16.
[659] Vgl. *Ebeling* (1995b), S. 328; *Küting/Gattung* (2003), S. 514; *Hendler* (2007), S. 252.
[660] *Küting/Gattung* (2003), S. 513 in Bezug auf *Fisher/Taylor/Cheng* (1999), SA 1–2.
[661] Vgl. *Pellens/Basche/Sellhorn* (2003), S. 1–4; *Hommel/Franke/Rößler* (2008), S. 157–166.

Der Goodwill verkörpert einen Vermögenswert zur Generierung künftiger wirtschaftlicher Nutzenpotenziale. Er ist nicht einzeln identifizierbar und ansatzfähig.[662] Der derivative Geschäfts- und Firmenwert, der sich auf die Mehrheitsgesellschaft bezieht, errechnet sich als Saldo aus dem erworbenen Reinvermögen der Tochtergesellschaft und dem gezahlten Kaufpreis für die Mehrheitsbeteiligung.[663]

Eine Hochrechnung des Kaufpreises der erworbenen Anteile auf den Wert der Minderheitsanteile („grossing up") ist allerdings fraglich, da der gezahlte Kaufpreis des Mutterunternehmens nicht fiktiv auf die Minderheitsanteile übertragbar ist,[664] wenn ein vom erwerbenden Unternehmen gezahlter Kaufpreisaufschlag eine Kontrollprämie zur Erlangung der Beherrschung darstellt.[665] Diesen Preisaufschlag zahlt ausschließlich die Muttergesellschaft für den gewonnenen Einfluss auf die Geschäftsführung der Tochtergesellschaft.[666] Ferner kann der Kaufpreisaufschlag vom erwerbenden Unternehmen zur Erzielung von angestrebten Synergien mit dem erworbenen Tochterunternehmen gezahlt worden sein (Synergieprämie).[667] Soll die Höhe des Minderheitengoodwills nicht durch ein „grossing up" errechnet, sondern selbstständig ermittelt werden, kommt es bei einem fehlenden aktiven Markt für die Anteile regelmäßig zu Objektivierungsproblemen; denn der Bewertungsmaßstab für die Minderheitsanteile ist nicht marktobjektiviert.[668] Angesichts dieser Problematik geht die Literatur teilweise auch bei einem Verzicht der Full-Goodwill-Methode von einem einheitstheoretischen Konzernabschluss aus.[669]

4.3.2   Einheitstheoretische Ausrichtung der IFRS

Nach der Darstellung der reinen Konzerntheorien stellt sich die Frage, welchem Ansatz die Konsolidierungsregeln der IFRS folgen. Entsprechend der hermeneutischen Ermittlung der allgemeinen bilanztheoretischen Prägung der IFRS ist zunächst zur Herleitung der konzerntheoretischen Ausrichtung der IFRS-Konzernrechnungslegung auf Hinweise innerhalb des IASB-Rahmenkonzepts einzugehen. Obwohl dieses kein Endorsement erfahren hat, informiert es – ungeachtet der rechtlichen Bindungswirkung für Unternehmen der EU – über die maßgeblichen Grundsätze, die das *IASB* mit seinem Regelwerk verfolgt. Anschließend dienen die Konsolidierungsstandards, IAS 27 bzw. IFRS 10 und IFRS 3, der Konkretisierung.

---

[662] Vgl. IFRS 3.App. A. Vgl. ferner *PricewaterhouseCoopers* (2012), S. 1824.
[663] Vgl. z.B. *Hommel/Franke/Rößler* (2008), S. 159.
[664] Vgl. *Ordelheide* (1984), S. 274.
[665] Vgl. *Pellens/Basche/Sellhorn* (2003), S. 4.
[666] Vgl. *Olbrich* (2000), S. 455; *Böcking/Nowak* (2000), S. 21.
[667] Vgl. *Hommel/Franke/Rößler* (2008), S. 160.
[668] Vgl. *Hommel/Franke/Rößler* (2008), S. 161; *Franke* (2009), S. 114 f.
[669] Vgl. *Kester* (1946), S. 575; *Ebeling* (1995a), S. 137. Vgl. die beiden Varianten gegenüberstellend *Küting/Gattung* (2003), S. 513 f.

Aus dem Normzweck der Entscheidungsnützlichkeit des IASB-Rahmenkonzepts lässt sich auf den ersten Blick keine direkte konzerntheoretische Prägung erkennen.[670] Da jedoch der IFRS-Konzernabschluss als Entscheidungsgrundlage für Eigen- und Fremdkapitalgeber der Reporting Entity (rechnungslegende Einheit) dienen soll,[671] ist es möglich, aus der Abgrenzung dieser rechnungslegenden Einheit einen ersten Hinweis auf die angewandte Konzerntheorie des Standardsetzers zu ziehen. Eine Reporting Entity stellt „einen abgrenzbaren Bereich wirtschaftlicher Aktivitäten"[672] dar. Bei diesem Bereich handelt es sich um die wirtschaftliche Einheit des Konzerns, sodass damit die Anwendung des Proprietary Concept ausgeschlossen ist.[673] Klarheit darüber, ob eine Tendenz zum Parent Company (Extension) Concept oder zum Entity Concept besteht, schafft die folgende Analyse der relevanten Konsolidierungsstandards der IFRS-Rechnungslegung.

Zunächst ist IAS 27 zu analysieren, der im Wesentlichen die Fragen der Abgrenzung des Konsolidierungskreises, der Schulden- und Aufwandskonsolidierung und der Zwischenergebniseliminierung behandelt. Nach IAS 27.18 ist der Konzernabschluss so aufzustellen, „als handle es sich bei dem Konzern um ein einziges Unternehmen". Diese Aussage zielt auf die Fiktion der rechtlichen Einheit des Konzerns ab[674] und unterstützt die Ablehnung des Proprietary Concept. Hinweise auf das Vorliegen einer einheitstheoretischen Ausrichtung ergeben sich in IAS 27 durch folgende Regelungen:

- „Konzerninterne Salden, Geschäftsvorfälle, Erträge und Aufwendungen sind in voller Höhe zu eliminieren."[675]
- „Nicht beherrschte Anteile sind in der Konzernbilanz innerhalb des Eigenkapitals, aber getrennt vom Eigenkapital der Eigentümer des Mutterunternehmens auszuweisen."[676]
- „Änderungen der Beteiligungsquote des Mutterunternehmens an einem Tochterunternehmen, die nicht zu einem Verlust der Beherrschung führen, werden als Eigenkapitaltransaktion bilanziert"[677].

Die vollständige Eliminierung konzerninterner Salden weist entweder auf das Parent Company Extension Concept oder das Entity Concept hin. Der Ausweis der Minderheitsanteile

---

[670] Vgl. zum Versuch der Ableitung einer konzerntheoretischen Prägung der IFRS aus dem Normzweck der Entscheidungsnützlichkeit *Hendler* (2007), S. 264.
[671] „The objective of general purpose financial reporting is to provide financial information about the reporting entity that is useful to existing and potential investors, lenders and other creditors in making decisions about providing resources to the entity." (IASB-R.OB2).
[672] *Gassen/Eisenschink/Weil* (2010), S. 807 in Bezug auf ED/2010/2, Tz. RE2.
[673] Vgl. *Küting/Gattung* (2003), S. 517; *Hendler* (2007), S. 262 (jeweils bezogen auf den Fundamentalzweck des bisherigen IASB-Rahmenkonzepts (IASB-R.14 a.F., zitiert nach *IDW* (2011b)).
[674] Vgl. *Busse von Colbe/Ordelheide/Gebhardt/Pellens* (2010), S. 26.
[675] IAS 27.20.
[676] IAS 27.27.
[677] IAS 27.30.

innerhalb des Konzerneigenkapitals sowie die Behandlung von Kapitaltransaktionen zwischen Mehr- und Minderheitsgesellschaftern bei Tochterunternehmen stellen eindeutige Hinweise auf das Vorliegen einer einheitstheoretischen Ausrichtung der IFRS dar. Mit der Veröffentlichung des IFRS 10, der IAS 27 ablöst, ergeben sich diesbezüglich keine Änderungen.[678]

Als weiterer Konsolidierungsstandard ist IFRS 3 „Business Combinations" auf die konzerntheoretische Ausrichtung zu untersuchen. Dieser Standard regelt den Erwerbszeitpunkt sowie Fragen der Kapitalkonsolidierung. Die folgenden Regelungen des IFRS 3 deuten auf eine einheitstheoretische Prägung hin:

- „Der Erwerber hat den Erwerbszeitpunkt zu bestimmen, d.h. den Zeitpunkt, an dem er die Beherrschung über das erworbene Unternehmen erlangt."[679]
- „Die erworbenen identifizierbaren Vermögenswerte und übernommenen Schulden sind zu ihrem beizulegenden Zeitwert zum Erwerbszeitpunkt zu bewerten."[680]

Die vorzunehmende Neubewertung aller Vermögenswerte und Schulden zum Zeitwert des Erwerbszeitpunkts ist ein Indiz, das auf das Parent Company Extension Concept oder das Entity Concept hindeutet. Die Vorschrift, die den Erstkonsolidierungszeitpunkt auf die Erlangung der Beherrschung über das Tochterunternehmen legt, ist eindeutig der Einheitstheorie zuzuordnen.

Die Aufdeckung eines Minderheitengoodwills hängt seit der Überarbeitung des IFRS 3 im Jahr 2008 davon ab, ob die Minderheitsanteile zum Zeitwert bewertet werden. Dies ist der Fall, wenn für diese entweder Marktkurse oder verlässliche Bewertungsverfahren vorliegen.[681] Durch die Aufdeckung des Minderheitengoodwills liegt im Rahmen der IFRS-Konsolidierungsregeln die Einheitstheorie „in Reinform"[682] vor.

Die Einheitstheorie (Entity Concept) ist somit sowohl nach IAS 27 bzw. IFRS 10 als auch nach IFRS 3 als konzernspezifischer Referenzmaßstab für die folgende Untersuchung heranzuziehen. Die statische Prägung als allgemeine Deduktionsbasis gilt uneingeschränkt. Jedoch konkretisiert sich die bilanztheoretische Ausrichtung durch die Ausrichtung am Entity Concept dahingehend, dass die Asset Liability View auf die wirtschaftliche Einheit des Konzerns anzuwenden ist. Die Vermögensorientierung der IFRS-Bilanzierung erfolgt somit nicht allein aus der Perspektive der Anteilseigner der Muttergesellschaft, sondern schließt die Minderheitsgesellschafter der Tochterunternehmen als gleichberechtigte Konzerneigenkapitalgeber mit ein.

---

[678] Vgl. IFRS 10.BC9 i.V.m. IFRS 10.19–25 u. IFRS 10.B86–B99.
[679] IFRS 3.8.
[680] IFRS 3.18.
[681] Vgl. IFRS 3.32 i.V.m. IFRS 3.19 und IFRS 3.B44 f.
[682] *Hendler* (2007), S. 269 (bezogen auf die Entwurfsfassung des IFRS 3 (rev. 2008)).

4.4 Einheitstheoretische Prägung und die Abgrenzung der wirtschaftlichen Einheit des IFRS-Konzerns

4.4.1 Einheitstheoretische Implikationen für die Abgrenzung des Konsolidierungskreises

Die Einheitstheorie, an der die IFRS ausgerichtet sind, ist wie jede Konzerntheorie primär als ein „Konzerndarstellungskonzept"[683] aufzufassen. Sie ist somit eher für die konkrete Konsolidierungstechnik als für die Bestimmung des Konsolidierungskreises relevant. Gleichwohl kann die einheitstheoretische Ausrichtung der IFRS-Konzernnormen Implikationen über die Kriterien geben, nach denen die wirtschaftliche Einheit des Konzerns abzugrenzen ist.

Da die Einheitstheorie von der Fiktion der rechtlichen Einheit des Konzerns[684] ausgeht, impliziert dies, dass die Abgrenzung des bilanziellen Konzerns unter Beachtung einer wirtschaftlichen Betrachtungsweise und nicht rein formalrechtlich zu erfolgen hat. Ferner entspricht der einheitstheoretische Blickwinkel aus der wirtschaftlichen Einheit des Konzerns der Perspektive der leitenden Geschäftsführung an der Konzernspitze. Dies ermöglicht die Anwendung eines auf die Leitung abgestellten Abgrenzungskonzepts unter Beachtung faktischer Verhältnisse. Denn durch die „Trennung von Eigentum und Verfügungsgewalt"[685] stellt die Einheitstheorie im Gegensatz zum Proprietary Concept auf tatsächliche Beherrschungsverhältnisse ab.

4.4.2 Mögliche Abgrenzungskonzeptionen vor dem Hintergrund einer einheitstheoretischen Prägung der IFRS

4.4.2.1 Legal-Control-Konzept

Die Abgrenzung eines Konzerns nach Maßgabe der Beherrschungsmacht unter Zuhilfenahme der einheitstheoretischen Perspektive des Konzernmanagements bleibt vage. Im Folgenden sind gängige Abgrenzungskonzepte darzustellen, die mit der Einheitstheorie vertretbar sind.

Eine Beherrschungsmöglichkeit eines anderen Unternehmens kann in einer engen Auslegung allein auf gesellschaftsrechtlichen Kontrollrechten wie Stimmrechten oder satzungsmäßigen Befugnissen beruhen. Es handelt sich um das Legal-Control-Konzept.[686] Die wirtschaftliche Prägung der Einheitstheorie, die von einer Fiktion der rechtlichen Einheit ausgeht, verdeutlicht, dass das Abgrenzungskonzept des IFRS-Konzerns weiter gefasst sein muss, als es bei der Anwendung des Legal-Control-Konzepts der Fall wäre.

---

[683] Hendler (2007), S. 250.
[684] Vgl. hierzu Busse von Colbe/Ordelheide/Gebhardt/Pellens (2010), S. 25.
[685] Streckenbach (2006), S. 94. Vgl. hierzu auch Sürken (1999), S. 109.
[686] Vgl. hierzu Küting/Gattung (2001), S. 398 in Bezug auf Glautier/Underdown (2001), S. 266. Anwendung findet das Konzept in IAS 27.13. Ferner ist es in der handelsrechtlichen Konzernabgrenzung in § 290 Abs. 2 Nr. 1 bis 3 HGB zu finden.

4.4.2.2 De-facto-Control-Konzept

Das De-facto-Control-Konzept[687] stellt ebenfalls auf die Beherrschungsmöglichkeit ab, berücksichtigt allerdings die tatsächlichen Verhältnisse losgelöst von formalrechtlichen Gegebenheiten. Nach diesem Ansatz begründet die faktische Fähigkeit zur Kontrollausübung ein Mutter-Tochter-Verhältnis. Als Beispiel für diese Abgrenzung sind nachhaltige Präsenzmehrheiten bei Anteilseignerversammlungen zu nennen. Diese Konzeption ist konsistent mit der einheitstheoretischen Prägung der IFRS, da sie auf wirtschaftliche statt rechtliche Tatbestände abstellt.

Maßgeblich für das De-facto-Control-Konzept und das Legal-Control-Konzept ist eine bestehende Beherrschungsmöglichkeit. Die beiden Ansätze lassen sich zum Konzept der Entscheidungsgewalt bzw. zum Power-to-Govern-Konzept[688] zusammenfassen, das die Fähigkeit zur Kontrollausübung als Voraussetzung eines Mutter-Tochter-Verhältnisses definiert.

4.4.2.3 Konzept der einheitlichen Leitung

Das Konzept der einheitlichen Leitung[689] zielt auf eine tatsächliche Ausübung der Kontrolle ab.[690] Die Leitung des abhängigen Unternehmens muss nicht „alle irgendwie wesentlichen Bereiche der unternehmerischen Tätigkeit"[691] umfassen, sondern es „genügt vielmehr, dass sich die einheitliche Leitung auf die Geschäftspolitik der Unternehmen"[692] bezieht. Die Übergänge zwischen dem Konzept der einheitlichen Leitung und dem De-facto-Control-Konzept sind fließend, da eine faktische Beherrschungsmöglichkeit in vielen, weniger eindeutigen Fällen erst nachweisbar ist, wenn eine Ausübung bereits in der Vergangenheit stattfand.[693]

---

[687] Vgl. zur „de facto control" *IASB* (2005); *Müller/Overbeck/Bührer* (2005), S. 27; *Pricewaterhouse-Coopers* (2010), Tz. 24.70 f.; *Lüdenbach* (2012), § 32, Tz. 24. Eine tatsächliche Ausübung bedarf es nach dem De-facto-Control-Konzept nicht. A. A. *Pütz/Ramsauer* (2009), S. 871.

[688] Vgl. hinsichtlich der Verwendung des Begriffs *Pütz/Ramsauer* (2009), S. 871.

[689] Die einheitliche Leitung galt bis zum Bilanzrechtsmodernisierungsgesetz parallel zum formalen Control-Konzept als ein Ansatz zur Abgrenzung des handelsrechtlichen Konsolidierungskreises. Vgl. zu einer Analyse der Veränderungen des § 290 HGB in Folge des BilMoG *Zoeger/Möller* (2009), S. 309–315.

[690] Vgl. zum Konzept der einheitlichen Leitung im HGB z.B. *Haeger/Zündorf* (1991), S. 1842. Vgl. mit Bezug zur internationalen Rechnungslegung *Reiland* (2006), S. 334–336; *Streckenbach* (2006), S. 193. Vgl. zum Wegfall innerhalb der HGB-Konzernbilanzierung im Zuge des BilMoG *Gelhausen/Fey/Kämpfer* (2009), Abschnitt Q, Tz. 2.

[691] *IDW* (2006), Abschnitt T, Tz. 157.

[692] *IDW* (2006), Abschnitt T, Tz. 157.

[693] Das *IASB* hat keine weiterführende „guidance" bezüglich der Auslegung des De-facto-Control-Konzepts nach IAS 27. Vgl. *Lüdenbach* (2012), § 32, Tz. 24. Künftig besteht diesbezüglich mehr „guidance" mit IFRS 10.B43–B46.

Mit der einheitstheoretischen Prägung der IFRS ist die tatsächliche Ausübung ebenfalls konsistent, da sie eine wirtschaftliche Beherrschungsform darstellt.[694]

4.4.2.4 Risks-and-Rewards-Ansatz als ergänzendes Abgrenzungskonzept

Ein weiteres gängiges Konzept zur Abgrenzung des Konsolidierungskreises in der internationalen Rechnungslegung stellt der Risks-and-Rewards-Ansatz dar.[695] Wie bereits im Rahmen der Vermögenswertkonzeption erläutert (Abschnitt 3.3.2.3), geht der Ansatz von der Vermutung einer Korrelation zwischen Risikotragung und Kontrollmöglichkeiten aus. Die Messung der Volatilität der Zahlungsströme steht nicht in direktem Zusammenhang mit der Leitung aus der Perspektive der Konzernspitze, wie es die einheitstheoretische Prägung der IFRS impliziert. Der Ansatz eignet sich daher aus konzerntheoretischer Sicht und bei einer primären Ausrichtung der IFRS bei der Abgrenzung des Konsolidierungskreises an der Beherrschungsmacht lediglich zur Konkretisierung der obigen Ansätze.[696] Konzeptionell kann der Chancen-Risiko-Analyse keiner Konzerntheorie eindeutig zugeordnet werden. Die Information über Risiken und deren Variabilität dürfte regelmäßig sowohl aus der interessenstheoretischen Sichtweise der Mehrheitsgesellschafter[697] als auch aus der einheitstheoretischen Perspektive in Form der Position der Konzernspitze[698] gleichermaßen von Interesse sein.

4.4.2.5 Frage der konzerntheoretisch konformen Abgrenzungskonzepte

Welche Ansätze nach der Beherrschungskonzeption der IFRS zur Anwendung kommen, lässt sich – als Fazit aus obigen Überlegungen – generell nicht eindeutig aus der einheitstheoretischen Prägung ableiten. Dies ist nicht verwunderlich, da die Konzerntheorie vorwiegend Aufschluss über die Konsolidierungstechnik und nicht die Abgrenzung des Konsolidierungskreises geben soll.[699] Es ist mit der konzerntheoretischen Ausrichtung der IFRS allerdings feststellbar, dass das Konzept der Entscheidungsmöglichkeit (mit den Unterkategorien des Legal- und des De-facto-Control-Konzepts) sowie das Konzept der einheitlichen Leitung in der Tendenz einen engeren Bezug zur Einheitstheorie aufweisen, als es bei dem konzerntheo-

---

[694] Vgl. zur Anwendung des Konzepts der einheitlichen Leitung im Rahmen der Konsolidierungsprüfung nach SIC-12.10(a) *Reiland* (2006), S. 335 f.; *Streckenbach* (2006), S. 193.
[695] Vgl. zum Risks-and-Rewards-Ansatz in der internationalen Rechnungslegung z.B. *Schimmelschmidt Happe* (2004), S. 12; *Müller/Overbeck/Bührer* (2005), S. 26; *Reiland* (2006), S. 338–341; *Eick/Ehrcke* (2009), S. 215 f.
[696] Vgl. IAS 27.4.
[697] Vgl. bezogen auf das Proprietary Concept *Fuchs/Gerloff* (1954), S. 96; *Küting/Gattung* (2003), S. 507; *Küting/Weber* (2010), S. 90. Vgl. ferner *Hendler* (2007), S. 255.
[698] Vgl. zur einheitstheoretischen Perspektive *Münstermann* (1957), S. 437; *Dreger* (1969), S. 41; *Streckenbach* (2006), S. 92 m.w.N.
[699] Vgl. *Hendler* (2007), S. 250.

retisch mehrdeutigen Risks-and-Rewards-Ansatz der Fall ist.[700] Dies ist damit begründbar, dass sowohl das Control-Konzept als auch das Konzept der einheitlichen Leitung Abgrenzungsansätze darstellen, die auf der einheitlichen Willensbildung[701] der Konzernführung basieren. Durch die einheitstheoretische Perspektive, die die Sichtweise des Managements der Konzernspitze einnimmt,[702] ist somit eine konzeptionelle Nähe (zumindest teilweise) beobachtbar. Welche Abgrenzungskonzepte konkret zur Anwendung kommen, regeln die Konsolidierungsstandards IAS 27 bzw. SIC-12 und künftig IFRS 10.

4.5 Die Stufenkonzeption der IFRS-Konsolidierungsregeln

4.5.1 Darstellung des Stufenkonzepts der IFRS

Der Konzern im engeren Sinn („group"[703]) umfasst ausschließlich Konzerngesellschaften und folgt einer einstufigen Abgrenzung zwischen Konzern und Markt.[704] Allerdings kennen die IFRS nicht nur die Vollkonsolidierung als Einbeziehungsmethode in die Konzernrechnungslegung, sondern noch weitere Ansätze. Vielmehr sind die IFRS-Konsolidierungsvorschriften an einem Stufenkonzept[705] ausgerichtet. Dieser Ansatz geht von einem fließenden Übergang zwischen unterschiedlich intensiven, konzernspezifischen Verbindungsstufen aus.[706] Die Stufen der Konsolidierung richten sich nach der Bindungsintensität, d.h. dem Grad der Einflussmöglichkeiten.[707] Die Zusammenfassung der Stufen stellt den Konzernverbund[708] bzw. den Konzern im weiteren Sinn[709] dar, der über die wirtschaftliche Einheit der Konzernunternehmen hinausgeht. Die vier Klassen der Unternehmensverbindung innerhalb des IFRS-Normgefüges sind

- Tochterunternehmen i.S.d. IAS 27/SIC-12 bzw. IFRS 10,
- Gemeinschaftsunternehmen i.S.d. IAS 31 bzw. IFRS 11,
- assoziierte Unternehmen i.S.d. IAS 28 und

---

[700] Vgl. *Beyhs/Buschhüter/Schurbohm* (2011), S. 668.
[701] Vgl. hierzu *Schmidt* (2003), S. 142 f.; *Reiland* (2006), S. 332 m.w.N.
[702] Vgl. *Münstermann* (1957), S. 437; *Dreger* (1969), S. 41; *Streckenbach* (2006), S. 92 m.w.N.
[703] IAS 27.1.
[704] Vgl. *Küting/Grau/Seel* (2010), S. 42.
[705] Vgl. zum Stufenkonzept *Sürken* (1999), S. 73 (US-GAAP u. HGB); *Streckenbach* (2006), S. 98 (IFRS und US-GAAP); *Pellens/Fülbier/Gassen* (2011), S. 753 (IFRS); *PricewaterhouseCoopers* (2012), S. 1703-1707 (IFRS und HGB); *Thelen-Pischke/Christ* (2008), S. 68–72 (IFRS und KWG); *Busse von Colbe/Ordelheide/Gebhardt/Pellens* (2010), S. 59 f. (IFRS und HGB); *Haeger/Zündorf* (2009), S. 250 f. (IFRS); *Küting/Grau/Seel* (2010), S. 42 f. (IFRS); *Pellens/Fülbier/Gassen* (2011), S. 753 (IFRS).
[706] Vgl. *Busse von Colbe/Ordelheide/Gebhardt/Pellens* (2010), S. 383.
[707] Vgl. *Haeger/Zündorf* (2009), S. 250; *Küting/Grau/Seel* (2010), S. 42.
[708] Vgl. zur Verwendung des Begriffs „Verbund" in der Konzernrechnungslegung *Zündorf* (1987), S. 5 f.; *Ebeling* (1995a), S. 22; *Streckenbach* (2006), S. 83.
[709] Vgl. zur Abgrenzung vom Konzernbegriff im engeren und im weiteren Sinne *Zündorf* (1987), S. 6.

– Finanzinstrumente i.S.d. IAS 39 bzw. IFRS 9.

Tochterunternehmen nach IAS 27 bzw. nach IFRS 10 weisen die stärkste Unternehmensverbindung zum Mutterunternehmen auf, indem eine Beherrschung seitens der Muttergesellschaft vorliegt. Beide bilden zusammen den „Nukleus des Konzerns"[710]. Tochterunternehmen sind im Wege der Vollkonsolidierung in den Konzernabschluss einzubeziehen.[711] Neben den traditionellen Unternehmen zählen auch beherrschte Zweckgesellschaften zu den Tochterunternehmen.[712]

Auf der zweiten Stufe der Intensität der Einflussnahme stehen Gemeinschaftsunternehmen („joint ventures") nach IAS 31, die durch eine bestehende vertragliche Vereinbarung[713] gemeinsam von einem Konzernunternehmen und einem nicht zum Konzern gehörenden Unternehmen geführt werden.[714] Die bilanzielle Abbildung im IFRS-Konzernabschluss erfolgt derzeit nach IAS 31 wahlweise nach der Quotenkonsolidierung oder nach der Equity-Bewertung.[715] Für Geschäftsjahre ab 2013 ist auf Gemeinschaftsunternehmen der im Mai 2011 veröffentlichte IFRS 11 „Joint Arrangements" anzuwenden.[716] Mit diesem neuen Standard entfällt das Wahlrecht zugunsten einer alleinigen Zulässigkeit der Equity-Methode.[717]

Nach der Quotenkonsolidierung bilanziert jedes Partnerunternehmen anteilig die Vermögenswerte und Schulden sowie die Aufwendungen und Erträge des Gemeinschaftsunternehmens im Konzernabschluss.[718] Diese Methode entspricht daher der anteiligen Einbeziehung aller Bilanz- und GuV-Posten, wie es das interessentheoretische Proprietary Concept vertritt.[719] Die Quotenkonsolidierung steht folglich in Konflikt zur einheitstheoretischen Ausprägung der IFRS.

Bei der Equity-Methode richtet sich die Folgebewertung der Anteile entsprechend der Reinvermögensänderung des Gemeinschaftsunternehmens. Eine Schulden- sowie Aufwands- und Ertragskonsolidierung ist nicht vorzunehmen.[720] Lediglich eine quotale Zwischenergebniseliminierung ist durchzuführen.[721] Die Methode entspricht tendenziell einer „interessentheore-

---

[710] *Schildbach* (2008), S. 102.
[711] Vgl. IAS 27.18–27.31.
[712] Vgl. SIC-12.10. IFRS 10 verzichtet auf eine Differenzierung von traditionellen Unternehmen und Zweckgesellschaften. Vgl. IFRS 10.BC35(b).
[713] Vgl. IAS 31.9 f. bzw. IFRS 11.5(a).
[714] Vgl. IAS 31.24.
[715] Vgl. IAS 31.30.
[716] Vgl. IFRS 11.C1.
[717] Vgl. IFRS 11.5(a). Vgl. hinsichtlich einer vergleichenden Darstellung alter und neuer Regeln *Zülch/Erdmann/Wünsch* (2008), S. 207; *Haeger/Zündorf* (2009), S. 252.
[718] Vgl. zur Quotenkonsolidierung IAS 31.31–37.
[719] Vgl. *Leitner* (2009), S. 30.
[720] Vgl. zur Equity-Bewertung IAS 31.38–41 i.V.m. IAS 28.11.
[721] Vgl. IAS 31.38 i.V.m. IAS 28.22.

tischen One-Line-Consolidation"⁷²², indem keine Minderheitsanteile ausgewiesen werden und eine quotale Zwischenergebniseliminierung erfolgt. Diese interessentheoretischen Tendenzen bei der ansonsten einheitstheoretischen Ausrichtung der IFRS sind dadurch konzeptionell heilbar, dass die bilanzielle Behandlung der Beteiligung als ein eigenständiger Vermögenswert der Asset Liability View⁷²³ entspricht, sodass die Methode Konsistenz mit der bilanztheoretischen Prägung des IFRS-Normsystems aufweist.

Die dritte Einbeziehungsart stellt das assoziierte Unternehmen nach IAS 28 dar. Es liegt vor, wenn das übergeordnete Konzernunternehmen direkt oder indirekt einen maßgeblichen Einfluss ausübt und wenn es sich um kein Tochter- oder Gemeinschaftsunternehmen handelt.⁷²⁴ Ein maßgeblicher Einfluss ist ab einem Stimmrechtsanteil von 20% widerlegbar zu vermuten.⁷²⁵ Die Anteile am assoziierten Unternehmen sind für die Einbeziehung in den Konzernabschluss nach der Equity-Methode zu bewerten.⁷²⁶

Ist die Unternehmensverbindung so schwach, dass kein Tochter-, Gemeinschaftsunternehmen oder assoziiertes Unternehmen vorliegt, sind die Unternehmensanteile als Finanzinstrument nach IAS 39 bzw. IFRS 9 zu kategorisieren und entsprechend zu bewerten.⁷²⁷

4.5.2 Konsequenzen des Stufenkonzepts für die Bilanzierung von Verbriefungszweckgesellschaften

Zweckgesellschaften können bei einer Beherrschung i.S.v. IAS 27/SIC-12 bzw. IFRS 10 konsolidierungspflichtige Tochterunternehmen darstellen, die im Wege der Vollkonsolidierung in den Konzernabschluss des Mutterunternehmens einzubeziehen sind. Ist eine Negierung eines Control-Verhältnisses gegeben, ist zu prüfen, ob eine andere Unternehmensverbindung nach dem Stufenkonzept vorliegt.

Die Einbeziehung einer Zweckgesellschaft als Gemeinschaftsunternehmen i.S.d. IAS 31 (bzw. künftig nach IFRS 11) scheitert grundsätzlich daran, dass die nach IAS 31.9 (bzw. IFRS 11.5) geforderte vertragliche Vereinbarung zur gemeinsamen Führung regelmäßig im Vertragswerk bei Special-Purpose-Entity-Transaktionen nicht besteht.⁷²⁸ Gleichwohl ist das

---

⁷²² *Schmidt* (2010), S. 61.
⁷²³ Vgl. *Schmidt* (2010), S. 61–66. *Schmidt* spricht statt von der Asset Liability View von der Asset-Theorie. Die Verwendung des Begriffs Asset-Theorie trägt der Tatsache Rechnung, dass nach IAS 28.29 f. eine Equity-Beteiligung nicht negativ sein kann.
⁷²⁴ Vgl. IAS 28.2. Vgl. zum maßgeblichen Einfluss IAS 28.6–10.
⁷²⁵ Vgl. IAS 28.6.
⁷²⁶ Vgl. IAS 28.13 i.V.m. IAS 28.11.
⁷²⁷ Vgl. IAS 39.2(a) i.V.m. IAS 28.IN5.
⁷²⁸ Das wird daran deutlich, dass der Standardsetzer lediglich die Beherrschung i.S.v. IAS 27 bzw. SIC-12 als Unternehmensverbindungen zu Zweckgesellschaften regelt. Vgl. SIC-12.9. Erfüllt gleichwohl eine Zweckgesellschaft die Voraussetzungen des IAS 31 bzw. IAS 28, sind diese Standards und nicht die Interpretation SIC-12 heranzuziehen. Vgl. hierzu *Zülch* (2005), S. 6.

Vertragswerk dahingehend zu prüfen, ob solche Vereinbarungen vorliegen. In diesem Fall ist eine Bilanzierung nach IAS 31 (bzw. IFRS 11) vorzunehmen.

Dass eine Zweckgesellschaft ein assoziiertes Unternehmen nach IAS 28 darstellt, scheitert zumeist an der weit überwiegend gewollten Negierung der Konsolidierungspflicht der Beteiligten, sodass die potenziell beherrschende Partei regelmäßig über keine Stimmrechte an der Special Purpose Entity verfügt. Allerdings ist nach IAS 28.6 ein maßgeblicher Einfluss bei 20% Stimmrechtsbeteiligung lediglich zu vermuten. Als Indiz kommt nach IAS 28.7 u.a. die Teilnahme an den Entscheidungsprozessen in Betracht, sodass eine Anwendung des IAS 28 theoretisch denkbar ist. Sofern eine Zweckgesellschaft als assoziiertes Unternehmen zu behandeln ist, besteht aber zumeist das Folgeproblem, dass die Equity-Methode an einem Beteiligungsbuchwert ansetzt. Direkte Anschaffungskosten[729] in Form einer Eigenkapitalausstattung bestehen im Zusammenhang mit der Gründung einer Zweckgesellschaft per Definition bzw. Vertrag oder Satzung zumeist nicht oder sind bezogen auf die Bilanzsumme der Zweckgesellschaft regelmäßig unwesentlich.[730]

4.6 Wesentliche Erkenntnisse des Kapitels

Am Ende dieses Kapitels ist festzuhalten, dass die Konzernrechnungslegung der IFRS an der Einheitstheorie orientiert ist. Aus der einheitstheoretischen Sichtweise, die die Perspektive der leitenden Geschäftsführung an der Konzernspitze einnimmt, lassen sich das Legal- und das De-facto-Control-Konzept sowie das Konzept der einheitlichen Leitung als mögliche Modelle zur Abgrenzung der wirtschaftlichen Einheit des Konzerns ableiten. Gleichzeitig steht der Control-Ansatz als primäres Vermögenswertzurechnungskonzept der IFRS in Einklang mit der Ausrichtung der IFRS an der Einheitstheorie, da beide Modelle statt an einer Chancen-Risiko-Verteilung an dem Einfluss der Geschäftsführung über Ressourcen als Entscheidungskriterium ansetzen. Der im vorangegangenen Kapitel hergeleitete De-lege-ferenda-Maßstab und die weitgehend einheitstheoretische Prägung der IFRS sind miteinander konsistent. Hingegen ist der Risks-and-Rewards-Ansatz konzerntheoretisch mehrdeutig, sodass der Bezug zur Einheitstheorie weniger stark als bei den zuvor genannten Ansätzen ausgeprägt ist. Generell lassen sich allerdings alleine aus den Konzerntheorien keine tragfähigen Konzepte zur Abgrenzung des Konsolidierungskreises ableiten, da sie primär auf die Darstellung bzw. die Konsolidierungstechnik abzielen. Des Weiteren hat die Untersuchung des Stufenkonzepts gezeigt, dass die IFRS als konzernspezifische Verbindungen Tochterunternehmen, Gemeinschaftsunternehmen und assoziierte Unternehmen kennen. Die Anwendung des Stufenkonzepts auf Verbriefungszweckgesellschaften verdeutlicht, dass Special Purpose Entities

---

[729] Vgl. IAS 28.11.
[730] Vgl. SIC-12.9.

mangels eines Beteiligungsverhältnisses zumeist nicht als Gemeinschaftsunternehmen oder assoziierte Unternehmen abzubilden sind.

5 Beherrschung von Verbriefungsplattformen nach IAS 27 und SIC-12

5.1 Konsolidierungsnormen im Umbruch: Vorbemerkungen zu IAS 27 und SIC-12

Die IFRS-Vorschriften zur Abgrenzung der wirtschaftlichen Einheit des Konzerns befinden sich im Umbruch. Die in diesem Kapitel zu diskutierenden Regeln des IAS 27 und SIC-12 werden vom dem im Jahr 2011 veröffentlichten Standard IFRS 10 abgelöst, der für EU-Unternehmen ab 2014 anzuwenden ist.[731] Die Kenntnisse über die Ermessensspielräume und die Konzeption des IAS 27 und SIC-12 dienen dem Verständnis der Zielsetzung des Consolidation-Projekts des *IASB*. Denn die in diesem Kapitel herausgearbeitete, mangelnde Stringenz innerhalb der angewandten Abgrenzungskonzepte und die standardübergreifenden Inkonsistenz sowie die Ermessensspielräume bei (Verbriefungs-)Zweckgesellschaften sind Gründe, die den Standardsetzer zur Novellierung veranlasst haben.[732] Für die Einschätzung, ob das *IASB* seiner Zielsetzung mit dem neuen IFRS 10 nähergekommen ist, besitzen die Ausführungen dieses Kapitels auch Aussagekraft über das Inkraftsetzungsdatum des IFRS 10 hinaus.

Die zu diskutierenden Auslegungsfragen und Ermessensentscheidungen bei der Control-Prüfung des SIC-12 erfolgen anhand von ABCP-Programmen, die während der Subprime-Krise Konsolidierungsfragen aufwarfen und somit als Beschleuniger des Consolidation-Projekts gelten.[733] Zunächst beginnen die Ausführungen mit dem Standard IAS 27, der mangels gesellschaftsrechtlicher Verhältnisse zumeist nicht für Zweckgesellschaften einschlägig ist. Jedoch konkretisiert die für Special Purpose Entities regelmäßig heranzuziehende Interpretation SIC-12 lediglich die Zuordnungsregeln des IAS 27 und stellt „kein lex specialis"[734] dar. Daher ist aus konzeptioneller Sichtweise mit den Regeln des diesbezüglichen Standards zu beginnen.

5.2 Das Beherrschungskonzept nach IAS 27

5.2.1 Die Control-Definition des IAS 27.4

Nach IAS 27 „Consolidated and Separate Financial Statements" sind alle Tochtergesellschaften des Mutterunternehmens in dessen Konzernabschluss einzubeziehen.[735] Ob ein Tochterunternehmen vorliegt, hängt davon ab, ob ein Beherrschungsverhältnis gegeben ist, dessen Definition nach IAS 27.4 lautet:

---

[731] Vgl. *EU* (2013), Art. 2. IFRS 10 sieht für Unternehmen außerhalb der EU eine Umsetzung zum 1. Januar 2013 vor. Vgl. IFRS 10.C1.
[732] Vgl. IFRS 10.IN4 f. i.V.m. IFRS 10.BC210.
[733] Vgl. zur Rolle der ABCP-Programme während der Subprime-Krise Abschnitt 2.11.
[734] *Zülch* (2005), S. 7.
[735] Vgl. IAS 27.12.

„Beherrschung ist die Möglichkeit, die Finanz- und Geschäftspolitik eines Unternehmens zu bestimmen, um aus dessen Tätigkeit Nutzen zu ziehen."

Die Control-Definition weist zwei Wesensmerkmale auf: Das Power-Element im Sinn einer Bestimmung der Tätigkeiten eines anderen Unternehmens und das Benefits-Kriterium im Sinn von Nutzenziehungsmöglichkeiten.[736] Beide Komponenten müssen erfüllt sein, um „control" zu begründen.[737]

Durch die zusätzliche Betrachtung des Nutzens („benefits") aus der Beziehung zu dem Tochterunternehmen grenzt sich ein Mutter-Tochter-Verhältnis von einer Treuhandschaft ab.[738] Denn der Treuhänder, der die Geschäftsaktivitäten eines Unternehmens für einen Dritten bestimmt, übt keine Beherrschung i.S.d. IAS 27 aus, da er keinen Nutzen aus der Gesellschaft zieht.[739] Hieran ist ersichtlich, dass im Rahmen der Beherrschungskonzeption des IAS 27 das Power-Kriterium kein Synonym für Beherrschung („control") darstellt. Während sich die Bestimmungsbefugnis („power") auf die Entscheidungsfähigkeit über die Tätigkeiten eines Unternehmens bezieht, fordert „control" darüber hinaus auch die Beteiligungen an den Nutzenpotenzialen.[740]

Die Control-Definition des IAS 27 folgt dem Konzept der Entscheidungsgewalt (Power-to-Govern-Konzept), nach dem die Beherrschungsmöglichkeit eines anderen Unternehmens für ein Mutter-Tochter-Verhältnis ausreicht.[741] Eine tatsächliche Control-Ausübung, wie es das ehemals handelsrechtliche Konzept der einheitlichen Leitung[742] kennt, ist keine notwendige Voraussetzung der Control-Definition des IAS 27.4.[743] Gleichwohl indiziert eine tatsächliche Bestimmung der Aktivitäten eines anderen Unternehmens eine nachhaltige Beherrschungsmöglichkeit.[744]

5.2.2 Das Legal-Control-Konzept nach IAS 27.13

Eine Konkretisierung der allgemeinen Control-Definition erfolgt in IAS 27.13. Diese Norm zählt Umstände auf, bei denen eine Beherrschungsmöglichkeit regelmäßig zu vermuten ist. Eine Beherrschung ist widerlegbar anzunehmen, wenn ein Unternehmen direkt oder indirekt

---

[736] Vgl. *Ewelt-Knauer* (2010), S. 72 m.w.N.
[737] Vgl. IDW RS HFA 2, Tz. 48.
[738] Vgl. IDW RS HFA 2, Tz. 48; *Eick/Ehrcke* (2009), S. 230; *Lüdenbach* (2012), § 32, Tz. 8.
[739] Vgl. IDW RS HFA 2, Tz. 48.
[740] Vgl. klarstellend zu IAS 27 im Rahmen des Consolidation-Projekts IFRS 10.BC62.
[741] Vgl. IAS 27.4. Vgl. zum Power-to-Govern-Konzept *Pütz/Ramsauer* (2009), S. 871.
[742] Vgl. zum Konzept der einheitlichen Leitung im HGB *Haeger/Zündorf* (1991), S. 1842. Vgl. mit Bezug zur internationalen Rechnungslegung *Reiland* (2006), S. 334–336; *Streckenbach* (2006), S. 193. Vgl. zum Wegfall innerhalb der HGB-Konzernbilanzierung im Zuge des BilMoG *Gelhausen/Fey/Kämpfer* (2009), Abschnitt Q, Tz. 2.
[743] Vgl. IAS 27.IG2. Vgl. ferner *PricewaterhouseCoopers* (2012), S. 1715; *Ewelt-Knauer* (2010), S. 71.
[744] Vgl. *Lüdenbach* (2012), § 32, Tz. 13.

über mehr als 50% der Stimmrechte des anderen Unternehmens verfügt.[745] Ein Gegenbeweis ist möglich, wenn wesentliche Mitwirkungsrechte von Minderheitsgesellschaftern in Form von z.B. Vetorechten eine uneingeschränkte Ausübung der Geschäftspolitik des Mehrheitsgesellschafters verhindern.[746] Außerdem können vertragliche oder gesetzliche Beschränkungen der Stimmrechtsausübung (wie z.B. Entherrschungsverträge oder staatliche Restriktionen bei ausländischen Tochtergesellschaften) zu einer Negierung der Control-Vermutung führen.[747]

Entfällt hingegen exakt die Hälfte der Stimmrechte an einem anderen Unternehmen oder weniger auf das berichtspflichtige Unternehmen, ist ein Control-Verhältnis dennoch (grundsätzlich unwiderlegbar[748]) gegeben, wenn eines der folgenden Kriterien nach IAS 27.13 erfüllt ist:[749]

- Infolge einer vertraglichen Vereinbarung mit konzernfremden Anteilseignern kann die Muttergesellschaft über mehr als die Hälfte der Stimmrechte verfügen (IAS 27.13(a)).
- Aufgrund satzungsmäßiger oder vertraglicher Vereinbarungen mit den anderen Investoren kann das Mutterunternehmen die Geschäfts- und Finanzpolitik des Tochterunternehmens bestimmen (IAS 27.13(b)).
- Das berichtspflichtige Unternehmen kann mehr als die Hälfte des Geschäftsführungs- oder[750] Aufsichtsorgans des Tochterunternehmens ernennen oder abberufen. Die Organe müssen für die Führung des Tochterunternehmens verantwortlich sein (IAS 27.13(c)).
- Die Muttergesellschaft kann in Sitzungen des Geschäftsführungs- oder[751] Aufsichtsorgans der Tochtergesellschaft die Mehrheit der Stimmen abgeben (IAS 27.13(d)).

Die Vorschrift IAS 27.13 begründet Beherrschungsverhältnisse auf Basis von konzerntypischen Rechten[752], die auf Stimmrechtsmehrheiten oder satzungsmäßigen und/oder vertraglichen Vereinbarungen beruhen. Die Vorschrift folgt einem Legal-Control-Konzept[753], indem die zentrale Vorschrift zur Abgrenzung des Konzerns formaljuristisch geprägt ist und auf eine bestehende Rechtsposition zur Durchsetzung der Beherrschungsmöglichkeit abstellt.

---

[745] Vgl. IAS 27.13.
[746] Vgl. *PricewaterhouseCoopers* (2007), Tz. 24.27; *Eick/Ehrcke* (2009), S. 230.
[747] Vgl. *PricewaterhouseCoopers* (2012), S. 1718 f.; *Lüdenbach* (2012), § 32, Tz. 28 f.
[748] Vgl. *PricewaterhouseCoopers* (2012), S. 1718 f. A. A. *Eick/Ehrcke* (2009), S. 230. Eine Widerlegbarkeit ist nur für den Fall vorstellbar, dass die Vereinbarungen gemäß IAS 27.13(a) jederzeit kündbar sind. Vgl. *IDW* (2006), Abschnitt N, Tz. 638.
[749] Vgl. für die folgenden vier Kriterien IAS 27.13. Vgl. weiterführend hierzu *PricewaterhouseCoopers* (2012), S. 1716–1720.
[750] In IAS 27.13(c) wird statt einem „oder" ein „und/oder" verwendet. Auf das „und" wird hier verzichtet, da die Norm bereits bei einem „oder" einschlägig ist.
[751] Nach dem Wortlaut des IAS 27.13(d) steht in diesem Zusammenhang ein „und/oder". Ein „oder" ist ausreichend für die Normerfüllung.
[752] Vgl. hierzu *Busse von Colbe/Chmielewicz* (1986), S. 328.
[753] Vgl. zum Legal-Control-Konzept *Glautier/Underdown* (2001), S. 266; *Küting/Gattung* (2007), S. 398; *Eick/Ehrcke* (2009), S. 231.

5.2.3 De-facto-Control-Konzept nach IAS 27

Das Legal-Control-Konzept der zentralen Vorschrift des IAS 27.13 enthält keinen Hinweis auf eine Auslegung unter Beachtung einer wirtschaftlichen Betrachtungsweise. Allerdings gilt für die Anwendung des Power- und Benefits-Elements des IAS 27.4 das allgemeine Gebot der wirtschaftlichen Betrachtungsweise des IFRS-Normsystems.[754] Der allgemeinen Control-Definition des IAS 27.4 fehlt eine formalistische Prägung, wie sie nach IAS 27.13 besteht. Das *IASB* sprach sich im Jahr 2005 auf informellem Weg klarstellend für eine Beachtung von faktischen Verhältnissen aus.[755] Das hier vorliegende De-facto-Control-Konzept[756], das eine Berücksichtigung der tatsächlichen Verhältnisse der gesellschaftsrechtlichen Position fordert, betrifft regelmäßig Präsenzmehrheiten.

Verfügt ein Unternehmen über keine formale Stimmrechtsmehrheit, kann es dennoch faktisch die andere Gesellschaft beherrschen, wenn es eine Präsenzmehrheit auf den Anteilseignerversammlungen zur Durchsetzung seiner Entscheidungen nutzen kann.[757] Dies ist beispielsweise – nach informeller Klarstellung des *IASB* – der Fall, wenn das potenziell beherrschende Unternehmen 49% der Stimmrechte bei breiter Streuung der restlichen Stimmrechte hält und eine langjährige, geringe Erscheinungsquote der Minderheitsaktionäre gegeben ist.[758] Dies stellt eine Erweiterung des IAS 27.13(a) dar, weil diese Vorschrift eine Beherrschung bei exakt 50% der Stimmrechte oder weniger eine Vereinbarung mit anderen Anteilseignern erfordert, die bei einer Präsenzmehrheit nicht gegeben ist.[759] Eine tatsächliche Ausübung der Präsenzmehrheit ist hierbei nicht für eine Konsolidierungspflicht erforderlich, da auch aus einer passiven Stimmrechtsmehrheit – unabhängig ihrer rechtlichen oder faktischen Herleitung – entsprechend dem Konzept der Beherrschungsmöglichkeit des IAS 27.4 eine Konsolidierungspflicht resultiert.[760] Bei einer (nachhaltigen) Präsenzmehrheit als De-facto-Control-Verhältnis besteht eine faktische, allerdings nicht rechtlich gesicherte Beherrschungsmöglichkeit.[761] Sie bildet keine gesicherte Entscheidungsgrundlage für die Abgrenzung des Konsolidierungskreises, da sich das Erscheinen stimmberechtigter Anteilseigner von Jahr zu Jahr

---

[754] Der Substance-over-Form-Grundsatz des alten Rahmenkonzepts ist jetzt unter der glaub-würdigen Darstellung („faithful representation") zu subsumieren. Vgl. IASB-R.BC3.26; IASB-F.35 a. F. Vgl. auch IAS 8.10(b)(ii).
[755] Vgl. *IASB* (2005) (in Bezug auf Präsenzmehrheiten).
[756] Vgl. zum De-facto-Control-Konzept *IASB* (2005); *Müller/Overbeck/Bührer* (2005), S. 27; *PricewaterhouseCoopers* (2010), Tz. 24.70 f. *Lüdenbach* (2012), § 32, Tz. 24.
[757] Vgl. *IASB* (2005).
[758] Vgl. *IASB* (2005); *Müller/Overbeck/Bührer* (2005), S. 27; *Streckenbach* (2006), S. 148; *PricewaterhouseCoopers* (2010), Tz. 24.71; *Lüdenbach* (2012), § 32, Tz. 24.
[759] Vgl. *Lüdenbach* (2012), § 32, Tz. 23 (in Bezug auf Präsenzmehrheiten).
[760] Vgl. *PricewaterhouseCoopers* (2010), Tz. 24.71, Example 3.
[761] Vgl. *Lüdenbach* (2012), § 32, Tz. 44.

ändern kann.[762] Dies verdeutlicht die Objektivierungsprobleme, die mit dem De-facto-Control-Konzept einhergehen.

5.2.4 Regelungsunschärfe des IAS 27 bei (Verbriefungs-)Zweckgesellschaften

Liegt eine Vorherbestimmung der Aktivitäten eines anderen Unternehmens vor, wie es bei Zweckgesellschaften üblich ist,[763] lässt sich das Power-Element der Control-Definition des IAS 27.4 trotz wirtschaftlicher Betrachtungsweise oft nicht ohne Auslegungsschwierigkeiten nachweisen, da eine gegenwärtige Möglichkeit zu einer Bestimmung der Aktivitäten der Special Purpose Entity zumeist nicht ersichtlich ist. Durch die Vorherbestimmung der Geschäftsaktivitäten einer Zweckgesellschaft in Form des Autopiloten kommt es regelmäßig zu einer Einschränkung der bestehenden gesellschaftsrechtlichen Kontrollmöglichkeiten,[764] die ggf. ein Treuhänder innehat. Ein Stimmrechtsinhaber einer Special Purpose Entity besitzt somit regelmäßig keine Durchsetzungskraft auf die Geschäftspolitik.[765]

Die Einflussnahme eines potenziellen wirtschaftlichen Inhabers der Zweckgesellschaft hat sich dieser typischerweise durch die Ausgestaltung des Autopiloten und ggf. durch Veto- oder Blockade-Rechte gesichert.[766] Diese Eingriffsrechte in die Geschäftspolitik eines anderen Unternehmens sind für sich betrachtet aber nicht ausreichend, um eine Beherrschungsmöglichkeit nach IAS 27.4 nachzuweisen, wenn es sich hier lediglich um Schutzrechte von Minderheitsgesellschaftern handelt.[767] Dies dürfte regelmäßig der Fall sein, da Schutzrechte nach IAS 27.13 keine Beherrschung zugunsten der Rechtsinhaber begründen, sondern allenfalls zur Negierung eines Mutter-Tochter-Verhältnisses einer anderen Partei dienen können. Es handelt sich dann um Mitwirkungsrechte.[768]

Ob daher eine Beherrschung der Zweckgesellschaft durch ein Unternehmen vorliegt, stellt nach obigen Ausführungen eine Regelungsunschärfe des IAS 27 dar, weil die Control-Definition des IAS 27 die mögliche Vorherbestimmung einer Geschäftspolitik unbeachtet lässt. Die Interpretation SIC-12 „Consolidation – special purpose entities" beabsichtigt, diese Sachverhalte zu klären. Dessen Veröffentlichung nahm das (ehemalige) Interpretationskomitee *SIC*

---

[762] Vgl. *IDW* (2006), Abschnitt N, Tz. 636; *PricewaterhouseCoopers* (2012), S. 1720.
[763] Vgl. SIC-12.10(b).
[764] Vgl. *Ewelt-Knauer* (2010), S. 80.
[765] Vgl. SIC-12.9.Vgl. ferner *Ewelt-Knauer* (2010), S. 80.
[766] Vgl. SIC-12.10.App. (b). Vgl. auch *Glander/Blecher* (2011), S. 468.
[767] Vgl. kritisch hierzu *Eick/Ehrcke* (2009), S. 237.
[768] Vgl. *PricewaterhouseCoopers* (2007), Tz. 24.27; *Eick/Ehrcke* (2009), S. 230; *Lüdenbach* (2012), § 32, Tz. 30.

im Jahr 1998 vor. Mit SIC-12 erfolgt eine Konkretisierung des Substance-over-Form-Grundsatzes[769] hinsichtlich der Control-Definition des IAS 27.4.

5.3 Beherrschung nach SIC-12 für Zweckgesellschaften von ABCP-Programmen

5.3.1 Das Prüfungsschema nach SIC-12 im Überblick

Die Prüfung nach SIC-12 erfordert bestimmte Prüfungsschritte, die in chronologischer Reihenfolge in den folgenden Abschnitten in Anwendung auf ABCP-Programme verdeutlicht werden. Die Ausführungen zu den Verbriefungsplattformen dienen der Identifikation von Ermessensspielräumen und Auslegungsfragen. Das Prüfungsschema für Zweckgesellschaften gliedert sich in vier Schritte:

- Zunächst ist im ersten Analyse-Schritt des SIC-12 zu prüfen, ob mit IAS 27 ein eindeutiges Ergebnis herleitbar ist, da SIC-12 nur dann als „Auslegungshilfe"[770] fungiert.[771] Außerdem darf kein Anwendungsausschluss der Interpretation durch einen IAS 19-Sachverhalt vorliegen.[772]
- Zweitens müssen als weitere Voraussetzung für das Heranziehen des SIC-12 die Definitionskriterien für eine Zweckgesellschaft i.S.d Interpretation erfüllt sein.
- Drittens ist die Identifikationsebene zu bestimmen. Das bedeutet, dass festzustellen ist, auf welcher Ebene eine Control-Prüfung durchzuführen ist. Die Analyse eines potenziellen Beherrschungsverhältnisses kann entweder für die gesamte Zweckgesellschaft als eigenständigen Rechtsträger oder für einzelne Teileinheiten (Silos) der Special Purpose Entity erfolgen.
- Im vierten Schritt sind die vier Control-Indizien des SIC-12.10 für die Zweckgesellschaft (bzw. das jeweilige identifizierte Silo) heranzuziehen.

Sofern ein Beherrschungsverhältnis nach dem Ergebnis des vierten Schritts vorliegt, ist die Special Purpose Entity im Wege der Vollkonsolidierung in den IFRS-Konzernabschluss des beherrschenden Unternehmens einzubeziehen.

---

[769] Vgl. hierzu IAS 8.10(b)(ii). Im neuen Rahmenkonzept ist der Substance-over-Form-Grundsatz unter das Basiskriterium der glaubwürdigen Darstellung („faithful representation") zu subsumieren. Vgl. IASB-R.BC3.26.
[770] *Eick/Ehrcke* (2009), S. 233.
[771] Vgl. SIC-12.10.
[772] Vgl. SIC-12.6.

5.3.2 Kein Anwendungsausschluss als Regelfall bei Verbriefungszweckgesellschaften

Eine Anwendung des SIC-12 ist geboten, wenn die formalen Kriterien des IAS 27.13 nicht erfüllt sind.[773] Aufgrund der Vorherbestimmung der Geschäftspolitik bei Verbriefungszweckgesellschaften halten die involvierten Parteien zumeist keine wirtschaftlich bedeutenden, gesellschaftsrechtlichen Kontrollrechte mehr, die sie aktiv ausüben können.[774] Der formalrechtliche Gründer, häufig ein Treuhänder, besitzt aufgrund des Autopiloten grundsätzlich keine rechtliche Durchsetzungskraft auf die Geschäftspolitik der Special Purpose Entity mehr, sodass eine Control-Prüfung des IAS 27.13 zur Bestimmung einer beherrschenden Partei bei typischen Verbriefungszweckgesellschaften scheitert.[775]

Das Heranziehen des SIC-12 ist aber explizit für solche Sachverhalte ausgeschlossen, die nach IAS 19 unter die „employee benefits" fallen.[776] Das bedeutet, dass auf separierte Planvermögen für Leistungen an Arbeitnehmer – ungeachtet einer gegebenen Definition einer Zweckgesellschaft i.S.d. SIC-12.1 – keine Anwendung der Interpretation möglich ist.

Sind andere konzernspezifische Standards wie IAS 31 und IAS 28 einschlägig, sind diese heranzuziehen. Nach dem Stufenkonzept[777] der IFRS-Konzernrechnungslegung sind diese aber in der Chronologie der Prüfungsreihenfolge der Identifikation von Tochterunternehmen (inklusive Zweckgesellschaften) nachgeordnet. Aufgrund der Vorherbestimmung der Geschäftstätigkeiten und der mangelnden Bedeutung gesellschaftsrechtlicher Kontrollrechte sind IAS 31 und IAS 28 oft nicht einschlägig.[778] Im Regelfall dürfte somit keine Einbeziehung von Zweckgesellschaften i.S.d. SIC-12 als Gemeinschaftsunternehmen oder als assoziiertes Unternehmen vorliegen.

---

[773] Vgl. SIC-12.9 f.
[774] Vgl. *Ewelt-Knauer* (2010), S. 80.
[775] Vgl. SIC-12.9.Vgl. ferner IDW RS HFA 2, Tz. 53; *Ewelt-Knauer* (2010), S. 80.
[776] Vgl. SIC-12.6.
[777] Vgl. zum Stufenkonzept der IFRS *Busse von Colbe/Ordelheide/Gebhardt/Pellens* (2010), S. 59 f.; *Haeger/Zündorf* (2009), S. 250 f.; *Küting/Grau/Seel* (2010), S. 42 f.; *Pellens/Fülbier/Gassen* (2011), S. 753.
[778] Vgl. zum Verhältnis SIC-12 zu IAS 31 und IAS 28 *Zülch* (2005), S. 7. Klarstellend sei erwähnt, dass SIC-12 allein auf eine Konkretisierung des IAS 27 und nicht auf Gemeinschaftsunternehmen nach IAS 31 und/oder assoziierte Unternehmen nach IAS 28 abzielt. Vgl. IDW RS HFA 2, Tz. 46 f. Alle Verweise des SIC-12 beziehen sich auf IAS 27. IAS 31 und IAS 28 stellen somit keine Standards dar, die mittels SIC-12 konkretisiert werden.

5.3.3 Erfüllung der Definitionskriterien einer Zweckgesellschaft i.S.d. SIC-12

5.3.3.1 Kriterien an eine Special Purpose Entity i.S.d. SIC-12

Die Anwendung der Interpretation SIC-12 ist an die Notwendigkeit gebunden, dass das potenziell beherrschte Unternehmen eine Zweckgesellschaft i.S.d. Interpretation darstellt.[779] Als Zweckgesellschaften gelten nach SIC-12.1 solche Unternehmen, die ausschließlich für ein enges und genau definiertes Ziel („narrow and well-defined objective") gegründet werden.[780] Das Identifikationsmerkmal des begrenzten Geschäftszwecks ist dabei nicht allein auf das befristete Halten bestimmter Vermögenswerte reduziert.[781] Die Bandbreite des engen Geschäftszwecks kann von der Durchführung einer einzelnen Transaktion, wie bei traditionellen ABS-Transaktionen üblich,[782] bis hin zu diversen Geschäftstätigkeiten mit verschiedenen Transaktionsaktivitäten mit vorab definierten Beschränkungen reichen.[783] Unternehmenseinheiten, die in größerem Umfang fortlaufende betriebswirtschaftliche Entscheidungen benötigen, verfehlen regelmäßig die Definition einer Special Purpose Entity.[784] Dadurch, dass dem potenziell beherrschenden Unternehmen einer Zweckgesellschaft trotz Vorbestimmung der Geschäftspolitik oftmals ein limitiertes Spektrum an Aktivitäten verbleibt,[785] ergibt sich hier allerdings ein gewisser Ermessensspielraum bei der Abgrenzung von Zweckgesellschaften zu nicht-strukturierten Unternehmen.

Die Differenzierung, ob bei einem Autopilot-Mechanismus tendenziell eher eine Brain-Dead-Struktur gegeben ist oder ob die Vorherbestimmung der Geschäftspolitik noch wirtschaftlich bedeutende Residualaktivitäten einer Partei zulässt, ist bei der Erfüllung der Definitionskriterien einer Zweckgesellschaft für Abgrenzungsfragen zu traditionellen Beteiligungsunternehmen von Bedeutung.[786] Während Brain-Dead-Autopiloten stets die Definitionskriterien einer Special Purpose Entity erfüllen, bergen Autopiloten mit Residualaktivitäten regelmäßig Auslegungsfragen. Ursächlich hierfür ist die geforderte enge Zwecksetzung, die einen unbestimmten Rechtsbegriff darstellt und die folglich fließende Übergänge zwischen Zweckgesellschaften und nicht-strukturierten Unternehmen ermöglicht. Die damit verbundenen „nicht unerhebliche[n] Auslegungsprobleme"[787] werden im Folgenden verdeutlicht.

---

[779] Vgl. SIC-12.10.
[780] Vgl. IDW RS HFA 2, Tz. 50.
[781] Vgl. *Feld* (2007), S. 84.
[782] Vgl. SIC-12.1.
[783] Vgl. *Kustner* (2004), S. 308 f.; *Streckenbach* (2006), S. 153 f.
[784] Vgl. *Lüdenbach* (2012), § 32, Tz. 66 f.
[785] So die Annahme des *IASB* im Rahmen des Consolidation-Projekts. Vgl. ED 10.34 f.
[786] Vgl. hierzu *PricewaterhouseCoopers* (2012), S. 1735.
[787] *Glander/Blecher* (2011), S. 472 (in Bezug auf Zweckgesellschaften i.S.d. SIC-12 und § 290 Abs. 2 Nr. 4 HGB).

5.3.3.2 Verdeutlichung der Ermessensspielräume bei SIV-Konstrukten und ABCP-Conduits

Als Beispiele für Autopiloten mit Residualaktivitäten der Special Purpose Entity, die bestimmte Parteien beeinflussen können, sind Konstrukte mit Structured Investment Vehicles (SIV) zu nennen. Dessen Investment-Manager, der die Aktivseite der Zweckgesellschaft verwaltet, verfügt über ein Spektrum an Entscheidungsmöglichkeiten bezüglich der Finanzmarkttransaktionen. Er tätigt Käufe und Verkäufe am Verbriefungs- und Anleihenmarkt im Rahmen der Anlagerichtlinien. Er entscheidet zwischen einer Vielzahl möglicher Wertpapiere von diversen Emittenten bei der Kapitalanlage. Die Anzahl potenzieller Geschäftspartner ist nahezu unbegrenzt. Daher wird diese Rolle oft durch einen Hedgefonds wahrgenommen, der über umfassende Marktkenntnisse verfügt.[788] Die Anlagerichtlinie gewährt Entscheidungsspielräume, die es dem Investment-Manager (dem Hedgefonds) ermöglichen, in Abhängigkeit der jeweiligen Marktsituation zu reagieren. Aufgrund des im Vergleich zu Brain-Dead-Strukturen sehr weitreichenden Entscheidungsspektrums ist oft fraglich, ob noch die Voraussetzung einer engen, genau definierten Zielsetzung nach SIC-12.1 vorliegt oder ob es sich bei dem Structured Investment Vehicle um ein auf bestimmte Finanztätigkeiten spezialisiertes Unternehmen handelt, das selbstständig entscheidet.

Bei Conduits von ABCP-Programmen ist – im Vergleich zu vorangegangenen Structured Investment Vehicles – das Spektrum an Residualaktivitäten tendenziell geringer, da ein Multi-Seller-Conduit als Hauptvertragspartner nur bestimmte Forderungsverkäufer hat, die aufgrund des revolvierenden Verkaufs von Finanzaktiva in einer langfristigen Geschäftsbeziehung mit dem Conduit stehen. Der Ermessensspielraum des Geschäftsführers des Conduits (zumeist der Sponsor des ABCP-Programms) ist bei Transaktionen somit gemäß Satzung auf eine bestimmte Anzahl Geschäftspartner begrenzt. Die Frage, ob eine Zweckgesellschaft bzw. eine enge Vorherbestimmung der Geschäftsaktivitäten vorliegt, ist daher einzelfallabhängig zu beurteilen. Generell gilt aber, dass sie sich zumeist bei ABCP-Conduits leichter beantworten lässt, als dies bei den obigen SIV-Konstrukten der Fall ist.

5.3.4 Bestimmung der Identifikationsebene

5.3.4.1 Silo-Accounting des SIC-12

Die Control-Prüfung des SIC-12 findet unabhängig von der rechtlichen Ausgestaltung einer Special Purpose Entity Anwendung. Das bedeutet, dass Control-Indizien der Interpretation sowohl für Zweckgesellschaften als eigenständige Rechtspersönlichkeit als auch für abgrenz-

---

[788] Vgl. *IASB* (2008b), Tz. 5; *Polizu* (2007), S. 625.

bare faktische Teileinheiten – auch Zelle oder Silo genannt – anzuwenden sind.[789] Die wirtschaftliche Betrachtungsweise des SIC-12 trägt zellulären Strukturen Rechnung. Die Definition einer Special Purpose Entity nach SIC-12 ist nicht durch die Gestaltung der Rechtspersönlichkeit umgehbar. Die Interpretation nennt zwar mögliche Rechtsformen einer Zweckgesellschaft wie Kapitalgesellschaften, Treuhandfonds, Personengesellschaften oder Nicht-Kapitalgesellschaften. Diese Aufzählung hat jedoch nur Beispielcharakter.[790] Damit ist es auch möglich, dass ein Silo innerhalb einer Zweckgesellschaft (und sogar innerhalb nichtstrukturierter Unternehmen) die Definitionskriterien einer Special Purpose Entity i.S.d. SIC-12 erfüllt.[791] Folglich muss für die Teileinheit eine eigene genau definierte Zwecksetzung i.S.d. SIC-12.1 vorliegen. Der Sinn und Zweck einer Zelle deckt sich zumeist mit der der Gesamtstruktur; jedoch ist der Zweck des einzelnen Silos exklusiv auf einen bestimmten Beteiligten (z.B. einen Forderungsverkäufer oder Investor) zugeschnitten. Diese spezielle Partei beabsichtigt, sich vor einer potenziellen Verlusttragung aus Risiken anderer Zellen der gleichen Plattform zu schützen. Silos von Verbriefungszweckgesellschaften sind daher zumeist insolvenzfest ausgestaltet.[792] Aus der für das einzelne Silo zu fordernden Insolvenzfestigkeit leitet sich im Rahmen der Anwendung ab, dass keine Vermischung von Risiken (und folglich auch von Chancen) zwischen den Zellen stattfinden darf.[793] Dienen z.B. Kaufpreisabschläge der einzelnen Forderungsportfolios als Credit Enhancement nicht nur der einzelnen Zelle, sondern auch anderen Teileinheiten oder der gesamten Zweckgesellschaft, liegen keine Silos vor, die i.S.d. SIC-12 eigenständig als Special Purpose Entities zu behandeln sind.[794]

5.3.4.2   Relevanz des Silo-Accounting bei Multi-Seller-Conduits

Die Klärung, ob Silos als faktische Teileinheiten unabhängig von der rechtlichen Ausgestaltung der Transaktion bestehen, ist bei Multi-Seller-Conduits relevant. Dies ist damit begründbar, dass bei diesem ABCP-Programmtyp mehrere Forderungsverkäufer jeweils ihre speziellen Kreditpools an das ABCP-Programm verkaufen. Neben dem Aspekt des Abgangs der finanziellen Vermögenswerte stellt sich für den einzelnen Forderungsverkäufer in Bezug auf das vermeintliche Silo regelmäßig die Frage, ob er über das jeweilige Portfolio in Form der

---

[789] Vgl. hierzu IDW RS HFA 2, Tz. 54; IDW RS HFA 9, Tz. 158; *Reiland* (2006), S. 348; *Streckenbach* (2006), S. 119.
[790] Vgl. SIC-12.1.
[791] Vgl. IDW HFA 2, Tz. 59. Vgl. hinsichtlich der Anwendbarkeit der zellulären Strukturen auf nicht-strukturierte Unternehmen *Reiland* (2006), S. 344 f. (US-GAAP); *Streckenbach* (2006), S. 163 (IFRS).
[792] Vgl. zur Insolvenzfestigkeit bei Verbriefungen *Ohl* (1994), S. 32; *Findeisen* (1998), S. 482; *Brenken/ Papenfuß* (2007), S. 16; *Ricken* (2008), S. 22; *Thelen-Pischke* (2010b), S. 188.
[793] Vgl. IDW RS HFA 2, Tz. 54.
[794] Vgl. IDW RS HFA 2, Tz. 53; IDW RS HFA 9, Tz. 158. Vgl. ferner Beispiele hierzu *Pricewaterhouse-Coopers* (2012), S. 1742–1747.

übertragenen Forderungen inklusive der entsprechenden Verbindlichkeiten und Absicherungsmaßnahmen über bestimmte Einflussrechte verfügt. Die Anknüpfungspunkte nach herrschender Meinung sind dabei oft die Ausgestaltung der Sicherungsmaßnahmen und die damit verbundene Frage, ob eine Trennung der Risiken und Chancen gegeben ist.[795]

Bei ABCP-Multi-Seller-Plattformen kann eine zelluläre Struktur auf der Ebene des Conduits vorliegen. Da zwischengeschaltete Ankaufzweckgesellschaften auf der ersten Stufe des ABCP-Programms eigenständige Zweckgesellschaften darstellen, ist die Control-Prüfung für das Conduit aus der Perspektive des Forderungsverkäufers und des Sponsors vorzunehmen.[796] Die nachfolgenden Ausführungen gelten für Hybrid-Conduits entsprechend.[797]

Trägt der Forderungsverkäufer eines Multi-Seller-Conduits im Rahmen des Credit Enhancement jeweils nur die Verluste aus seinem Portfolio und besteht darüber hinaus lediglich eine Liquiditätslinie für das eigene Portfolio, so liegt grundsätzlich keine Vermischung von Chancen und Risiken zwischen den Teilportfolios vor.[798] Das eigene Credit Enhancement und die exklusive Liquiditätsfazilität für jedes Teilportfolio verdeutlichen, dass für jedes identifizierte Silo ein eigener Autopilot besteht, der jeweils eine individuelle Risikostrategie verfolgt. Ungeachtet der Tatsache, dass sich die Zielsetzungen der Silos ähnlich sind, ist jeweils ein enges und genau definiertes Ziel jeder Zelle gegeben.

Das Credit Enhancement sichert teilweise nicht alle Gefahren ab, sodass die ABCP-Investoren residuale Kreditrisiken tragen, die von den bonitätsverbessernden Maßnahmen abgedeckt werden.[799] Weisen die ABCP jedoch ein Rating der Bestnote auf (z.B. AAA), stellt das *IDW* in diesem speziellen Fall fest, dass es sich nur um eine unwesentliche Risikovermischung handelt, die einer Behandlung jedes Silos als selbstständige Special Purpose Entity i.S.d. SIC-12 nicht entgegensteht.[800] Dieser Argumentation unter Hinweis auf Wesentlichkeitsgesichtspunkte folgt der Verfasser unter der Voraussetzung, dass auch in diesem Fall jede identifizierte Zelle die qualitativen Definitionskriterien einer Zweckgesellschaft nach SIC-12.1 erfüllt.

Bestehen ein programmweites Credit Enhancement und eine programmweite Liquiditätsfazilität, findet auf der Ebene des Conduits eine Vermischung von Chancen und Risiken statt, da Zahlungsausfälle aus einem Portfolio beispielsweise das Reserveguthaben des Excess-

---

[795] Vgl. IDW RS HFA 2, Tz. 53; IDW RS HFA 9, Tz. 158; *PricewaterhouseCoopers* (2012), S. 1743–1748. Vgl. in Bezug auf das US-GAAP *Reiland* (2006), S. 347-349.
[796] Vgl. *Boulkab/Marxfeld/Wagner* (2008), S. 501.
[797] Vgl. als Beispiel für die bilanzielle Abbildung eines Hybrid-Conduits, bei dem der Sponsor, die *Helaba*, ausschließlich ein Arbitrage-Vehikel (ein ABS-Pool) nach SIC-12 konsolidieren muss, *Helaba* (2010), S. 94; *Helaba* (2011), S. 93.
[798] Vgl. IDW RS HFA 2, Tz. 54; IDW RS HFA 9, Tz. 158.
[799] Vgl. z.B. wegen einer Ausgestaltung der ABCP als Extendible Notes *Wolf/Hill/Pfaue* (2003), S. 186.
[800] Vgl. IDW RS HFA 2, Tz. 54.

Spread-Kontos mindern, sodass künftig weniger Finanzmittel für die Ausfälle aus anderen Forderungspools zur Verfügung stehen. Ebenso verhält es sich mit der Liquiditätsfazilität. Bei Inanspruchnahme einer Liquiditätslinie, die durch den Liquiditätsbedarf eines bestimmten Portfolios notwendig ist, vermindert sich der verbleibende Betrag der Fazilität für die anderen Teileinheiten. Gewährt z.B. der Sponsor des ABCP-Programms eine Liquiditätslinie von maximal 10 Mio. € und kommt es zu einem Abruf von 2 Mio. € aufgrund von Zahlungsverzügen im Portfolio A, stehen den restlichen Teilportfolios B, C, D etc. nur die verbleibenden 8 Mio. € als Liquiditätslinie zur Verfügung. Es liegt folglich eine (wesentliche) Vermischung von Chancen und Risiken vor. Aufgrund der hier bestehenden portfolioübergreifenden Vermischung von Chancen und Risiken bzw. wegen der gemeinsamen Sicherungsinstrumente (Credit Enhancement und Liquiditätsfazilität) existiert zumeist auch ein gemeinsamer Autopilot bzw. eine gemeinsame, enge Zwecksetzung der Zweckgesellschaft. Folglich sind bei diesem Conduit keine Silos identifizierbar. Die Control-Prüfung nach SIC-12 muss in diesem Fall von den beteiligten Parteien (Sponsor und Forderungsverkäufer) für das Conduit in seiner Gesamtheit durchgeführt werden.

Die Abb. 29 verdeutlicht grafisch die beiden möglichen Ausgestaltungen von Multi-Seller-Conduits hinsichtlich einer bzw. keiner zellulären Struktur. Die nachfolgende Analyse der Control-Indizien im dritten Schritt des Prüfungsschemas nach SIC-12 gilt für Zweckgesellschaften als eigene Rechtspersönlichkeit und Silos gleichermaßen.

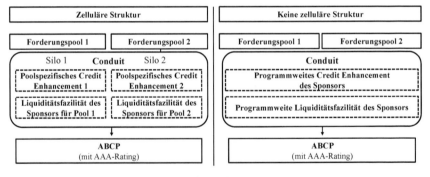

Abb. 29: ABCP-Programme ohne und mit zellulärer Struktur

5.3.5 Analyse der Control-Indizien des SIC-12

5.3.5.1 Überblick über die vier Control-Indizien des SIC-12

Die zentrale Passage der Interpretation, SIC-12.10, nennt die vier folgenden Merkmale, die bei einer wirtschaftlichen Betrachtungsweise auf die Beherrschung einer Special Purpose Entity hinweisen:[801]

– Abstimmung der Geschäftspolitik,
– Entscheidungsmacht und deren Delegation auf den Autopiloten,
– Mehrheit des Nutzens und/oder
– Mehrheit der Risiken.

Diese Indikatoren müssen zur Begründung eines Control-Verhältnisses nicht kumulativ gegeben sein, da sie lediglich eine Indizfunktion erfüllen.[802] Die Analyse der Beherrschungsmerkmale einer Zweckgesellschaft erfordert eine Gesamtwürdigung aller Hinweise. Eindeutigeren Faktoren ist hierbei mehr Gewicht beizumessen.[803] Hinweise zur Abwägung der Einzelindikatoren lehnt das Interpretationskomitee ab.[804]

Die Merkmale sind „recht vage"[805] formuliert, sodass teilweise SIC-12 eine „überwiegende Prinzipienbasierung"[806] bei der Abgrenzung der wirtschaftlichen Einheit des Konzerns zugesprochen wird. Hinter dieser Unbestimmtheit steht offensichtlich auch die Zielsetzung, den Konsolidierungskreis nicht zu eng zu ziehen.[807]

5.3.5.2 Abstimmung der Geschäftstätigkeit nach SIC-12.10(a)

5.3.5.2.1 Abstimmung der Geschäftsaktivitäten

Das erste Indiz eines Beherrschungsverhältnisses zu einer Zweckgesellschaft ist nach SIC-12.10(a) wie folgt gegeben:

„[D]ie Geschäftstätigkeit der SPE [wird] zu Gunsten des Unternehmens entsprechend seiner besonderen Geschäftsbedürfnisse geführt, so dass das Unternehmen Nutzen aus der Geschäftstätigkeit der SPE zieht[.]"

Die Vorschrift zielt auf die Abstimmung der Tätigkeiten der Zweckgesellschaft auf die Geschäftsbedürfnisse des potenziell beherrschenden Unternehmens ab. Nach der Konkretisie-

---

[801] Vgl. SIC-12.10.
[802] Vgl. SIC-12.10 i.V.m. SIC-12.App.
[803] Vgl. SIC-12.9. Vgl. auch *Lüdenbach* (2012), § 32, Tz. 76.
[804] Vgl. *IFRIC* (2006), S. 6; *Küting/Gattung* (2007), S. 398.
[805] *Findeisen/Roß* (1999), S. 2226.
[806] *Müller/Overbeck/Bührer* (2005), S. 26.
[807] Vgl. *Ewelt-Knauer* (2010), S. 83.

rung im Anhang des SIC-12 kann diese Abstimmung vorliegen, wenn die Special Purpose Entity der Beschaffung von Finanzmitteln, Gütern oder Dienstleistungen einer beteiligten Partei dient.[808] Offensichtlich stellte SIC-12 mit diesem Merkmal „primär auf die enge wirtschaftliche Beziehung zwischen dem rechnungslegenden Unternehmen und der Zweckgesellschaft als Indikator für eine Beherrschung ab"[809].

Dabei geht es dem Interpretationskomitee nicht um die wirtschaftliche Abhängigkeit der Zweckgesellschaft gegenüber einem anderen Unternehmen.[810] Diese Klarstellung ist sachgerecht, wenn der Kreis der als Konzernunternehmen einzubeziehenden Tochtergesellschaften sinnvoll begrenzt werden soll. Ansonsten wäre ein Zulieferbetrieb Z, der seine gesamte Produktion ausschließlich an einen Automobilhersteller A verkauft, von A infolge der wirtschaftlichen Abhängigkeit von Z zu konsolidieren.[811] Dies würde übersehen, dass Z kein Konzernunternehmen von A darstellt, weil Z in seiner Geschäftspolitik frei ist und z.B. unabhängig von A beschließen kann, zukünftig auch andere Kraftfahrzeughersteller zu beliefern.

Statt einer Prüfung auf das Bestehen von wirtschaftlichen Abhängigkeiten zielt die Norm auf die Analyse, zu wessen Gunsten die Aktivitäten der Special Purpose Entity erfolgen. Eine solche einseitige Ausrichtung der Geschäftspolitik der Zweckgesellschaft zugunsten eines spezifischen Unternehmens besteht, wenn sie eine exklusive Finanzierungs- und/oder Dienstleistungsfunktion für das Unternehmen erfüllt.[812] Bezogen auf eine Verbriefungszweckgesellschaft, die Kredite ankauft, dient die Special Purpose Entity z.B. der Liquiditätsbeschaffung des Forderungsverkäufers,[813] sofern andere Interessen vernachlässigbar sind.[814]

Um das Control-Indiz des SIC-12.10(a) konzeptionell einzuordnen, ist der Zwischenschritt über die Voraussetzungen dieses Indikators nötig. Eine Partei kann eine Abstimmung der Geschäftspolitik zu ihren Gunsten herbeiführen, wenn sie bei einer für Zweckgesellschaften typischen Vorherbestimmung der Geschäftstätigkeiten zum Gründungszeitpunkt die Prädeterminierung durchführt oder veranlasst. Sie erreicht dann eine einseitige Ausrichtung der Aktivitäten der Special Purpose Entity zu ihren Gunsten, wenn sie in diesem Moment die Prädeterminierung der künftigen Aktivitäten so vornimmt, dass künftig keine andere Partei ihren individuellen Nutzen aus der Geschäftsbeziehung zur Zweckgesellschaft beeinflussen kann.[815]

---

[808] Vgl. SIC-12.App. (a). Vgl. ferner IDW RS HFA 2, Tz. 56.
[809] *Küting/Gattung* (2007), S. 401. Vgl. auch *Kustner* (2004), S. 314.
[810] Vgl. SIC-12.App. (a). Vgl. hierzu auch *Küting/Gattung* (2007), S. 401; *Eick/Ehrcke* (2009), S. 237; *Küting/Grau/Seel* (2010), S. 36 (bezogen auf § 290 HGB).
[811] Vgl. ähnliches Beispiel in SIC-12.App. (a).
[812] Vgl. SIC-12.10(a).
[813] Vgl. *Feld* (2007), S. 88.
[814] Vgl. z.B. zum Interessensausgleich bei ABCP-Programmen *Boulkab/Marxfeld/Wagner* (2008), S. 502.
[815] Vgl. *Küting/Gattung* (2007), S. 401.

Ein Beherrschungsverhältnis i.S.d. SIC-12.10(a) ist demnach eindeutig gegeben, wenn in der Vergangenheit ein Control-Verhältnis vorlag, tatsächlich durch die Vorherbestimmung der Geschäftspolitik ausgeübt wurde und seitdem nicht auf eine andere Partei übergegangen ist. Die Wahrnehmung von „control" in der Vergangenheit ist somit entscheidend, sofern das Merkmal der „Abstimmung der Geschäftspolitik" bei regelmäßig bestehenden Interessenausgleichen objektiv nachgewiesen werden soll. Der Indikator verstößt in diesem Fall wegen der Vergangenheitsorientierung gegen den „nicht explizit kodifizierten Grundsatz ‚history does not matter'"[816], da zur Wahrung der zwischenbetrieblichen Vergleichbarkeit gleiche Sachverhalte ungeachtet ihrer Historie betrachtet werden sollten.[817] Heilen lässt sich dies (zumindest teilweise) durch die weiteren Indikatoren des SIC-12, die einen Gegenwartsbezug aufweisen.[818] Bei dem Indiz SIC-12.10(a) „Abstimmung der Geschäftspolitik" findet implizit das Konzept der einheitlichen Leitung zum Vertragszeitpunkt Anwendung,[819] da nur dann ein eindeutiger Nachweis dieses Control-Indikators gelingt. Vertragstheoretisch ist die Wahrnehmung von Beherrschung zum Errichtungszeitpunkt damit zu begründen, dass es sich bei Zweckgesellschaften regelmäßig um umfassende Vertragskonstrukte handelt, bei denen nach der Gründung keine weiteren wesentlichen Entscheidungen mehr zu treffen sind. Dies unterscheidet Special Purpose Entities von Beteiligungsunternehmen, bei denen unvollständige Unternehmensverträge vorliegen, die fortwährende Entscheidungen der Anteilseigner erfordern.[820]

5.3.5.2.2 Das Problem des Interessenausgleichs bei Verbriefungszweckgesellschaften

Bei der Analyse des Indikators „Abstimmung der Geschäftspolitik" nach SIC-12.10(a) kommt es bei Verbriefungszweckgesellschaften zu Schwierigkeiten, die begünstigte Partei zu bestimmen. Ursächlich hierfür ist, dass eine Verbriefungszweckgesellschaft den Interessen mehrerer Parteien gerecht wird. Die ABCP-Plattform dient dem Forderungsverkäufer zur Refinanzierung, dem Sponsor zur Generierung von Provisionserträgen und den Investoren zur Erzielung von Zinserträgen.[821] Folglich findet regelmäßig ein Interessenausgleich zwischen

---

[816] Reiland (2006), S. 26. Vgl. hierzu auch Feld (2007), S. 71 (Feld allerdings in Bezug auf die Derecognition-Regeln des IAS 39).
[817] Vgl. zum Grundsatz „history does not matter" Reiland (2012), S. 26.
[818] Insbesondere die latenten Entscheidungsrechte bei einer Delegation auf den Autopiloten nach dem Indiz SIC-12.10(b) müssen zum Stichtag vorliegen. Vgl. SIC-12.App. (b). Vgl. ferner IDW RS HFA 2, Tz. 57.
[819] Vgl. SIC-12.14. Vgl auch Reiland (2006), S. 335; Streckenbach (2006), S. 178–199; Eick/Ehrcke (2009), S. 236.
[820] Vgl. zum Konzept der einheitlichen Leitung zum Vertragszeitpunkt in Zusammenhang mit der Vertragstheorie Streckenbach (2006), S. 176–186. Streckenbach bezieht sich hinsichtlich der vertragstheoretischen Ausführungen auf Grossman/Hart (1986).
[821] Vgl. Boulkab/Marxfeld/Wagner (2008), S. 502.

den Beteiligten statt.[822] Die Frage im Rahmen einer qualitativen Betrachtung lautet, welcher Grad der Begünstigung für die Geschäftszwecke einer bestimmten involvierten Partei (wie z.b. eines Forderungsverkäufers) erforderlich sind, damit die Interessen der anderen Beteiligten (wie z.B. des Sponsors oder des Investors) vernachlässigbar sind.[823] Die herrschende Meinung erachtet eine eindeutige Erfüllung des Indikators SIC-12.10(a) wegen des Interessenausgleichs als schwierig.[824] Eine einheitliche Leitung zum Gründungszeitpunkt der Zweckgesellschaft erscheint demnach oft als nicht gegeben oder eindeutig nachweisbar. Vereinzelt erfolgt der auslegungsoffene Hinweis, dass „[d]ie bloße Berücksichtigung auch anderer Interessen [...] dem Vorliegen einheitlicher Leitung nicht grundsätzlich entgegenstehen"[825] kann. Dadurch verliert das Beurteilungskriterium an Konturen. Der Verfasser zeigt hingegen im nächsten Abschnitt, dass unter Zuhilfenahme des Konzepts der einheitlichen Leitung zum Gründungszeitpunkt eine Tendenzaussage unter Beachtung der Gesamtumstände im Einzelfall möglich ist. Die Verdeutlichung einer solchen Tendenzaussage erfolgt im nächsten Abschnitt mittels eines Multi-Seller-Conduits.

5.3.5.2.3 Tendenzaussagen zum beherrschenden Gründer bei Conduits

Bei ABCP-Programmen i.e.S. des Typs Multi-Seller-Conduit veranlasst der Sponsor die Gründung der Plattform, indem er zumeist einen Treuhänder mit der Durchführung der Gründungsmaßnahmen beauftragt. Hierdurch hat der Sponsor zum Vertragszeitpunkt die Möglichkeit, auf die Ausgestaltung des konkreten Geschäftszwecks des Conduits Einfluss zu nehmen. Sein Ziel ist die Vereinnahmung von Erträgen, die im Wesentlichen aus der Zinsspanne zwischen den angekauften Forderungen und den niedrig-verzinslichen ABCP resultieren und die er (entsprechend den vertraglichen Vorgaben des Autopiloten) als variable Vergütung erhält. Gleichwohl der Sponsor für die Ausarbeitung des Vertragswerks verantwortlich ist, hat er einen Interessenausgleich mit den Forderungsverkäufern herbeizuführen, die künftig Finanzaktiva an die Plattform aus Gründen der Unternehmensfinanzierung veräußern. Somit dient der Geschäftszweck des Conduits auch den Forderungsverkäufern, deren Interessen im Vertragswerk zu berücksichtigen sind, da sie andernfalls eine andere verfügbare Verbriefungsplattform mit für sie günstigeren Konditionen nutzen. Ferner dient das Verbriefungsprogramm auch den ABCP-Investoren. Mit dem ABCP-Programm eröffnet sich ihnen eine Anlagemöglichkeit, die sie allerdings nur nutzen, wenn ihren Risikobedürfnissen angemessen im Vertragswerk (durch z.B. Credit Enhancements und Liquiditätsabsicherungsinstrumente)

---

[822] Vgl. zum Interessenausgleich bei Zweckgesellschaften *Schultz* (2001), S. 717; *Struffert* (2006), S. 130 f.; *Hommel/Rammert/Wüstemann* (2011), S. 42; *Ewelt-Knauer* (2010), S. 103.
[823] Vgl. hierzu *Schultz* (2001), S. 716; *Kustner* (2004), S. 314; *Ewelt-Knauer* (2010), S. 92 f.
[824] Vgl. z.B. IDW RS HFA 2, Tz. 60; *Helmschrott* (1999), S. 1868; *Schruff/Rothenburger* (2002), S. 763; *Feld* (2007), S. 88 f.
[825] *Glander/Blecher* (2011), S. 475.

Rechnung getragen wird.[826] Damit bleibt zunächst auf den ersten Blick festzuhalten, dass infolge des zu erzielenden Interessenausgleichs eine Abstimmung zugunsten des Sponsors, der Forderungsverkäufer und der Investoren erfolgt, sodass eine Identifikation eines eindeutigen Primärbegünstigten schwierig ist.

Bei einer weiterführenden Analyse stellt sich allerdings heraus, dass die Investoren nur über den Kauf oder den Nicht-Erwerb der ABCP entscheiden. Sie müssen aber die Vertragsbedingungen als gegeben hinnehmen und können diese lediglich durch die Nutzung einer anderen Verbriefungsplattform umgehen. Gleichwohl der Sponsor den Interessen der anderen Beteiligten gerecht werden muss, ist anzunehmen, dass ihm ein nicht unerheblicher Ermessensspielraum bei der Ausgestaltung verschiedener Details des ABCP-Programms verbleibt. Das Maß, indem der Sponsor einen Interessenausgleich mit den Forderungsverkäufern erzielen muss, hängt vom Konkurrenzdruck durch alternative ABCP-Programme ab. Unter Berücksichtigung der überschaubaren Anzahl von betriebenen ABCP-Programmen in Deutschland[827] dürfte die Machtstellung des Sponsors so groß sein, dass dieser seinen begrenzten Spielraum bei der Ausgestaltung der Konditionen der Plattform zu seinen Gunsten nutzen kann. Die Verhandlungsmacht, die eine Partei v.a. zum Gründungszeitpunkt besitzt, stellt aber einen bedeutenden Faktor dar, der der Identifizierung eines primären Nutznießers hilft.[828] Damit besitzt der Sponsor eines typischen ABCP-Conduits zum Gründungszeitpunkt tendenziell mehr als jede andere involvierte Partei die Möglichkeit, Einfluss auf den Geschäftszweck zu nehmen.[829] Folglich ist davon auszugehen, dass der Sponsor eines Multi-Seller-Programms (i.e.S.) den Indikator des SIC-12.10(a) oft erfüllt. Bei einer weiterführenden Analyse ist trotz des zu erzielenden Interessenausgleichs somit eine Tendenzaussage möglich, die einer Partei den maßgeblichen Einfluss zum Gründungszeitpunkt eines Verbriefungsprogramms zuschreibt.

5.3.5.3 *Delegation von Entscheidungsmacht nach SIC-12.10(b)*

5.3.5.3.1 Power-Delegation auf einen Autopiloten

Das zweite qualitative Indiz für das Vorliegen eines Control-Verhältnisses zwischen einer Special Purpose Entity und einer beherrschenden Partei formuliert SIC-12.10(b) wie folgt:

---

[826] Vgl. zum Interessenausgleich bei Conduits *Boulkab/Marxfeld/Wagner* (2008), S. 502.
[827] Vgl. *Cerveny/Bechtold* (2010), S. 436. In Deutschland wurden in 2009 elf ABCP-Programme i.e.S. betrieben.
[828] Vgl. *Feld* (2007), S. 92 f.
[829] Vgl. hinsichtlich einer ähnlichen Einschätzung *Boulkab/Marxfeld/Wagner* (2008), S. 502.

„[D]as Unternehmen [verfügt] über die Entscheidungsmacht, den überwiegenden Teil des Nutzens aus der Geschäftstätigkeit der SPE zu ziehen, oder das Unternehmen hat durch die Einrichtung eines ‚Autopilot'-Mechanismus diese Entscheidungsmacht delegiert[.]"

Dieser Indikator weist somit zwei mögliche Ausprägungen auf. Es liegt entweder eine Entscheidungsmacht oder ein Autopilot-Mechanismus vor. Eine jederzeitige, aktive Entscheidungsmöglichkeit auf die Geschäftspolitik spielt bei Zweckgesellschaften zumeist keine bedeutende Rolle, da regelmäßig[830] eine Delegation der Entscheidungsmacht auf einen Autopiloten erfolgte, sodass die Befugnis zur Bestimmung der Geschäftsaktivitäten einer Zweckgesellschaft durch ein anderes Unternehmen dauerhaft beschränkt ist.[831]

Das Vorliegen eines Autopilot-Mechanismus „führt nicht pauschal"[832] zur Bestätigung des SIC-12.10(b). Es stellt sich die Frage, welche Art von Autopiloten diesen Control-Indikator erfüllt. Wie bereits in Abschnitt 2.3.2.2 im Rahmen der Einführung der Verbriefungszweckgesellschaft verdeutlicht, sind Autopiloten in die drei folgenden Kategorien zu unterteilen: Autopiloten als Brain-Dead-Struktur, Autopiloten mit verbleibenden Residualaktivitäten und Autopiloten mit latenter Entscheidungsmacht.

SIC-12 gibt keine Hinweise darauf, dass ein potenziell beherrschendes Unternehmen verbleibende Residualaktivitäten gegenüber einer Zweckgesellschaft zu analysieren hat, die ereignisbezogen auftreten (wie z.B. das Forderungsmanagement bei Zahlungsausfällen). Daher ist es nach SIC-12 hinsichtlich der Analyse der Satzung einer Zweckgesellschaft unerheblich, ob eine 100%-ige Vorherbestimmung aller Aktivitäten für alle denkbaren Szenarien (wie bei Brain-Dead-Strukturen) vorliegt oder einzelne Residualaktivitäten durch eine Partei durchgeführt werden dürfen.[833]

Im Gegensatz zu den vorangegangen erläuterten Formen sind Autopiloten mit latenter Entscheidungsmacht relevant für die Control-Prüfung nach SIC-12.10. Liegt eine rechtlich gesicherte, latente Entscheidungsmacht in Bezug auf eine Eingriffsmöglichkeit in den Autopilot-Mechanismus vor, ist das Control-Indiz des SIC-12.10(b) nach herrschender Meinung erfüllt.[834] Das Vorliegen einer Delegation bzw. eines Autopiloten alleine entspräche zwar einer engen Auslegung des Wortlauts des SIC-12.10(b), würde allerdings den Normzweck außer Acht lassen, den SIC-12 durch Ergänzungen im Anhang der Interpretation zum Ausdruck gebracht hat. Demnach bestehen latente Entscheidungsmöglichkeiten[835] in Bezug auf

---

[830] Vgl. SIC-12.1; SIC-12.14.
[831] Vgl. SIC-12.1; IDW RS HFA 2, Tz. 57. Vgl. auch *Boulkab/Marxfeld/Wagner* (2008), S. 502.
[832] *Lüdenbach* (2012), § 32, Tz. 70.
[833] Vgl. zu dieser Differenzierung *PricewaterhouseCoopers* (2012), S. 1735.
[834] Vgl. hierzu *Feld* (2007), S. 94, 145; *Ewelt-Knauer* (2010), S. 94; *Lüdenbach* (2012), § 32, Tz. 70.
[835] Vgl. ausführlich zur latenten Entscheidungsmacht des SIC-12.10(b) *Feld* (2007), S. 93 f.

den Autopiloten, die nach den umfassenden Erläuterungen der Interpretation durch die Fähigkeiten gekennzeichnet ist,

- einseitig die Zweckgesellschaft aufzulösen,
- die Satzung oder die Gesellschaftsverträge zu ändern oder
- die Änderungen der Satzung oder der Gesellschaftsverträge zu blockieren.[836]

Es handelt sich um solche Rechte, die bei traditionellen, gesellschaftsrechtlichen Verhältnissen typischerweise als Schutzrechte von Minderheitsgesellschaftern gelten.[837] Konzeptionell ist eine Erweiterung des Power-to-Govern-Konzepts des IAS 27 gegeben, da z.B. eine Blockade-Möglichkeit des Autopiloten ein Control-Indiz darstellt, sofern eine Vorherbestimmung in Form eines Autopiloten i.s.d. SIC-12 vorliegt. Die obigen drei Eingriffsrechte weisen daher einen konzeptionellen Bezug zu einer weiten Auslegung des Power-to-Govern-Konzepts auf, da nach dem Anhang zu SIC-12 die (gegenwärtige) Fähigkeit zur Auflösung, Änderung oder Blockade ausreicht. Es bedarf somit keiner tatsächlichen Ausübung. Das Konzept der einheitlichen Leitung zum Gründungszeitpunkt findet sich gleichwohl (zumindest teilweise) beim dem Control-Indiz des SIC-12.10(b). Denn eine Delegation auf den Autopiloten ist nur dann gegeben, wenn eine Entscheidungsmacht zum Gründungszeitpunkt tatsächlich ausgeübt wurde.[838]

Festzuhalten bleibt, dass sowohl das Konzept der Entscheidungsmacht als auch das Konzept der einheitlichen Leitung bei diesem Indikator zu finden sind. Ausschlaggebend für eine Erfüllung dieses Control-Indikators ist allerdings, dass eine latente Entscheidungsmacht i.S.d. drei obigen Eingriffsmöglichkeiten vorliegt.

5.3.5.3.2 Autopiloten mit latenter Entscheidungsmacht bei ABCP-Programmen

Die konkrete Ausgestaltung des Autopiloten durch eine Partei ist für den Control-Indikator des SIC-12.10(b) unerheblich, da (wie im vorangegangenen Abschnitt gezeigt) der Indikator auf eine bestehende, latente Entscheidungsmacht i.s.e. Änderungsmöglichkeit des Autopiloten abstellt. Von Bedeutung ist hingegen, ob bei einem bestehenden Autopiloten eine Partei über eine latente Entscheidungsmacht verfügt, die es ihr ermöglicht, die Vorherbestimmung der Geschäftsaktivitäten der Zweckgesellschaft zu ändern oder zu blockieren.[839] Bei ABCP-Programmen sind folgende latente Entscheidungsrechte denkbar:

---

[836] Vgl. SIC-12.App. (b). Vgl. ferner IDW RS HFA 2, Tz. 57.
[837] Vgl. kritisch hierzu *Eick/Ehrcke* (2009), S. 237.
[838] Vgl. *Reiland* (2006), S. 335.
[839] Vgl. SIC-12.10.App. (b). Vgl. auch *Feld* (2007), S. 94, 145; *Ewelt-Knauer* (2010), S. 94; *Lüdenbach* (2012), § 32, Tz. 70.

- Bei einer Ankaufzweckgesellschaft eines ABCP-Programms (i.e.S.) kann beispielsweise der Forderungsverkäufer über eine Rückkaufoption über die übertragenen Vermögenswerte verfügen. Mit dieser Option kann er in die Vorherbestimmung der Ankaufzweckgesellschaft eingreifen.[840]
- Der Sponsor eines Multi-Seller-Conduits besitzt ggf. eine vertraglich garantierte Änderungsmöglichkeit der Ankaufvoraussetzungen[841] des ABCP-Programms (i.e.S.). Er stellt regelmäßig das programmweite Credit Enhancement und die Liquiditätsfazilität. Folglich hat er mit der beschriebenen Änderungsmöglichkeit ein Interesse, die Bonität der anzukaufenden Forderungen zu erhöhen, um eine Risikoreduktion aus den an die Plattform gewährten Sicherungsinstrumenten herbeizuführen, sofern es ihm notwendig erscheint. Beispielsweise kann er den Ankauf von Handelsforderungen, die von Schuldnern einer krisengeschüttelten Branche stammen, vom Ankauf durch das ABCP-Programm ausschließen.[842]
- Bei einem Structured Investment Vehicle, dessen Asset-Verwaltung durch einen Investment-Manager erfolgt, besteht oft ein Vetorecht des Administrators bezüglich der Entscheidungen des Investment-Managers.[843] Er kann den Investment-Manager anweisen, bestimmte Vermögenswerte zu verkaufen. Der Administrator kann somit in die vorherbestimmten Aktivitäten des SIV-Konstrukts eingreifen.

Die oben geschilderten Fälle können, in Abhängigkeit des Einzelfalls, bei ABCP-Programmen eine latente Entscheidungsmöglichkeit zugunsten einer speziellen Partei bestätigen. Diese Blockade-, Veto- bzw. Änderungsmöglichkeiten des Autopiloten stellen einen Rechtsanspruch der potenziell beherrschenden Partei dar, der sich aus der Satzung des jeweiligen Verbriefungsprogramms ergibt. Ist eine solche Rechtsposition zu Gunsten einer Partei aus dem Vertragswerk ableitbar, ist das Control-Indiz des SIC-12.10(b) regelmäßig einschlägig.

5.3.5.3.3 Bilanzpolitische Anreize bezüglich der latenten Entscheidungsmacht bei ABCP-Programmen

Sofern ein potenziell beherrschendes Unternehmen aus bilanzpolitischen Gründen beabsichtigt, die Zweckgesellschaft nicht zu konsolidieren, ist ein Anreiz gegeben, auf diese jederzeit ausübbaren Eingriffsrechte durch sachverhaltsgestaltende Maßnahmen zu verzichten.[844] Stattdessen kann das potenziell beherrschende Unternehmen die latente Entscheidungsmacht

---

[840] Vgl. hierzu *Feld* (2007), S. 95 f.; *Küting/Gattung* (2007), S. 401.
[841] Vgl. zu Ankaufvoraussetzungen („eligibility criteria") *FitchRatings* (2001), S. 6; *Glüder/Böhm* (2003), S. 647; *Moody's* (2003), S. 35; *Feld* (2007), S. 153; *Kerl/Grunert* (2008), S. 328.
[842] Vgl. allgemein zur Delegation und damit zur latenten Entscheidungsmacht des Sponsors gegenüber dem Autopiloten des Conduits *Boulkab/Marxfeld/Wagner* (2008), S. 502.
[843] Vgl. *IASB* (2008b), Tz. 21.
[844] Vgl. *Feld* (2007), S. 145; *Ewelt-Knauer* (2010), S. 94.

an Bedingungen knüpfen oder vorübergehend beschränken, um eine Negierung des Control-Indikators herbeizuführen.

Bei ABCP-Multi-Seller-Programm kann eine Erfüllung des Indikators beim Sponsor vermutet werden.[845] Um eine Konsolidierung des Conduits zu vermeiden bzw. eine Negierung des Control-Indikators SIC-12.10(b) zu erreichen, kann er das Änderungsrecht des Autopiloten an bestimmte Umweltzustände knüpfen. Ein solches Ereignis wäre z.B. das Erreichen einer bestimmten Höhe der Ausfallquote in Bezug auf die angekauften Forderungen des ABCP-Programms.

Eine weitere Möglichkeit zur Vermeidung einer einschlägigen Erfüllung des Indikators kann durch eine strikte Vermeidung jeglicher Auflösungs-, Änderungs- oder Blockaderechte in der Satzung erfolgen, wobei gleichzeitig aufgrund faktischer Machtverhältnisse durchaus im Bedarfsfall eine Eingriffsmöglichkeit besteht. Eine faktische Änderungsmöglichkeit besteht bei ABCP-Programmen beispielsweise beim Sponsor. Durch die finanzielle Abhängigkeit des Conduits von der Liquiditätsfazilität, die der Sponsor der Zweckgesellschaft einräumt, kann der Sponsor durch die Drohung, die Fazilität zu kündigen oder nicht zu verlängern, ggf. gegenüber den anderen Beteiligten Änderungen durchsetzen. Eine Überdehnung des Substance-over-form-Grundsatzes verhindert die Klarstellung des SIC-12, dass wirtschaftliche Abhängigkeiten für sich genommen kein Mutter-Tochter-Verhältnis begründen können.[846] Eine gewährte Liquiditätsfazilität an ein Conduit oder ein SIV-Konstrukt, so groß und bedeutend sie auch sein mag, kann allein kein Beherrschungsverhältnis aufgrund der daraus resultierenden finanziellen Abhängigkeit der Zweckgesellschaft begründen, sodass es trotz dieser Risikoübernahme nicht zwangsläufig zu einer Konsolidierung der Special Purpose Entity kommt.

Die Negierung von „control" auf alleiniger Basis von finanziellen Abhängigkeiten ist sachgerecht, um die Abgrenzung des Konsolidierungskreises nicht zu stark zu entobjektivieren. Eine Nicht-Berücksichtigung bedingter oder zeitlich verlagerter, latenter Entscheidungsmöglichkeiten ist konsistent mit der Stichtagsbetrachtung der IFRS-Bilanzierung. Allerdings führt die strenge Wahrung des Stichtagsprinzips zu Anreizen, sachverhaltgestaltende Maßnahmen zur Umgehung der Konsolidierungspflicht vorzunehmen, indem z.B. Einflussmöglichkeiten an Bedingungen (wie bestimmte Marktsituationen oder dem Eintritt von Zahlungsausfällen) gebunden sind.

---

[845] Vgl. *Boulkab/Marxfeld/Wagner* (2008), S. 502.
[846] Vgl. SIC-12.App. (a).

5.3.5.4 Risks-and-Rewards-Ansatz nach SIC-12.10(c), (d)

5.3.5.4.1 Mehrheit des Nutzens nach SIC-12.10(c)

Die quantitative Analyse der Tragung von Nutzen und Risiken nach SIC-12.10(c), (d) setzt am Benefits-Kriterium der Control-Definition des IAS 27.4 an. Während die ersten beiden qualitativen Control-Indizien (Abstimmung der Geschäftsführung und Power-Delegation auf den Autopilot) das Power-Kriterium konkretisieren, geht der im Folgenden darzustellende Risks-and-Rewards-Ansatz von der Annahme aus, dass die Absorption von Zahlungsströmen, die aus einer Zweckgesellschaft resultieren, mit deren Beherrschung korreliert.[847]

Der Risks-and-Rewards-Ansatz ist in Form von zwei Indizien in SIC-12.10 verankert. Das erste Merkmal für eine Beherrschung befasst sich mit dem Nutzen, das zweite mit den Risiken, die jeweils aus der Beziehung mit einer Zweckgesellschaft resultieren. Zunächst ist das Nutzen-Kriterium zu betrachten, das in SIC-12.10(c) wie folgt geregelt ist:

„[D]as Unternehmen [verfügt] über das Recht, die Mehrheit des Nutzens aus der SPE zu ziehen, und ist deshalb unter Umständen Risiken ausgesetzt, die mit der Geschäftstätigkeit der SPE verbunden sind[.]"

Nach diesem SIC-12-Indikator deutet eine Rechtsposition, die die Ziehung der Nutzenpotenziale „aus der Ertragskraft der special purpose entity"[848] sichert, auf ein Beherrschungsverhältnis hin.[849] Der Anspruch kann sich z.B. aus Verträgen, Treuhandvereinbarungen oder aus sonstigen Vereinbarungen ableiten.[850] SIC-12 zählt als mögliche Nutzenpotenziale Rechte auf künftige Barmittel, Periodenüberschüsse, Ansprüche auf das Reinvermögen und Residualansprüche bei einer geplanten Residualverteilung bzw. bei der Liquidation der Special Purpose Entity auf.[851] Die Interpretation stellt folglich auf eigentümertypische Nutzenpotenziale im Sinn von positiven künftigen Zahlungsströmen ab, die üblicherweise einem gesellschaftsrechtlichen Inhaber eines Unternehmens zustehen.[852] Unter die Nutzenpotenziale i.S.d. SIC-12 sind ausschließlich solche zu zählen, die unmittelbar bei der Zweckgesellschaft anfallen. Damit sind Synergieeffekte auf der Ebene des beherrschenden Unternehmens nicht in die Control-Analyse mit einzubeziehen.[853] Es bleibt daher festzuhalten, dass Nutzen grundsätzlich positive variable zahlungswirksame Erträge darstellen. Nicht zahlungswirksame wirtschaftliche Vorteile, die auf Ebene der Zweckgesellschaften entstehen, sind regelmäßig nicht

---

[847] Vgl. in Bezug auf SIC-12 *Schruff/Rothenburger* (2002), S. 762; *Ewelt-Knauer* (2010), S. 95; *Eick/Ehrcke* (2009), S. 238. Vgl. im Rahmen des Consolidation-Projekts ED 10.12; *Zülch/Burghardt* (2009), S. 80.
[848] *Eick/Ehrcke* (2009), S. 238.
[849] Vgl. SIC-12.10(c) i.V.m. SIC-12.App. (c).
[850] Vgl. SIC-12.10(c) i.V.m. SIC-12.App. (c).
[851] Vgl. SIC-12.App. (c).
[852] Vgl. IDW RS HFA 9, Tz. 164; *Küting/Gattung* (2007), S. 403.
[853] Vgl. IDW RS HFA 2, Tz. 61. Vgl. auch *Küting/Gattung* (2007), S. 403; *Eick/Ehrcke* (2009), S. 239.

gegeben.[854] Alternativ zum Begriff des Nutzens findet sich im Rahmen der Quantifizierung auch die Bezeichnung Chancen, die als positive Abweichungen von einem Erwartungswert zu verstehen sind.[855]

Aus der Tatsache, dass SIC-12 als Interpretation von IAS 27 heranzuziehen ist, leitet sich ab, dass eine absolute Mehrheit der Nutzenpotenziale als Control-Indiz gilt; d.h., die Variabilität der Nutzentragung des beherrschenden Unternehmens einer Zweckgesellschaft muss nach herrschender Meinung größer 50% sein.[856] Diese Auffassung ergibt sich aus dem Analogieschluss, dass nach IAS 27.13 ebenfalls eine absolute Mehrheit bei der Beherrschung mittels Stimmrechten notwendig ist. Eine relative Mehrheit des Nutzens (d.h. lediglich mehr Vorteile als jede andere Partei) wird nach herrschender Meinung als nicht ausreichend zur Begründung eines Mutter-Tochter-Verhältnisses angesehen. Eine relative Mehrheit der Nutzentragung (z.B. 40:30:30) ist als ein schwacher Control-Hinweis zu werten. Allerdings ist angesichts einer Anwendung der Auslegungshierarchie des IAS 8.11(a) aus Konsistenzgründen eine 50%-Grenze entsprechend des IAS 27.13 zur Konkretisierung des unbestimmten Rechts „Mehrheit" sachgerecht.

Der zweite Halbsatz des SIC-12.10(c) spricht davon, dass das Unternehmen, das mehrheitlich den Nutzen aus der Zweckgesellschaft zieht, „unter Umständen" auch Risiken ausgesetzt ist. Der Indikator unterstellt daher, dass zumeist – aber nicht zwangsläufig – mit der Nutzenziehung eine Risikotragung einhergeht. Diese Ausführung deutet an, dass zumeist eine gemeinsame Betrachtung von Nutzenpotenzialen und Risiken sachgerecht ist.[857] Gleichzeitig schließt der Halbsatz für bestimmte Fälle, in denen z.B. eine asymmetrische Verteilung von Chancen und Risiken vorliegt, eine getrennte Betrachtung nicht aus.[858]

5.3.5.4.2 Mehrheit der Risiken nach SIC-12.10(d)

Die Tragung der Mehrheit der Risiken stellt ein weiteres Control-Indiz dar, das wie folgt in SIC-12.10(d) definiert wird:

---

[854] Vgl. IDW RS HFA 2, Tz. 61. Vgl. zur Abgrenzung des Chancen- und Nutzenbegriffs *Scharenberg* (2009), S. 127.
[855] Vgl. IDW RS HFA 9, Tz. 131, 164, 166.
[856] Vgl. IDW RS HFA 2, Tz. 62; *Müller/Overbeck/Bührer* (2005), S. 28; *Baetge/Hayn/Ströher* (2006), IAS 27, Tz. 93; *Reiland* (2006), S. 336–338; *Feld* (2007), S. 98, 122 f.; *Boulkab /Marxfeld/Wagner* (2008), S. 503; *Ewelt-Knauer* (2010), S. 96, 100; *Lüdenbach* (2012), § 32, Tz. 83. Vgl. hinsichtlich der Diskussion um eine relative Mehrheit von Rückflüssen im Rahmen des Consolidation-Projekts ED 10.33. Vgl. ferner kritisch hierzu *Pütz/Ramsauer* (2009), S. 872 f.
[857] Vgl. IDW RS HFA 9, Tz. 163; *PricewaterhouseCoopers* (2012), S. 1738.
[858] Vgl. *Müller/Overbeck/Bührer* (2005), S. 31.

„[D]as Unternehmen [behält] den überwiegenden Teil der mit der SPE oder ihren Vermögenswerten verbundenen Rest- oder Eigentumsrisiken, um Nutzen aus ihrer Geschäftstätigkeit zu ziehen[.]"

Der Anhang des SIC-12 beschreibt die typische Situation, dass zumeist der Träger der Mehrheit der Risiken, Verluste der Zweckgesellschaft durch Eventualverpflichtungen (wie Garantien, Ausfallbürgschaften oder Kreditversicherungen) abdeckt, währenddessen die Investoren das Kapital der Zweckgesellschaft stellen.[859] Hiermit zielt die Interpretation auf die üblicherweise geringe Eigenkapitalausstattung von Zweckgesellschaften ab, sodass die nominalen Rückzahlungsansprüche der Investoren durch bonitätsverbessernde Maßnahmen abgesichert sind.[860] Durch die Absicherungsmaßnahmen und die damit verbundene Begrenzung von Verlusten stellen die Investoren der Zweckgesellschaft (z.b. Erwerber von emittierten Verbriefungstiteln), sowohl formal als auch ökonomisch gesehen, Fremdkapitalgeber dar.[861] Hingegen nehmen die Parteien, die der Special Purpose Entity z.B. ein Credit Enhancement gewähren, bei einer wirtschaftlichen Betrachtungsweise die Position eines Quasi-Eigenkapitalgebers ein, da sie der Variabilität der Risiken ausgesetzt sind.[862]

Eigentümertypische Risiken an Verbriefungszweckgesellschaften führen zu Aufwendungen z.b. in Form einer nicht erhaltenen Rückerstattung bei einer gewährten Übersicherung. Finanzwirtschaftlich gesehen beschreiben solche Risiken die möglichen negativen Abweichungen von einem Erwartungswert.[863] Wie bei dem vorangegangenen Indikator muss nach herrschender Meinung die Tragung einer absoluten Mehrheit der Risiken vorliegen, um auf ein Mutter-Tochter-Verhältnis i.S.d. SIC-12 hinzudeuten.[864]

5.3.5.4.3 Symmetrische und asymmetrische Risiko-Chancen-Verteilung

Die Mehrheit des Nutzens nach SIC-12.10(c) und die Mehrheit der Risiken nach SIC-12.10(d) sind als eigenständige Indikatoren ausgestaltet. Im Rahmen der Control-Analyse werden diese beiden Indizien aber „meist gemeinsam betrachtet"[865]. Der zusammengefassten Prüfung von Nutzen bzw. Chancen und Risiken liegt die Annahme zugrunde, „dass bei rational handelnden, voneinander unabhängigen Parteien eine symmetrische Verteilung von Vorteilen und Risiken vorliegt, d.h., dass eine Partei, die Vorteile aus der Geschäftstätigkeit einer SPE inne-

---

[859] Vgl. SIC-12.10(d) i.V.m. SIC-12.App. (d).
[860] Vgl. SIC-12.9; *Brakensiek* (2001), S. 303; *Küting/Gattung* (2007), S. 404.
[861] SIC-12.App. (d).
[862] Vgl. IDW RS HFA 2, Tz. 59; IDW RS HFA 9, Tz. 164.
[863] Vgl. IDW RS HFA 9, Tz. 131, 164, 166.
[864] Vgl. IDW RS HFA 2, Tz. 62; *Müller/Overbeck/Bührer* (2005), S. 28; *Baetge/Hayn/Ströher* (2006), IAS 27, Tz. 93; *Reiland* (2006), S. 336–338; *Feld* (2007), S. 98, 122 f.; *Boulkab/Marxfeld/Wagner* (2008), S. 503; *Ewelt-Knauer* (2010), S. 96, 100; *Lüdenbach* (2012), § 32, Tz. 83.
[865] *PricewaterhouseCoopers* (2012), S. 1738.

hat, auch in gleichem oder annähernd gleichem Umfang den entsprechenden Risiken ausgesetzt ist."[866] Eine ausgewogene Verteilung von erwarteten positiven und negativen Cashflows zu Beginn der Transaktion stellt somit den ökonomisch sinnvollen Regelfall dar.[867] Eine signifikante asymmetrische Verteilung von Chancen und Risiken zum Vertragszeitpunkt dürfte regelmäßig nicht gegeben sein, wenn informierte Marktteilnehmer in freier Entscheidung eine Geschäftsbeziehung mit einer Zweckgesellschaft eingehen und keine wesentlichen Informationsdefizite bezüglich der möglichen Chancen und Risiken einer Transaktion bei einer Partei bestehen.[868]

Während der Laufzeit eines Rechtsverhältnisses mit einer Special Purpose Entity ist allerdings denkbar, dass unvorhergesehene Marktsituationen auftreten, die dazu führen, dass eine Partei z.B. dauerhaft mehr negative als positive Cashflows zu tragen hat. Dies ist bei einem Zusammenbruch des Refinanzierungsmarkts der Zweckgesellschaft in Form von Störungen auf dem ABS- bzw. ABCP-Markt möglich. Die Partei, die die Refinanzierung in Form einer Liquiditätszusage trägt, ist in dieser außergewöhnlichen Situation tendenziell eher betroffen als ein Unternehmen, das lediglich die tatsächlich aufgetretenen Zahlungsausfälle aus dem Forderungsportfolio auffangen muss. Liquiditätsschwierigkeiten können bei Vertrauensverlusten auf dem Refinanzierungsmarkt zeitlich vor den tatsächlichen Zahlungsausfällen auftreten, sodass der Liquiditätsgeber faktisch oft aus der gestellten Fazilität einem hohem Risiko ausgesetzt ist, die später folgenden Verluste aufzufangen. Dies ist selbst bei einem vertraglichen Ausschluss der Tragung von Kreditrisiken durch die zeitlich vorgegangen Inanspruchnahme der Liquiditätslinie in der beschriebenen Situation der Fall.

Für die noch verbleibende Zeitdauer des Vertrags mit der Zweckgesellschaft ist zu jedem Bilanzstichtag[869] erneut eine Control-Prüfung mit dem Risks-and-Rewards-Ansatz durchzuführen. Bei bestehender asymmetrischer Verteilung der erwarteten positiven und negativen Zahlungsströme ist eine getrennte Betrachtung der Chancen und Risiken notwendig.[870] Hierbei stellt sich die Frage, welchem Indikator der Vorrang einzuräumen ist, wenn z.B. keine Mehrheit der Risiken vorliegt, während gleichzeitig eine Priorität der Nutzenpotenziale gegeben ist. Da die IFRS kein (der handelsrechtlichen Bilanzierung vergleichbares) Vorsichtsprinzip kennen,[871] ist eine grundsätzliche Präferenz des Risiko-Indikators abzulehnen.[872] Im

---

[866] IDW RS HFA 2, Tz. 63.
[867] Vgl. *Müller/Overbeck/Bührer* (2005), S. 31; *Eick/Ehrcke* (2009), S. 239.
[868] Vgl *Küting/Gattung* (2007), S. 404 f.; *Lüdenbach* (2012), § 32, Tz. 74.
[869] Vgl. *Lüdenbach* (2012), § 32, Tz. 78.
[870] Vgl. *Müller/Overbeck/Bührer* (2005), S. 31.
[871] Vgl. *Wich* (2009), S. 22.

Sinn des Neutralitätsprinzips der IFRS erscheint es in einem solchen Fall sachgerecht, „dem Indikator mehr Gewicht einzuräumen, der exakter ermittelbar ist."[873] Dieses Vorgehen ergibt sich auch aus dem Wortlaut des SIC-12.10, da zwischen den beiden Indizien ein „oder" gestellt ist.

5.3.5.4.4 Operationalisierung des Risks-and-Rewards-Ansatzes

Der Risks-and-Rewards-Ansatz stellt eine Analyse der Unsicherheit der künftigen Cashflows dar, indem eine Messung der „Variabilität von Höhe und zeitlichem Anfall der Zahlungsströme"[874] vorzunehmen ist. Die Volatilität der erwarteten Cashflows aus der Zweckgesellschaft ist daher ausschlaggebend.[875] Hinsichtlich der Quantifizierung des Risks-and-Rewards-Ansatzes enthält SIC-12 „keinerlei Hilfestellung"[876]. Die Literatur diskutiert daher teilweise die Frage, ob ein Rückgriff auf die Regeln der US-GAAP zur Abgrenzung des Konsolidierungskreises statthaft ist.[877] Es handelt sich hierbei um die Interpretation FIN 46R i.d.F. von 2003. Nach dieser Vorschrift ist für die Abgrenzung des Konsolidierungskreises nach US-GAAP in Bezug auf Zweckgesellschaften eine szenariogewichtete Abweichung von dem Erwartungswert für die Bestimmung der anteiligen Risikotragung zu berechnen.[878] Fraglich ist allerdings, ob ein Rückgriff auf diese US-GAAP-Regeln tatsächlich erforderlich ist. Aufgrund der Tragung von eigentümertypischen Chancen und Risiken ist die Volatilität für SIC-12.10(c), (d) entscheidend.[879] Nach gängigen statistischen Methoden ist hieraus eine wahrscheinlichkeitsgewichtete Quantifizierung mittels Erwartungswert und Standardabweichung als Ausprägungsmerkmale abzuleiten.[880] Daher ist ein Rückgriff der US-GAAP-Regel nicht notwendig. Die Vorgaben des SIC-12 sind einschlägig und zielen auf die Anwendung statistischer Standardmethoden ab.[881]

---

[872] Vgl. hinsichtlich der Befürwortung des Risiko-Indizes unter Rückgriff auf entsprechende Regelungen des US-GAAP *Eick/Ehrcke* (2009), S. 241; *Lüdenbach* (2012), § 32, Tz. 75. A.A. *Küting/Gattung* (2007), S. 405. Der *IDW* schlägt hingegen eine erweiterte Prüfung unter Einbeziehung weiterer Vereinbarungen vor. Vgl. IDW RS HFA 2, Tz. 63.
[873] *Küting/Gattung* (2007), S. 405.
[874] IDW RS HFA 9, Tz. 129 (in Bezug auf den Risks-and-Rewards-Ansatz im Rahmen des Abgangs finanzieller Vermögenswerte nach IAS 39).
[875] Vgl. *Reiland* (2006), S. 338.
[876] *Eick/Ehrcke* (2009), S. 240.
[877] Vgl. *Müller/Overbeck/Bührer* (2005), S. 27; *Eick/Ehrcke* (2009), S. 240. A. A. IDW RS HFA 2, Tz. 45.
[878] Vgl. zur Definition von „residual expected losses" FIN 46R.2(b) (i.d.F. von 2003). Vgl. ferner zur Berechnung des Risks-and-Rewards-Ansatzes nach FIN 46R (i.d.F. von 2003) z.B. *Pellens/Sellhorn/ Streckenbach* (2003), S. 191–194; *Müller/Overbeck/Bührer* (2005), S. 28–31; *Ratcliffe* (2005), S. 75–79; *Streckenbach* (2006), S. 101–123; *Eick/Ehrcke* (2009), S. 215–229.
[879] Vgl. *Reiland* (2006), S. 338; *Feld* (2007), S. 79.
[880] Vgl. IDW RS HFA 9, Tz. 166.
[881] Vgl. IDW RS HFA 2, Tz. 45.

5.3.5.4.5   Durchführung des Risks-and-Rewards-Ansatzes bei einer Verbriefungsplattform

Der Risks-and-Rewards-Ansatz nach SIC-12 stellt eine szenarioorientierte Risiko-Chancen-Prüfung dar, weil die Parteien der eigentümertypischen Variabilität der Zahlungsströme aus der Zweckgesellschaft ausgesetzt sind.[882] Eine desasterorientierte Betrachtungsweise, die eine Worst-Case-Analyse zur Bestimmung des wirtschaftlichen Inhabers der Zweckgesellschaft fordert, ist nach SIC-12 nicht heranzuziehen.[883] Aus dieser Beobachtung lässt sich unter Rückgriff auf allgemein anerkannte, statistische Methoden ein geeignetes Vorgehen für den Risks-and-Rewards-Ansatz nach SIC-12.10(c), (d) identifizieren.[884] Die folgenden, quantitativen Analyse-Schritte finden auf ein vereinfachtes SIV-Konstrukt Anwendung. Eine ausführliche Darstellung der quantitativen Prüfung für ein ABCP-Multi-Seller-Conduit ist im Anhang, Anlage Nr. 2, zu finden.

Schritt 1 – Identifikation der Parteien, die eigentümertypischen Risiken und Chancen ausgesetzt sind:

Zuerst sind die Parteien zu identifizieren, die variablen Zahlungsströmen ausgesetzt sind, da diese eigentümertypische Risiken i.S.d. SIC-12 absorbieren. In Abhängigkeit von verschiedenen möglichen Szenarien müssen die erwarteten Cashflows für diese Parteien bestimmt werden. Trägt ein Unternehmen variable Rückflüsse, sind für die weitere Analyse auch zusätzlich die fest vereinbarten Entgelte der Partei zu berücksichtigen.[885] Mit der Beachtung von fest vereinbarten Zahlungsströmen kommt es zu einer Verminderung des Gestaltungsspielraums, variable Cashflows durch einen bestimmten Anteil an fixen Gebühren zu ersetzen.

Das als Beispiel heranzuziehenden SIV-Konstrukt investiert in ABS und Schuldverschreibungen mit einem anfänglichen Wert von 100 Mio. €. Die Investoren erhalten eine feste Verzinsung auf die von der SIV emittierten ABCP, die ein Nominalvolumen von 70 Mio. € aufweisen. Die ABCP-Erwerber sind aufgrund des Credit-Enhancement keinen Kreditrisiken ausgesetzt, sodass sie nicht als konsolidierungspflichtige Partei i.S.d. SIC-12 infrage kommen, da sie keinen variablem Zahlungsstrom ausgesetzt sind. Der Investment-Manager, der satzungsbedingt die nachrangigen verbrieften Verbindlichkeiten der SIV hält, die sog. Capital Notes, muss die zuerst anfallenden Verluste durch eine Kürzung der Nominalansprüche tragen. Das Volumen der Capital Notes beträgt nominal 30 Mio. €. Hingegen trägt der Administrator alle Verluste des SIV über diesen Betrag durch eine Liquiditätslinie, die auch das Kreditrisiko abdeckt. Da sich die Bilanzsumme der SIV auf 100 Mio. € beläuft und gemäß

---

[882]   Vgl. SIC-12,10(d). Vgl. ferner zum szenarioorientierten Ansatz des SIC-12 *Hoffmann/Lüdenbach* (2007), S. 2218.
[883]   Vgl. *Hoffmann/Lüdenbach* (2007), S. 2218.
[884]   Vgl. IDW RS HFA 9, Tz. 131 (bezogen auf den Abgang finanzieller Vermögenswerte); *Feld* (2007), S. 104.
[885]   Vgl. SIC-12.3.

Satzung eine volle Risikoabsicherung der SIV durch den Investment-Manager und den Administrator zu gewährleisten ist, absorbiert der Administrator maximal 70 Mio. € mittels der an das SIV gewährten Liquiditätsfazilität. Treten im wahrscheinlichsten Szenario keine Verluste auf, erhalten der Investment-Manager und der Administrator jeweils hälftig die Residualerlöse, dessen geschätzter Barwert 5 Mio. € beträgt. Damit ist eine Konsolidierungsprüfung bzw. ein Risks-and-Rewards-Ansatz nach SIC-12 durch den Investment-Manager und den Administrator durchzuführen, da in Abhängigkeit der Ertragslage des SIV-Konstrukts deren jeweilige Zahlungsströme aus der Geschäftsbeziehung zu der Zweckgesellschaft schwanken.

Schritt 2 – Ermittlung barwertiger Cashflows und Bestimmung von Eintrittswahrscheinlichkeiten je Szenario:
Im nächsten Schritt sind die Cashflows je Szenario zu bestimmen. Hierfür sind die Barwerte der Zahlungsströme zum Zeitpunkt der Konsolidierungsprüfung heranzuziehen. Zur Diskontierung ist ein risikoloser, laufzeitadäquater Marktzinssatz heranzuziehen.[886] Für den jeweiligen Umweltzustand ist eine Eintrittswahrscheinlichkeit zu schätzen.

Im Basisszenario (I), das gleichzeitig den „best case" darstellt, treten keine Verluste auf. Beiden Parteien erhalten den jeweiligen Residualgewinn i.H.v. 5 Mio. € aus den Zinsüberschüssen des SIV-Konstrukts. Es sei angenommen, dass neben dem „base case" vier weitere mögliche Marktszenarien auftreten können; angefangen mit teilweisen Zahlungsausfällen bis hin zum nahezu unwahrscheinlichen Totalverlust in Höhe der Bilanzsumme von 100 Mio. €. Allen Umweltzuständen werden Eintrittswahrscheinlichkeiten zugeordnet, wie aus Abb. 30 ersichtlich ist. Zum hier betrachteten Anfangszeitpunkt entspricht der Barwert der Verluste der SIV dem Nominalvolumen der emittierten ABCP bzw. Capital Notes.

Szenario	Eintrittswahrscheinlichkeit	Investment-Manager	Administrator	Summe der barwertigen Cashflows
I	75,0%	5	5	10
II	15,0%	–10	0	–10
III	5,0%	–30	0	–30
IV	3,5%	–30	–20	–50
V	1,5%	–30	–70	–100

Abb. 30: Barwertige Cashflows der einzelnen Umweltzustände und diesbezügliche Eintrittswahrscheinlichkeiten

Schritt 3 – Bestimmung der jeweiligen Risikomaße:
Auf Basis der barwertigen Zahlungsströme und der Wahrscheinlichkeitsangaben sind die jeweiligen Risikomaße der Parteien zu errechnen. Es erfolgt eine Bestimmung der Erwartungs-

---

[886] Vgl. *Sickmann* (2005), S. 70 (in Bezug auf FIN 46R); *Feld* (2007), S. 114.

werte sowie der negativen bzw. positiven Abweichungen von diesen Erwartungswerten für jede involvierte Partei (den Investment-Manager und den Administrator) und für die Zweckgesellschaft als Ganzes (das SIV-Konstrukt). Alternativ hierzu kann ein Rückgriff auf die Standardabweichung erfolgen.[887] Da beide Risikomessungen als allgemein anerkannte, statistische Methoden mit SIC-12 vereinbar sind, handelt es sich um faktisches Wahlrecht, das das bilanzierende Unternehmen stetig auszuüben hat.[888] Für das Beispiel erfolgt eine Ausübung des Wahlrechts in der Gestalt, dass die Variabilität mittels der Abweichungen vom Erwartungswert bestimmt wird. Die Berechnungen verdeutlichen Abb. 31 bis 33.

1	2	3	4	5 = 3 - [∑ (4)]	6 = 2 * 5, wenn positiv	7 = 2 * 5, wenn negativ
Umweltzustände	Wahrscheinlichkeiten	Barwerte je Umweltzustand	Gewichteter Barwert	Abweichungen vom Erwartungswert	Gewichtete positive Abweichungen	Gewichtete negative Abweichungen
I	75,0%	5	3,8	5,8	4,3	0
II	15,0%	-10	-1,5	-9,2	0	-1,4
III	5,0%	-30	-1,5	-29,2	0	-1,5
IV	3,5%	-30	-1,1	-29,2	0	-1,0
V	1,5%	-30	-0,5	-29,2	0	-0,4
	100,0%		**-0,8** = ∑ (4) = Erwartungswert		**4,3**	**-4,3**

Abb. 31: Risikomaße auf der Ebene des Investment-Managers

1	2	3	4	5 = 3 - [∑ (4)]	6 = 2 * 5, wenn positiv	7 = 2 * 5, wenn negativ
Umweltzustände	Wahrscheinlichkeiten	Barwerte je Umweltzustand	Gewichteter Barwert	Abweichung vom Erwartungswert	Gewichtete positive Abweichungen	Gewichtete negative Abweichungen
I	75,0%	5	3,8	3,0	2,3	0
II	15,0%	0	0	-2,0	0	-0,3
III	5,0%	0	0	-2,0	0	-0,1
IV	3,5%	-20	-0,7	-22,0	0	-0,8
V	1,5%	-70	-1,1	-72,0	0	-1,1
	100,0%		**2,0** = ∑ (4) = Erwartungswert		**2,3**	**-2,3**

Abb. 32: Risikomaße auf der Ebene des Administrators

---

[887] Vgl. IDW RS HFA 9, Tz. 166; *Feld* (2007), S. 104.
[888] Vgl. zu Methodenstetigkeit IAS 8.13 f. Vgl. ferner *PricewaterhouseCoopers* (2012), S. 243 f. Vgl. hierzu kritisch *Feld* (2007), S. 124.

1	2	3	4	5 = 3 - [∑ (4)]	6 = 2 * 5, wenn positiv	7 = 2 * 5, wenn negativ
Umweltzustände	Wahrscheinlichkeiten	Barwerte je Umweltzustand	Gewichtete Barwerte	Abweichungen vom Erwartungswert	Gewichtete positive Abweichungen	Gewichtete negative Abweichungen
I	75,0%	10	7,5	8,8	6,6	0
II	15,0%	–10	–1,5	–11,2	0	–1,7
III	5,0%	–30	–1,5	–31,2	0	–1,6
IV	3,5%	–50	–1,8	–51,2	0	–1,8
V	1,5%	–100	–1,5	–101,2	0	–1,5
Summe	**100,0%**		*1,2* = ∑ (4) =Erwartungswert		6,6	–6,6

Abb. 33: Risikomaße auf der Ebene des gesamten SIV-Konstrukts

Schritt 4 – Ermittlung der Anteile:
Zum Ende der Prüfung erfolgt eine Analyse der Volatilität der Cashflows der einzelnen Parteien im Verhältnis zueinander. Dies geschieht durch Berechnung der jeweiligen Relationen der zuvor ermittelten Risikomaße der Einzelpartei zum Risikomaß der gesamten Cashflows auf der Ebene der Zweckgesellschaft. Ein Indiz für ein Beherrschungsverhältnis liegt für das Unternehmen vor, das die absolute Mehrheit an der Variabilität der Cashflows aufweist.[889]
Die Relationen des Fallbeispiels zeigen, wie in Abb. 34 verdeutlicht, dass der Investment-Manager 66% und der Administrator 34% der Risiken und Chancen trägt. Damit trägt der Investment-Manager die absolute Mehrheit der eigentümertypischen Chancen und Risiken. Dies gilt nach SIC-12.10(c), (d) als Indiz für ein Beherrschungsverhältnis.

Unternehmensebenen	Gewichtete positive Abweichungen vom Erwartungswert	Gewichtete negative Abweichungen vom Erwartungswert	Anteile nach Abweichungen vom Erwartungswert
Investment-Manager	4,3	–4,3	66%
Administrator	2,3	–2,3	34%
SIV-Ebene/Summe	**6,6**	**–6,6**	**100%**

Abb. 34: Relation der Risikomaße zur Bestimmung der beherrschenden Partei

---

[889] Vgl. IDW RS HFA 2, Tz. 62.

5.3.5.4.6 Bilanzpolitik bei der Risiko-Chancen-Analyse am Beispiel eines Multi-Seller-Conduits

Nach der herrschenden Meinung stellt der Risks-and-Rewards-Ansatz das maßgebliche Kriterium für die Identifikation eines Beherrschungsverhältnisses von Zweckgesellschaften nach SIC-12 dar, weil die qualitativen Indizien der Interpretation (SIC-12.10(a), (b)) oft nicht als eindeutig erfüllt angesehen werden.[890] Diese Sichtweise vernachlässigt allerdings, dass durch die Zukunftsbezogenheit der Szenario-Analyse dieser Ansatz entobjektiviert und damit von geringer Verlässlichkeit bezüglich des Aussagehalts ist. Diese Subjektivität birgt zahlreiche bilanzpolitische Gestaltungspotenziale. Die Quantifizierung der Chancen und Risiken ist unternehmensspezifisch und zukunftsbezogen, da das bilanzierende Unternehmen die Eintrittswahrscheinlichkeit für die Szenario-Analyse schätzen muss.[891] Mittels einer „Feinjustierung der jeweiligen Stellschrauben"[892] lässt sich somit das bilanzpolitisch erwünschte Ergebnis des Risks-and-Rewards-Ansatzes erzielen oder zumindest in nicht unerheblichem Umfang beeinflussen. Verschärfend kommt hinzu, dass nach herrschender Meinung[893] eine absolute Mehrheit der Risiko-Chancen-Tragung durch das beherrschende Unternehmen erforderlich ist, sodass dieses die Wahrscheinlichkeiten der Einzelszenarien bewusst so schätzt, dass hieraus eine Unterschreitung der 50%-Grenze angestrebt wird, um eine Konsolidierung der Zweckgesellschaft zu vermeiden.

Des Weiteren besteht bei der Anwendung des Risks-and-Rewards-Ansatzes der Anreiz zu sachverhaltsgestaltenden Maßnahmen, indem die beteiligten Parteien die Zahlungsströme der Zweckgesellschaft durch Sicherungsgeschäfte so gestalten, dass keine von ihnen eine absolute Mehrheit der Chancen und Risiken trägt.[894]

Die Gestaltung von Zahlungsströmen soll am Beispiel eines Multi-Seller-Conduits verdeutlicht werden. Der Sponsor des ABCP-Programms (i.e.S.) trägt häufig die absolute Mehrheit der Chancen und Risiken des Conduits, da er in der Doppelfunktion als Liquiditätsgeber der Liquiditätsfazilität und als Verantwortlicher für das programmweite Credit Enhancement tendenziell mehr Risiken absorbiert als die Forderungsverkäufer oder die ABCP-Investoren.[895] Zur Vermeidung einer Konsolidierungspflicht des Conduits durch den Sponsor, kann dieser

---

[890] Vgl. z.B. *Kustner* (2002), S. 314; *Schruff/Rothenburger* (2002), S. 762; *Watrin/Struffert* (2003), S. 406 f.; *Schimmelschmidt/Happe* (2004), S. 7; *Feld* (2007), S. 96; *Küting/Gattung* (2007), S. 401–403; *Ewelt-Knauer* (2010), S. 95.
[891] Vgl. hierzu kritisch *Müller/Overbeck/Bührer* (2005), S. 30 f.; *Schäfer/Kuhnle* (2006), S. 66; *Glander/Blecher* (2011), S. 472 f.
[892] *Müller/Overbeck/Bührer* (2005), S. 30.
[893] Vgl. IDW RS HFA 2, Tz. 62; *Müller/Overbeck/Bührer* (2005), S. 28; *Baetge/Hayn/Ströher* (2006), IAS 27, Tz. 93; *Reiland* (2006), S. 336–338; *Feld* (2007), S. 98, 122 f.; *Boulkab/Marxfeld/Wagner* (2008), S. 503; *Ewelt-Knauer* (2010), S. 96, 100; *Lüdenbach* (2012), § 32, Tz. 83.
[894] Vgl. *Schruff/Rothenburger* (2002), S. 757; *Ewelt-Knauer* (2010), S. 95 f.
[895] Vgl. *Boulkab/Marxfeld/Wagner* (2008), S. 503.

seine Risikotragung mittels einer Third-Party-Garantie[896], wie z.B. durch eine Kreditversicherung[897], minimieren. Kreditversicherungsverträge sichern dabei aber häufig nicht das gesamte Forderungsvolumen eines bestimmten Forderungspools ab. Der Versicherer haftet lediglich für eine vereinbarte Versicherungssumme.[898] Dieser Betrag kann, bei gegebenen Eintrittswahrscheinlichkeiten für bestimmte Ausfall-Szenarien, so gewählt werden, dass es beim Sponsor zu einer Unterschreitung der 50%-Grenze bezüglich der Tragung der Chancen und Risiken des Conduits kommt. Folglich kann der Sponsor bei entsprechender Ausgestaltung mittels Einsatz einer Kreditversicherung für die Zahlung einer Versicherungsprämie eine Konsolidierung nach den Control-Indizien SIC-12.10(c), (d) umgehen, indem sich die Risiken nicht mehr bei ihm alleine konzentrieren, sondern auf die Kreditversicherung, Forderungsverkäufer und Investoren verteilen.

5.4 Konzeptionelle Würdigung des IAS 27 und des SIC-12

5.4.1 Konzeptionelle Analyse der Stringenz zwischen Standard und Interpretation

Der Standard IAS 27 ist stringent an einem einzigen Abgrenzungskonzept ausgerichtet, dem Konzept der Entscheidungsgewalt (Power-to-Govern-Konzept). Dieser Ansatz basiert auf zwei Submodellen: dem Legal-Control- und dem De-facto-Control-Konzept. Beide stellen in ihrer Summe auf eine Beherrschungsmöglichkeit ab. Beim Legal-Control-Konzept handelt es sich um formalistische Kontrollrechte. Das De-facto-Control-Konzept erweitert die gesellschaftsrechtlichen, bestehenden Einflussmöglichkeiten um eine Einbeziehung der faktischen Verhältnisse wie Präsenzmehrheiten.

Dagegen kommen in SIC-12 mehrere Abgrenzungskonzepte zur Anwendung, sodass die Control-Konzeption des IAS 27 und SIC-12 in ihrer Gesamtschau den Anschein erweckt, als würde sie der bekannten Erkenntnis *Goethes* folgen: „Wer vieles bringt, wird manchem etwas bringen."[899] Die folgenden Ausführungen verdeutlichen die Modellvielfalt des SIC-12.

Das Control-Indiz der Abstimmung der Geschäftspolitik zum Gründungszeitpunkt nach SIC-12.10(a) entspricht weitgehend dem Konzept der einheitlichen Leitung. Eine tatsächliche Machtausübung ist bei der Aufsetzung der Zweckgesellschaft durch das vermeintlich beherrschende Unternehmen erforderlich, um im Moment der Vertrags- bzw. Satzungsunterzeichnung die künftigen vorherbestimmten Tätigkeiten zu seinen Gunsten auszurichten. Hingegen ist der Indikator der latenten Entscheidungsmacht bei einem bestehenden Autopilot-Mecha-

---

[896] Vgl. *Moody's* (2003), S. 41.
[897] Vgl. zur Kreditversicherung *Wittchen* (1995), S. 4.
[898] Vgl. *Grünberger* (2006), S. 83.
[899] *Goethe* (1808), Zeile 96 (Faust – Vorspiel auf dem Theater).

nismus nach SIC-12.10(b) an einem erweiterten Power-to-Govern-Konzept ausgerichtet, da eine jederzeit durchsetzbare Möglichkeit zur Änderung, Blockade oder Auflösung der Vorherbestimmung der festgelegten Geschäftstätigkeiten eine Beherrschung der Zweckgesellschaft indiziert. Ferner kommt mit dem Risks-and-Rewards-Ansatz in SIC-12.10(c), (d) eine wirtschaftliche Betrachtungsweise in einer weiten Auslegungsform zur Anwendung, indem durch die Tragung der absoluten Mehrheit der Variabilität der Chancen und Risiken ein Control-Indiz gegeben ist. Damit operationalisiert die Interpretation zwar die Benefits-Komponente der Control-Definition. Durch die im Rahmen des Risks-and-Rewards-Ansatzes vorzunehmende Schätzung der Eintrittswahrscheinlichkeiten von Cashflows ist dieser Ansatz aber, im Vergleich zum Legal-Control-Konzept des IAS 27.13, sehr weitreichend entobjektiviert und wird in der Fachliteratur „zum Teil als konzeptioneller Widerspruch zu IAS 27 angesehen"[900].

Im Unterschied zur einheitlichen Leitung zum Vertragszeitpunkt des SIC-12.10(a) und der latenten Entscheidungsmacht durch verbleibende Änderungsrechte in Bezug auf den Autopiloten nach SIC-12.10(b) ist der Risks-and-Rewards-Ansatz konzeptionell weit entfernt vom maßgeblichen Control-Kriterium des IAS 27.4. Anders als die zuerst genannten, qualitativen Indizien des SIC-12 stellt er nicht auf das Modell der einheitlichen Willensbildung ab.[901] Aus Konsistenzgründen liegt die Problematik vor allem in der einseitigen Anwendung des Ansatzes auf Zweckgesellschaften. Sachverhalte, die unter IAS 27 fallen, sind dagegen ausschließlich nach dem De-facto-Control-Konzept zu lösen. Es ist hierbei klarzustellen, dass zwar durchaus in Abhängigkeit vertragstheoretischer Unterschiede der Unternehmenstypen eine differenzierte Auslegung des Control-Konzepts erforderlich ist.[902] Das ausschließliche Heranziehen des Risks-and-Rewards-Ansatzes auf Zweckgesellschaft ist aber konzeptionell nicht heilbar, da es nicht bloß eine (weite) Auslegungsmöglichkeit von „control" repräsentiert, sondern sich als ein eigenes Abgrenzungsmodell der wirtschaftlichen Zugehörigkeit von Sachen und Rechten bzw. des Konsolidierungskreises charakterisiert. Die Einschätzung, dass der Risks-and-Rewards-Ansatz des SIC-12 ein nicht einheitliches Vorgehen der Control-Prüfung für Mutter-Tochter-Verhältnisse darstellt, teilt auch das *IASB* im Rahmen der Novellierung der Konsolidierungsnormen; der Standardsetzer spricht von einer „inconsistent application of the control concept"[903].

Damit bleibt festzuhalten, dass IAS 27 allein am Power-to-Govern-Konzept ausgerichtet ist, während SIC-12 das Konzept der einheitlichen Leitung zum Vertragszeitpunkt, ein erwei-

---

[900] *Lüdenbach* (2012), § 32, Tz. 77. Vgl. ferner auch *Gassen/Eisenschink/Weil* (2010), S. 807.
[901] Vgl. hierzu *Schmidt* (2003), S. 142 f.; *Reiland* (2006), S. 332 m.w.N.
[902] Vgl. z.B. in Bezug auf die Abgrenzung des Konsolidierungskreises *Streckenbach* (2006), S. 176–186. Vgl. allgemein zur Vertragstheorie *Grossman/Hart* (1986).
[903] IFRS 10.IN4 (klarstellend in Bezug auf IAS 27/SIC-12).

tertes Power-to-Govern-Konzept und den Risks-and-Rewards-Ansatz enthält, wie es Abb. 35 verdeutlicht.

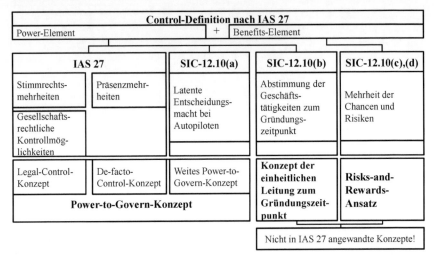

Abb. 35: Konzeptvielfalt des IAS 27 und des SIC-12

Als kritisch ist aus Konsistenzgesichtspunkten zudem zu sehen, dass die vier Indizien des SIC-12.10 nicht kumulativ erfüllt sein müssen.[904] Es ist somit denkbar, dass Indizien ein Beherrschungsverhältnis begründen, die konzeptionell nicht in IAS 27 zu finden sind. Ist eine Abstimmung der Geschäftstätigkeit nach SIC-12.10(a) zugunsten einer Partei gegeben, die gleichzeitig die absolute Mehrheit der Variabilität der Chancen und Risiken nach SIC-12.10(c), (d) trägt, kann somit eine Beherrschung durch diese Partei vorliegen, ohne dass das Power-to-Govern-Konzept des SIC-12.10(b) zur Anwendung kommt. In diesem Fall erfolgt in der Interpretation ein Rückgriff auf andere Abgrenzungskonzepte als im Standard selbst, den es doch – der Funktion des *SIC* entsprechend – nur auszulegen gilt. Besonders problematisch ist die inkonsistente Anwendung des Risks-and-Rewards-Ansatzes zwischen IAS 27 und SIC-12 für Unternehmen, die sich im Graubereich zwischen einem traditionellen Unternehmen und einer Zweckgesellschaft befinden, wie oben am Beispiel für SIV-Konstrukte verdeutlicht. Hieraus leitet sich als ein Umsetzungsziel für das Consolidation-Projekt eine Zurückdrängung des Risks-and-Rewards-Ansatzes für alle Konsolidierungssachverhalte zugunsten einer höheren Stringenz der Konsolidierungsregeln ab.[905]

---

[904] Vgl. SIC-12.10(a)-(d). Die Aufzählung der vier Indizien nach SIC-12 enthält jeweils ein „oder".
[905] Vgl. hierzu auch IFRS 10.IN4.

5.4.2 Frage der Konsistenz vor dem Hintergrund des De-lege-ferenda-Referenzmaßstabs

Zur konzeptionellen Beurteilung ist neben der obigen Untersuchung der Stringenz zwischen Standard und Interpretation eine weitere Analyse des Control-Konzepts nach IAS 27 und SIC-12 hinsichtlich des Vorliegens von standardübergreifenden Konsistenzen durchzuführen. Das Power-Element der Definition von Mutter-Tochter-Verhältnissen des IAS 27 korrespondiert mit der Verfügungsmacht bei Vermögenswerten. Das Benefit-Element findet sich sowohl in der allgemeinen Asset-Definition als auch in der Definition von Beherrschungsverhältnissen nach IAS 27. Die wirtschaftliche Betrachtungsweise, die bei der Vermögenswertzurechnung anzuwenden ist, gilt gleichermaßen auch für die Bestimmung von Beherrschungsverhältnissen bei Unternehmensverbindungen. Dies gilt sowohl für unter IAS 27 fallende Präsenzmehrheiten als auch für die Konsolidierungsfragen bei Zweckgesellschaften, da die Indizien des SIC-12.10 ausdrücklich eine Berücksichtigung des Substance-over-Form-Grundsatzes fordern. Bis hierhin weist die Control-Definition des IAS 27 eine Konsistenz mit der Vermögenswertdefinition des IASB-Rahmenkonzepts auf. Allerdings umfasst die Control-Prüfung des SIC-12 eine weitreichende wirtschaftliche Betrachtungsweise, indem nach herrschender Meinung[906] der Risks-and-Rewards-Ansatz mit strengen, quantitativen Schwellenwerten Anwendung findet. Diese Form der Konkretisierung des Benefit-Elements der allgemeinen Vermögenswertdefinition ist nicht konsistent mit dem in dieser Arbeit erarbeiteten De-lege-ferenda-Referenzmaßstab. Das bedeutet, dass die Operationalisierung der Nutzen-Komponente über Bright-Line-Regeln nicht in gegenwärtigen Standardprojekten zu finden ist.

Infolge einer anzustrebenden, standardübergreifenden Konsistenz leitet sich de lege ferenda eine Zurückdrängung bzw. Abschaffung von quantitativen, risikobezogenen Bright-Line-Regeln für die Control-Prüfung ab. Auf dieser Forderung basieren der konzeptionelle Novellierungsbedarf und das von 2003 bis 2011 durchgeführte Consolidation-Projekt des Standardsetzers. Darüber hinaus ist eine Verringerung von Ermessensspielräumen durch den neuen Standard, wie oben am Beispiel von ABCP-Programmen gezeigt, wünschenswert. Es ist zu prüfen, ob dies mit IFRS 10 gelungen ist.

---

[906] Vgl. IDW RS HFA 2, Tz. 62; *Müller/Overbeck/Bührer* (2005), S. 28; *Baetge/Hayn/Ströher* (2006), IAS 27, Tz. 93; *Reiland* (2006), S. 336–338; *Feld* (2007), S. 98, 122 f.; *Boulkab/Marxfeld/Wagner* (2008), S. 503; *Ewelt-Knauer* (2010), S. 96, 100; *Lüdenbach* (2012), § 32, Tz. 83.

6 Control-Prüfung bei ABCP-Programmen nach IFRS 10

6.1 Der IFRS 10 als Ergebnis des Consolidation-Projekts

6.1.1 Das Consolidation-Projekt

Seit 2003 arbeitete der Standardsetzer am Consolidation-Projekt.[907] Eine Beschleunigung erfuhren die Novellierungsbestrebungen durch die Subprime- und Finanzmarktkrise in den Jahren 2007/2008[908] sowie durch die Empfehlungen des *Financial Stability Board* vom April 2008.[909] Mit der Überarbeitung der Konsolidierungsregeln beabsichtigte der Standardsetzer eine Stärkung der Konsistenz und eine Erhöhung der Transparenz bezüglich der Verbriefungszweckgesellschaften vor dem Hintergrund der weltweiten Finanzkrise.[910]

Bereits im Dezember 2008 erfolgte die Bekanntgabe des Exposure Drafts „Consolidated Financial Statements" (ED 10), den auch die deutschsprachige Fachliteratur umfassend kommentierte.[911] Der Entwurf enthielt im Rahmen der Control-Prüfung eine Differenzierung zwischen nicht-strukturierten und strukturierten Unternehmen.[912] Das *IASB* verwarf diese „Zweiteilung"[913] zwischen traditionellen Beteiligungsunternehmen und Zweckgesellschaften im darauffolgenden Staff Draft vom September 2010. Hieran hielt der Standardsetzer auch im Near Final Draft vom April 2011 und letztlich im finalen Standard IFRS 10 „Consolidated Financial Statements" vom Mai 2011 fest.

6.1.2 Parallelen zum Framework-Projekt „Reporting Entity"

Begleitet wurde die Erarbeitung des IFRS 10 vom Framework-Projekt zur Abgrenzung der berichtspflichtigen Einheit, der sog. „Reporting Entity". Das *IASB* hat gemeinsam mit dem US-amerikanischen Standardsetzer *FASB* im Mai 2008 das Discussion Paper „Preliminary Views on an improved Conceptual Framework for Financial Reporting: The Reporting Entity" veröffentlicht.[914] Im März 2010 folgte der gemeinsam herausgegebene Exposure Draft zur berichtspflichtigen Einheit (ED/2010/2), dessen Ausführungen noch nicht in dem im Sep-

---

[907] Vgl. zum Hintergrund des Consolidation-Projekts *Beyhs/Buschhüter/Wagner* (2009), S. 61; *Kirsch/Ewelt* (2009), S. 1574; *Pütz/Ramsauer* (2009), S. 867; *Erchinger/Melcher* (2011), S. 1229 f.; *Küting/Mojadadr* (2001), S. 273.
[908] Vgl. ED 10, Introduction to Comment, Tz. 2 sowie IFRS 10.IN5. Vgl. ferner *Beyhs/Buschhüter/Wagner* (2009), S. 61; *Kirsch/Ewelt* (2009), S. 1574; *Pütz/Ramsauer* (2009), S. 867.
[909] Vgl. *Financial Stability Board* (2008).
[910] Vgl. IFRS 10.IN4 f.
[911] Vgl. zum ED 10 z.B. *Alvarez/Büttner* (2009); *Beyhs/Buschhüter/Wagner* (2009); *Zülch/Burghardt* (2009); *Gryshchenko* (2010); *Pütz/Ramsauer* (2009).
[912] Vgl. zu den Prüfungsschritten für strukturierte Unternehmen ED 10.33–38.
[913] *Küting/Mojadadr* (2011), S. 274.
[914] Vgl. ED/2010/2, Tz. P1. Vgl. zum Discussion Paper *Gassen/Fischkin/Hill* (2008), S. 881; *Kirsch/Ewelt* (2009), S. 1575.

tember 2010 veröffentlichen IASB-Framework enthalten sind, sondern nachträglich im zweiten Kapitel des Rahmenkonzepts zu einem späteren Zeitpunkt ergänzt werden sollen. Das Framework-Projekt „Reporting Entity" weist inhaltliche Bezüge zum Consolidation-Projekt auf.[915] Das *IASB* ist bestrebt, mit ihm eine konsistente Abgrenzung der wirtschaftlichen Einheit des Konzerns zu erzielen.[916] Nach dem Exposure Draft zur Reporting Entity stellt eine rechnungslegende Einheit „einen abgrenzbaren Bereich wirtschaftlicher Aktivitäten [dar], für den eine Nachfrage nach entscheidungsnützlichen Informationen besteht".[917] Nach einer Konkretisierung der Reporting Entity durch den Framework-Entwurf liegt ein Beherrschungsverhältnis vor, wenn ein Unternehmen die Möglichkeit zur Bestimmung der Aktivitäten eines anderen Unternehmen hat, um daraus Nutzen zu ziehen oder Risiken zu minimieren.[918] Damit sind zwar „Grundzüge eines Control-Konzepts in das angedachte Framework"[919] eingeflossen; „[p]raktische Relevanz [erlangen diese aber] eher im Hinblick auf die Abgrenzung des Konsolidierungskreises".[920] Eine weiterführende Betrachtung von Beherrschungskriterien unterbleibt innerhalb des Rahmenkonzeptentwurfs und ist somit dem neuen Standard zur Abgrenzung des Konsolidierungskreises, dem IFRS 10, überlassen.

6.1.3 Anwendungszeitpunkt der neuen konzernspezifischen Standards

Im Mai 2011 hat das Board neben dem IFRS 10 die Standards IFRS 11 „Joint arrangements" und IFRS 12 „Disclosure of Interests in Other Entities" veröffentlicht. Die zeitgleiche Verabschiedung von IFRS 10 und IFRS 11 ist sachgerecht, da die gemeinsame Kontrolle („joint control") des IFRS 11 auf das Control-Konzept des IFRS 10 aufbaut.[921] IFRS 12 regelt die Anhangangaben für Tochterunternehmen i.S.d. IFRS 10, Gemeinschaftsunternehmen i.S.d. IFRS 11, assoziierte Unternehmen nach IAS 28 (rev. 2011) sowie nicht-konsolidierte Zweckgesellschaften.[922] Somit sind künftig die konzernspezifischen Anhangangaben in einem zentralen Disclosure-Standard geregelt.

Alle drei konzernspezifischen Standards (IFRS 10, IFRS 11 und IFRS 12) sind für Berichtsperioden anzuwenden, die am 1. Januar 2013 oder später beginnen.[923] Für EU-Unternehmen

---

[915] Vgl. *Fischer* (2010), S. 112.
[916] Vgl. ED/2010/2, Tz. P13 u. BC27.
[917] *Gassen/Eisenschink/Weil* (2010), S. 807 in Bezug auf ED/2010/2, Tz. RE2. Ähnlich auch *Fischer* (2010), S. 112.
[918] Vgl. ED/2010/2, Tz. RE 7.
[919] *Fischer* (2010), S. 113.
[920] *Gassen/Eisenschink/Weil* (2010), S. 807.
[921] Vgl. IFRS 11.BC21.
[922] Vgl. IFRS 12.5.
[923] Vgl. IFRS 10.C1; IFRS 11.C1; IFRS 12.C1.

gilt als Umsetzungstermin der 1. Januar 2014.[924] IAS 27 in der bisherigen Fassung sowie SIC-12 sind dann für Unternehmensabschlüsse nicht mehr anzuwenden. Eine frühere Anwendung des IFRS 10 ist möglich, sofern IFRS 11 und IFRS 12 sowie die überarbeiteten Standards IAS 27 (rev. 2011) und IAS 28 (rev. 2011) ebenfalls vorzeitig vom bilanzierenden Unternehmen herangezogen werden.[925] Die diesbezügliche Umbenennung des IAS 27 (rev. 2011) zu „Separate Financial Statements" verdeutlicht, dass dieser Standard künftig allein die Bilanzierung von Anteilen an Tochterunternehmen im IFRS-Einzelabschluss regelt.[926]

6.2 Einführung in das Control-Konzept des IFRS 10

6.2.1 Control-Definition des IFRS 10

Ausgangspunkt des neuen Beherrschungskonzepts stellt die zentrale Control-Definition des IFRS 10.6 dar. Danach beherrscht ein Investor eine Beteiligung („investee"), wenn er variablen Rückflüssen aus der Beziehung mit der Beteiligung ausgesetzt ist bzw. Ansprüche an diese hat, und gleichzeitig die Möglichkeit besitzt, diese Rückflüsse („returns") durch seine Bestimmungsbefugnis („power") über die Beteiligung zu beeinflussen.[927]

Unter Investoren sind die potenziell beherrschenden Mutterunternehmen zu verstehen. Eine Beteiligung („investee") stellt ein potenziell beherrschtes Tochterunternehmen dar.[928] Diese Begriffe können das Missverständnis hervorrufen, dass für ein Beherrschungsverhältnis eine Investition z.B. in Form eines Anteilserwerbs notwendig ist. IFRS 10 abstrahiert allerdings bei einer Beziehung zu einem Unternehmen von der gesellschaftlichen Natur der Unternehmensverbindung.[929] Daher sollen im Folgenden die weiterhin gültigen und bisher bekannten Synonyme des „beherrschenden Mutterunternehmens" („parent") und des „beherrschten Tochterunternehmen" („subsidiary") verwandt werden.[930] Darüber hinaus dient dies auch der Vermeidung von Unklarheiten in der weiteren Untersuchung von Verbriefungsplattformen. Es kann ansonsten zu Verwechslungen zwischen „Investoren von ABS bzw. ABCP" mit „Investoren i.S.d. IFRS 10" kommen.

---

[924] Vgl. *EU* (2013), Art. 2.
[925] Vgl. IFRS 10.IN2; IFRS 10.C1.
[926] Vgl. IFRS 10.D20.
[927] „An investor controls an investee when it is exposed, or has rights, to variable returns from its involvement with the investee and has the ability to affect those returns through its power over the investee." (IFRS 10.6). Vgl. hinsichtlich ähnlicher Übersetzungen des IFRS 10.6 *Küting/Modjadadr* (2011), S. 274.
[928] Vgl. IFRS 10.App. A. Vgl. hinsichtlich dieser Übersetzung *Erchinger/Melcher* (2011), S. 1230; *Küting/Modjadadr* (2011), S. 274.
[929] Vgl. IFRS 10.5. Vgl. in diesem Zusammenhang kritisch zum Begriff des „investee" *Lüdenbach/Freiberg* (2012), S. 43.
[930] Beide Begriffe („parent" und „subsidiary") werden vielfach in IFRS 10 verwandt. Vgl. hinsichtlich der jeweiligen Definitionen IFRS 10.App. A.

Beherrschung („control") i.S.d. IFRS 10 stellt ein Exklusivrecht des beherrschenden Unternehmens dar. Sofern mehrere Unternehmen gemeinsam agieren müssen, um einen Einfluss auszuüben, liegt kein Mutter-Tochter-Verhältnis i.S.d. IFRS 10 vor. In diesen Fällen ist die Bilanzierung nach IFRS 11 „Joint arrangements", nach IAS 28 „Investment in Associates and Joint Ventures" oder nach IFRS 9 „Financial Instruments" zu prüfen.[931] Ferner bleibt mit dem IFRS 10 die Technik der Vollkonsolidierung unverändert. Der Standardsetzer hat die Vorschriften des IAS 27 auf den neuen Standard übertragen.[932] Die einheitstheoretische Ausrichtung der IFRS wird nicht angetastet.

6.2.2 Die drei Kriterien des One-Size-fits-all-Control-Konzepts

Die Konsolidierungsvorschriften des IFRS 10 gelten für traditionelle Beteiligungsunternehmen und Zweckgesellschaften (einschließlich Silos) gleichermaßen.[933] Das Modell folgt somit dem Motto: „One size fits all"[934]. Dieser Gleichklang soll eine Regulierungsarbitrage verhindern.[935] Das One-Size-fits-all-Control-Konzept erfährt eine Konkretisierung durch die Norm des IFRS 10.7, die die obige Control-Definition präzisiert. Es erfolgt eine Klarstellung, dass ein Beherrschungsverhältnis aus den folgenden drei Kriterien besteht, die kumulativ vorliegen müssen:

- Das Kriterium der Entscheidungsgewalt: Das beherrschende Unternehmen (Investor) verfügt über eine Entscheidungsgewalt („power") über das andere Unternehmen („investee"), wenn es die relevanten Tätigkeiten eines anderen Unternehmen bestimmen kann.[936]
- Das Kriterium der Rückflussvariabilität („variable returns"): Das Mutterunternehmen ist, aufgrund der Beziehung zum anderen Unternehmen, variablen Rückflüssen ausgesetzt bzw. besitzt Ansprüche auf diese Rückflüsse.[937]
- Das Kriterium der Verbindung zwischen Entscheidungsgewalt und Rückflussvariabilität („link between power and returns"): Das beherrschende Unternehmen besitzt die Fähigkeit, seine Bestimmungsbefugnis über das andere Unternehmen zu nutzen, um die Höhe der variablen Rückflüsse („variable returns") zu beeinflussen.[938] Da diese Control-Voraussetzung auf die Beeinflussung der eigenen Ergebnisbeiträge abzielt, soll es in dieser Arbeit als Kriterium der Rückflussbeeinflussung bezeichnet werden.

---

[931] Vgl. IFRS 10.9.
[932] Vgl. IFRS 10.BC9 i.V.m. IFRS 10.19–25 u. IFRS 10.B86–B99.
[933] Vgl. IFRS 10.BC74.
[934] *Böckem/Stibi/Zoeger* (2011), S. 405.
[935] Vgl. IFRS 10.BC74.
[936] Vgl. IFRS 10.7(a) i.V.m. IFRS 10.10.
[937] Vgl. IFRS 10.7(b).
[938] Vgl. IFRS 10.7(c). Vgl. hinsichtlich ähnlicher Übersetzungen des IFRS 10.7 ins Deutsche *Küting/Modjadadr* (2011), S. 274; *Reiland* (2011), S. 2730 f.; *Lüdenbach/Freiberg* (2012), S. 42.

Diese drei Elemente bilden das Control-Konzept des IFRS 10. Deren Konkretisierung erfolgt in den Anwendungshinweisen mit einem Umfang von derzeit 99 Paragrafen und Fallbeispielen. Teilweise enthalten die drei Control-Elemente umfassende Subkriterien. Regelmäßig, d.h. mindestens zu jedem Bilanzstichtag, hat das beherrschende Unternehmen zu prüfen, ob es zu Veränderungen bei einem oder bei mehreren der obigen Control-Elemente gekommen ist, wodurch sich dann für die Konsolidierung entsprechende Konsequenzen ergeben können.[939]

6.3 Das Prüfungsschema des IFRS 10 im Überblick

Die folgende Konkretisierung und Diskussion des Beherrschungskonzepts des IFRS 10 in Anwendung auf Konsolidierungsfragen bei ABCP-Programmen erfolgen unter Beachtung eines klar strukturierten Prüfungsschemas. Obwohl IFRS 10 „keine Reihenfolge"[940] der Analyse-Schritte explizit vorschreibt, ist ein Schema für die Control-Prüfung aus dem Standard ableitbar: Vor der Control-Untersuchung ist zunächst sicherzustellen, dass kein Anwendungsausschluss des IFRS 10 vorliegt. Anschließend hat das bilanzierende Unternehmen das potenzielle Tochterunternehmen zu identifizieren.[941] Hier stellt sich auch die Frage, ob eine zelluläre Struktur vorliegt, sodass die Beherrschungsanalyse ggf. auf einzelne Teileinheiten (Silos) anzuwenden ist.[942] Die weiteren Schritte ergeben sich aus der Abfolge der zu berücksichtigenden Faktoren in IFRS 10.B3. Der Betrachtung der drei Control-Kriterien nach IFRS 10 ist die Erkenntnisgewinnung über die jeweilige Unternehmensbeziehung voranzustellen. Hiernach sind Struktur und Zwecksetzung („purpose and design") des vermeintlich beherrschten Unternehmens zu analysieren. Auf Basis dieser Informationen kann die Prüfung der drei Kriterien des Control-Konzepts des IFRS 10 erfolgen. Grafisch veranschaulicht ergibt sich das in Abb. 36[943] gezeigte Prüfungsschema des „control assessement" nach IFRS 10. Die nachstehende Control-Analyse bei Zweckgesellschaften von ABCP-Programmen richtet sich nach der Reihenfolge dieses Schemas. In den einzelnen Stufen der Grafik ist angegeben, in welchem Abschnitt der entsprechende Prüfungsschritt im Folgenden zu finden ist.

---

[939] Vgl. IFRS 10.8.
[940] Küting/Mojadadr (2011), S. 275.
[941] Vgl. in Bezug auf IFRS 10 KPMG (2011), S. 2.
[942] Vgl. IFRS 10.B76–B79.
[943] Vgl. ähnliche Abbildungen Küting/Mojadadr (2011), S. 276; KPMG (2011), S. 2.

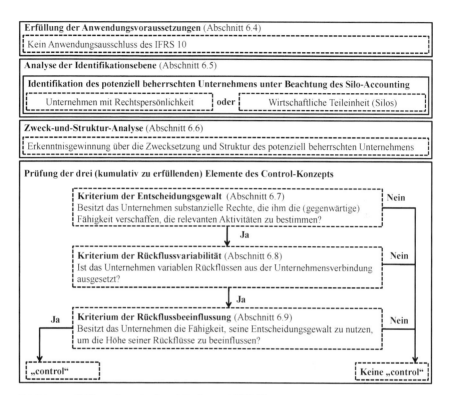

Abb. 36: Prüfungsschema der Control-Prüfung nach IFRS 10

6.4 Erfüllung der Anwendungsvoraussetzungen des IFRS 10

Um eine Konsolidierungsprüfung nach IFRS 10 durchzuführen, darf kein Anwendungsausschluss vorliegen.[944] Ein solcher besteht explizit, sofern eine Unternehmenseinheit einen Pensionsplan i.S.d. IAS 19 darstellt.[945] Bei ABCP-Programmen ist dies regelmäßig nicht der Fall, da die eingeschalteten Zweckgesellschaften entweder der Unternehmensfinanzierung des Forderungsverkäufers oder der Erzielung von Arbitrage-Erträgen dienen. Sie verfehlen damit regelmäßig den Zweck von „Leistungen an Arbeitnehmer" i.S.d. IAS 19; dieser liegt in der Absicherung von Ansprüchen aus dem Arbeitsverhältnis gegenüber dem Unternehmen (wie

---

[944] Vgl. IFRS 10.4.
[945] Vgl. IFRS 10.4(b).

z.B. bei Pensionsverpflichtungen).[946] Eine Zwecksetzung in Bezug auf Pensionspläne ist bei Verbriefungsplattformen folglich typischerweise nicht gegeben.

Ferner ist künftig IFRS 10 für bestimmte Unternehmen nicht anzuwenden. Handelt es sich beim bilanzierenden Unternehmen um eine Investmentgesellschaft („investment entity"), unterbleibt eine Konsolidierung nach IFRS 10. Stattdessen erfolgt eine GuV-wirksame Fair-Value-Bilanzierung nach IFRS 9.[947] Diese Ausnahmeregel ist an die kumulative Erfüllung der Definitionskriterien einer Investmentgesellschaft geknüpft. Ein solches Unternehmen liegt nach IFRS 10.27 vor, wenn das Unternehmen ausschließlich Beteiligungsaktivitäten verfolgt, um Rückflüsse aus Wertsteigerungen des investierten Kapitals oder Beteiligungsergebnisse zu erzielen, und daher die Anteile auf Fair-Value-Basis steuert. Diese Vorschrift vom Oktober 2012 stellt eine nachträgliche Ergänzung des *IASB* dar und soll eine Annäherung an die interne Steuerung in der Investmentbranche sicherstellen.[948] Allerdings erhöht sich dadurch die Kasuistik der IFRS-Konzernvorschriften.[949]

Da typischerweise keine Kapitalanlagegesellschaften, sondern Industrieunternehmen als Forderungsverkäufer, Kreditinstitute als Sponsoren[950] und Versicherungen als Third-Party-Guarantee-Geber[951] auftreten, ist diese geplante Ausnahmevorschrift bislang nach den typischen Beteiligten bei Verbriefungsplattformen nicht einschlägig.

6.5 Analyse der Identifikationsebene unter besonderer Beachtung des Silo-Accounting des IFRS 10

Bei Beteiligungsunternehmen entspricht regelmäßig das Konsolidierungsobjekt der rechtlichen Einheit in Form einer speziellen Gesellschaftsform (wie z.B. einer GmbH oder AG).[952] Das Beherrschungskonzept des IFRS 10 ist jedoch an einer wirtschaftlichen Betrachtungsweise ausgerichtet, sodass es unabhängig von der rechtlichen Ausgestaltung auch auf identifizierbare Teileinheiten ohne Rechtspersönlichkeit („portion of investee"[953]) anzuwenden ist. Ein solches Silo liegt nach IFRS 10.B77 vor,

– wenn die Vermögenswerte (einschließlich Eventualforderungen aus Credit Enhancements) eines Portfolios ausschließlich der Bedienung der Schulden desselbigen dienen und

---

[946] Vgl. IAS 19.8.
[947] Vgl. IFRS 10.31.
[948] Vgl. IFRS 10.BC226.
[949] Vgl. kritisch in Bezug auf die Entwurfsfassung (ED/2011/4) *Hachmeister/Glaser* (2012), S. 165–169.
[950] Vgl. *Kothari* (2006), S. 471; *Ricken* (2008), S. 56.
[951] Vgl. *Wittchen* (1995), S. 4.
[952] Vgl. *Lüdenbach/Freiberg* (2012), S. 42.
[953] IFRS 10.B77.

– wenn keine sonstige Partei außer dem (potenziellen) Mutterunternehmen Rechte oder Verpflichtungen hinsichtlich der separierten Aktiva und Passiva der Teileinheit hat, die aus einer Rechtsposition gegenüber dem gesamten Unternehmen als rechtlicher Mantel resultieren.

Die erste Voraussetzung stellt mit der Eins-zu-eins-Zuordnung von bestimmten Aktiva und Passiva auf eine Risiko-Chancen-Trennung des Silos von den übrigen Teilen eines Unternehmens ab, das dem Silo als rechtlicher Mantel dient. Das zweite Kriterium fordert den Ausschluss von Dritten bezüglich des betrachteten Portfolios. Damit sollen andere Gläubiger nicht auf die Vermögenswerte des Silos zurückgreifen können. Wenn das erste Kriterium einer Risiko-Chancen-Trennung von anderen Teileinheiten desselben rechtlichen Mantelunternehmens gegeben ist, liegt auch immer ein Ausschluss anderer Gläubiger bzw. Parteien vom Zugriff auf die abgegrenzten Vermögenswerte der Zelle vor. Der Standardsetzer hat damit zwei Aspekte für die gleiche Anforderung formuliert. Beide Merkmale zielen auf die Vermeidung einer Vermischung von Risiken und Chancen bzw. Rechten und Pflichten einer Zelle mit anderen Silos ab, sodass die abgegrenzten Vermögenswerte und Schulden „ring fenced"[954] sind. Es geht letztlich um eine Abschirmung des Silos von den Risiken aus dem Unternehmen, in das es rechtlich eingebettet ist. Der Ausschluss einer gegenseitigen Haftung von Silos innerhalb eines rechtlichen Mantels entspricht dem bisherigen Silo-Accounting des SIC-12, das aber dort ohne explizite Norm aus der wirtschaftlichen Betrachtungsweise der Interpretation hergeleitet wird.[955] Der Unterschied des neuen IFRS 10 im Vergleich zur alten Rechtslage liegt folglich in der Kodifizierung des Silo-Accounting.[956] Für die Control-Prüfung ergeben sich bei zellulären Strukturen somit keine Unterschiede zum bisherigen Recht. Obwohl das Silo-Accounting auf eine Chancen-Risiko-Trennung der Zellen untereinander abzielt, liegt eine Ausrichtung am Control-Ansatz vor. Die Vermögenswerte und Schulden dienen exklusiv nur einer beherrschenden Partei, sodass der Haftungsausschluss vor dem Zugriff durch Dritte schützt und somit die Verfügungsmacht bekräftigt.

Unabhängig von einer Beherrschung des Unternehmens, das den rechtlichen Mantel darstellt, muss bei einem vorliegenden Silo i.S.d. IFRS 10.B78 das potenzielle Mutterunternehmen die drei Control-Kriterien des Standards allein auf diese Teileinheit anwenden.[957] Obwohl zelluläre Strukturen zumeist bei Zweckgesellschaften zu finden sind, gilt das Silo-Accounting auch

---

[954] IFRS 10.B77.
[955] Vgl. IDW RS HFA 2, Tz. 54.
[956] Vgl. *Kirsch/Ewelt-Knauer* (2011), S. 1643; *Lüdenbach/Freiberg* (2012), S. 42 f.
[957] Vgl. IFRS 10.B79.

für „normale" Beteiligungsunternehmen ohne vorherbestimmte Geschäftspolitik.[958] Dies dient der Konsistenz mit dem One-Size-fits-all-Control-Konzept.

Typischerweise sind bei Verbriefungszweckgesellschaften zelluläre Strukturen gegeben.[959] Aufgrund der Beibehaltung des Konzepts der Trennung von Rechten und Pflichten vom Rest des als rechtlicher Mantel fungierenden Unternehmens gelten die Ausführungen nach SIC-12 (in Abschnitt 5.3.4.2) für Silo-Sachverhalte nach IFRS 10 entsprechend. Somit liegt auch nach neuem Recht eine Teileinheit vor, wenn bei einem Multi-Seller-Conduit die Sicherungsmaßnahmen (Credit Enhancement und Liquiditätsfazilität) nicht programmweit, sondern ausschließlich poolspezifisch ausgestaltet sind.[960]

6.6 Zweck-und-Struktur-Analyse

6.6.1 Auslegungsfragen bei der Prüfung von „purpose and design"

Der eigentlichen Control-Prüfung stellt IFRS 10 eine Analyse des Zwecks und der Struktur einer Unternehmensverbindung voran, die auch Zahlungsströme umfasst.[961] Diese Untersuchung ist für allen Unternehmenstypen zur Informationsgewinnung durchzuführen, um die drei Kriterien einer Beherrschungsmöglichkeit beleuchten zu können. Dass IFRS 10 dies für alle Unternehmenstypen vorschreibt, entspricht zwar dem One-Size-fits-all-Control-Konzept. Der Zweck dieses Prüfungsschritts verschließt sich aber dem Interpreten, wenn er nur normale Unternehmen betrachtet, deren Beherrschung auf Stimmrechten beruht. Eine solche Vorprüfung bzw. das Sammeln von Erkenntnissen über den Konsolidierungssachverhalt stellt in dieser engen Betrachtungsweise lediglich eine praktische Voraussetzung dar.

Mehr Aufschluss gibt die Zweck-und-Struktur-Analyse i.S.d. IFRS 10 hingegen für Unternehmen mit vorherbestimmten Geschäftstätigkeiten, weil der Standard unter diesem Control-Schritt auch die Entscheidungen über die Struktur des beherrschten Unternehmens subsumiert, die bei der Gründung getroffen wurden. Der Standard vermutet eine Beherrschung durch die Partei, die zum Vertragszeitpunkt die Zwecksetzung und die Ausgestaltung der vorherbestimmten Tätigkeiten bestimmen konnte.[962] Allerdings schränkt der Standardsetzer ein,

---

[958] Vgl. IFRS 10.BC148. Vgl. hierzu ferner *Reiland* (2006), S. 344 f. (US-GAAP); *Streckenbach* (2006), S. 163 (IFRS).
[959] Vgl. hierzu *Erchinger/Melcher* (2011), S. 1236.
[960] Vgl. zum Silo-Accounting nach IFRS 10 bei Multi-Seller-Conduit *Lüdenbach/Freiberg* (2012), S. 42 f.
[961] Vgl. IFRS 10.B5-B8.
[962] Vgl. IFRS 10.B5-B8 i.V.m. IFRS 10.B51. Vgl. ferner insbesondere in Bezug auf Zweckgesellschaften *Busch/Zwirner* (2012), S. 374 f.

dass Machtverhältnisse beim Gründungsakt nicht ausreichen („not sufficient"[963]), um ein Beherrschungsverhältnis i.S.d. IFRS 10 zu begründen.[964] Mit dieser Vorschrift liegt eine Fortführung des Control-Indikators der Abstimmung der Geschäftspolitik nach SIC-12.10(a) vor, der implizit am Konzept der einheitlichen Leitung zum Gründungszeitpunkt ausgerichtet ist, sofern das Indiz verlässlich nachgewiesen werden soll. Die Bedeutung der Indizfunktion[965] nach IFRS 10 ist allerdings umstritten. *Küting/Mojadadr* sehen bei einer Teilnahme an der Ausgestaltung in der Vergangenheit „ein Indiz für power"[966] als gegeben an. Auch nach den Folgerungen von *Kirsch/Ewelt-Knauer* aus der Zweck-und-Struktur-Analyse „müssen für das Power-Kriterium die Machtverhältnisse im Zeitpunkt der Gründung beurteilt werden"[967]. Hingegen sieht *Reiland* „sämtliche Entscheidungen bei der Gründung der Wirtschaftseinheit"[968] nach IFRS 10 als „[u]nerheblich"[969] an. Ebenso kommen *Böckem/Stibi/Zoeger* zum Ergebnis, dass „die Gestaltung von ‚Autopilotmechanismen' alleine nicht ausreichend [ist], um Entscheidungsmacht zu begründen"[970]. Aus diesen Aussagen folgt, dass das Merkmal einer einheitlichen Leitung zum Gründungszeitpunkt nach IFRS 10 weniger stark ausgeprägt ist, als es noch unter der bisherigen Interpretation SIC-12 der Fall ist, die dieses Charakteristikum als einen eigenständigen Indikator von insgesamt vier formuliert. Der Standardsetzer scheitert offensichtlich damit, das Konzept der einheitlichen Leitung zum Gründungszeitpunkt sachgerecht in das Control-Konzept des IFRS 10 zu integrieren, das primär an gegenwärtigen[971] bzw. bedingten[972] Power-Rechten ausgerichtet ist. Dennoch wollte das *IASB* dieses Merkmal offenkundig nicht unerwähnt lassen, da gerade die Vorbestimmung der Geschäftsaktivitäten durch eine beherrschende Partei zum Gründungszeitpunkt für bestimmte Unternehmenstypen ein Wesensmerkmal darstellt. Dem Standardsetzer gelingt es allerdings nicht, eine konzeptionelle Brücke zu den drei Control-Indizien (Entscheidungsgewalt, Rückflussvariabilität und Ergebnisbeeinflussungsmöglichkeiten) zu schlagen. Damit befindet sich das Konzept der einheitlichen Leitung zum Vertragszeitpunkt zwar in IFRS 10; es hängt aber konzeptionell in der Luft und besitzt keine Schlagkraft.

---

[963] IFRS 10.B51.
[964] Vgl. IFRS 10.BC77.
[965] „[The] involvement in the design may indicate that the investor had the opportunity to obtain rights that are sufficient to give it power over the investee." (IFRS 10.B51 (letzter Satz)).
[966] *Küting/Mojadadr* (2011), S. 277.
[967] *Kirsch/Ewelt-Knauer* (2011), S. 1643.
[968] *Reiland* (2011), S. 2730.
[969] *Reiland* (2011), S. 2730.
[970] *Böckem/Stibi/Zoeger* (2011), S. 406.
[971] Vgl. zur „current ability" IFRS 10.10.
[972] Vgl. beispielsweise zur Berücksichtigung von zeitnah zum Bilanzstichtag bestehenden Power-Rechten IFRS 10.B24, Example 3D.

Mit der Anwendung der Zweck-und-Struktur-Analyse hält der Standardsetzer das One-Size-fits-all-Control-Konzept zwar formal durch. Beachtung findet das Control-Indiz aber – wenn überhaupt – nur bei solchen Unternehmen, dessen Geschäftstätigkeiten zum Gründungszeitpunkt vorherbestimmt wurden, wie es regelmäßig bei Special Purpose Entities der Fall ist. Somit liegt implizit eine inhaltliche Differenzierung zwischen normalen Unternehmen und Zweckgesellschaften vor, ohne dass der Standard im Wortlaut eine solche Differenzierung vornimmt.[973]

6.6.2 Analyse des Zwecks und der Ausgestaltung bei ABCP-Programmen

Die Verdeutlichung der Erkenntnisgewinnung über die Struktur und die Zwecksetzung erfolgt am Beispiel eines Multi-Seller-ABCP-Programms: Die Beschaffung finanzieller Mittel über den ABCP-Markt ist der Primärzweck eines Conduits, sodass es vorwiegend der Refinanzierung des gesamten Multi-Seller-ABCP-Programms dient. Als Erkenntnis für die weitere Untersuchung resultiert hieraus, dass Entscheidungen über die ABCP-Emission hinsichtlich Konditionen und Volumen sowie Beschlüsse über die Liquiditätsfazilität zur Refinanzierungsabsicherung relevante Aktivitäten darstellen. Diese Funktionen übernimmt typischerweise der Sponsor (Gründer) des ABCP-Programms.[974] Diese Erkenntnisse helfen für die weiteren Prüfschritte; sie bleiben allerdings innerhalb der Analyse von „purpose and design" ohne Konsequenzen.

Die aktive Teilnahme an der Ausgestaltung durch den Sponsor, der das ABCP-Programm initiiert, ist nicht ausreichend, um ein Beherrschungsverhältnis zu begründen. Gleichwohl stellt es nach IFRS 10 ein Indiz für „power" dar, da es zeigt, dass in der Vergangenheit Entscheidungsgewalt vom beherrschten Unternehmen ausgeübt wurde.[975] Trotz eines zu erzielenden Interessenausgleichs[976] zum Gründungszeitpunkt ist oft eine Tendenzaussage möglich, welche Partei eine einheitliche Leitung zu diesem Zeitpunkt ausgeübt hat. Dies ist bei ABCP-Programmen zumeist der Sponsor, da die Verträge häufig zu seinen Gunsten ausgestalten sind. Während die Forderungsverkäufer die Vertragsbedingungen lediglich akzeptieren oder auf eine andere Plattform ausweichen können, hat der Sponsor in Abhängigkeit der Wettbewerbssituation gewisse Spielräume innerhalb des Gründungsprozesses, wie Abschnitt 5.3.5.2.3 vertieft.

Während die Prüfung dieses Merkmals den bisherigen Anforderungen des SIC-12.10(a) entspricht, handelt es sich – wie oben ausgeführt – im Vergleich zum alten Recht nur noch um

---

[973] Vgl. *Lüdenbach/Freiberg* (2012), S. 42 f.
[974] Vgl. *Kothari* (2006), S. 471; *Ricken* (2008), S. 56.
[975] Vgl. IFRS 10.B51.
[976] Vgl. zum Interessensausgleich bei ABCP-Prorammen *Boulkab/Marxfeld/Wagner* (2008), S. 502.

einen schwachen Control-Indikator, der für sich genommen keine Konsolidierungspflicht nach IFRS 10 durch den Sponsor auslöst.[977]

6.7 Prüfung des Kriteriums der Entscheidungsmacht bei ABCP-Programmen

6.7.1 Die drei Subkriterien der Entscheidungsmacht im Überblick

Nach der Struktur-und-Zweck-Analyse folgt die Prüfung der drei Control-Elemente des Beherrschungskonzepts des IFRS 10. Die erste zu betrachtende Control-Komponente stellt das Merkmal der Entscheidungsgewalt dar. Eine solche „power" ist immer dann gegeben,

- wenn das beherrschende Unternehmen über bestehende Rechte („existing rights") verfügt,
- die ihm die gegenwärtige Fähigkeit („current ability") verleihen,
- die relevanten Aktivitäten („relevant activities") des anderen Unternehmens zu bestimmen.[978]

Dieser Konkretisierung von „power" ist zu entnehmen, dass das Control-Element der Entscheidungsgewalt drei weitere Subkriterien umfasst. Es handelt sich um die Subkriterien der substanziellen Rechte, der Fähigkeiten („ability") und der relevanten Aktivitäten. Die Subelemente der Entscheidungsmacht müssen kumulativ gegeben sein.[979] Die Abb. 37 verdeutlicht das Control-Konzept des IFRS 10, indem es die drei Hauptkriterien von „control" und die drei Subkriterium von „power" darstellt.

Erstens: Kriterium der Entscheidungsmacht („power")	Zweitens: Kriterium der variablen Rückflüsse	Drittens: Kriterium der Rückflussbeeinflussung
Subkriterium der substanziellen Rechte		
Ability-Subkriterium		
Subkriterium der relevanten Aktivitäten		

Abb. 37: Die drei Control-Kriterien des IFRS 10 inklusive der Subkriterien für „power"

---

[977] Vgl. IFRS 10.B51.
[978] Vgl. IFRS 10.10. Die Power-Definition im englischen Original in IFRS 10.App. A lautet: „Power: Existing rights that give the current ability to direct the relevant activitities."
[979] Vgl. IFRS 10.10.

6.7.2 Das Subkriterium der substanziellen Rechte

6.7.2.1 Definition und Abgrenzung der substanziellen Rechte

Das Subkriterium der substanziellen Rechte geht davon aus, dass ein Beherrschungsverhältnis auf Rechten beruht: „Power arises from rights."[980] Hierfür kommen klassischerweise Stimmrechte und gesellschaftsrechtliche Vereinbarungen in Betracht. Darüber hinaus kann ein Beherrschungsverhältnis auch allein auf vertraglichen Vereinbarungen beruhen.[981] Der zuletzt genannte Aspekt zielt auf die Konsolidierungsfrage von Zweckgesellschaften ab, bei denen typischerweise anstatt gesellschaftsrechtlicher zumeist schuldrechtliche Beziehungen zwischen der Special Purpose Entity und dem beherrschenden Unternehmen bestehen.

Eine substanzielle Rechtsposition i.S.d. IFRS 10 bedeutet, dass weder regulatorische noch finanzielle Hindernisse die Rechtsposition soweit beeinträchtigen, dass eine Beherrschungsmöglichkeit ausgeschlossen ist.[982] Unter rechtlichen Einschränkungen sind z.b. staatliche Beschränkungen der Rechtsausübung bei ausländischen Tochtergesellschaften denkbar.[983] Finanzielle Barrieren stellen zu zahlende Strafen oder andere ökonomische Nachteile bei der Wahrnehmung einer formalen Beherrschungsposition dar.[984] Dies ist z.B. bei Stimmrechtsbindungsverträgen möglich, nach denen bei einer abweichenden Stimmrechtsabgabe, die nicht im Interesse des Vertragspartners ist, die rechtsausübende Partei eine exorbitante Vertragsstrafe leisten muss.[985]

Substanzielle Rechte sind von Schutzrechten abzugrenzen,[986] die lediglich die Interessen der Minderheitsanteilseigner schützen,[987] ohne diesen eine Bestimmungsbefugnis zu verleihen.[988] Als Beispiel nennt der Standard u.a. das Recht des Fremdkapitalgebers, Geschäftstätigkeiten zu verhindern, die die Bonität des Unternehmens (Kreditnehmer) wesentlich beeinträchtigen.[989] Denkbar wäre z.B. der vertragliche Ausschluss von Spekulationsgeschäften, die mit den Finanzmitteln aus dem gewährten Darlehen finanziert werden.

---

[980] IFRS 10.11.
[981] Vgl. IFRS 10.11.
[982] Vgl. IFRS 10.B22 f.
[983] Vgl. IFRS 10.B23(a)(vii).
[984] Vgl. IFRS 10.B23(a)(i).
[985] Vgl. umfassend zu Stimmrechtsbindungsverträgen *Theißen* (1993), S. 469–472.
[986] Vgl. IFRS 10.B9. Vgl. ferner zu „protective rights" mit Bezug auf den ED 10 *Beyhs/Buschhüter/Wagner* (2009), S. 63.
[987] Vgl. z.B. zu „non-controlling interests" IFRS 10.B28(b).
[988] Vgl. IFRS 10.App. A; IFRS 10.B27.
[989] Vgl. IFRS 10.B28(a). Vgl. ferner *Erchinger/Melcher* (2011), S. 1232.

6.7.2.2 Konzeptionelle Einordnung des Subkriteriums der substanziellen Rechte

Das Subkriterium der substanziellen Rechte weist zwar durch das Abstellen auf formale Sachverhalte auf den ersten Blick eine Tendenz zu einem Legal-Control-Konzept auf. Aufgrund der vorgeschriebenen Analyse aller Umstände und Tatsachen („all facts and circumstances"[990]) stellt sich aber die Frage, inwieweit hier eine Erweiterung um eine wirtschaftliche Betrachtungsweise vorliegt.

Indem das Subkriterium der substanziellen Rechte nach IFRS 10.11 vorschreibt, dass ein Control-Verhältnis stets auf einer Rechtsposition basieren muss, scheidet eine Erfüllung des Power-Kriteriums durch wirtschaftliche Abhängigkeiten für sich genommen als Konsolidierungsgrundlage aus.[991] Diese Regelung entspricht der bisherigen Behandlung von „economic dependencies" unter SIC-12.[992] Sogar das Beispiel, dass kein Beherrschungsverhältnis zwischen einem Hauptabnehmer und einem abhängigen Zulieferbetrieb allein aufgrund der finanziellen Abhängigkeit gegeben ist, wurde von SIC-12.App. (a) nach IFRS 10.B40 übernommen. Folglich liegt zwar diesem Subkriterium des Power-Elements keine besonders weite Form der wirtschaftlichen Betrachtungsweise zugrunde. Ein gewisser Grad an wirtschaftlicher Betrachtungsweise ist aber bei diesem Subkriterium dennoch zu finden, da wirtschaftliche Aspekte – wie bereits oben anhand drohender Vertragsstrafen bei Stimmrechtsbindungsverträgen erläutert – bei der Beurteilung der Substanz der Rechtsposition zu beachten sind.

Besonders deutlich wird der Einfluss einer wirtschaftlichen Betrachtungsweise auf das Subkriterium in Bezug auf potenzielle Stimmrechte, worunter regelmäßig Aktienoptionen bzw. Wandlungsrechte in Eigenkapital zu verstehen sind.[993] Eine Beherrschung unter Berücksichtigung potenzieller Stimmrechte durch eine Partei, die keine formale Mehrheit der traditionellen Stimmrechte innehat, ist unter der Voraussetzung möglich, dass andere Parteien keine Kontrolle über das andere Unternehmen durch jederzeitige Anteilskäufe am Kapitalmarkt erlangen können, weil mangels Angebot eine hinreichende Stückzahl für eine Kontrollerlangung nicht verfügbar ist.[994] Die Analyse von Aktienoptionen besitzt somit insbesondere bei solchen Aktiengesellschaften Relevanz, die keine Börsennotierung aufweisen.

Indem IFRS 10.B23(c) die Berücksichtigung des finanziellen Nutzens der Ausübung von Rechten fordert, ist eine Aktienoption nur dann als substanziell anzusehen, wenn die Bedin-

---

[990] Vgl. IFRS 10.B23.
[991] Vgl. IFRS 10.B40.
[992] Vgl. SIC-12.App. (a).
[993] Vgl. IFRS 10.B47. Vgl. auch zu potenziellen Stimmrechten nach IFRS 10 *Lüdenbach/Freiberg* (2012), S. 46. Vgl. hierzu nach IAS 27 *PricewaterhouseCoopers* (2012), S. 1721-1723; *Lüdenbach* (2012), § 32, Tz. 46-52.
[994] Vgl. hierzu die Beispiele des Standards nach IFRS 10.B50. Vgl. ebenso nach altem Recht die Beispiele des IAS 27.IG8.

gungen für ihre Ausübung für den Inhaber von Vorteil sind.[995] Ein Wandlungsrecht, das „weit aus dem Geld" notiert, ist daher nach einem Beispiel des Standards nicht zu berücksichtigen.[996] Dieser Fall galt bislang nach IAS 27 bereits als nicht zu beachtender Sachverhalt, da eine Ausübung unwahrscheinlich ist.[997] Neu gegenüber dem alten Recht ist die Klarstellung, dass die Motivation durch die Nutzung von Synergien ebenfalls in die Betrachtung einzubeziehen ist, wenn die Option „aus dem Geld" notiert. Nach IFRS 10 kann unter Berücksichtigung der Synergieeffekte die Ausübung trotzdem vorteilhaft sein, sodass ein substanzielles Recht vorliegt.[998] Die Grenzziehung, wann die Vorteilhaftigkeit aus einem potenziellen Stimmrecht gerade noch gegeben ist und wann nicht, hängt durch die Schätzung der Höhe möglicher Synergien von der subjektiven Einschätzung des prüfenden Unternehmens ab. Die Abgrenzung von substanziellen und nicht-substanziellen Rechten birgt einen Graubereich, der Ermessensspielräume ermöglicht.[999] Wie am Beispiel von potenziellen Stimmrechten gezeigt, ist die Vorteilhaftigkeit einer ausübbaren Machtposition zur Feststellung von Bedeutung, ob ein Recht substanziell i.S.d. IFRS 10 ist. Das Subkriterium basiert zwar auf einem Legal-Control-Konzept; es wird aber um eine wirtschaftliche Betrachtungsweise in dessen Auslegung erweitert.

6.7.2.3 Subkriterium der substanziellen Rechte bei Verbriefungszweckgesellschaften

Die Anwendung des Subkriteriums der substanziellen Rechte konzentriert sich bei Zweckgesellschaften regelmäßig auf schuldrechtliche Verträge,[1000] da bei ihnen typischerweise Stimmrechte und gesellschaftsrechtlichen Vereinbarungen nicht gegeben sind oder keine Durchsetzungskraft besitzen, um damit die relevanten Aktivitäten umfassend zu bestimmen.[1001] Eine Beherrschung mittels schuldrechtlicher Verträge ist daher nach IFRS 10 ausdrücklich möglich.[1002]

Neben der abweichenden, rechtlichen Ausgestaltung der Eingriffsmöglichkeiten bei Zweckgesellschaften im Vergleich zu normalen Unternehmen ist das Wesen einer Special Purpose Entity durch die weitgehende Vorherbestimmung der Tätigkeiten gekennzeichnet. Der Standard fokussiert daher die noch verbleibenden, nicht vollständig determinierten Aktivitäten, die

---

[995] Vgl. IFRS 10.B47.
[996] Vgl. IFRS 10.B50, Example 9.
[997] Vgl. IAS 27.IG2, IG8. Vgl. *Lüdenbach* (2012), § 32, Tz. 50.
[998] Vgl. IFRS 10.B50, Example 10.
[999] Vgl. hinsichtlich ähnlicher Einschätzung *Reiland* (2011), S. 2731.
[1000] Vgl. zu power auf Basis von „contractual arrangements" IFRS 10.11.
[1001] Vgl. *Ewelt-Knauer* (2010), S. 80.
[1002] Vgl. IFRS 10.B17 i.V.m. IFRS 10.38 f.

die vermeintlich beherrschende Partei bestimmen kann.[1003] Die deutschsprachige Literatur bezeichnet diese Tätigkeiten als „Residualentscheidungen"[1004] oder „Restaktivitäten"[1005]. Der Standard verdeutlicht die Residualentscheidungen anhand eines Beispiels, das dem in dieser Arbeit als Structured Investment Vehicles bezeichneten ABCP-Programmen entspricht, ohne diesen Namen zu erwähnen.[1006] Der Investment-Manager ist für die Investitionsentscheidungen der Zweckgesellschaft verantwortlich, indem er über den An- und Verkauf des Konstrukts von ABS-Tranchen anderer Verbriefungszweckgesellschaften bestimmt. Seine Handlungen müssen lediglich durch die vorgegebenen Ankaufrichtlinien („investee's prospectus"[1007]) gedeckt sein, die die Geschäftspolitik des Vehikels einschränken. Sofern andere Parteien keine substanziellen Rechte innehaben, folgert IFRS 10 aus diesen Restaktivitäten, dass der Investment-Manager wegen der Ermessensspielräume im Rahmen der vorherbestimmten Investitionspolitik über substanzielle Rechte verfügt.[1008]

Trotz der konzeptionellen Wahrung des Prinzips „One Size fits all"[1009], da das Kriterium der substanziellen Rechte für alle Unternehmen einschließlich Zweckgesellschaften anzuwenden ist, ist aus der Erweiterung um die Berücksichtigung residualer Tätigkeiten bei Unternehmen mit prädeterminierter Geschäftspolitik eine inhaltliche Trennung erkennbar.[1010] Eine differenzierte Anwendung des Subkriteriums auf klassische Unternehmen und Zweckgesellschaften ist erforderlich. Während bei Beteiligungsunternehmen strategische Entscheidungen ausschlaggebend sind, ist bei Special Purpose Entities die Bestimmbarkeit von (mehr oder weniger) operativen Tätigkeiten von Bedeutung.

Ferner entspricht die Berücksichtigung von Residualaktivitäten einer wirtschaftlichen Betrachtungsweise i.S.e. Beachtung faktischer Umstände, da dadurch der Prädeterminierung der Geschäftspolitik Rechnung getragen wird. Eine Beachtung solcher residualen Tätigkeiten wäre bei Unternehmen, dessen Beherrschung auf Stimmrechten beruht, nicht sachgerecht, da sie nicht erforderlich sind. Angesichts einer Vielzahl möglicher operativer Tätigkeiten, die durch Outsourcing-Verträge auf Treuhänder übertragbar sind, eröffnen sich dem bilanzierenden Unternehmen durch die hier vorgenommene wirtschaftliche Betrachtungsweise Er-

---

[1003] Vgl. IFRS 10.B53. Die darüber hinausgehende mögliche Bedingtheit nach IFRS 10.B53 wird im nächsten Abschnitt thematisiert.
[1004] *Pütz/Ramsauer* (2009), S. 874 (bezüglich ED 10).
[1005] *Gryshchenko* (2010), S. 45 (bezüglich ED 10).
[1006] Vgl. IFRS 10.B72, Example 15. Das Beispiel-Konstrukt refinanziert sich mit festverzinslichen Wertpapieren, die ABCP entsprechen, und Capital Notes vergleichbaren „equity instruments", die Erstverluste auffangen sollen. Das Beispiel-Vehikel investiert in andere ABS. Damit stimmt das Beispiel-Unternehmen mit dem in dieser Arbeit als Structured Investment Vehicles bezeichneten Unternehmen überein.
[1007] IFRS 10.B72, Example 15.
[1008] Vgl. IFRS 10.B72, Example 15.
[1009] *Böckem/Stibi/Zoeger* (2011), S. 405.
[1010] Vgl. *Lüdenbach/Freiberg* (2012), S. 42.

messensspielräume bei der Abgrenzung von substanziellen und nicht-substanziellen Rechten, wie es bereits oben bei potenziellen Stimmrechten angedeutet wird. Ob die Restaktivitäten tatsächlich „power" verleihen und somit substanziell sind, ergibt sich meist erst in einer vom Standard geforderten Gesamtwürdigung der im Folgenden darzustellenden weiteren Kriterien des Control-Konzepts.[1011]

6.7.3 Das Ability-Subkriterium des IFRS 10

6.7.3.1 Das Ability-Subkriterium und das Power-to-Direct-Konzept

Zur Begründung des Power-Kriteriums bedarf es der gegenwärtigen Fähigkeit („current ability"[1012]), die bestehende identifizierte Rechtsposition zur Bestimmung der Aktivitäten des anderen Unternehmens zu nutzen. Diese „ability" stellt das zweite Subkriterium der Entscheidungsgewalt („power") dar. Eine tatsächliche aktive Ausübung des vorliegenden Ability-Subkriteriums muss nicht vorliegen.[1013] Folglich ist dieser Ansatz nicht am Konzept der einheitlichen Leitung, sondern an der Möglichkeit zur Beherrschung ausgerichtet. Dies hat innerhalb der IFRS-Konzernnormen Tradition und entspricht einer Fortführung des Power-to-Govern-Konzepts, wie es die Control-Definition des IAS 27.4 bislang verfolgt. Unter Berücksichtigung des Wortlauts der neuen Control-Definition des IFRS 10.6 trägt das Modell, das an Beherrschungsmöglichkeiten ausgerichtet ist, in dieser Arbeit die Bezeichnung „Power-to-Direct-Konzept". Mit dieser abweichenden Terminologie liegt zwar grundsätzlich keine konzeptionelle Änderung vor, wohl aber eine inhaltliche Erweiterung, da sich „govern" auf die Geschäftspolitik bezieht, während „direct activities" sämtliche (auch operative) Tätigkeiten des beherrschten Unternehmens umfasst.

Das Ability-Subkriterium konkretisiert die zuvor identifizierten substanziellen Rechte unter Beachtung einer wirtschaftlichen Betrachtungsweise, da die Rechtsposition auch die Fähigkeit zur Bestimmung der relevanten Aktivitäten des beherrschten Unternehmens verleihen muss. Daher können auch Präsenzmehrheiten auf Anteilseignerversammlungen eine Entscheidungsmacht verleihen, sofern durch eine breite Streuung der übrigen Anteile ein Beherrschungsverhältnis nachhaltig ist.[1014] Das Ability-Kriterium ist somit am De-facto-Control-Konzept ausgerichtet, das bereits in IAS 27 Anwendung findet. Im Unterschied zum alten Recht ist allerdings das De-facto-Control-Verhältnis innerhalb des neuen Standards kodifiziert, während

---

[1011] Vgl. zur Würdigung der Gesamtumstände IFRS 10.7; *Lüdenbach/Freiberg* (2012), S. 48 f.
[1012] IFRS 10.10.
[1013] Vgl. IFRS 10.12.
[1014] Vgl. IFRS 10.B43.

nach IAS 27 die Erweiterung um faktische Verhältnisse lediglich auf einer informellen Klarstellung des *IASB*[1015] beruhte.[1016]

6.7.3.2 Ability-Subkriterium versus Stichtagsbetrachtung

Die geforderte Gegenwärtigkeit der Fähigkeit zur Bestimmung von Aktivitäten[1017] legt den Schluss nahe, dass die Beherrschungsmöglichkeit rechtlich unanfechtbar zum Bilanzstichtag bestehen muss.[1018] Diese Ansicht greift allerdings zu kurz. Das *IASB* diskutierte (im Rahmen des Consolidation-Projekts) einen Legal-or-Contractual-Rights-Ansatz, der formalrechtlich so ausgerichtet ist, dass er auf rechtlich unentziehbare jederzeitige Kontrollrechte abstellt.[1019] Aufgrund des Anreizes dieses Ansatzes zu sachverhaltsgestaltenden Maßnahmen verwarf der Standardsetzer jedoch diese Idee.[1020] Denn eine solche formalistisch geprägte Abgrenzung des Konsolidierungskreises weist zwar einerseits ein hohes Maß an Objektivierung auf, lässt sich aber andererseits „durch eine kreative Anwendung der Normen auskontern"[1021]. Beispielsweise könnten Unternehmen versuchen, die Ausübbarkeit bestimmter Kontrollrechte (z.B. bei potenziellen Stimmrechten) zum Bilanzstichtag auszuschließen, obwohl sie zu einem späteren Zeitpunkt durchaus mittels dieser Rechte über einen Einfluss auf das andere Unternehmen verfügen. Daher hat sich das *IASB* für den Ability-Ansatz entschlossen, nach dem die Verfügungsgewalt nicht unanfechtbar am Stichtag ausübar sein muss. Der Standardsetzer geht zwar davon aus, dass die Ausübungsfähigkeit am Bilanzstichtag den Regelfall („usually"[1022]) darstellt. Das *IASB* erachtet es aber in Einzelfällen („sometimes"[1023]) als ausreichend, dass Bestimmungsmöglichkeiten nicht jederzeit wahrgenommen werden, sondern erst dann, wenn die Entscheidung über die relevanten Aktivitäten notwendig ist.[1024] Folglich ist der „Begriff ‚gegenwärtig ausübbar' [...] weit auszulegen"[1025].

Als Beispiel innerhalb des IFRS 10 zur Dehnung dieser „Gegenwärtigkeit" sind potenzielle Stimmrechte in Form von Aktienoptionen zu nennen, die nach IFRS 10 auch erst nach dem

---

[1015] Vgl. IASB (2005).
[1016] Vgl. auch *Lüdenbach/Freiberg* (2012), S. 47.
[1017] Vgl. IFRS 10.10.
[1018] Vgl. kritisch hierzu *Erchinger/Melcher* (2011), S. 1236.
[1019] Vgl. IFRS 10.BC47.
[1020] Vgl. IFRS 10.BC48–BC50.
[1021] *Küting/Gattung* (2007), S. 408 (in Bezug auf ein Legal-Control-Konzept bei der Abgrenzung des Konzerns).
[1022] IFRS 10.B24.
[1023] IFRS 10.B24.
[1024] Vgl. IFRS 10.B24.
[1025] *Beyhs/Buschhüter/Schurbohm* (2011), S. 664.

Bilanzstichtag ausübbar sein können.[1026] Dies stellt eine wesentliche Neuerung gegenüber IAS 27 dar. Bislang gilt, dass das Wandlungsrecht zum Stichtag bestehen muss.[1027] Dies dient nach altem Recht der Wahrung des Stichtagsprinzips.[1028] Allerdings besteht bisher die Möglichkeit, die Berücksichtigung von potenziellen Stimmrechten zu umgehen, wenn das bilanzierende Unternehmen darauf achtet, nur europäische Optionen[1029] zu erwerben. Dieser Optionstyp weist regelmäßig eine zeitliche Terminierung der Ausübbarkeit auf. Im Gegensatz hierzu sind amerikanische Optionen täglich wandelbar.[1030] IFRS 10 bricht an dieser Stelle mit dem Stichtagsprinzip. Der Standardsetzer beseitigt zwar hiermit einen Anreiz zu sachverhaltsgestaltenden Maßnahmen – Wahl zwischen europäischen versus amerikanische Optionen –, schafft aber gleichzeitig neue Ermessensspielräume, indem jetzt auslegungsoffen ist, welchen Zeitraum nach dem Bilanzstichtag das prüfende Unternehmen noch berücksichtigen muss.[1031] Unklarheiten betreffen konkret die Frage, bei welchem Ausübungszeitpunkt des Wandlungsrechts nach dem Bilanzstichtag noch von einer damit begründbaren Beherrschungsmöglichkeit auszugehen ist.[1032]

Dass die Fähigkeit zur Kontrolle nicht stets jederzeit vorliegen muss, konfligiert einerseits mit dem Stichtagsprinzip, wenn „power" am Periodenstichtag nicht ausübbar ist.[1033] Andererseits ist diese Ansicht des *IASB* bezüglich Konzernverbindungen sachgerecht, da (im Vergleich zu einzelnen Vermögenswerten) die Entscheidungsprozesse in Unternehmensverbindungen oft komplexer sind. Dies ist anhand eines weiteren Beispiels des IFRS 10 zu verdeutlichen, nach dem sich ein Beherrschungsverhältnis bei fehlender Stimmrechtsmehrheit nicht einfach durch Verweis auf die aktuelle Rechtsposition negieren lässt. Da die Einberufung einer Anteilseignerversammlung zur Durchsetzung bestimmter Entscheidungen 30 Tage dauert,[1034] müsste es folglich genügen, wenn sich das Unternehmen die Macht bis zu diesem Tag aneignen kann, ohne dabei auf die Mitwirkung Dritter angewiesen zu sein, wie es z.B. durch die Ausübung einer durchsetzbaren Kaufoption oder deren Verzicht durch das andere Unternehmen der Fall wäre. Die jederzeitige Fähigkeit zur Machtausübung im Rahmen von Unternehmensverbindungen ist somit faktisch oft nicht in einer strengen Auslegung des Stichtagsprinzips gegeben.

[1026] Vgl. IFRS 10.B24. Die Textziffer zusammen mit den Beispielen ist zwar unter der Überschrift „Substantive rights" zu finden. Sie verdeutlicht allerdings auch die Auffassung vom Ability-Ansatz, sodass es auch hier dargestellt werden kann.
[1027] Vgl. IAS 27.14 f.
[1028] Vgl. *Lüdenbach* (2012), § 32, Tz. 49.
[1029] Vgl. *PricewaterhouseCoopers* (2012), S. 1721.
[1030] Vgl. *Krumnow u.a.* (2004), § 340e HGB, Tz. 452.
[1031] Vgl. hierzu IFRS 10.24, insb. Examples 3B bis 3D.
[1032] Vgl. IFRS 10.B24, Example 3c.
[1033] Das Stichtagsprinzip des IFRS-Normsystems gilt als ergänzender Grundsatz ordnungsmäßiger Rechnungslegung und leitet sich aus IAS 10.3 ab. Vgl. hierzu *PricewaterhouseCoopers* (2012), S. 146. Vgl. zum Stichtagsprinzip bei potenziellen Stimmrechten nach IAS 27 *Lüdenbach* (2012), § 32, Tz. 47–49.
[1034] Vgl. IFRS 10.B24, Examples 3A.

Daher benennt das *IASB* diesen Ansatz in den erläuternden Hinweisen (Basis for Conclusions) auch nicht als „current ability model"[1035], sondern schlicht als „ability approach"[1036], gleichwohl der Standard teilweise von „current ability to direct"[1037] spricht. Die zentrale Norm für „power" in IFRS 10 betitelt dies hingegen schlicht als „ability to direct"[1038]. Demnach ist eine Gegenwärtigkeit des Einflusses nicht erforderlich.

Das Kriterium „ability" stellt einen unbestimmten Rechtsbegriff dar, der in IFRS 10 durch Beispiele zur zeitnahen Power-Ausübung zum Bilanzstichtag Konkretisierung erfährt. Für die IFRS-Bilanzersteller stellen sich bei der Anwendung dieses unbestimmten Rechtsbegriffs Auslegungsfragen. Wenn 30 Tage nach dem Bilanzstichtag vom Standard als ausreichend betrachtet werden, wo ist dann die Grenze zu ziehen? Als Maximum nennt der Standard in einem anderen Verdeutlichungsbeispiel sechs Monate.[1039] Die Konkretisierung über Fallbeispiele schafft eine Kasuistik, die Ermessensspielräume eröffnet und damit eine Beeinträchtigung der Vergleichbarkeit der IFRS-Abschlüsse darstellt.

6.7.3.3 Bedingte Power-Rechte bei vorbestimmten Aktivitäten

Das Ability-Subkriterium ist auch dann erfüllt, wenn bei einer gegebenen Prädeterminierung von Aktivitäten die Bestimmungsbefugnis an bestimmte Ereignisse gebunden ist („contingent on circumstances"[1040]). Diese bedingten Power-Rechte stellen Residualaktivitäten dar, die in Abhängigkeit bestimmter Umweltzustände von dem potenziell beherrschenden Unternehmen vorgenommen werden können. Damit ist die Norm regelmäßig für Zweckgesellschaften einschlägig, da deren Geschäftsaktivitäten vorherbestimmt sind. Als Beispiel für ein bedingtes Power-Recht führt der Standard Befugnisse in Abhängigkeit vom Auftreten von Zahlungsausfällen bei Verbriefungszweckgesellschaften auf.[1041]

Die Berücksichtigung bedingter Kontrollrechte konfligieren ebenfalls formal mit dem Stichtagsprinzip, denn sie sind zudem von der Unsicherheit geprägt, welche Mindestwahrscheinlichkeit der Eintritt des ausschlaggebenden Ereignisses aufweisen muss. Verfügen mehrere Parteien über bedingte Power-Rechte, bedarf es zudem einer wertenden Abwägung, welche Power-auslösenden Ereignisse seltener und welche häufiger auftreten, sofern mittels dieser Rechte eine beherrschende Partei zu identifizieren ist.

[1035] *Erchinger/Melcher* (2011), S. 1236.
[1036] IFRS 10.BC49 u. BC55.
[1037] IFRS 10.10.
[1038] IFRS 10.10.
[1039] Vgl. IFRS 10.B24, Example 3D.
[1040] IFRS 10.B53.
[1041] Vgl. IFRS 10.B53, Example 11 f.

Der Ability-Ansatz verfolgt durch die indirekte Aufweichung des Stichtagsprinzips und die Berücksichtigung bedingter Power-Rechte bei sonstiger Vorherbestimmung der Aktivitäten „eine weitreichende wirtschaftliche Betrachtungsweise"[1042]. Das Konzept der Beherrschungsmöglichkeit (Power-to-Direct-Konzept) wird somit im Rahmen des Ability-Kriteriums breit ausgelegt, da unter der Voraussetzung der oben diskutierten Fälle keine jederzeitige Ausübbarkeit erforderlich ist.

6.7.3.4 Verdeutlichung von bedingten Power-Rechten bei ABS-Transaktionen

Eine Verdeutlichung einer bedingten Entscheidungsmacht erfolgt in IFRS 10 anhand einer einfachen ABS-Transaktion ohne Credit Enhancement. Der Forderungsverkäufer, der die Finanzaktiva an eine Verbriefungszweckgesellschaft abgetreten hat, kann (regelmäßig laut Satzung) im Falle von Zahlungsausfällen das Forderungsmanagement an sich ziehen und selbst durchführen. Zum Forderungsmanagement gehören u.a. Entscheidungen der Verwertung von möglichen Sicherheiten. Dies beeinflusst die Rückflüsse aus der Zweckgesellschaft für den Forderungsverkäufer, da Erfolge bzw. Misserfolge im Verwertungsprozess die Höhe seiner residualen Zahlungsströme beeinflusst. IFRS 10 sieht in diesem Zusammenhang eine bedingte Entscheidungsgewalt durch eine Rückübertragungspflicht der Zweckgesellschaft an den Forderungsverkäufer im Fall eines Forderungsausfalls als gegeben an. Der Forderungsverkäufer erlangt damit die Inhaberschaft an den zuvor veräußerten Krediten zurück und nimmt z.B. die Verwertung der Sicherheiten vor. Der Erlös hieraus steht der Zweckgesellschaft zu. Der Entscheidungsspielraum im Rahmen des Forderungsmanagements im Default-Fall beeinflusst somit die Zahlungsströme der Zweckgesellschaft. Nach IFRS 10 erfüllt daher der Forderungsverkäufer das Power-Element, sofern die Rückflüsse signifikant sind.[1043] Anreize zu Sachverhaltsgestaltungen bestehen hier, indem vorher vereinbart wird, welche Maßnahmen der Forderungsverkäufer im Fall von Zahlungsausfällen konkret vornehmen muss. Je detaillierter vorweg die in diesem Fall zu treffenden Entscheidungen festgelegt werden, desto eher lässt sich eine Beherrschung verneinen, da der Forderungsverkäufer lediglich gemäß den zuvor festgelegten Vertrags- bzw. Satzungsbestimmung handelt. Eigenständige Entscheidungen des Forderungsverkäufers sind dann nicht möglich, sodass das Power-Element zu seinen Gunsten offensichtlich als nicht ausreichend erfüllt anzusehen ist.

IFRS 10 enthält bemerkenswerterweise keine Quantifizierung dahingehend, wie wahrscheinlich solche Ereignisse sein müssen, die „power" verleihen. Handelt es sich bei dem Asset-Portfolio um Forderungen gegenüber bonitätsmäßig einwandfreien Industriekonzernen (z.B. Darlehen an ein DAX-30-Unternehmen), ist ein Forderungsmanagement bei Zahlungsver-

---

[1042] KPMG (2011), S. 2 (in Bezug auf die Gesamtkonzeption des IFRS 10).
[1043] Vgl. IFRS 10.B53, Example 11.

zügen typischerweise selten. Hält die Zweckgesellschaft hingegen Hypotheken an Subprime-Kreditnehmer, ist das Forderungsmanagement im Default-Fall tendenziell regelmäßig vom Forderungsverkäufer wahrzunehmen. Die Gleichbehandlung dieser beiden Extremfälle ist für die Control-Bestimmung unkritisch, solange eine Partei über sämtliche bedingte und unbedingte Power-Rechte verfügt. Im Fall von einer Zweckgesellschaft sind jedoch Strukturen möglich, in denen mehrere Parteien solche Rechte innehaben. Hier bedarf es zur Identifizierung eines beherrschenden Unternehmens einer Gewichtung der bestehenden jeweiligen Power-Rechte der Beteiligten. Dieser Frage widmet sich das nächste Kriterium.

6.7.4 Das Subkriterium der relevanten Aktivitäten

6.7.4.1 Definition der relevanten Aktivitäten

Als dritte Voraussetzung für das Vorliegen des Power-Elements müssen relevante Aktivitäten bestehen,[1044] die die Rückflüsse wesentlich („significantly"[1045]) beeinflussen. Die signifikanten Auswirkungen der Aktivitäten auf die Rückflüsse stellt klar, dass die Aktivitäten die Cashflows nicht „nur irgendwie"[1046] beeinflussen müssen.[1047] IFRS 10 nennt Beispiele für relevante Aktivitäten. Hierzu gehören u.a. das Kaufen und Verkaufen von Waren und die Verwaltung von Finanzaktiva.[1048]

Die Verwendung des Begriffs „Aktivitäten" innerhalb des IFRS 10 ist hinsichtlich der zu betrachtenden Tätigkeiten des potenziell beherrschenden Unternehmens vom Wortlaut weiter gefasst, als die Bestimmung der Geschäfts- und Finanzpolitik in IAS 27.4.[1049] Mit dieser breiteren Terminologie versucht der Standardsetzer offensichtlich auch die Bestimmung der Geschäftsaktivitäten von Zweckgesellschaften unter die einheitliche Control-Definition zu fassen.[1050] Dies zeigt sich daran, dass auch solche relevanten, operativen Aktivitäten (bei sonstiger Vorherbestimmung der Geschäftstätigkeit) ein Beherrschungsverhältnis begründen können, die erst durchführbar sind, wenn bestimmte Umstände auftreten.[1051]

[1044] Vgl. IFRS 10.B10 i.V.m. Power-Definition in IFRS 10.App. A.
[1045] IFRS 10.B11 sowie IFRS 10.App. A.
[1046] Pütz/Ramsauer (2009), S. 874 (mit Bezug auf die „activities" des ED 10).
[1047] Vgl. IFRS 10.BC58.
[1048] Vgl. IFRS 10.B11.
[1049] Vgl. IFRS 10.BC42.
[1050] Vgl. zu dieser Diskussion IFRS 10.BC42–BC55.
[1051] Vgl. IFRS 10.B53.

6.7.4.2 Signifikanz-Voraussetzung bei mehreren Parteien

Die relevanten Aktivitäten müssen geeignet sein, die Rückflüsse signifikant zu beeinflussen.[1052] Verfügt eine Partei ausschließlich über alle Power-Rechte, klärt diese Vorschrift lediglich, welche Aktivitäten in der Control-Prüfung unter Wesentlichkeitsgesichtspunkten zu beachten sind. Sofern andere Parteien ebenfalls über die Fähigkeit verfügen, relevante Aktivitäten des anderen Unternehmens zu bestimmen, hat dasjenige Unternehmen die Bestimmungsbefugnis („power"), das mittels seiner relevanten Aktivitäten seine Rückflüsse am meisten („most significantly"[1053]) beeinflusst.

Zunächst ist festzustellen, dass diese Vorschrift von einer Teilung der Power-Befugnisse ausgeht. Es liegt hierbei keine gemeinsame Führung i.S.d. IFRS 11 vor, bei der die Aktivitäten gemeinschaftlich bestimmt werden. Stattdessen hat hier typischerweise eine Partei (bei SIV-Konstrukten der Investment-Manager) eine bestimmte Bandbreite operativer Tätigkeiten im Bereich der Anlageentscheidungen inne und eine andere Partei verfügt über Power-Befugnisse hinsichtlich der Refinanzierung (bei SIV-Konstrukten der Administrator). Dies ist bei SIV-Konstrukten üblich. Einige der Tätigkeiten können an das Auftreten bestimmter Ereignisse gebunden sein.[1054] Beispielsweise kann der Administrator im Fall von Refinanzierungsschwierigkeiten den Investment-Manager einer SIV anweisen, Vermögenswerte zur Sicherung der Zahlungsfähigkeit der Zweckgesellschaft zu verkaufen.

Mit dem Erfordernis, dass die Power-begründenden, relevanten Aktivitäten die Rückflüsse „most significantly" beeinflussen müssen, führt IFRS 10 einen weiteren unbestimmten Rechtsbegriff ein, für den der Standard keine prinzipienbasierten Anwendungshinweise enthält,[1055] sondern lediglich Beispiele aufführt. Dass dies zu Auslegungsfragen führt, verdeutlichen allein die zahlreichen deutschen EU-Übersetzungen des englischen Worts „significant". Für diesen Begriff finden sich in diversen Standards die folgenden Umschreibungen: „bedeutend"[1056], „bedeutsam"[1057], „erheblich"[1058], „maßgeblich"[1059], „signifikant"[1060] und „wesentlich"[1061]. Die Verwendung des unbestimmten Rechtsbegriffs „significant" birgt somit

---

[1052] Vgl. IFRS 10.B11.
[1053] IFRS 10.13 u. IFRS 10.B13.
[1054] Vgl. IFRS 10.B13, Example 2. Der Standard spricht von „investment vehicles", die den in dieser Arbeit als „SIV" bezeichneten Konstrukten entsprechen.
[1055] Vgl. hierzu kritisch *Reiland* (2011), S. 2732. Vgl. ebenso basierend auf einer Befragung von IFRS-Anwendern *EFRAG* (2012), S. 13.
[1056] IAS 1.46; IAS 28.25; IAS 38.79; IAS 40.13.
[1057] IAS 16.43–45.
[1058] IAS 33.70(d); IAS 36.68; IAS 40.77.
[1059] IAS 1.117; IAS 24.5; IAS 28.2; IAS 31.3.
[1060] IAS 16.34; IAS 36.12(b); IAS 4.29.
[1061] IAS 1.10(e); IAS 1.45; IAS 10.22; IAS 16.77.

die Gefahr der Mehrdeutigkeit.[1062] Dies kann zu einer unterschiedlichen Begriffsauslegung bei den bilanzierenden Unternehmen führen und somit die zwischenbetriebliche Vergleichbarkeit der IFRS-Abschlüsse beeinträchtigen. Der Standard verdeutlicht die Feststellung des maximalen, signifikanten Einflusses auf die relevanten Aktivitäten an einem Beispiel: Ein Vehikel dient der Entwicklung und Vermarktung eines Pharmaprodukts. Eine Partei ist für die Entwicklung eines Medikaments und eine andere für dessen Vertrieb verantwortlich. Einen signifikanten Einfluss auf die eigenen Rückflüsse hat diejenige Partei inne, die zum Bilanzstichtag unter Beachtung des Entwicklungsfortschritts des Medikaments die Ergebnisse des Vehikels am meisten beeinflussen kann.[1063] Da der Standardsetzer offensichtlich keine Lösung für den Zusammenhang zwischen den Rückflüssen und den relevanten Aktivitäten hat,[1064] greift er neben einer allgemeinen Untersuchung der Einflussfaktoren des Umsatzes bemerkenswerterweise auf die zu tragende Variabilität der Risiken und Chancen als Hilfsmittel zurück.[1065] Da dies als eine bedeutende Abweichung von der vom *IASB* geforderten Control-Ausrichtung des Standards erscheint,[1066] ist diesem Aspekt Aufmerksamkeit zu schenken.

6.7.4.3 Exposure-to-Variability-Ansatz zur Konkretisierung von „Signifikanz"

In Zweifelsfragen greift IFRS 10 zur Feststellung von „power" bzw. der oben erläuterten Signifikanz-Anforderungen zur Bestimmung der relevanten Aktivitäten auf eine Analyse des ausstehenden Risikos zurück.[1067] Der Standard spricht vom „exposure to variability of returns"[1068], sodass dieses Vorgehen in dieser Arbeit die Bezeichnung „Exposure-to-Variability-Ansatz" tragen soll, um eine Abgrenzung zum Risks-and-Rewards-Ansatz nach altem Recht deutlich zu machen.

Nach dem Exposure-to-Variability-Ansatz hat der Entscheidungsträger eine Berechnung seines „exposures relative to the total variability of returns"[1069] durchzuführen. In Fällen, in denen mehrere Parteien der Variabilität der Rückflüsse aus einem anderen Unternehmen ausgesetzt sind, ist eine Risiko-Chancen-Analyse in Form einer wahrscheinlichkeitsgewichteten Szenarioanalyse notwendig. Der Standard stellt klar, dass Erwartungswerte zu bestimmen sind.[1070] Damit sind die gleichen statistischen Standardmethoden zur Bestimmung der Varia-

---

[1062] Vgl. kritisch hierzu in Bezug auf IFRS 10 *Küting* (2011), S. 2092 f. Vgl. grundlegend zu dem Wort „significant" in der IFRS-Rechnungslegung *Tanski* (2006), S. 65 f.
[1063] Vgl. IFRS 10.B13, Example 1.
[1064] Vgl. *Reiland* (2011), S. 2732.
[1065] Vgl. IFRS 10.B13, Example 1.
[1066] Vgl. IFRS 10.BC35(c).
[1067] Vgl. IFRS 10.13 f., B13, B9 i.V.m. IFRS 10.B20.
[1068] IFRS 10.B20.
[1069] IFRS 10.B72 (hier bezogen auf den Exposure-to-Variability-Ansatz der Delegated-Power-Analyse).
[1070] „The evaluation is made primarily on the basis of returns expected from the activities" (IFRS 10.B72).

bilität heranzuziehen, die auch beim Risks-and-Rewards-Ansatz des SIC-12 Anwendung finden.

Im Gegensatz zum bisherigen Risks-and-Rewards-Ansatz des SIC-12 nennt der Exposure-to-Variability-Ansatz des IFRS 10 keine Schwellenwerte i.S.e. explizit geforderter (absoluter) Mehrheiten. Der Verzicht auf eine Bright-Line-Regel i.S.e. Mehrheitserfordernisses zielt auf eine Verminderung von bilanzpolitischen Anreizen zur Durchführung von Sachverhaltsgestaltungen ab.[1071] Es liegt keine digitale Betrachtung (Mehrheitserfordernis erfüllt oder nicht erfüllt),[1072] sondern eine qualitative Auswertung der Ergebnisse vor,[1073] die auf der folgender Annahme basiert: Je mehr eine Partei der Variabilität der Rückflüsse ausgesetzt ist, desto eher verfügt sie über „power".[1074]

Mittels des Verzichts auf explizite Bright-Line-Regeln soll die Risiko-Chancen-Analyse – entsprechend der Zielsetzung des *IASB* – den Charakter einer qualitativen Betrachtungsweise erhalten.[1075] Faktisch muss aber mindestens eine relative Mehrheit an der Gesamtvariabilität für eine Partei vorliegen, um bei einem Sachverhalt ein Control-Indiz nachweislich zu identifizieren, da jedes andere Ergebnis nicht zu eindeutigen Interpretationen führt. Dies ist allerdings nicht aus dem Regelwerk des IFRS 10 explizit zu entnehmen, sondern stellt (lediglich) eine logische Schlussfolgerung dar. Dass Unsicherheiten bei der Auslegung des Exposure-to-Variability-Ansatzes – insbesondere bei Zweifelsfällen – auftreten, bestätigt eine Feldstudie des *EFRAG*, das zur Umsetzung des IFRS 10 insgesamt 27 Unternehmen befragt hat.[1076] Letztlich kann der Rückgriff auf eine Chancen-Risiko-Analyse nicht darüber hinwegtäuschen, dass dieses (eher) quantitative Merkmal nicht stringent mit der vom *IASB* geforderten Zielsetzung ist, Chancen-Risiko-Analysen zurückzudrängen.[1077]

Der Exposure-to-Variability-Ansatz des IFRS 10 besitzt weniger Prominenz in der Beherrschungskonzeption des IFRS 10, als es noch bei dem Risks-and-Rewards-Ansatz des SIC-12 der Fall ist. Im Gegensatz zum alten Recht kommt die Chancen-Risiko-Analyse hier lediglich auf der Stufe der Identifikation relevanter Aktivitäten zum Einsatz. Damit ist sichergestellt, dass eine Tragung von Risiken bzw. variablen Rückflüssen kein „proxy for control"[1078] darstellt, da Power-Rechte über relevante Aktivitäten bereits bestehen müssen. Dies ist unter SIC-12.10(c), (d) anders, sofern die qualitativen Indizien nach SIC-12.10(a), (b) nicht ein-

---

[1071] Vgl. IFRS 10.BC142.
[1072] Vgl. *Lüdenbach/Freiberg* (2012), S. 49.
[1073] Vgl. *Reiland* (2012), S. 2734.
[1074] Vgl. IFRS 10.B20 i.V.m. IFRS 10.B72. Vgl. auch *Lüdenbach/Freiberg* (2012), S. 47.
[1075] Vgl. *Reiland* (2011), S. 2731; *Lüdenbach/Freiberg* (2012), S. 49.
[1076] Vgl. *EFRAG* (2012), S. 2, 11 (hier v.a. in Bezug auf die Delegated-Power-Analyse des Kriteriums der Rückflussbeeinflussung bzw. den Fall, wenn mehrere Parteien Abberufungsrechte innehaben).
[1077] Vgl. zu dieser Zielsetzung IFRS 10.BC35(c), BC36.
[1078] IFRS 10.BC30.

deutig erfüllt sind und eine Konsolidierungsentscheidung überwiegend auf dem Risks-and-Rewards-Ansatz beruht. Während bislang unter SIC-12 eine Beherrschung einer Zweckgesellschaft allein auf Basis einer Chancen-Risiko-Betrachtung denkbar ist, schließt das neue Recht die Ergebnisvolatilität aus einem anderen Unternehmen als Konsolidierungsgrundlage aus.[1079] Allerdings bleibt an dieser Stelle differenzierend festzuhalten, dass mit IFRS 10 keine Abschaffung von quantitativen Chancen-Risiko-Ansätzen vorliegt, sondern lediglich eine Zurückdrängung.

6.7.4.4 Das Kriterium der relevanten Aktivitäten bei ABCP-Programmen

Entscheidend ist das Subkriterium der relevanten Aktivitäten für solche Fälle, in denen mehrere Parteien über gegenwärtige und/oder bedingte Power-Rechte verfügen.[1080] Bei Multi-Seller-Conduits ohne zelluläre Struktur kann beispielsweise der Forderungsverkäufer gewisse Entscheidungsfreiheiten hinsichtlich des poolspezifischen Credit Enhancements haben. Er kann freiwillig seinen Haftungsanteil erhöhen, um im Gegenzug eine damit verbundene Gebührenreduktion zu verlangen. Damit übt er einen Einfluss auf seine Rückflüsse aus dem Conduit aus (in Form der Transaktionskostensenkung). Im Vergleich hierzu sind die Entscheidungen des Sponsors typischerweise weitreichender, da er die Ankaufvoraussetzungen, die alle Portfolios betreffen, ändern kann und für die Refinanzierung sämtlicher Forderungspools verantwortlich ist. Damit dürfte der Sponsor oft über umfassende Entscheidungsrechte des Conduits verfügen.[1081] Folglich ist sein Einfluss auf die Cashflows des Conduits und seine Rückflüsse (in Form von Auszahlungen des zinsinduzierten Excess Spread) zumeist höher, als es für die Forderungsverkäufer oder die Investoren der Fall ist. Der Sponsor besitzt dann die Entscheidungsmacht über die relevanten Aktivitäten.

Bei SIV-Konstrukten ist die Identifikation der Partei, die die relevanten Aktivitäten bestimmt und die am meisten die Rückflüsse beeinflusst, oft weniger eindeutig als bei Multi-Seller-Conduits. Hier entscheiden regelmäßig (mindestens) zwei Parteien über spezifische Residualaktivitäten. Der Investment-Manager trifft die Investitionsentscheidungen hinsichtlich der Aktiva im Rahmen der Anlagerichtlinien. Durch sein Portfolio-Management versucht er die Erträge aus den Finanzaktiva zu maximieren. Der Administrator des SIV-Konstrukts ist für die Refinanzierung zuständig und führt die Emission der Verbriefungstitel durch. Er ist bestrebt, die Refinanzierungsaufwendungen zu minimieren. Der Investment-Manager besitzt die Bestimmungsbefugnisse auf der Aktivseite und der Administrator verfügt über die Entscheidungshoheit auf der Passivseite.

[1079] Vgl. IFRS 10.B20.
[1080] Vgl. IFRS 10.B13.
[1081] Vgl. IFRS 10.B72, Example 16.

Um zu beurteilen, welche Partei die Rückflüsse des SIV-Konstrukts am meisten beeinflusst, ist eine Quantifizierung notwendig, da eine tendenziell qualitative Argumentation, wie bei dem obigen Beispiel zu Multi-Seller-Conduits, nicht weiterführt. Für diese Analyse ist die Volatilität der Erträge bzw. Aufwendungen in Abhängigkeit der Eintrittswahrscheinlichkeiten zu beachten. Der Investment-Manger und der Administrator müssen jeweils einen Erwartungswert ihrer Rückflüsse errechnen. Durch einen Vergleich dieser Erwartungswerte ist die Partei zu ermitteln, die über die relevanten Aktivitäten bestimmen kann. Es ist somit in Zweifelsfällen auf eine wahrscheinlichkeitsgewichtete Risiko-Chancen-Betrachtung zurückzugreifen, die bereits oben in Abschnitt 5.3.5.4.5 anhand eines Zahlenbeispiels für eine Konsolidierungsentscheidung nach dem Risks-and-Rewards-Ansatz des SIC-12.10(c), (d) errechnet wurde. Im Unterschied zum alten Recht gibt es nach IFRS 10 keine konkrete Mehrheitserfordernis. Ungeachtet dessen gilt zumindest eine relative Mehrheit der zu tragenden Risikovariabilität nach dem Exposure-to-Variability-Ansatz des IFRS 10 als Indiz für eine Entscheidungsgewalt.

Liegen die drei Subkriterien (substanzielle Rechte, Fähigkeit der Ausübung und relevante Aktivitäten) kumuliert vor, ist das erste Hauptkriterium der Entscheidungsgewalt („power") i.S.d. IFRS 10 gegeben. Im nächsten Schritt ist das Vorliegen des zweiten Hauptkriteriums des neuen Control-Konzepts zu prüfen; es handelt sich um die Rückflussvariabilität.

6.8 Das Kriterium der variablen Rückflüsse

6.8.1 Definition der variablen Rückflüsse

Das zweite Hauptkriterium des Control-Konzepts des IFRS 10 stellen die variablen Rückflüsse dar, die in zwei Funktionen innerhalb der Beherrschungskonzeption auftreten. Erstens stellt die Veränderbarkeit der Rückflüsse in Abhängigkeit der bestimmbaren, relevanten Aktivitäten einen Indikator für ein Beherrschungsverhältnis dar. Zweitens repräsentieren Rückflüsse das Recht und das Hauptmotiv des potenziellen Mutterunternehmens, eine Unternehmensverbindung einzugehen.[1082]

Variable Rückflüsse besitzen keine Exklusivität zugunsten des potenziellen Mutterunternehmens. Andere Parteien innerhalb einer Unternehmensbeziehung (wie z.B. die Minderheitsanteilseigner) können zwar ebenfalls variablen Rückflüssen ausgesetzt sein, ohne dass diese im Gegenzug aber auch über Einflussmöglichkeiten auf das Unternehmen verfügen müssen.[1083]

[1082] Vgl. IFRS 10.BC60–BC62.
[1083] Vgl. IFRS 10.16.

IFRS 10 fasst unter Rückflüssen sowohl positive als auch negative Cashflows aus einer Unternehmensverbindung zusammen.[1084] Der Standard zählt Beispiele für variable Rückflüsse auf. Hierzu gehören Dividenden, Vermögenswertänderungen, Entlohnungen für die Übernahme von Risiken (wie z.b. aus gewährten Kreditlinien) sowie Synergieeffekte (wie z.B. Kosteneinsparungen).[1085]

Unter den variablen Rückflüssen versteht IFRS 10 allerdings nicht nur als variabler Zahlungsstrom vereinbarte Zahlungsansprüche und -verpflichtungen (wie z.b. Zinszahlungen, die sich nach dem aktuellen Geldmarktzinssatz richten), sondern auch fest vereinbarte Cashflows (wie Festzinszahlungen), sofern diese einem erhöhten Kreditrisiko ausgesetzt sind. In dem Verdeutlichungsbeispiel zu dieser Norm ist die Variabilität der Rückflüsse des Investors vom Kreditrisiko des Emittenten abhängig, wenn das Ausfallrisiko so hoch ist, dass es formal gesehen fixe Cashflows faktisch zu einem erwarteten variablen Zahlungsstrom wandelt.[1086] Damit trägt der Standard auch hier einer wirtschaftlichen Betrachtungsweise Rechnung.

Der Rückfluss-Begriff umfasst auch indirekte und/oder zahlungsunwirksame Vor- und Nachteile aus einer Unternehmensbeziehung. Mit der expliziten Einbeziehung von Synergien[1087] ist die Abgrenzung „breit angelegt"[1088], indem die Terminologie über die direkten finanziellen Zahlungsströme hinausgeht.[1089] Es sind deshalb auch negative potenzielle Zahlungsströme zu berücksichtigen, die zur Vermeidung von Reputationsschäden aufzubringen sind. Während der Subprime- und Finanzmarktkrise in den Jahren 2007/2008 versuchten Unternehmen, durch Stützungsmaßnahmen Beherrschung über zuvor nicht konsolidierte Zweckgesellschaften zu erlangen.[1090] Dies geschah, nach Ansicht des *IASB*, um Reputationsschäden abzuwenden, die durch die Geschäftsbeziehung zu den notleidenden Special Purpose Entities am Kapitalmarkt zustande kamen.[1091] Für den Standardsetzer zählen Reputationsrisiken daher zu dem „investor's exposure to risks and rewards"[1092] und damit zu den variablen Rückflüssen. Aufgrund des unternehmensindividuellen Charakters von Reputationsrisiken ist dieser Teil der variablen Rückflüsse eines involvierten Unternehmens (in hohem Maß) entobjektiviert. Es handelt sich letztlich um zu schätzende Opportunitätskosten. Aufgrund der Subjektivität

---

[1084] Vgl. IFRS 10.15.
[1085] Vgl. IFRS 10.B57.
[1086] Vgl. IFRS 10.B56. Vgl. auch *Beyhs/Buschhüter/Schurbohm* (2011), S. 665.
[1087] Vgl. umfassend zum Synergie-Begriff *Franke* (2009), S. 7–26.
[1088] *Erchinger/Melcher* (2011), S. 1235.
[1089] Vgl. IFRS 10.BC63.
[1090] Als Beispiel kann hier die Konsolidierung der zuvor nicht beherrschten Zweckgesellschaft „Rhineland Funding" durch die IKB im geänderten Jahresabschluss 2006 genannt werden. Vgl. zu den Änderungen des Konsolidierungskreises nach IAS 8 *IKB* (2007b), S. 99 f.
[1091] Vgl. IFRS 10.BC37. Vgl. zu Reputationsrisiken in Bezug auf die Konsolidierung von Zweckgesellschaften *Pütz/Ramsauer* (2009), S. 874 f. Vgl. ferner (in Bezug auf das Bankenaufsichtsrecht) *Rudolph* (2008), S. 732.
[1092] IFRS 10.BC38 f.

können Reputationsrisiken für sich alleine nicht das Kriterium der variablen Rückflüsse erfüllen. Es bedarf folglich immer auch tatsächlicher schuldrechtlicher Zahlungsströme.[1093] Diese Betrachtungsweise entspricht der den Standard prägenden Forderung des IFRS 10.11, dass „power" stets auf einer Rechtsposition beruhen muss.[1094]

Für die Analyse der identifizierten Rückflüsse enthält das Kriterium keine quantitativen Schwellenwerte.[1095] Die bloße Existenz der variablen Rückflüsse reicht zur Erfüllung dieses Control-Elements aus. Es liegt somit ein rein qualitatives Kriterium vor und unterscheidet sich vom obigen Subkriterium der relevanten Aktivitäten, das in Zweifelsfällen eine quantitative Analyse erfordert.

6.8.2 Variable Rückflüsse bei Verbriefungsplattformen

Bei ABCP-Programmen tragen die Parteien, die das Credit Enhancement und die Liquiditätsfazilität stellen, regelmäßig variable Rückflüsse. Ihre Zahlungsströme hängen davon ab, wie viele Finanzaktiva des verbrieften Portfolios ausfallen.

Bei Multi-Seller-Programmen (i.e.S.) ist einerseits der Forderungsverkäufer im Rahmen des poolspezifischen Credit Enhancement formal einer Volatilität seines Zahlungsstroms ausgesetzt. Anderseits absorbiert auch der Sponsor, der das Conduit dieser Plattform verwaltet, typischerweise durch das vom ihm gestellte, programmweite Credit Enhancement und durch die gewährte Liquiditätsfazilität die Variabilität der Rückflüsse aus der Plattform. Bei ABCP-Programmen (i.e.S.) sind die Sicherungsinstrumente normalerweise so weitreichend ausgestaltet, dass die ABCP-Investoren keine Kreditrisiken tragen. Folglich ist im Regelfall das Kreditrisiko der Verbriefungstitel so gering, dass die fixen Zinszahlungen, die die Investoren erhalten, nicht als „variable returns" anzusehen sind.[1096] Bei ABCP-Multi-Seller-Conduits erfüllen daher regelmäßig die Forderungsverkäufer und der Sponsor das Kriterium der variablen Rückflüsse.

Im Unterschied zu Multi-Seller-Conduits können Investoren bei Structured Investment Vehicles variablen Rückflüssen ausgesetzt sein, sofern sie die nachrangigen Verbriefungstitel der Zweckgesellschaft, die Capital Notes, erworben haben.[1097] Durch die damit verbundene Tragung von Ausfallrisiken der formal festen Zahlungsströme aus den Verbriefungstiteln entfällt auf sie ein variabler Zahlungsstrom.[1098] Neben den Capital-Notes-Haltern tragen bei SIV-

---

[1093] Vgl. IFRS 10.BC39. Vgl. auch *Küting/Modjadadr* (2011), S. 276.
[1094] Vgl. IFRS 10.11.
[1095] Vgl. IFRS 10.15 f. i.V.m. IFRS 10.B55-B57. Vgl. ferner IFRS 10.BC35(c).
[1096] Vgl. IFRS 10.B56.
[1097] Vgl. Beispiel im Anhang Nr. 1.
[1098] Vgl. IFRS 10.B56.

Konstrukten regelmäßig auch der Investment-Manager, der performanceabhängig entlohnt wird, und der Administrator, der u.a. die Liquiditätsfazilität stellt, variable Rückflüsse. Da IFRS 10 keine quantitative Analyse vorschreibt, genügt das Vorhandensein von volatilen Zahlungsströmen, um damit das zweite Control-Element, das Kriterium der variablen Rückflüsse, zu erfüllen. Bis auf die Frage, wann das Kreditrisiko so hoch ist, dass ein fixer Zahlungsstrom als variabel i.S.d. Standards aufzufassen ist, liegen bei diesem Control-Element angesichts der Abschaffung von Bright-Line-Regeln daher keine bilanzpolitischen Ermessensspielräume aus einer Quantifizierung vor. Obwohl es um die quantitative Größe der Rückflüsse geht, ist die Prüfung dieses Elements vorwiegend qualitativ geprägt, indem vor allem Absicherungsmaßnahmen und vertragliche Vereinbarungen hinsichtlich der Verteilung von Überschüssen zu untersuchen sind.

6.9 Das Kriterium der Rückflussbeeinflussung

6.9.1 Aufdeckung von Prinzipal-Agenten-Beziehungen als Zielsetzung

Aus der Control-Definition des IFRS 10.6 leitet sich ab, dass die Fähigkeit zur Bestimmung der Aktivitäten nutzbar ist, um die Rückflüsse zu beeinflussen. Nach diesem Kriterium bedarf es keiner vollständigen Korrelation von Bestimmungsbefugnissen und variablen Rückflüssen, um ein Beherrschungsverhältnis zu begründen.[1099] Der Standardsetzer vermutet jedoch, dass ein Entscheidungsträger umso eher die Kontrolle über das andere Unternehmen hat, je mehr er variablen Rückflüssen ausgesetzt ist.[1100] Die Norm untersucht daher, ob ein Investor die Fähigkeit besitzt, seine Verfügungsgewalt („power") zu nutzen, um seine Rückflüsse aus der Unternehmensverbindung zu beeinflussen.[1101]

Damit das zu untersuchende Control-Kriterium der Rückflussbeeinflussung seinen Zweck erfüllen kann, ist nachzuweisen, welche Rolle das bilanzierende Unternehmen im Rahmen eines Prinzipal-Agent-Verhältnisses innehat.[1102] Das *IASB* greift somit auf die Prinzipal-Agenten-Theorie von *Jensen/Meckling* zurück, nach der mittels vertraglicher Beziehungen ein Vertreter (Agent) Entscheidungsrechte im Sinn eines Auftraggebers (Prinzipal) wahrnimmt.[1103] Übertragen auf Konzernbeziehungen stellt folglich ein Entscheidungsträger (in IFRS 10 „de-

---

[1099] Vgl. IFRS 10.BC68.
[1100] Vgl. IFRS 10.B20; B68, B72. Vgl. auch *Kirsch/Ewelt-Knauer* (2011), S. 1643.
[1101] Vgl. IFRS 10.17.
[1102] Vgl. IFRS 10.18 i.V.m. IFRS 10.B58–B72. Das *IASB* hat sich bei der Entwicklung der entsprechenden Normen des IFRS 10 an der Prinzipal-Agent-Theorie orientiert. Vgl. IFRS 10.BC129. Vgl. ferner *Erchinger/Melcher* (2011), S. 1236; *Kirsch/Ewelt-Knauer* (2011), S. 1643.
[1103] Vgl. *Jensen/Meckling* (1976), S. 305–360. Vgl. hinsichtlich der Anwendung der „principle agent theory" IFRS 10.BC129. Vgl. ferner *Zülch/Erdmann/Popp* (2011), S. 589.

cision maker"[1104] genannt), der zwar die Aktivitäten eines anderen Unternehmens bestimmen kann, aber gleichzeitig keine variablen Rückflüsse aus der Unternehmensverbindung zieht, einen Agenten dar, der die Entscheidungen für einen Prinzipal trifft.[1105] Demgegenüber beruht die Machtposition des Prinzipals – zumindest in den eindeutigen Fällen – auf einer (jederzeitigen) Abberufungsmöglichkeit des Agenten von seinen Aufgaben.[1106] Ein potenzielles Mutterunternehmen als Prinzipal hat bei der Prüfung, ob es ein anderes Unternehmen beherrscht, „die entscheidungstragenden Rechte seines Agenten so [zu] behandeln, als ob sie direkt von ihm selbst gehalten würden"[1107].

Der Nachweis einer Verbindung von variablen Rückflüssen und Entscheidungsmacht stellt sicher, dass der „decision maker" mit der Bestimmung der Aktivitäten des beherrschten Unternehmens über ein Eigeninteresse verfügt und somit als beherrschender Prinzipal auftritt.[1108] Mit dieser Norm kodifiziert IFRS 10 die Behandlung von Treuhandverhältnissen, die bereits bislang nach IAS 27 bzw. SIC-12 unter einer wirtschaftlichen Betrachtungsweise Berücksichtigung finden.[1109] Diese Vorschrift gewährleistet die Aufdeckung von Prinzipal-Agenten-Beziehungen, sodass „die betrachtete Wirtschaftseinheit nicht von einem Strohmann (Agent), sondern von dem Unternehmen konsolidiert wird, das tatsächlich die Entscheidungsmacht besitzt"[1110].

6.9.2 Abberufungsrechte als Beweis eines Prinzipal-Agenten-Verhältnisses

6.9.2.1 Kontrolle durch Abberufungsrechte

Verfügt eine Partei über substanzielle Abberufungsrechte, mit denen der Entscheidungsträgers des anderen Unternehmens ohne Grund („without cause"[1111]) abberufen kann, reicht dieses „removal right" für sich genommen als Nachweis aus, dass der Entscheidungsträger einen Agenten für das abberufungsberechtigte Unternehmen darstellt.[1112] Abberufungsrechte erfüllen somit eine Beweisfunktion für ein Prinzipal-Agenten-Verhältnis. Das Unternehmen, das über solche Rechte verfügt, ist der Prinzipal, der das andere Unternehmen beherrscht.[1113] Das Abberufungsrecht verhindert somit eine Beherrschung durch den beauftragten Entscheidungsträger, der die Rolle eines Agenten innehat. Ein Control-Verhältnis i.S.d. IFRS 10 findet

---

[1104] IFRS 10.App. A.
[1105] Vgl. IFRS 10.18. Vgl. auch *Böckem/Stibi/Zoeger* (2011), S. 402.
[1106] Vgl. IFRS 10.B61.
[1107] *Küting/Mojadadr* (2011), S. 281.
[1108] Vgl. *Dietrich/Krakuhn/Sierleja* (2011), S. 520.
[1109] Vgl. hierzu IDW RS HFA 2, Tz. 48.
[1110] *Reiland* (2011), S. 2731. Vgl. ferner IFRS 10.18; IFRS 10.B58; IFRS 10.BC131.
[1111] IFRS 10.B61.
[1112] Vgl. IFRS 10.B64.
[1113] Vgl. IFRS 10.B61.

folglich durch den Inhaber des Absetzungsrechts, den Prinzipal, statt. Hingegen entfalten bestehende Abberufungsrechte, die nicht substanziell sind, keine Beweiskraft für eine Prinzipal-Agenten-Beziehung.[1114] Dies ist der Fall, wenn die „removal rights" nur gemeinsam mit mehreren Investoren wahrnehmbar sind.[1115]

Die Bedingung, dass die Abberufungsrechte ohne Grund vorliegen müssen, spricht für eine jederzeitige Möglichkeit zur Ausübung. Eine Beherrschung mittels „removal rights" i.S.d. IFRS 10.B61 liegt somit unter Beachtung eines strengen Stichtagsprinzips vor. Hingegen hat der Standard bei einem Subkriterium der Entscheidungsmacht („power")[1116] punktuell das Stichtagsprinzip durchbrochen. Eine Begründung, wann eine Aufweichung dieses Basisprinzips der Rechnungslegung erfolgt und wann nicht, bleibt der Standard in den erläuternden Hinweisen schuldig und sie ist auch konzeptionell nicht erkennbar. Die punktuelle Durchbrechung des Stichtagsprinzips und dessen strikte Einhaltung bei Abberufungsrechten sind kasuistisch und einer standardinternen Stringenz abträglich.

6.9.2.2 Typische Abberufungsrechte bei ABCP-Programmen

6.9.2.2.1 Abberufungsrechte bei Multi-Seller-Conduits

Prinzipal-Agenten-Beziehungen durch Abberufungsrechte treten regelmäßig bei ABCP-Programmen auf. Bei Conduits kann ein Treuhandverhältnis insbesondere dann vorliegen, wenn der Sponsor die Verwaltung der Plattform nicht selbst übernimmt, sondern einen Administrator beauftragt.[1117] Dieser hat dann „power" inne, weil er z.B. hinsichtlich des Ankaufs der Forderungen und der Refinanzierungsbedingungen bei der ABCP-Emission im Rahmen der vertraglichen Vorgaben über gewisse Entscheidungsspielräume verfügt. Gleichzeitig bezieht der Administrator auch variable Rückflüsse in Form einer performanceabhängigen Vergütung. Folglich erfüllt der Administrator die Hauptkriterien der Entscheidungsgewalt und der Rückflussvariabilität, ohne dass er bereits „control" über das Conduit innehat, da das dritte Hauptkriterium der Rückflussbeeinflussung, also die Verbindung von „power" und „returns", noch zu prüfen ist. Dieses Control-Element verfehlt der Administrator, wenn der Sponsor, der volatilen Cashflows durch die Gewährung des programmweiten Credit Enhancement und der Liquiditätsfazilität ausgesetzt ist, zur Wahrung seiner Rechte über ein jederzeitiges Abberufungsrecht des Administrators verfügt. Dieses uneingeschränkte Abberufungsrecht reicht nach IFRS 10.B65 zum Nachweis einer qualifizierten Prinzipal-Agenten-Beziehung aus. Der Ad-

---

[1114] Vgl. IFRS 10.B65.
[1115] Vgl. IFRS 10.B72, Example 15.
[1116] Vgl. z.B. hinsichtlich potenzieller Stimmrechte im Rahmen des Ability-Subkriteriums von „power" Abschnitt 6.7.3.2.
[1117] Vgl. *Moody's* (2003), S. 6; *Boulkab/Marxfeld/Wagner* (2008), S. 499.

ministrator ist somit als beauftragter Agent zu identifizieren, während der Sponsor des Conduits die Rolle des Prinzipals innehat. Folglich muss sich der Sponsor die Power-Befugnisse des Agenten zurechnen lassen. Der Sponsor beherrscht daher das Conduit, da alle drei Control-Elemente des IFRS 10 erfüllt sind. Der Sponsor kann allerdings eine Konsolidierung des Conduits vermeiden, indem er die Abberufung an Bedingungen knüpft. Beispielsweise kann in der Satzung der Special Purpose Entity vereinbart sein, dass der Sponsor den Administrator nur dann absetzen kann, wenn ein bestimmtes Wertberichtigungsvolumen im Verhältnis zur Bilanzsumme der Zweckgesellschaft erreicht ist. Indem ein solcher Grund für die Abberufung vorliegen muss, liegt keine unwiderlegbare, Control-begründende Rechtsposition i.S.d. IFRS 10.B61 zugunsten des Sponsors vor. Der Sponsor kann sich auf diese Weise der Konsolidierungspflicht entziehen.

6.9.2.2.2 Abberufungsrechte bei SIV-Konstrukten

Abberufungsrechte bestehen regelmäßig auch bei SIV-Konstrukten. Der Investment-Manager, der die Aktiva des Structured Investment Vehicle verwaltet, und der Administrator, der für die Refinanzierung der Zweckgesellschaft zuständig ist, können jeweils von den Direktoren abberufen werden, sofern ein Vertragsbruch vorliegt. Wegen der Bindung der Amtsenthebung an einen Grund liegt kein Control-begründendes Abberufungsrecht vor.[1118] Die Entbindung der Aufgaben bei Vertragsverletzungen durch den Investment-Manager oder Administrator stellt lediglich ein Schutzrecht dar, das vergleichbar mit denen der Minderheitsgesellschafter bei traditionellen Beteiligungsunternehmen ist.[1119] Diese Einschätzung ist zutreffend, da die Interessenwahrung der Investoren die Aufgabe der Direktoren darstellt,[1120] sodass diese die Rolle der Treuhänder für die Investoren innehaben.

Bezüglich der Abberufungsrechte bleibt als Fazit, dass bei ABCP-Programmen die jederzeitige Control-nachweisende Fähigkeit zur Ausübung von „removal rights" durch daran geknüpfte Bedingungen verhindert werden kann, um eine Konsolidierung zu umgehen. Dies basiert auf einer strengen Stichtagsbetrachtung der Abberufungsmöglichkeit. Die damit verbundenen Anreize zu Sachverhaltsgestaltungen versucht der Standardsetzer durch das folgende Auffangkonzept der „delegated power" zu heilen, um die Erfüllung des Control-Kriteriums der Rückflussbeeinflussung nicht einseitig an ein alles entscheidendes, unbedingtes Abberufungsrecht zu binden.

[1118] Vgl. IFRS 10.B61 i.V.m. IFRS 10.B72, Example 14A.
[1119] Vgl. IFRS 10.B72, Example 14A.
[1120] Vgl. *IASB* (2008b), Tz. 4.

6.9.3 Delegated-Power-Analyse

6.9.3.1 Rechtliche Delegated-Power-Prüfung

Verfügt ein potenzielles Mutterunternehmen nicht direkt über substanzielle Abberufungsrechte, ist zu prüfen, ob eine Delegation der Entscheidungsgewalt („delegated power") vorliegt. Das bedeutet, dass ein Agent in eigenem Namen über die Aktivitäten eines anderen Unternehmens auf fremde Rechnung entscheidet.[1121] Hierfür schreibt der Standard einerseits eine Untersuchung der rechtlichen Situation und andererseits eine eher quantitativ ausgerichtete Chancen-Risiko-Analyse vor. Die qualitativen und quantitativen Merkmale zur Identifikation eines Prinzipal-Agenten-Verhältnisses sind entsprechend der Umstände zu gewichten.[1122] Es liegt somit eine gewisse Ähnlichkeit zu SIC-12.10 vor, dessen vier Control-Merkmale Indizfunktion aufweisen und nicht kumulativ vorliegen müssen.

Die rechtliche Untersuchung behandelt zunächst die Fragen, inwieweit der Entscheidungsträger in die Ausgestaltung der Struktur und des Zwecks des potenziell beherrschten Unternehmens involviert war und in welchem Umfang er frei seine Bestimmungsbefugnisse über das betrachtete Unternehmen durchsetzen kann.[1123] Hierzu ist festzustellen, welche Rechte andere Parteien haben und ob diese gemeinsam agieren können.[1124] Schränken diese Rechte den Handlungsspielraum des Entscheidungsträgers ein, deutet dies darauf hin, dass er die Rolle eines Agenten innehat.[1125] Je mehr Parteien nur gemeinsam die Rechte des Entscheidungsträgers einschränken oder seine Abberufung beschließen können, desto weniger Gewicht ist solchen Rechtspositionen beizumessen, da ein abgestimmtes Verhalten bei einer Vielzahl unterschiedlicher Beteiligter unmöglich ist.[1126]

Die rechtliche Betrachtung der Delegated-Power-Analyse korrespondiert konzeptionell mit dem Subkriterium der substanziellen Rechte des ersten Control-Elements, indem die juristische Ausgestaltung aufzeigt, welche Partei als ein beauftragter Agent und welche als beherrschender Prinzipal zu identifizieren ist.

6.9.3.2 Quantitativ geprägte Delegated-Power-Prüfung unter Beachtung des Exposure-to-Variability-Ansatzes

Die quantitative Delegated-Power-Analyse setzt an der Vergütung und der Risikotragung des Entscheidungsträgers an. Ist die (fixe) Entlohnung der erbrachten Dienstleistungen des „de-

---

[1121] Vgl. zu delegated Power IFRS 10.B58–B72.
[1122] Vgl. IFRS 10.B60.
[1123] Vgl. IFRS 10.B62 f.
[1124] Vgl. IFRS 10.B66.
[1125] Vgl. IFRS 10.B62, B66.
[1126] Vgl. IFRS 10.B65.

cision maker" marktgerecht, deutet dies darauf hin, dass er als Agent die Aktivitäten des anderen Unternehmens bestimmt.[1127] Ist sie dagegen unter nicht-marktüblichen Konditionen abgeschlossen, kann dies zwar nach IFRS 10.B70 darauf hindeuten, dass der „decision maker" Prinzipal ist. Es bedarf allerdings noch weiterer Indizien.[1128]

Ein ergänzender Indikator stellt der Exposure-to-Variability-Ansatz dar, der für die Klärung von Prinzipal-Agenten-Beziehungen heranzuziehen ist, wenn keine gegenwärtigen unbedingten Abberufungsmöglichkeiten bestehen.[1129] Der für diese Fälle zu verwendende Ansatz entspricht dem Risks-and-Rewards-Ansatz; allerdings ohne parallele Nennung von „bright lines" (wie bestimmte Mehrheitserfordernisse). Der Exposure-to-Variability-Ansatz findet sich ebenfalls beim Ability-Kriterium, auf dessen Darstellung in obigem Abschnitt 6.7.4.3 hier verwiesen wird.

Der Exposure-to-Variability-Ansatz findet somit unterstützend bei Zweifelsfragen zur Feststellung der relevanten Aktivitäten mehrerer Parteien und bei der Delegated-Power-Analyse Anwendung. Sofern das prüfende Unternehmen „power" ohne Hilfe dieses Ansatzes feststellt, ist die Bedeutung dieses Ansatzes, im Vergleich zum Risks-and-Rewards-Ansatz des SIC-12, jedoch geringer, da lediglich das Prinzipal-Agent-Verhältnis beleuchtet wird. Kommt allerdings der Exposure-to-Variability-Ansatz in (besonderen) Zweifelsfällen sowohl bei dem Power-Kriterium als auch bei der Analyse der Prinzipal-Agent-Beziehung im Rahmen des Kriteriums der Rückflussbeeinflussung zur Anwendung, wirkt er sich bereits auf zwei von drei Control-Elemente aus. Obwohl das *IASB* darauf hinweist, dass die Rückflussvariabilität keinen „proxy for control"[1130] darstellt, gilt sie dennoch zweifach als Control-Indiz. Trotzdem handelt es sich im Vergleich zu SIC-12 um eine Zurückdrängung von Chancen-Risiko-Analysen, da ohne jegliches Recht bei einer vollständigen Vorherbestimmung, wie bei Brain-Dead-Autopiloten üblich, eine Konsolidierung mittels des Exposure-to-Variability-Ansatzes ausgeschlossen ist.[1131]

6.9.3.3 Delegated-Power-Prüfung bei Verbriefungsplattformen

6.9.3.3.1 „Delegated power" bei Multi-Seller-Conduits

Die folgende Analyse von „delegated power" soll anhand von Multi-Seller-Conduits und SIV-Konstrukten[1132] veranschaulicht werden und setzt voraus, dass keine substanziellen

---

[1127] Vgl. IFRS 10.B68–B70.
[1128] Vgl. IFRS 10.B70.
[1129] Die diesbezüglichen Beispiele des IFRS 10.B72 zielen insbesondere auf strukturierte Unternehmen ab.
[1130] IFRS 10.BC30.
[1131] Vgl. zu dieser Einschätzung *Böckem/Stibi/Zoeger* (2011), S. 406; *Reiland* (2012), S. 2733.
[1132] Vgl. hierzu IFRS 10.B72.

Rechte der involvierten Parteien vorliegen. Die nachstehend aufgezeigten Merkmale sind zur Klärung des Prinzipal-Agenten-Verhältnisses zwischen dem Administrator und dem Sponsor eines Conduits bei einem ABCP-Programm i.e.S. relevant:

- Der Umfang der Entscheidungsmacht eines Administrators kann durch Änderungsrechte des Sponsors bezüglich der Ankaufvoraussetzungen eingeschränkt werden, indem der Administrator bestimmte Forderungen, z.B. von Schuldnern einer bestimmten Branche, nicht mehr akzeptieren darf. Dieses Indiz spricht dafür, dass der Administrator als Agent handelt.[1133]
- Ferner ist die Gründung des Conduits im Regelfall auf den Sponsor zurückzuführen,[1134] sodass er zum Vertragszeitpunkt das Design des Conduits maßgeblich prägen konnte. Folglich deutet dies darauf hin, dass der Sponsor die Rolle des Prinzipals innehat, der den Administrator in der Vergangenheit beauftragte.[1135]
- Sofern das performanceabhängige Entgelt des Administrators für seine erbrachten Dienstleistungen für die ABCP-Plattform marktüblich ist, stellt dies einen weiteren Hinweis dafür dar, dass der Administrator das Conduit als Treuhänder verwaltet.[1136]
- Darüber hinaus ist die Variabilität der Rückflüsse mittels des Exposure-to-Variability-Ansatzes zu quantifizieren. Ein Berechnungsbeispiel enthält diese Arbeit in der Anlage Nr. 2 im Anhang. Im Unterschied zu der dort vorgenommen Interpretation nach SIC-12 würde auch eine relative Mehrheit als Control-Indiz für IFRS 10 ausreichen.

Als konsolidierungspflichtige Partei kommt zumeist der Sponsor in Betracht, da er im Regelfall das ABCP-Programm gründet und das programmweite Credit Enhancement des Conduits und die Liquiditätsfazilität der Plattform stellt, sodass er maßgeblich die Rückflussvariabilität absorbiert. Im Gegenzug wird er – trotz des Autopilot-Mechanismus – bestimmte Rechte zurückbehalten. Dies äußert sich darin, dass er im Bedarfsfall den Handlungsspielraum des Administrators einschränken kann, um sein Risiko-Exposure zu steuern. Der Administrator, der im Normalfall keine Risiken aus dem Konstrukt trägt, erhält für seine Verwaltungsdienstleistungen eine marktgerechte Vergütung. Daher vermutet auch der Standard bei Multi-Seller-Conduits zumeist eine Beherrschung durch den Sponsor, der als Prinzipal das Conduit konsolidieren muss, während der Administrator als Agent keine Kontrolle innehat.[1137]

[1133] Vgl. IFRS 10.B62.
[1134] Vgl. *Kothari* (2006), S. 471; *Ricken* (2008), S. 56.
[1135] Vgl. IFRS 10.B63.
[1136] Vgl. IFRS 10.B69.
[1137] Vgl. IFRS 10.B76, Example 16.

6.9.3.3.2 „Delegated power" bei SIV-Konstrukten

Bei SIV-Konstrukten ist im Gegensatz zu den obigen Multi-Seller-Conduits das Prinzipal-Agenten-Verhältnis zwischen Investment-Manager und Administrator weniger eindeutig. Dies liegt daran, dass hier zumeist beide Risiken absorbieren; der Investment-Manager durch das Halten nachrangiger Capital Notes und der Administrator durch die gestellte Liquiditätsfazilität. Während bei SIV-Konstrukten der Administrator die Gründung vornimmt, hat der Investment-Manager während der laufenden Geschäftstätigkeiten trotz Vorherbestimmung in Form von Anlagerichtlinien häufig tendenziell mehr Entscheidungsspielräume als der Administrator. Die Control-Indizien deuten sowohl auf den Investment-Manager (wegen des Entscheidungsspielraums und der Risikotragung) hin als auch auf den Administrator (aufgrund der Gründung des SIV-Konstrukts und der Risikotragung). In Grenzfällen sprechen gleich viele qualitative Control-Indizien sowohl für die eine als auch für die andere Partei. Hier kommt dann dem Ergebnis des Exposure-to-Variability-Ansatzes eine entscheidende Bedeutung zu, indem z.B. eine Partei eine (relative oder absolute) Mehrheit der zu tragenden Rückflussvolatilität trägt. Beispielsweise kann die Mehrheit der variablen Rückflüsse vom Investment-Manager zu tragen sein, sodass dies für eine Beherrschung der Zweckgesellschaft durch ihn spricht. Folglich stellt der Exposure-to-Variability-Ansatz in Einzelfällen, wie hier bei SIV-Konstrukten, das „Zünglein an der Waage"[1138] dar; ein Rolle, die mit der angestrebten Control-orientierten Ausrichtung des IFRS 10 konfligiert.[1139]

6.10 Konsolidierungsergebnis und das Problem der Gesamtwürdigung von Indizien

Stellt eine Partei ein Prinzipal i.S.d. Kriteriums der Rückflussbeeinflussung dar und erfüllt diese auch die Kriterien der Entscheidungsmacht und der Rückflussvariabilität, ist „control" über das andere Unternehmen (der Tochtergesellschaft) zugunsten dieser Partei (der Muttergesellschaft) gegeben. Das so identifizierte, beherrschende Unternehmen muss die Tochtergesellschaft im Rahmen der Vollkonsolidierung in seinen IFRS-Konzernabschluss einbeziehen.[1140]

Innerhalb der oben erläuterten Prüfungsschritte der Haupt- und Nebenkriterien des Control-Konzepts gibt es einerseits eindeutige Sachverhalte, wie z.B. eine Stimmrechtsmehrheit, und anderseits Zweifelsfragen, die oft in Anwendung auf Zweckgesellschaften auftreten können. Bei den Grenzfällen liegen regelmäßig keine Beweise, sondern meist ausschließlich nur Indi-

---

[1138] Allgemein bekannte Redewendung, die auf alte Präzisionswaagen von Labors und Apotheken zurückgeht.
[1139] Bei SIV-Konstrukten bzw. bei SIV-ähnlichen Strukturierungen betont IFRS 10 die Bedeutung des Exposure-to-Variability-Ansatzes: „In this example, the asset manager places greater emphasis on its exposure to variability of returns of the fund from its equity interest which is subordinated to the debt instruments." (IFRS 10.B72, Example 15).
[1140] Vgl. IFRS 10.7 i.V.m. IFRS 10.B86.

zien für ein Control-Verhältnis vor. Im Standard ist somit vielfach eine Abwägung der „facts and circumstances"[1141] erforderlich. Beispielsweise bei der Delegated-Power-Analyse sind qualitative und quantitative Faktoren zu prüfen; die Konsolidierungsentscheidung hat dann unter Beachtung einer differenzierten Gewichtung der jeweiligen Faktenlage zu erfolgen.[1142] Indem der Standard keine erkennbare Hierarchie der Control-Indizien vorgibt, entstehen neue Ermessensspielräume, die zu einer unterschiedlichen Auslegung des IFRS 10 führen können[1143] und daher die Vergleichbarkeit der IFRS-Konzernabschlüsse beeinträchtigen.

Unabhängig davon, ob eine Beherrschung eines strukturierten Unternehmens, also einer Zweckgesellschaft, vorliegt oder nicht, hat der Standardsetzer umfassende Anhangangaben über die Beziehungen eines Unternehmens zu solchen Unternehmen in einem zeitgleich zu IFRS 10 veröffentlichten Standard gefordert, sofern die Definitionskriterien von „structured entities" erfüllt sind;[1144] hierunter sind ausschließlich Zweckgesellschaften zu verstehen.[1145] Das Ziel dieser Anhangvorschrift ist, die Transparenz in Bezug auf diese Strukturierungen vor dem Hintergrund der Subprime- und Finanzmarktkrise zu verbessern.[1146] Die folgenden Ausführungen stellen diese neuen Disclosure-Regeln des IFRS 12 dar.

6.11 Anhangangaben nach IFRS 12

6.11.1 Anhangangaben nach IFRS 12 bei einer vorliegenden Konsolidierungspflicht

Der im Mai 2011 veröffentlichte IFRS 12 regelt als zentraler, konzernspezifischer Disclosure-Standard Anhangangaben zu Tochterunternehmen nach IFRS 10, zu Gemeinschaftsunternehmen nach IFRS 11 und zu assoziierten Unternehmen nach IAS 28 (rev. 2011).[1147] Bislang befanden sich die entsprechenden Notes-Vorschriften in den jeweiligen Einzelstandards IAS 27[1148], IAS 31[1149] und IAS 28[1150].

Als bedeutendes Novum reguliert IFRS 12 darüber hinaus auch die Angaben über beherrschte sowie über nicht-konsolidierte Zweckgesellschaften, die vom Standard als „strukturierte

---

[1141] IFRS 10.8, B1, B23, B42, B45, B80.
[1142] „Different weightings shall be applied to each of the factors on the basis of particular facts and circumstances." (IFRS 10.B60).
[1143] Vgl. *Erchinger/Melcher* (2011), S. 1237; *Wollmert* (2011), S. 1; *Oser/Milanova* (2011), S. 2032; *Reiland* (2012), S. 2733.
[1144] Vgl. zur Definition der „structured entities" IFRS 12.App. A.
[1145] Vgl. IFRS 12.BC82.
[1146] Vgl. IFRS 12.IN5.
[1147] Vgl. IFRS 12.5(a)–(c).
[1148] Vgl. IAS 27.41–43.
[1149] Vgl. IAS 31.54–57.
[1150] Vgl. IAS 28.37–40.

Unternehmen" bezeichnet werden.[1151] Zur Regelung der Veröffentlichungspflichten definiert IFRS 12 strukturierte Unternehmen als solche, deren Beherrschung nicht auf Stimmrechten, sondern auf vertraglichen Vereinbarungen beruht.[1152] Des Weiteren nennt der Standard Indizien für solche Structured Entities. Hierzu gehören die Beschränkungen der Aktivitäten und die enge Geschäftszwecksetzung.[1153] Diese Merkmale ähneln der Definition der Special Purpose Entities i.S.d. SIC-12.

Auffällig ist, dass einerseits IFRS 10 die Begriffe „strukturierte Unternehmen" bzw. „Zweckgesellschaften" meidet, während andererseits IFRS 12 diese Terminologie verwendet. Es hätte dem einheitlich anzuwendenden Control-Konzept des IFRS 10 nicht widersprochen und für konzeptionelle Klarheit gesorgt, wenn in den Beispielen zu Verbriefungen in IFRS 10 ebenfalls diese Begriffe Anwendung gefunden hätten. Stattdessen finden sich unterschiedliche Bezeichnungen innerhalb von IFRS 10 wie „investment vehicles"[1154] oder „conduits"[1155]. Das Vorgehen des Standardsetzers, der IFRS 10 und IFRS 12 zeitgleich veröffentlichte, wirkt dadurch kasuistisch. Darüber hinaus schränken die Spezialbegriffe des IFRS 10 die Verständlichkeit ein, da es sich tendenziell um finanzwirtschaftliche Spezialbegriffe bestimmter Transaktionstypen handelt.

Bislang gab es für beherrschte Zweckgesellschaften keine speziellen Notes-Angabepflichten nach SIC-12. Es galten somit die allgemeinen Angabepflichten des IAS 27.[1156] Künftig sind alle vertraglichen Vereinbarungen zu konsolidierten Zweckgesellschaften im Anhang des IFRS-Konzernabschlusses zu erläutern, die das Mutterunternehmen bei Finanzmittelbedarf der beherrschten Zweckgesellschaft dazu verpflichten, finanzielle Unterstützung des strukturierten Unternehmens zu gewähren. Als Beispiele führt die Norm u.a. Liquiditätsfazilitäten auf.[1157]

Diese Veranschaulichung macht deutlich, dass der Standardsetzer die Fälle zu regeln beabsichtigt, die im Rahmen der Subprime- und Finanzmarktkrise zu Kritik hinsichtlich einer mangelnden Transparenz bei den Risiken aus Zweckgesellschaften führten.[1158] Ein Mutterunternehmen hat somit die an konsolidierte Special Purpose Entities gewährten Kreditlinien anzugeben. Damit erfolgt künftig eine Angabe zu Eventualverbindlichkeiten zwischen Kon-

---

[1151] Konsolidierte Zweckgesellschaften fallen in der Aufzählung des IFRS 12.5 unter Tochterunternehmen nach IFRS 12.5(a). Nicht-konsolidierte Zweckgesellschaften werden in IFRS 12.5(d) eigenständig genannt. Strukturierte Unternehmen entsprechen nach IFRS 12.BC82 Zweckgesellschaften.
[1152] Vgl. IFRS 12.App. A i.V.m. IFRS 12.B21–B24.
[1153] Vgl. IFRS 12.B22(a),(b).
[1154] IFRS 10.B13, Example 2.
[1155] IFRS 10.B72, Example 16.
[1156] Vgl. zu Angaben nach IAS 27.41 *Lüdenbach* (2012), § 32, Tz. 192.
[1157] Vgl. IFRS 12.B14.
[1158] Vgl. IFRS 12.IN5.

zernunternehmen. Die Veröffentlichung von konzerninternen Verpflichtungen widerspricht allerdings der einheitstheoretischen Ausrichtung des IFRS-Normsystems, nach der Transaktionen zwischen Konzerngesellschaften zu eliminieren sind. Da für Anhangangaben die gleichen grundlegenden Bilanzierungskonventionen bzw. die gleichen konzerntheoretischen Ansätze gelten sollten, überzeugt diese Vorschrift daher konzeptionell nicht.

IFRS 12.15 schreibt eine Erläuterung zu Stützungsmaßnahmen vor, wenn eine konsolidierte Zweckgesellschaft während einer Berichtsperiode eine finanzielle Unterstützung gewährt, ohne dass hierfür eine rechtliche Verpflichtung bestand. Diese Angaben betreffen somit Maßnahmen zur Marktpflege des Sponsors, der durch den Erwerb der ABS einen Preisverfall verhindert. Hat diese finanzielle Unterstützung in der aktuellen Periode dazu geführt, dass die zuvor nicht-beherrschte Zweckgesellschaft zu konsolidieren ist, bedarf es einer Veröffentlichung der relevanten Faktoren, die zu dieser Konsolidierungsentscheidung führen.[1159] Diese Vorschrift zielt u.a. auf solche Fälle ab, in denen notleidende, bislang nicht-konsolidierte Special Purpose Entities finanziell gestützt werden, um Reputationsschäden für involvierte Parteien zu vermeiden.[1160] Das *IASB* geht davon aus, dass dieses Motiv ein Grund für die Erlangung der Beherrschung von zuvor nicht-konsolidierten Verbriefungszweckgesellschaften während der Subprime- und Finanzmarktkrise darstellte.[1161]

6.11.2 Angaben bei nicht-beherrschten Zweckgesellschaften

Neben den Angaben zu konsolidierten Tochterunternehmen und Zweckgesellschaften muss das bilanzierende Unternehmen im Anhang auch Informationen über Geschäftsbeziehungen zu nicht-konsolidierten Structured Entities veröffentlichen.[1162]

Bislang ergeben sich Angabepflichten zu Geschäften mit nicht-konsolidierten Zweckgesellschaften nach den jeweiligen Vorschriften, die für die einzelnen Verträge bzw. Einzelrechte und -pflichten gelten. Die Veröffentlichungspflichten bezüglich Finanzinstrumenten, die mit nicht-konsolidierten, strukturierten Unternehmen geschlossen werden, ergeben sich aus IFRS 7. Angaben zu gestellten Liquiditätsfazilitäten an nicht-kontrollierte Special Purpose Entities basieren auf Angabevorschriften für Eventualverbindlichkeiten nach IAS 37.

Künftig sind neben diesen Vorschriften weitere Angaben über nicht-kontrollierte Structured Entities nach IFRS 12 vorzunehmen. Mittels einer tabellarischen Darstellung muss eine nicht-beherrschende Partei, die eine Beziehung zu einer Zweckgesellschaft unterhält, für jeden rele-

---

[1159] Vgl. IFRS 12.16.
[1160] Vgl. IFRS 12.BC87.
[1161] Vgl. IFRS 12.BC107.
[1162] Vgl. IFRS 12.24 i.V.m. IFRS 12.29.

vanten Abschlussposten die Verbindung zur Zweckgesellschaft erläutern.[1163] Darüber hinaus ist der maximal mögliche Verlust sowie dessen Ermittlung offenzulegen.[1164] Sofern ein Unternehmen, das eine Zweckgesellschaft in der Vergangenheit gegründet hat, diese Tabelle mangels aktueller Informationen nicht aufstellen kann, muss es zumindest Angaben zur Gründung des strukturierten Unternehmens machen, zu den Cashflows aus der Zweckgesellschaft während der aktuellen Berichtsperiode sowie zu den Buchwerten der in der Berichtsperiode an diese übertragenen Vermögenswerte.[1165] Ziel dieser Regelungen ist es, dem Bilanzadressat das Ausmaß der Beziehungen zu nicht-konsolidierten Zweckgesellschaften und das daraus resultierende Risiko zu verdeutlichen.[1166] Im Vergleich zum alten Recht handelt es sich bei den Vorschriften des IFRS 12 in Bezug auf nicht-konsolidierte Zweckgesellschaften um eine Erweiterung der bereits bestehenden Angabepflichten.

Die Steigerung der Transparenz für den Bilanzadressaten durch IFRS 12 kann geeignet sein, den Anreiz von sachverhaltsgestaltenden Maßnahmen zur Vermeidung einer Konsolidierung der Special Purpose Entity zu mindern. Dies trifft für solche Fälle zu, in denen z.B. der Gründer eines ABCP-Programms durch sachverhaltsgestaltende Maßnahmen eine Konsolidierung vermeiden will, um Risikoangaben in Bezug auf diese Transaktion zu umgehen. Das Motiv, die Vermögenswerte und Verbindlichkeiten nicht im Konzernabschluss anzusetzen, um in der Bilanzanalyse (wie z.B. bei der Eigenkapitalquote) formal als kreditwürdiger zu erscheinen, bleibt hingegen bestehen.

6.12 Konvergenzfrage mit anderen Rechnungslegungssystemen

6.12.1 Konvergenzbemühungen und Überarbeitung des FIN 46R

Nicht nur die Konsolidierungsnormen des IFRS-Normsystems befanden sich nach der Subprime- und Finanzmarktkrise im Umbruch. Auch die Konzernregeln der US-GAAP und des HGB erfuhren eine Novellierung. Da Harmonisierungsbestrebungen regelmäßig eine nicht unwesentliche Rolle im „standardsetting" spielen,[1167] soll im Folgenden geprüft werden, ob die Veröffentlichung des IFRS 10 zu einer Erhöhung der Konvergenz der Konsolidierungsnormen mit anderen Rechnungslegungssystemen geführt hat.

Die Überarbeitung der Konsolidierungsregeln nach IFRS und US-GAAP stellt kein Joint-Projekt der beiden Boards dar. Jedoch arbeiteten *IASB* und *FASB* hier eng zusammen.[1168] Das

---

[1163] Vgl. IFRS 12.29.
[1164] Vgl. IFRS 12.29.
[1165] Vgl. IFRS 12.27.
[1166] Vgl. IFRS 12.24.
[1167] Vgl. hierzu *Kupsch* (2008), S. 345–366.
[1168] Vgl. SFAS 167, S. iii.

FASB veröffentlichte im September 2009 den SFAS 167, der die Interpretation[1169] FIN 46R „Consolidation of Variable Interest Entities" aus dem Jahr 2003 novellierte. Diese Vorschrift gilt ausschließlich für die Control-Prüfung von Zweckgesellschaften. Nach der Überarbeitung des FIN 46R ist ein Beherrschungsverhältnis i.S.e. „controlling financial interest" zwischen einem beherrschenden Unternehmen und einer beherrschten Zweckgesellschaft künftig nicht mehr von dem Risks-and-Rewards-Ansatz als entscheidendem Abgrenzungskonzept abhängig.[1170] Stattdessen müssen nach dem neuen FIN 46R i.d.F. von 2009 zwei Kriterien kumulativ gegeben sein. Erstens muss „power to direct activities [...] that most significantly impact the entity's econcomic performance"[1171] vorliegen. Zweitens muss entweder eine Verlustabsorbtionspflicht oder ein Anspruch auf Nutzenziehung vorliegen. Bei diesem zweiten Kriterium kann der Risks-and-Rewards-Ansatz zur Operationalisierung Anwendung finden.[1172] Die Interpretation FIN 46R i.d.F. von 2009 enthält tendenziell mehr qualitative Elemente, als die Fassung von 2003 aufwies.[1173] Die Prüfung des qualitativen Power-Elements bei der Konsolidierung von Zweckgesellschaften ist eine Neuheit für die US-GAAP-Konzernrechnungslegung. Es führt zwar zu einer Zurückdrängung des anzuwendenden, quantitativen Abgrenzungskonzepts, dem Risks-and-Rewards-Ansatz, der sich aber noch neben dem Power-to-Direct-Kriterium als zweites Merkmal von „controlling financial interests" in FIN 46R i.d.F. von 2009 findet.[1174]

Mit IFRS 10 und dem überarbeiteten FIN 46R findet insofern eine konzeptionelle Annäherung von IFRS und US-GAAP statt, indem beide Normen quantitative Bright-Line-Regeln abschwächen und den Fokus auf das Power-Element richten.[1175] Jedoch gilt FIN 46R nur für Zweckgesellschaften. Das Stimmrechtsmodell des ARB 51 bleibt unverändert.[1176] Danach gilt für Beteiligungsunternehmen kein Risks-and-Rewards-Ansatz. Dagegen gilt der IFRS 10 für alle Unternehmenstypen inklusive Zweckgesellschaften gleichermaßen. Die Konvergenzbestrebungen beschränken sich somit auf eine konzeptionelle Annäherung. Die vollständige Angleichung der US-GAAP und der IFRS bei der Abgrenzung des Konsolidierungskreises ist somit nicht gelungen.[1177]

[1169] Bei FIN 46R handelt es sich um eine Interpretation des Standards ARB No. 51.
[1170] Vgl. FIN 46R.14A.
[1171] FIN 46R.14A(a).
[1172] Vgl. FIN 46R.14A(b).
[1173] Vgl. SFAS 167, S. iii.
[1174] Vgl. FIN 46R.14A(b) i.d.F. von 2009.
[1175] Vgl. IFRS 10.BC35(c).
[1176] Die Interpretation bezieht sich ausschließlich nur auf Zweckgesellschaften. Vgl. FIN 46R.22.
[1177] Vgl. auch *Küting/Mojadadr* (2011), S. 273.

6.12.2 Vergebliche Konvergenzbestrebung des deutschen Gesetzgebers

Das Bilanzrechtsmodernisierungsgesetz (BilMoG), das für Geschäftsjahre ab 2010 zu beachten ist, änderte die Abgrenzung des handelsrechtlichen Konsolidierungskreises. Im Zuge der Novellierung des § 290 HGB kam es zu einer Abschaffung des Konzepts der einheitlichen Leitung.[1178] Anlässlich der Lehren aus der Finanzmarktkrise[1179] nahm der Gesetzgeber für die handelsrechtlichen Konsolidierungsvorschriften mit § 290 Abs. 2 Nr. 4 HGB eine explizite Regel für Zweckgesellschaften auf.

Vor dem BilMoG ließ die herrschende Meinung die Konsolidierung von Zweckgesellschaften daran scheitern, dass aufgrund des Interessenausgleichs keine einheitliche Leitung zum Gründungszeitpunkt feststellbar war.[1180] Nach der neuen Vorschrift beherrscht ein Unternehmen eine Zweckgesellschaft, wenn „es bei einer wirtschaftlichen Betrachtung die Mehrheit der Risiken und Chancen"[1181] aus der Special Purpose Entity trägt. Mit dem Risiko-Chancen-Kriterium als exklusivem Entscheidungskriterium der Konsolidierung von Zweckgesellschaften liegt ein Risks-and-Rewards-Ansatz vor. Es gilt eine absolute Mehrheitserfordernis[1182] und eine Berücksichtigung von Eintrittswahrscheinlichkeiten relevanter Umweltzustände.[1183] Die Vorschrift verzichtet auf eine gleichzeitige Prüfung von Kontrollrechten.[1184] Nach der Begründung des Gesetzgebers sollte hiermit eine Annäherung an die Kriterien des SIC-12 erfolgen.[1185] Da allerdings die Interpretation SIC-12 künftig unter IFRS 10 keine Anwendung mehr finden wird, stellt sich die Frage, ob dem deutschen Gesetzgeber tatsächlich eine nachhaltige Annäherung an die IFRS mit dem BilMoG gelungen ist, da die neue handelsrechtliche Konsolidierungsvorschrift „nicht als ‚dynamischer Verweis' auf die IFRS"[1186] anzusehen ist. Dadurch, dass IFRS 10 den Risks-and-Rewards-Ansatz zurückgedrängt hat, verlieren die Konvergenzbemühungen des deutschen Gesetzgebers ihre Annäherungskraft. Die neuen Konsolidierungsregeln des HGB sind von den gleichen Ermessensspielräumen geprägt, die der Abschnitt 5.3 dieser Arbeit bei der Anwendung des SIC-12 herausgestellt hat. Die Ermessensspielräume bestehen insbesondere bei der Identifikation einer Zweckgesellschaft in Abgrenzung zu traditionellen Beteiligungsunternehmen und bei der Schätzung der Eintrittswahrscheinlichkeiten im Rahmen des Risks-and-Rewards-Ansatzes. Darüber hinaus bestehen An-

---

[1178] Vgl. *Findeisen/Sabel/Klube* (2010), S. 965.
[1179] Vgl. *Gelhausen/Fey/Kämpfer* (2009), Abschnitt Q, Tz. 51.
[1180] Vgl. *Helmschrott* (1999), S. 1868; *Schruff/Rothenburger* (2002), S. 763; *Gelhausen/Deubert/Klöcker* (2010), S. 2008 f. m.w.N.
[1181] § 290 Abs. 2 Nr. 4 HGB.
[1182] Vgl. DRS 19.54.
[1183] Vgl. DRS 19.59.
[1184] Vgl. *Findeisen/Sabel/Klube* (2010), S. 969.
[1185] Vgl. *Deutscher Bundestag* (2009), S. 89. Vgl. auch *Gelhausen/Fey/Kämpfer* (2009), Abschnitt Q, Tz. 53.
[1186] *Stibi/Kirsch/Ewelt-Knauer* (2011), S. 769.

reize zu Sachverhaltsgestaltungen, um eine Unterschreitung der 50%-Grenze der Risiko-Chancen-Tragung herbeizuführen.

Abschließend bleibt hinsichtlich der Konvergenzbestrebungen festzuhalten, dass in der internationalen Rechnungslegung der IFRS und der US-GAAP eine Zurückdrängung des Risks-and-Rewards-Ansatzes zu beobachten ist.[1187] Die Einführung dieses Konzepts in die handelsrechtliche Konsolidierung ist als ein gescheiterter Konvergenzversuch des deutschen Gesetzgebers zu werten, da insbesondere die neuen HGB-Vorschriften bezüglich Zweckgesellschaften keine inhaltliche Entsprechung mehr mit den novellierten IFRS-Konsolidierungsregeln aufweisen. Für die vorliegende Forschungsarbeit ist von Bedeutung, dass in der internationalen Rechnungslegung (IFRS und US-GAAP) hinsichtlich der Abgrenzung der wirtschaftlichen Einheit des Konzerns in Übereinstimmung mit dem in Kapitel 3 erarbeiteten De-lege-ferenda-Referenzmaßstab eine Abwendung von quantitativen und eine Hinwendung zu qualitativen Entscheidungskriterien festzustellen ist.

6.13 Würdigung des Control-Konzepts nach IFRS 10

6.13.1 Das Für und Wider eines einheitlichen Abgrenzungskonzepts für alle Unternehmenstypen

Das Consolidation-Projekt verfolgte das Ziel, einen in sich konsistenten Standard zur Abgrenzung des Konsolidierungskreises zu erarbeiten.[1188] Dies ist nach dem Control-Konzept des IAS 27/SIC-12 nach Ansicht des *IASB* bislang nicht gegeben.[1189] Um dem Ziel einer stringenteren Abgrenzung der wirtschaftlichen Einheit des Konzerns näherzukommen, verfolgt IFRS 10 eine einheitliche Abgrenzung des IFRS-Konsolidierungskreises für alle Unternehmenstypen. Diese Zielsetzung gelingt formal durch den Verzicht auf eine Differenzierung zwischen traditionellen Beteiligungsunternehmen und Zweckgesellschaften im Standard. Durch die Anwendung eines einheitlichen Control-Konzepts für alle Unternehmen sehen vereinzelte Literaturmeinungen[1190] daher eine Prinzipienorientierung des Standards als gegeben an, da „vergleichbare Unternehmensverbindungen auch in gleicher Weise abgebildet werden"[1191]. Der Wegfall der Differenzierung zwischen normalen Unternehmen und Zweckgesellschaften, eine Unterscheidung mit Potenzial für Ermessensspielräume, stellt nach herr-

---

[1187] Vgl. kritisch hierzu *Gryshchenko* (2010), S. 46 (bezogen auf ED 10); *Reiland* (2011), S. 2735 (bezogen auf IFRS 10). A. A. *Beyhs/Buschhüter/Schurbohm* (2011), S. 668 (bezogen auf IFRS 10).
[1188] Vgl. IFRS 10.BC35(a).
[1189] Vgl. IFRS 10.IN4.
[1190] Vgl. *Fischer* (2011), S. 174; *Glander/Blecher* (2011), S. 471.
[1191] *Fischer* (2011), S. 174.

schender Meinung einen nennenswerten Vorteil des One-Size-fits-all-Control-Konzepts des IFRS 10 dar.[1192]

Allerdings verlangen die Anwendungshinweise des IFRS 10 bei genauer Analyse eine spezielle Auslegung bestimmter Sachverhalte, die ausschließlich für Zweckgesellschaften relevant sind. Beispielsweise können Residualentscheidungen substanzielle Rechte darstellen und das Subkriterium von „power", die „ability to direct", kann auch bei bedingten Bestimmungsbefugnissen erfüllt sein. Die Begründung von „control" bei diesen Beispielen setzt allerdings voraus, dass eine (weitgehende) Vorherbestimmung der Geschäftstätigkeiten des potenziell beherrschten Unternehmens vorliegen muss.[1193] Eine solche Prädeterminierung ist allerdings ein Charaktermerkmal einer Special Purpose Entity. Ohne eine explizite Nennung von Zweckgesellschaften enthält IFRS 10 damit eine latente Differenzierung nach dem Unternehmenstyp. Während das Control-Konzept formal stringent eingehalten wird, liegt dessen „Unterschiedlichkeit [...] in der praktischen Anwendung"[1194]. Diese Differenzierung erfolgt daher nicht mehr wie bislang auf der Identifikationsebene (normale Unternehmen in Abgrenzung zu strukturierten Unternehmen), sondern im Rahmen der Auslegung bestimmter Control-Kriterien. Der Standardsetzer nimmt für die Erreichung dieser formalen Stringenz des Konzepts eine Aufweichung bestimmter Basisprinzipien vor. Hier ist insbesondere das Stichtagsprinzip zu nennen, das der Standard an mehreren Stellen kasuistisch durchbricht. Dies ist beispielsweise bei einer Berücksichtigung bedingter Power-Rechte oder zum Bilanzstichtag nicht ausübbarer Aktienoptionen der Fall.

Die Untersuchung anhand von Verbriefungsplattformen in dieser Arbeit zeigt, dass bestimmte Regeln, die für traditionelle Beteiligungsunternehmen sachgerecht sind, durch die starke Vorherbestimmung der Geschäftstätigkeiten bei Zweckgesellschaften mittels eines Autopiloten von Bilanzpolitikern bewusst umgangen werden können. Als Beispiel ist hier insbesondere die jederzeitige Abberufungsmöglichkeit des Entscheidungsträgers (Agent) durch die beherrschende Partei (Prinzipal) ohne besonderen Grund zu nennen.[1195] Ein unbedingtes „removal right" mag bei nicht-strukturierten Beteiligungsunternehmen relevant sein. Bei Transaktionen mit Zweckgesellschaften ist im Regelfall anzunehmen, dass im Rahmen des Autopiloten eine mögliche Abberufungsmöglichkeit an explizit vorgegebene Bedingungen geknüpft ist. Das einheitliche Prüfschema für alle Unternehmenstypen schafft somit Anreize für Sachverhalts-

---

[1192] Vgl. z.B. Böckem/Stibi/Zoeger (2011), S. 406; Erchinger/Melcher (2011), S. 1236; Kirsch/Ewelt-Knauer (2011a), S. 1645. Vgl. auch unter gleichzeitiger Nennung von Bedenken Reiland (2011), S. 2734; Lüdenbach/Freiberg (2012), S. 42.
[1193] Vgl. IFRS 10.B53.
[1194] Lüdenbach/Freiberg (2012), S. 42.
[1195] Vgl. IFRS 10.B61.

gestaltungen, indem es zu wenig auf die Spezifika von Special Purpose Entities eingeht.[1196] Ursächlich hierfür ist, dass das Power-to-Direct-Konzept des IFRS 10, trotz der Durchbrechungen des Stichtagsprinzips, grundsätzlich von einer gegenwärtigen Beherrschungsmöglichkeit ausgeht.

Als Fazit bleibt festzuhalten, dass eine formale Stringenz des Control-Konzepts in Form einer einheitlichen Anwendung auf alle Unternehmenstypen faktisch innerhalb der Auslegung der Konzeption nicht gegeben ist. Um Zweckgesellschaften nicht durch eine konzeptionelle Orientierung an gegenwärtigen Beherrschungsmöglichkeiten als mögliche Konsolidierungsobjekte auszuschließen, sind teilweise Prinzipienbrüche und kasuistische Einzelfallregelungen notwendig. Diese Durchbrechungen von Basisprinzipien lassen sich oft nicht konzeptionell heilen. Dies konfligiert mit dem Ziel einer weitgehenden Prinzipienorientierung des Standards.[1197]

6.13.2 Stringenz der Abgrenzungskonzepte für den Konsolidierungskreis

Konzeptionell ergibt sich aus der zentralen Control-Definition in IFRS 10.6, dass der Standard maßgeblich an dem Konzept der Beherrschungsmöglichkeit ausgerichtet ist. Dies entspricht einer „Umsetzung der Einheitstheorie in der Konzernrechnungslegung auf Beherrschungsverhältnisse als Determinante für Konzernbeziehungen"[1198]. Diese erkennbare Stringenz, die konzerntheoretisch erkennbar ist, setzt sich auf der Ebene der drei Control-Elemente fort.

Das angewandte Modell für das erste Hauptkriterium der Entscheidungsgewalt („power") trägt die Bezeichnung Power-to-Direct-Konzept, nach dem die Fähigkeit zur Ausübung der Bestimmungsbefugnisse hinsichtlich der Aktivitäten eines anderen Unternehmens ausreicht. Eine tatsächliche Ausübung ist nicht erforderlich. Das Modell einschließlich seiner drei Subkriterien entspricht weitgehend dem bisherigen Power-to-Govern-Konzept des IAS 27. Dem Power-to-Direct-Konzept liegt eine wirtschaftliche Betrachtungsweise zugrunde, indem faktische Verhältnisse (wie Präsenzmehrheiten) bei substanziellen Rechtspositionen (erstes Power-Subkriterium) zu beachten sind und sogar unter Durchbrechung des Stichtagsprinzips bedingte oder zeitnahe Fähigkeiten zur Wahrnehmung der Entscheidungsgewalt (zweites Power-Subkriterium) ausreichen. Bei Zweifelsfragen im Rahmen der Bestimmung relevanter Aktivitäten (drittes Power-Subkriterium) ist allerdings zur Operationalisierung auf eine Chancen-Risiko-Betrachtung zurückzugreifen. Für diese Grenzfälle dient somit ein konzepti-

---

[1196] Vgl. hinsichtlich einer ähnlichen Einschätzung *Reiland* (2011), S. 2734.
[1197] Vgl. zur Prinzipienorientierung des Standards IFRS 10.IN7 i.V.m. IFRS 10.BC210.
[1198] *Beyhs/Buschhüter/Schurbohm* (2011), S. 668 f.

onell fremder, quantitativer Ansatz dem ansonsten qualitativ orientierten Power-to-Direct-Konzept.

Für das Vorliegen des zweiten Hauptelements von „control", dem Kriterium der variablen Rückflüsse, reicht die Existenz volatiler Chancen und Risiken aus, um dieses Control-Element zu erfüllen. Eine weitergehende, quantitative Operationalisierung mittels Schwellenwerten unterbleibt im Rahmen dieser Control-Komponente. Eine Konkurrenz zum Power-to-Direct-Konzept besteht hierdurch nicht.

Das dritte Control-Hauptkriterium der Rückflussbeeinflussung dient der Feststellung von Prinzipal-Agenten-Beziehungen. Das Power-to-Direct-Konzept liegt in der formalistischen Form eines Legal-Control-Konzepts vor. Allein gegenwärtige Abberufungsrechte des Entscheidungsträgers beweisen die Prinzipal-Rolle. Die Gegenwärtigkeit der „removal rights" stellt einen standardinternen Widerspruch zum Ability-Kriterium des Power-Elements dar, nach dem auch eine zeitnahe bzw. bedingte Fähigkeit zur Wahrnehmung von Entscheidungsmacht als ausreichend betrachtet wird. Sofern keine substanziellen Abberufungsrechte bestehen, greift dieses Control-Element (neben einer Analyse der nicht substanziellen Rechte) auf den Exposure-to-Variability-Ansatz zurück, der dem Risks-and-Rewards-Ansatz des SIC-12 bis auf die Vermeidung von „bright lines" entspricht. Dies stellt eine konzeptionelle Konkurrenz zum Power-to-Direct-Konzept dar.

Vereinzelt findet für vorherbestimmte Geschäftstätigkeiten das Konzept der einheitlichen Leitung zum Gründungszeitpunkt zur Konkretisierung von „power" Anwendung.[1199] Dieser Ansatz besitzt jedoch nur eine nicht hinreichende Indizfunktion im Rahmen der Zweck-und-Struktur-Analyse, einer Voranalyse des Control-Konzepts. Da die tatsächliche Ausübung einer Entscheidungsmacht in der Vergangenheit lediglich Indizfunktion innehat, ist diese Form des Rückgriffs auf das Konzept der einheitlichen Leitung vereinbar mit dem Power-to-Direct-Konzept, das primär auf gegenwärtige Kontrollmöglichkeiten abstellt.

Als Ergebnis der obigen Ausführungen ist festzuhalten, dass IFRS 10 maßgeblich am Power-to-Direct-Konzept ausgerichtet ist. In Zweifelsfragen greift er allerdings u.a. auch auf quantitative Ansätze zurück und bricht darüber hinaus teilweise mit dem Stichtagsprinzip. Ursächlich hierfür ist, dass das One-Size-fits-all-Control-Konzept durch den Standardsetzer stellenweise bei einzelnen Subkriterien eine Erweiterung erfährt, um auch vorherbestimmten Geschäftstätigkeiten Rechnung zu tragen. Dem formal einheitlichen One-Size-fits-all-Control-Konzept mangelt es auf der Anwendungsebene der Einzelkriterien an konzeptioneller Stringenz, wie Abb. 38 verdeutlicht.

[1199] Vgl. IFRS 10.B51.

„Control" nach IFRS 10				
Kriterium der Entscheidungsgewalt („power")			Kriterium der variablen Rückflüsse	Kriterium der Rückflussbeeinflussung
Subkriterium der substanziellen Rechte	Ability-Subkriterium	Subkriterium der relevanten Aktivitäten	Existenz von variablen Rückflüssen ohne deren Quantifizierung	Klärung von Prinzipal-Agent-Beziehungen
Rechtsposition unter Beachtung faktischer Verhältnisse	Bedingte und zeitnah zum Bilanzstichtag bestehende Fähigkeiten	Bei mehreren Beteiligten: quantitativer Ansatz	Keine Quantifizierung und keine Schwellenwerte	Abberufungsrechte
				Exposure-to-Variability-Ansatz
Maßgebliche Ausrichtung am Power-to-Direct-Konzept (Konzept der Beherrschungsmöglichkeiten)				
Keine Konflikte	Konflikt mit dem Stichtagsprinzip	Konkurrenz zum Power-to-Direct-Konzept wegen quantitativem Exposure-to-Variability-Ansatz	Keine Konkurrenz zum Power-to-Direct-Konzept	Konkurrenz zum Power-to-Direct-Konzept wegen quantitativem Exposure-to-Variability-Ansatz
Zweck-und-Struktur-Analyse Konzept der einheitlichen Leitung zum Gründungszeitpunkt				

Abb. 38: Verwandte Abgrenzungskonzepte in IFRS 10 im Überblick

Kritisch ist der mit dem Gesamtkonzept inkonsistente Rückgriff auf quantitative Ansätze bei Zweifelsfragen allerdings auch aus Objektivierungsgesichtspunkten. Eine Anwendung quantitativer Ansätze bei Grenzfällen ist hinsichtlich der Verlässlichkeit der Aussagekraft fragwürdig, da durch die Schätzung von Eintrittswahrscheinlichkeiten künftiger Ereignisse solche quantitativen Ansätze subjektiv sind und die Verlässlichkeit und die zwischenbetriebliche Vergleichbarkeit der IFRS-Abschlüsse beeinträchtigen.

6.13.3 Konsistenzen mit der Vermögenswertdefinition und dem De-lege-ferenda-Maßstab

IFRS 10 weist eine Konsistenz mit der Vermögenswertkonzeption des IASB-Rahmenkonzepts auf. Die Komponenten der Verfügungsmacht der allgemeinen Asset-Definition stehen in Einklang mit dem Power-Element der Control-Definition des IFRS 10. Das Kriterium der variablen Rückflüsse und das Kriterium der Rückflussbeeinflussung des IFRS 10 korrespondiert mit dem Benefits-Element der Vermögenswertdefinition. Die bei der Vermögenswertkonzeption geforderte wirtschaftliche Betrachtungsweise liegt ebenfalls dem Control-Konzept des IFRS 10 zugrunde. Mit der Berücksichtigung der temporären eingeschränkten Ausübungsfähigkeit verfolgt IFRS 10 eine weite Auslegung der faktischen Verhältnisse. Das

Power-Element des IFRS 10 ist daher stärker als die Power-Komponente des Control-Konzepts des IAS 27/SIC-12 am Substance-over-Form-Grundsatz ausgerichtet. Hingegen kommt es nach IFRS 10 zu einer Beschneidung der wirtschaftlichen Betrachtungsweise bezüglich des Benefits-Elements, indem quantitative Ansätze im Vergleich zu bisherigen Konsolidierungsvorschriften in ihrer Bedeutung für die Konsolidierungsentscheidung eine Abschwächung erfahren.

Die Ausrichtung des IFRS 10 an der Verfügungsmöglichkeit (Control-Ansatz) ist ebenfalls konsistent mit gegenwärtigen Standardprojekten, wie z.b. zur Umsatzrealisierung und zu Versicherungsverträgen. Eine Zurückdrängung des Risks-and-Rewards-Ansatzes bei gleichzeitiger Stärkung des Control-Ansatzes zeichnet sich grundsätzlich auch beim Standardprojekt zu Leasing-Verträgen (mit Ausnahme bei Leasinggebern) ab. IFRS 10 stimmt folglich von seiner konzeptionellen Grundausrichtung mit dem in Kapitel 3 erarbeiteten Referenzmaßstab de lege ferenda überein. Eine Erhöhung der standardübergreifenden Konsistenz und eine Reduzierung von Kasuistik wären allerdings dadurch erreichbar, wenn das *IASB* stringent über alle Standardprojekte hinweg auf den subjektiven Risks-and-Rewards-Ansatz bzw. auf vergleichbare, quantitative Abgrenzungskonzepte in Zweifelsfragen verzichtet.

6.13.4 Die Frage der Zielerreichung des Consolidation-Projekts

Abschließend ist noch eine Würdigung der Zielerreichung des Standardsetzers vorzunehmen. Mit dem Consolidation-Projekt beabsichtigt das *IASB* eine Erhöhung der Transparenz bezüglich der Verbriefungszweckgesellschaften vor dem Hintergrund der weltweiten Finanzkrise und eine Stärkung der Konsistenz der Konsolidierungsnormen.[1200] Das Board zielte mit der Steigerung der Transparenz auf einen erweiterten Einblick der Bilanzadressaten in die Risikosituation der betrachteten Unternehmen, die in außerbilanziellen Verbriefungstransaktionen involviert sind.[1201] Auch die Literatur kritisierte vor allem das Verschleierungspotenzial der geltenden Regelungen, die sich dem bilanzierenden Unternehmen stellten, und die Mängel in der Offenlegung der Risikopositionen gegenüber Verbriefungszweckgesellschaften vor der Subprime- und Finanzmarktkrise.[1202]

Mit der Zurückdrängung des Risks-and-Rewards-Ansatzes verringert sich einerseits das damit zusammenhängende Potenzial an bilanzpolitischen Maßnahmen und erhöht sich scheinbar die standardinterne Konsistenz, indem die Abgrenzung des Konsolidierungskreises maßgeblich durch „control" bestimmt ist. Dies ist vordergründig als Beitrag zur Steigerung der Transpa-

---

[1200] Vgl. IFRS 10.IN4 f.
[1201] Vgl. IFRS 10.IN5.
[1202] Vgl. *Glander/Blecher* (2011), S. 467; *Gryshchenko* (2010), S. 45 f.; *Kirsch/Ewelt-Knauer* (2011), S. 1645; *Reiland* (2011), S. 2735 m.w.N.

renz zu werten. Andererseits wundert sich vor dem Hintergrund der Subprime- und Finanzmarktkrise z.B. *Reiland* über die Zurückdrängung des Risks-and-Rewards-Ansatzes, da nach seiner Auffassung zu vermuten ist, „dass die Abschlussadressaten weniger an der Fähigkeit zur Leitung geschäftlicher Aktivitäten interessiert sind, sondern vielmehr an den Chancen und Risiken, die für die berichterstattenden Unternehmen aus seiner Verbindung zu anderen Wirtschaftseinheiten resultieren"[1203]. Ihm ist zuzustimmen. Mit einer Zurückdrängung quantitativer Abgrenzungskonzepte wird die Transparenz in die Risikoposition eines Unternehmens grundsätzlich nicht erhöht. Beim Consolidation-Projekt als Ganzes betrachtet sind es wohl eher die zusätzlichen Anhangangaben nach IFRS 12, die dem Adressaten tiefere Einblicke in die Risikosituation des betrachteten Unternehmens gewähren. IFRS 10 kann zumindest das Ziel einer Erhöhung der Risiko-Transparenz schon deshalb für sich genommenen nicht erfüllen, da dieses Ziel im Widerspruch zu einer konzeptionellen Ausrichtung am Control-Ansatz steht. Letztlich fällt es schwer, eine abschließende Einschätzung über das Transparenz-Ziel abzugeben.

Hingegen ist das *IASB* dem Ziel einer Steigerung der konzeptioneller Konsistenz mit der Veröffentlichung des IFRS 10 einen Schritt näher gekommen, indem die stärkere Fokussierung an „control" de lege ferenda mit anderen Regelungsgebieten übereinstimmt. Darüber hinaus entspricht diese Entwicklung einer verstärkten Umsetzung der einheitstheoretischen Ausrichtung der IFRS-Konzernregeln.[1204]

Vor dem Hintergrund der obigen Diskussion ist es aber fraglich, ob die beiden Ziele – die Steigerung von Risiko-Transparenz und die stärkere konzeptionelle Ausrichtung an „control" – nicht im Widerspruch zueinander stehen. Sofern von einer Heilung der Transparenzanforderungen durch die zusätzlichen Anhangangaben nach IFRS 12 ausgegangen wird, bleibt festzuhalten, dass die Beibehaltung von fallweisen, nachgeordneten quantitativen Operationalisierungserfordernissen die konzeptionelle Stringenz beeinträchtigt und die Konsolidierungsentscheidung entobjektiviert.

[1203] *Reiland* (2011), S. 2735.
[1204] Vgl. *Beyhs/Buschhüter/Schurbohm* (2011), S. 668.

7 Herleitung eines alternativen Control-Konzepts de lege ferenda

7.1 Abschaffung statt Zurückdrängung der Chancen-Risiko-Betrachtung

Sowohl der bisherige SIC-12 als auch der neue IFRS 10 greifen fallweise auf quantitative Modelle zurück. Statt einer Abschaffung verfolgt IFRS 10, im Vergleich zur Control-Konzeption des IAS 27/SIC-12, lediglich eine Zurückdrängung des Risks-and-Rewards-Ansatzes, der nach neuem Recht nicht mehr mit Bright-Line-Regeln kombiniert wird und – für sich genommen – keinesfalls alleine ein Control-Verhältnis nachweisen kann. Aus diesem Ergebnis leiten sich zwei Hauptkritikpunkte an einer Chancen-Risiko-Analyse im Rahmen der Control-Prüfung ab: Erstens ist die Existenz bilanzpolitischer Spielräume zu beanstanden, die sich aus unternehmensindividuellen Schätzungen innerhalb der Chancen-Risiko-Abwägung ergeben. Zweitens konfligiert dieser quantitative Operationalisierungsansatz mit dem De-lege-ferenda-Referenzmaßstab dieser Arbeit, der maßgeblich an „control" ausgerichtet ist.

Quantitative Ansätze sind Schätzungsspielräumen hinsichtlich künftiger Cashflows und deren Eintrittswahrscheinlichkeit in Abhängigkeit möglicher Umweltzustände ausgesetzt. Insbesondere bei Bright-Line-Regeln (z.B. in Form von Mehrheitserfordernissen) kann das bilanzierenden Unternehmen die Annahmen über Wahrscheinlichkeiten und Zahlungsströme (wenn auch in Grenzen) bewusst so treffen, dass es die vorgeschriebene Schwelle unterschreitet, um eine Konsolidierung zu vermeiden. Darüber hinaus lassen sich die Volatilitäten der Zahlungsströme durch Third-Party-Guarantees beeinflussen, indem eine beherrschende Partei einen wesentlichen Teil möglicher Risiken i.S.v. potenziellen, negativen Cashflows auf einen externen Sicherungsgeber gegen die Bezahlung einer Prämie überträgt.

Diese bilanzpolitischen Spielräume, die mit quantitativen Bright-Line-Regeln verbunden sind, treten regelmäßig bei Verbriefungszweckgesellschaften auf. Bei einer bewussten Ausnutzung dieses Schätzungsspielraums durch das bilanzierende Unternehmen kommt es folglich zu bilanziellen Fehlinformationen, wenn unter wirtschaftlicher Betrachtung eine (zumindest latente) Entscheidungsgewalt über diese Zweckgesellschaft besteht und die Konsolidierungsentscheidung allein wegen einer Unterschreitung der quantitativen Bright-Line-Regel negiert wird. Die Vermögenslage des Konzerns ist dann verfälscht, da der Konzernabschluss die Aktiva und Schulden dieser als konzernfremd behandelten Zweckgesellschaften nicht ausweist, über die das Mutterunternehmen allerdings (mittels latenter Entscheidungsrechte) bei einer wirtschaftlichen Betrachtungsweise verfügen kann. Ferner ist die Ertragslage beeinträchtigt, da eine konzerninterne Ergebniseliminierung unterbleibt.

Neben dem Risiko von Falschinformationen birgt der Risks-and-Rewards-Ansatz die Gefahr der Minderung der unternehmensübergreifenden Vergleichbarkeit der Konzernabschlüsse. Dieses Problem resultiert im Rahmen von Bright-Line-Regeln unmittelbar aus der Abhängigkeit der Konsolidierungsprüfung von unternehmensindividuellen Annahmen in Bezug auf die künftigen Zahlungsströme und deren szenariobasierten Eintrittswahrscheinlichkeiten, da die Ergebnisse solcher quantitativen Analysen in hohem Maße subjektiv sind. Es kommt wegen der Entobjektivierung des Risks-and-Rewards-Ansatzes zur Verletzung der Prinzipien der Vergleichbarkeit und der Verlässlichkeit, beides Basisgrundsätze der IFRS-Rechnungslegung.[1205]

Darüber hinaus stehen quantitative Ansätze bei Sachverhalten, die eine Analogie zur Vermögenswertzurechnung aufweisen, im Widerspruch zu dem im Kapitel 3 erarbeiteten De-lege-ferenda-Referenzmaßstab. Ein über alle Sachverhalte einheitliches, qualitatives Abgrenzungskonzept, das auf „control" basiert, steigert die Konsistenz mit anderen Standards unter der Annahme, dass das *IASB* den in dieser Arbeit ermittelten Referenzmaßstab im Rahmen des Standardsetting-Prozesses stringent (weiter-)verfolgt. Hiervon geht der Verfasser als Arbeitshypothese aus. Die kasuistische Anwendung von Chancen-Risiko-Analysen bei der Konsolidierungsprüfung und anderen Bilanzierungsfragen (wie z.B. beim Leasing) schafft – auf Seiten des Bilanzanalysten, aber auch seitens des Bilanzierenden selbst – Unklarheit darüber, welche Vermögenswerte bzw. welche Schulden einer IFRS-Bilanz nach welchen Abgrenzungskonzeptionen dem bilanzierenden Unternehmen zugerechnet werden.

Die obigen Kritikpunkte nimmt der Verfasser zum Anlass, ein Alternativkonzept für die Control-Prüfung der IFRS-Konzernrechnungslegung zu entwickeln, das auf eine quantitative Chancen-Risiko-Analyse vollständig verzichtet. Der Ansatz hat zum Ziel, mittels eines durchgehenden Verzichts auf explizite und implizite „bright lines" die obigen Probleme von quantitativen Schwellenwerten zu meiden und die Beherrschungskriterien ausnahmslos qualitativ auszugestalten.

7.2 Skizzierung eines qualitativen Abgrenzungskonzepts

7.2.1 Allgemeine konzernspezifische Control-Definition des Konzepts

Ausgangspunkt eines Konzepts zur Abgrenzung des Konsolidierungskreises ist eine Control-Definition, die als Leitlinie des Modells zu verstehen ist. De lege lata ist unter einem konzernspezifischen Beherrschungsverhältnis eine Bestimmungsbefugnis eines Mutterunternehmens über die Geschäftstätigkeit einer Tochtergesellschaft zu verstehen, die das beherrschende Unternehmen nutzt, um aus dieser Unternehmensbeziehung (variable) Rückflüsse zu ziehen. Diese grundlegende Control-Definition in Bezug auf Unternehmensverbindungen findet sich – ungeachtet des unterschiedlichen Wortlauts – in den alten und neuen IFRS-Konzern-

---

[1205] Vgl. in Bezug auf den Grundsatz der Vergleichbarkeit IASB-R.QC20. Vgl. in Bezug auf den Grundsatz der Verlässlichkeit IASB-R.QC12 i.V.m. IASB-R.BC3.19.

normen.[1206] Erst in der Konkretisierung dieser allgemeinen Auffassung von Kontrolle eines Unternehmens über ein anderes unterscheiden sich die Konzepte von IAS 27/SIC-12 und IFRS 10.

Die obige allgemeine Control-Definition enthält zwei Komponenten; die Verfügungsmöglichkeit und die Nutzenziehung. Die Begriffsbestimmung eines Mutter-Tochter-Verhältnisses steht somit in Einklang mit der Vermögenswertkonzeption des *IASB*, die ebenfalls diese beiden Mindestkriterien umfasst.[1207] Diese Begriffsbestimmung stellt folglich den Ausgangspunkt für den zu entwerfenden, qualitativen Ansatz dar. Eine Wahrung der Konsistenz zwischen einem konzernspezifischen Konsolidierungsansatz und der allgemeinen Asset-Definition ist als konzeptionelle Grundvoraussetzung eines Konsolidierungsmodells anzusehen, da zur Einhaltung der systemimmanenten Stringenz in einem Rechnungslegungssystem eine wirtschaftliche Zugehörigkeit in Bezug auf einzelne Vermögenswerte und Schulden die gleichen Merkmale aufweisen soll, wie es in Bezug auf das Rechtsbündel eines beherrschten Unternehmens der Fall ist. Diese Soll-Forderung findet sich auch in der bilanzrechtlichen Literatur wieder. Prominent ist hier *Matena* zu erwähnen, die allerdings damals für die im Jahr 2004 vorzufindende Ausrichtung des IFRS-Normsystems die weitere Konkretisierung der Vermögenswertkonzeption am Risks-and-Rewards-Ansatz ausrichtete.[1208] Vor dem Hintergrund des jüngeren „standardsetting" ist jedoch aktuell eine qualitative Form der Kontrolle bei der Präzisierung dieser Einzelkomponenten von Beherrschung in den Mittelpunkt zu stellen.

7.2.2 Vertragstheoretische Unterschiede und die Idee der Kontrollchronologie

Erst die Konkretisierung der obigen allgemeinen Beherrschungskonzeption macht die Unterschiede zwischen dem alten und neuen Recht ersichtlich. Hier fällt insbesondere die abweichende Herangehensweise bei vorherbestimmten Geschäftsaktivitäten bzw. Zweckgesellschaften auf: Nach dem bisherigen Control-Konzept des IAS 27/SIC-12 bestanden mit der Interpretation SIC-12 explizite Regeln, die allein für Zweckgesellschaften Anwendung fanden. Der neue Standard IFRS 10 weist hingegen eine Ausrichtung an einem One-Size-fits-all-Control-Konzept auf. Jedoch ist letztlich auch hier erkennbar, dass der neue Standard in der Auslegung dieser einheitlich für alle Unternehmenstypen anzuwendenden Kriterien oft fallweise inhaltliche Unterscheidungen vornimmt, sodass implizit auch nach IFRS 10 eine ab-

---

[1206] Vgl. IAS 27.4 bzw. IFRS 10.6.
[1207] Vgl. zur Vermögenswertkonzeption des IFRS-Normsystems IASB-R4.4(a). Vgl. ferner auch die Ausführungen in Abschnitt 3.3.2.1.
[1208] Vgl. *Matena* (2004), insb. S. 57, 64, 211–217.

weichende Control-Prüfung für vorherbestimmte Unternehmen zu beobachten ist.[1209] Die zumindest implizite Differenzierung bei der Anwendung der neuen Konsolidierungsregeln auf Zweckgesellschaften verdeutlicht, dass der Standardsetzer auch nach IFRS 10 unter speziellen Voraussetzungen eine Konsolidierung von vorherbestimmten Unternehmen anstrebt und auf quantitative Ansätze zur Klärung von Zweifelsfragen zurückgreift. Der fallweise Rückgriff auf quantitative Ansätze steht im Widerspruch zum proklamierten One-size-fits-all-Konzept des neuen Standards, da neben „control" ein kasuistischer Rückgriff auf eine Chancen-Risiko-Analyse erfolgt, der nicht auf alle Unternehmenstypen gleichermaßen einschlägig ist. Vor dem Hintergrund einer De-lege-ferenda-Betrachtung stellt sich daher die Frage, wie das zu entwerfende Alternativkonzept mit unterschiedlichen Unternehmenstypen umgeht. Zum Abbau von Kasuistik liegt für eine De-lege-ferenda-Betrachtung zwar eine klarere Differenzierung als nach IFRS 10 nahe, ohne allerdings auf einen quantitativen Ansatz allein für Zweckgesellschaften entsprechend dem alten Recht nach SIC-12 zurückzugreifen.

Mit der Frage, inwieweit Konsolidierungsregeln auf die Prädeterminierung der Geschäftspolitik eingehen müssen, hat sich innerhalb der Bilanzwissenschaft primär *Streckenbach* auseinandergesetzt, die zur Abgrenzung der wirtschaftlichen Einheit des Konzerns eine vertragstheoretische Differenzierung zwischen unvollständigen und umfassenden Unternehmensverträgen fordert.[1210] Hierbei greift sie auf die theoretischen Ausführungen von *Grossman/Hart* zurück.[1211] Bei unvollständigen Unternehmensverträgen überträgt das Mutterunternehmen der Geschäftsführung des beherrschten Unternehmens „nur ein[en] Teil der Koordinations- bzw. Kontrollrechte"[1212] (wie Nutzungs- und Veränderungsrechte), sodass dem beherrschenden Unternehmen umfassende, fortwährende Beherrschungsmöglichkeiten verbleiben, die geeignet sind, die Geschäftspolitik des anderen Unternehmens zu prägen.[1213] Hingegen erfolgt bei umfassenden Unternehmensverträgen eine Bestimmung aller Entscheidungen für alle denkbaren Umweltzustände im Vorhinein, sodass die Muttergesellschaft keine (gegenwärtigen) Kontrollrechte mehr innehat bzw. benötigt, um aus der Unternehmensverbindung Nutzen zu ziehen.[1214]

Diese theoretischen Abweichungen in den Unternehmensverträgen treffen auf die klassischen Beteiligungsunternehmen in Abgrenzung zu den Zweckgesellschaften regelmäßig zu. Eine klare Differenzierung erscheint zu Recht geboten, da das IFRS-Normsystem (wie alle Rechtsgebiete) dem allgemeinen Gleichheitsgrundsatz Rechnung tragen muss, der besagt, dass

---

[1209] Vgl. z.B. IFRS 10.B53.
[1210] Vgl. *Streckenbach* (2006), S. 178–199.
[1211] Vgl. *Grossman/Hart* (1986), S. 691–719.
[1212] *Streckenbach* (2006), S. 173.
[1213] Vgl. *Streckenbach* (2006), S. 171–173.
[1214] Vgl. *Streckenbach* (2006), S. 172.

„wesentlich Gleiches gleich und wesentlich Ungleiches ungleich zu behandeln"[1215] ist. Es stellt sich hierbei die Frage, wie die vertragstheoretischen Unterschiede in die Control-Prüfung der IFRS de lege ferenda zweckadäquat einfließen.

Streckenbach fordert in Bezug auf die Konsolidierungsregeln eine Orientierung am Konzept der einheitlichen Leitung, das zwischen einer Ausübung während der laufenden Geschäftstätigkeit bei unvollständigen Verträgen und einer Ausübung in der Vergangenheit bei vorherbestimmten Geschäftstätigkeiten differenziert.[1216] Ihre grundlegende Befürwortung des Konzepts der einheitlichen Leitung als Ausgangsbasis findet sich auch in anderen Literaturquellen wieder. *Glander/Blecher* fordern beispielsweise ebenfalls den Rückgriff auf diesen Ansatz, weil somit Inkonsistenzen und Sonderregelungen für Special Purpose Entities vermeidbar sind.[1217]

Die genannten Befürworter des Konzepts der einheitlichen Leitung in der Vergangenheit zur Lösung der Konsolidierungsfragen bei Zweckgesellschaften stellen auf die Idee einer Unterscheidung zwischen einem gegenwärtigen Beherrschungsverhältnis und einem ruhenden Beherrschungsverhältnis ab, das auf Basis einer Untersuchung der Kontrollchronologie nachzuweisen ist. Das nachstehende Alternativkonzept greift diesen Grundgedanken auf und erweitert ihn zugleich, indem es eine Brücke von den in der Vergangenheit geschlossenen Verträgen in die Gegenwart bzw. Zukunft schlägt. Dies dient der Heilung der Vergangenheitsorientierung des Konzepts der einheitlichen Leitung zum Gründungszeitpunkt, das mit dem zwar nicht-kodifizierten, aber allgemein anerkannten Grundsatz „history does not matter"[1218] konfligiert. Das vorzustellende Modell differenziert somit zwei Fälle, wie Abb. 39 verdeutlicht, um für beide grundlegenden Unternehmenstypen „control" zu bestimmen. Auf der ersten Stufe liegt eine „gegenwärtige Kontrolle" vor; auf der zweiten eine „ruhende Beherrschung", die einen Start- und Beendigungszeitpunkt aufweist. Der aktuelle Bilanzstichtag befindet sich zwischen diesen Momenten des zweiten Falls.

[1215] *Zippelius* (1989a), S. 21; *Zippelius* (1989b) Tz. 40 (hier beispielhaft für den allgemeinen Rechtsgrundsatz).
[1216] Vgl. *Streckenbach* (2006), S. 178–199.
[1217] Vgl. *Glander/Blecher* (2011), S. 474 (hier v.a. kritisch in Bezug auf das BilMoG).
[1218] *Reiland* (2006), S. 26 (*Reiland* äußert sich hier allgemein zu diesem Grundsatz der Rechnungslegung).

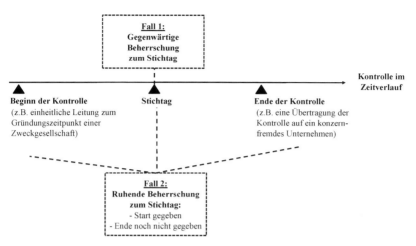

Abb. 39: Kontrolle im Zeitverlauf

Da „control" sowohl die Bestimmungsbefugnis (Power-Element) als auch die Nutzenziehung (Return- bzw. Benefits-Element) umfasst, ist in einer modellartigen Betrachtungsweise in die Fallunterscheidung auch die Rückflusskomponente aufzunehmen, für die ebenfalls, wenn auch nur marginal, Unterschiede zwischen unvollständigen und umfassenden Unternehmen zu beobachten sind, wie auch aus der Modellskizze in Abb. 40 hervorgeht.

"Control" über ein anderes Unternehmen umfasst "power" und "returns".

Vorab: Klärung des Konsolidierungsobjekts (Abschnitt 7.3)	
Unvollständige Unternehmensverträge auf der ersten Modellstufe: **Konzept der gegenwärtigen Kontrolle** (Abschnitt 7.4.1)	
Gegenwärtige Entscheidungsmacht/Power-Rechte (Abschnitt 7.4.1.1)	(Variable) Rückflüsse ("returns") (Abschnitt 7.4.1.2)
Umfassende Unternehmensverträge auf der zweiten Modellstufe: **Konzept der ruhenden Kontrolle** (Abschnitt 7.4.2)	
Ruhende Entscheidungsmacht/latente Power-Rechte (Abschnitt 7.4.2.1)	(Variable) Rückflüsse ("returns") (Abschnitt 7.4.2.2)

Grenze der Konzernperspektive

- -

Auffangkonzept: Komponentenansatz (Abschnitt 7.5)

Abb. 40: Skizzierung des Alternativmodells

Das Alternativkonzept weist einen klaren Aufbau unter Beachtung einer vertragstheoretischen Trennung nach den zwei grundlegenden Unternehmenstypen auf. Dem Konsolidierungsmodell schließt sich ein Auffangkonzept für solche Auslegungsfragen an, die – in seltenen Fällen – nach der alternativen Control-Prüfung verbleiben. Dieser Ansatz stellt kein Konsolidierungskonzept dar, sondern einen Komponentenansatz, der identifizierbarer Rechte und Pflichten aus einer Beziehung zu einem konzernfremden Unternehmen bilanziert.

7.3 Klärung des Konsolidierungsobjekts zu Beginn der Control-Prüfung

Vor der Prüfung nach dem Alternativkonzept ist zu klären, auf welchen Untersuchungsgegenstand es anzuwenden ist. Entsprechend der Vorschriften de lege lata und im Sinn einer gebotenen, wirtschaftlichen Betrachtungsweise erfolgt die Abgrenzung des Konsolidierungsobjekts de lege ferenda nicht nach rein gesellschaftsrechtlichen Kriterien. Identifizierbare Teileinheiten sind daher unabhängig von deren Rechtspersönlichkeit als (Teil-)Einheiten anzusehen, sofern sie bestimmte betriebswirtschaftliche Eigenschaften eines Unternehmens aufweisen. Ein solches Silo definiert IFRS 10.B77. Diese Norm stellt darauf ab, dass eine Zelle innerhalb eines übergeordneten Rechtsmantels „ring fenced"[1219] ist. Das bedeutet, dass bestimmte Verpflichtungen dieses Silos ausschließlich der Refinanzierung spezifischer Ver-

---

[1219] IFRS 10.B77.

mögenswerte derselbigen dienen. Diese Sichtweise ist mit dem Control-Ansatz vereinbar, da hier nur bestimmte Eigenkapitalgeber bzw. Gläubiger über exklusive Zugriffsrechte auf die Vermögenswerte des Silos verfügen. Gläubiger des übergeordneten Unternehmens, in dessen rechtlichem Mantel sich die Zelle befindet, sind sowohl von der Verfügungsmacht als auch von der Haftung für die Teileinheit ausgeschlossen. Für das Alternativkonzept gilt folglich die Silo-Definition des IFRS 10, da sie mit dem De-lege-ferenda-Referenzmaßstab vereinbar ist. Es besteht kein weiterer Konkretisierungsbedarf hinsichtlich der Silo-Thematik. Auf die konkretisierenden Ausführungen in Abschnitt 6.5 wird verwiesen.

7.4 Das zweistufiges Alternativkonzept der gegenwärtigen und der ruhenden Kontrolle

7.4.1 Erste Stufe: Gegenwärtige Kontrolle

7.4.1.1 Gegenwärtige Bestimmungsbefugnis bei unvollständigen Unternehmensverträgen

Eine Konsolidierungspflicht eines Tochterunternehmens liegt auf der ersten, hoch objektivierten Stufe des Alternativkonzepts vor, wenn zum Stichtag das Mutterunternehmen auf Basis einer Rechtsposition die Geschäftspolitik umfassend bestimmen kann und aus der Beziehung zu dem Tochterunternehmen (variable) Rückflüsse erhält. Die Auslegung dieser Rechtsposition erfolgt unter Beachtung einer wirtschaftlichen Betrachtungsweise, da der Grundsatz „substance over form" ein zu beachtendes Basisprinzip des IFRS-Normsystems darstellt.[1220] Somit begründen nachhaltige Präsenzmehrheiten unabhängig von deren tatsächlichen Ausübung ein Mutter-Tochter-Verhältnis.

Das Konzept der gegenwärtigen umfassenden Entscheidungsmacht entspricht einer strengen Einhaltung des Stichtagsprinzips. Klarstellend ist hinzuzufügen, dass die Entscheidungsdurchsetzung über Anteilseignerversammlung Zeit benötigt. Dies steht nicht im Widerspruch zur Gegenwärtigkeit. Wichtig für das Vorliegen von „power" auf der ersten Stufe ist allein, dass zum Stichtag ausübbare Rechte der Muttergesellschaft eine Beherrschungsmöglichkeit verschaffen, die sie zur Ausübung der Verfügungsgewalt im Rahmen der zeitlichen Restriktionen befähigt.

Liegen potenzielle Stimmrechte vor, können diese Wandeloptionen in Eigenkapitalinstrumente eine Beherrschungsmacht verleihen, wenn sie erstens analog IFRS 10 substan-

---

[1220] Der Substance-over-Form-Grundsatz des alten Rahmenkonzepts ist jetzt unter der glaubwürdigen Darstellung („faithful representation") zu subsumieren. Vgl. IASB-R.BC3.26; IASB-F.35 a. F. Vgl. auch IAS 8.10(b)(ii).

ziell[1221] und zweitens zum Bilanzstichtag ausübbar sind. Es genügt für ihre Zurechnung zum potenziell beherrschenden Unternehmen nicht – wie in IFRS 10.B24 vorgeschrieben –, dass es das Wandelungsrecht erst nach dem Bilanzstichtag wahrnehmen kann.[1222] Im Unterschied zum IFRS 10 hält das Alternativkonzept hier vielmehr das Stichtagsprinzip ein. Dies dient der Stringenz des Konzepts, das auf der vorrangigen Hierarchiestufe des Alternativansatzes, der gegenwärtigen umfassenden Beherrschung, keine Durchbrechungen des Stichtagsprinzips toleriert. Die Aufweichung eines solchen Basisprinzips würde mit dem hohen Objektivierungsgrad dieser vorrangigen Modellstufe konfligieren. Es handelt sich hier immerhin um Sachverhalte, für die eine gegenwärtige Beherrschung nachweisbar ist. Die strenge Beachtung der Stichtagsverhältnisse hilft der Eindämmung von Ermessensspielräumen. Es entfallen Auslegungsfragen, bis zu welchem Zeitpunkt eine Ausübung der potenziellen Stimmrechte noch berücksichtigungspflichtig ist. Das bedeutet, dass beispielsweise nur Aktienoptionen, die unmittelbar zum Bilanzstichtag wandelbar sind, auch Beherrschung verschaffen. Dies erhöht die Verlässlichkeit der Rechnungslegung, da eine hohe Ausübungswahrscheinlichkeit einer rechtlich noch nicht wahrnehmbaren Option zum Stichtag nicht bedeutet, dass auch am Fälligkeitstag tatsächlich eine Wahrnehmung des Wandlungsrechts erfolgt. Die Ablehnung von nicht ausübbaren potenziellen Stimmrechten für die Control-Prüfung stellt im Alternativkonzept somit die Unabhängigkeit von wertbeeinflussenden Ereignissen sicher.

Das Konzept der gegenwärtigen umfassenden Entscheidungsmacht findet bei unvollständigen Unternehmensverträgen Anwendung, nach denen die Geschäftspolitik des Tochterunternehmens nicht vorherbestimmt wird. Das Mutterunternehmen kann daher seine Entscheidungsmacht nutzen und jederzeit in die Ausrichtung der Geschäftspolitik eingreifen bzw. Änderungen herbeiführen. Eine solche gegenwärtige Entscheidungsmacht über ein anderes Unternehmen führt – unabhängig von der Erfüllung der nachfolgenden Control-Stufen der ruhenden Beherrschung – in jedem Fall zu einer Konsolidierungspflicht der Muttergesellschaft, sofern sie variablen Rückflüssen aus der Unternehmensbeziehung ausgesetzt ist.

7.4.1.2 Variable Rückflüsse bei unvollständigen Unternehmensverträgen

Entsprechend der konzernspezifischen Control-Definition und in Übereinstimmung mit der allgemeinen Vermögenswertzurechnungskonzeption müssen neben Power-Rechten (variable)

[1221] Aktienoptionen können beispielsweise für eine Partei substanziell sein, wenn sie bereits 45% der Stimmrechte innehat und mittels Optionsausübung über 50% der Stimmrechte verfügen kann. Gleichzeitig besitzt in dieser Situation keine andere Partei (z.B. mittels Aktienoptionen oder durch potenzielle Käufe auf den Kapital- oder Optionsmarkt) die Fähigkeit, eine Stimmrechtsmehrheit herbeizuführen. Vgl. zu substanziellen Wandlungsrechten in Eigenkapitaltitel IFRS 10.B47. Vgl. hierzu die Beispiele des Standards nach IFRS 10.B50. Vgl. ebenso nach altem Recht die Beispiele des IAS 27.IG8.

[1222] Vgl. insbesondere Example 3c des IFRS 10.B24. Ein Wandlungsrecht 25 Tage nach dem Stichtag wird nach dieser Vorschrift als berücksichtigungspflichtig angesehen, sofern die Option „weit im Geld" ist.

Rückflüsse vorliegen, um ein Mutter-Tochter-Verhältnis nachzuweisen. Dass hierbei die Rückflüsse variabel sind, ergibt sich aus der eigentümertypischen Verlust- und Gewinnabsorptionsfunktion, die sowohl im alten als auch im neuen Recht zu finden ist.[1223] Die Ergebnisvolatilität stellt einerseits ein Charakteristikum einer eigentümerähnlichen bzw. inhaberschaftsgeprägten Unternehmensverbindung dar und ist anderseits auch zugleich das tragende Motiv für die beherrschende Partei, Macht über das andere Unternehmen auszuüben. Das Merkmal der Rückflussvariabilität dient somit der Abgrenzung gegenüber klassischen Fremdkapitalgebern, die zumeist nur fixe (Zins-)Zahlungsströme aus der Geschäftsbeziehung erwarten.

Da das Alternativkonzept quantitative Analysen ablehnt, verzichtet es zwar komplett auf eine weitere Operationalisierung des Kriteriums der variablen Rückflüsse. Es ist allerdings mittels einer Analyse der Rechtsposition sicherzustellen, dass dem Mutternehmen Rückflüsse aus der Unternehmensbeziehung zum Tochterunternehmen zustehen und diese über die Totalperiode in Abhängigkeit von möglichen Umweltzuständen bzw. Marktsituationen Schwankungen ausgesetzt sind.

Das Absorbieren der Rückflussvariabilität gilt zwar sowohl für klassische Beteiligungsunternehmen als auch Zweckgesellschaften als eine notwendige Voraussetzung zum Nachweis eines Control-Verhältnisses. Allerdings ist bei unvollständigen Unternehmensverträgen auf der ersten Modellstufe bei der Ergebnisallokation ein geringer Detaillierungsgrad diesbezüglicher Regelungen in der jeweiligen Satzung zu erwarten. Ferner kann bei klassischen Beteiligungsunternehmen eine Verteilung des Jahresüberschusses auch gesetzlich bestimmt sein,[1224] sofern die involvierten Parteien keine Regelungen hierfür trafen. In einer Untersuchung gesellschaftsrechtlicher Regularien in Kombination mit vertraglichen Vereinbarungen ist qualitativ nachzuweisen, dass ein Unternehmen, das eine gegenwärtige Bestimmungsbefugnis innehat, auch der Volatilität der Rückflüsse ausgesetzt ist. Ein (Mehrheits-)Gesellschafter einer Kapitalgesellschaft trägt diese Variabilität sowohl über das Risiko des Verlusts des Beteiligungsbuchwerts als auch durch einen Rückgang der Ausschüttungen. Im Vergleich zu umfassenden Unternehmensverträgen zielt die Nutzenziehung bei klassischen Unternehmen in der Tendenz eher auf aggregierte Größen wie z.B. den Jahresüberschuss bzw. -fehlbetrag ab.

[1223] Vgl. hinsichtlich des alten Rechts (IAS 27/SIC-12) SIC-12.10(c), (d) sowie IDW RS HFA 9, Tz. 164; Küting/Gattung (2007), S. 403. Vgl. nach neuem Recht (IFRS 10) IFRS 10.7(b), 15 f. i.V.m. BC60-BC62.

[1224] Vgl. z.B. für deutsche Kapitalgesellschaften § 174 AktG bzw. § 58d GmbHG.

7.4.2 Zweite Stufe: Ruhende Kontrolle bei umfassenden Unternehmensverträgen

7.4.2.1 *Ruhende, latente Entscheidungsmacht unter Beachtung der Kontrollchronologie*

Bei umfassenden Unternehmensverträgen kann das Mutterunternehmen wegen der Vorherbestimmung der Geschäftstätigkeiten auf eine jederzeitige Bestimmungsmöglichkeit des Mutterunternehmens verzichten, ohne dass hierdurch die Nutzenziehung aus der Unternehmensbeziehung beeinträchtigt ist. Die in der Vergangenheit festgelegte Vorherbestimmung der Aktivitäten durch eine beherrschende Partei bindet noch heute die Tochtergesellschaft, zugunsten der Muttergesellschaft zu handeln. Im Rahmen einer Control-Prüfung muss das potenziell beherrschende Unternehmen somit analysieren, ob es in der Vergangenheit die Vorherbestimmung veranlasst hat. Es ist also demnach im ersten Schritt die einheitliche Leitung zum Gründungszeitpunkt oder allgemein in der Vergangenheit als Ausgangspunkt für eine Mutter-Tochter-Beziehung festzustellen. Abschnitt 7.4.3 konkretisiert den Beginn der Entscheidungsmacht noch weiter.

Im nächsten Schritt müssen in die Gegenwart hinein noch latente Rechte fortbestehen, um konzeptionell die Vergangenheitsorientierung des oben erläuterten Kontrollbeginns zu heilen. Es kann sich um Satzungsänderungs-, Veto-, Blockade- und/oder Auflösungsbefugnisse handeln, ähnlich wie sie SIC-12 vorgibt.[1225] Durch solche Rechte besteht für das beherrschende Unternehmen die Fähigkeit der bedarfsorientierten Intervention in den Autopiloten.

Die geschilderten Eingriffsmöglichkeiten müssen die Art und die Wirkungsweise des vorherbestimmten Geschäftszwecks tangieren. Das bedeutet, dass sie sich auf die geschäftspolitische Determinierung beziehen bzw. dass sie nicht bloß auf operative Tätigkeiten Anwendung finden. Dies dient der Wahrung von Prinzipal-Agent-Beziehungen zwischen den involvierten Parteien. Hierdurch kommt es zu einer Vermeidung bilanzpolitisch motivierter Sachverhaltsgestaltungen. Diese zielen darauf ab, ein ruhendes Beherrschungsverhältnis zu negieren, indem zwar latente Entscheidungsrechte auf andere Parteien übertragen werden, die damit allerdings nur operative Tätigkeiten bestimmen können. Unter solchen Geschäftsaktivitäten sind typischerweise Dienstleistungen zu verstehen, die das Mutterunternehmen (Prinzipal) beispielsweise im Rahmen von Outsourcing-Verträgen auf Externe (Agenten) überträgt.

Kann beispielsweise eine Partei A jederzeit den Manager M der Verbriefungszweckgesellschaft abberufen, und ist M nur berechtigt, operative Tätigkeiten (wie z.B. den Zahlungsverkehr entsprechend den Satzungsbestimmungen) durchzuführen, stellt dies kein relevantes Eingriffsrecht dar, da durch die Absetzung die geschäftspolitische Orientierung des Autopiloten nach Bestellung eines neuen Managers mit gleichen Rechten unverändert bleibt. Besitzt da-

---

[1225] Vgl. SIC-12.App. (b). Vgl. ferner *Feld* (2007), S. 94, 142, 145; *Ewelt-Knauer* (2010), S. 94.

gegen Partei B im gleichen Fall ein gegenwärtiges Änderungsrecht des Autopiloten hinsichtlich der vorherbestimmten Aktivitäten, mit dem es (teilweise) die strategische Ausrichtung derselben Special Purpose Entity abwandeln kann, hat dieses Änderungsrecht weitreichendere Folgen auf die Vorherbestimmung der beherrschten Zweckgesellschaft als ein Abberufungsrecht des Managers, der lediglich die operativen Geschäfte steuert. Ein solcher Eingriff in die geschäftspolitische Prägung der Zweckgesellschaft durch Unternehmen B kann dadurch erfolgen, dass B dem Management der Special Purpose Entity den Ankauf bestimmter risikobehafteter Wertpapiere (z.b. US-amerikanischer Verbriefungen von Hypothekenforderungen) erlaubt oder verbietet. Ceteris paribus ist hier zu vermuten, dass es sich bei der Partei B um das Mutterunternehmen der Zweckgesellschaft handelt.

Die latenten Eingriffsbefugnisse können gegenwärtig und/oder bedingt sein. Vor dem Hintergrund des Stichtagsprinzips und einer generellen Betrachtungsweise der Rechtsdurchsetzung ist der Inhaber eines gegenwärtigen, latenten Rechts in einer privilegierteren Rechtsposition, als eine Partei, die über lediglich ein bedingtes, latentes Recht verfügt, das gleichwertig hinsichtlich des Effekts auf die geschäftspolitische Ausrichtung des beherrschten Unternehmens ist.

Zusammenfassend ist festzuhalten, dass in Zweifelsfällen, in denen mehrere Parteien latente Rechte haben, somit zum einen zu analysieren ist, ob sich die Eingriffsbefugnisse auf die geschäftspolitische Ausrichtung beziehen. Zum anderen ist zu klären, welche Partei eine gegenwärtige und welche eine bedingte Rechtsposition innehat. Zur Lösung in solchen kritischen Auslegungsfragen dient auch die Betrachtung, wann nach einem standardübergreifenden Control-Verständnis ein Übergang von einer vormals beherrschenden Gesellschaft auf ein neues Mutterunternehmen stattfindet. Diese Untersuchung erfolgt im Rahmen einer standardübergreifenden Control-Perspektive in Abschnitt 7.4.3.

7.4.2.2 Das qualitative Kriterium der variablen Rückflüsse bei umfassenden Unternehmensverträgen

Entsprechend der eigentümerähnlichen Stellung der Muttergesellschaft gegenüber einer Zweckgesellschaft ist die Nutzenziehung typischerweise Schwankungen ausgesetzt. Im Unterschied zu klassischen Beteiligungsunternehmen ist bei Zweckgesellschaften die Tragung der Rückflüsse in den jeweiligen Umweltzuständen zumeist detailliert geregelt. Dies entspricht der Vorherbestimmung durch den umfassenden Unternehmensvertrag, der für alle denkbaren Szenarien nicht nur dem Management der Zweckgesellschaft bestimmte Entscheidungen vorgibt, sondern auch die Tragung der Chancen und Risiken in Abhängigkeit bestimmter betriebswirtschaftlich relevanter Situationen regelt. Die qualitative Analyse des Rückflusskriteriums bezieht sich hierbei auf das Studium einschlägiger Vertragsklauseln, die beispielsweise das tranchenabhängige Tragen der Zahlungsausfälle des verbrieften Forderungspools nach dem Wasserfallprinzip regelt. Liegt eine solche Vereinbarung zugunsten eines involvierten Unternehmens vor, ist das Kriterium der variablen Rückflüsse des Alternativmodells als erfüllt zu betrachten. Hingegen unterbleibt eine quantitative Analyse der Ergebnisvolatilität, um mögliche Zweifelsfragen auf der zweiten Modellstufe zu klären. Dies stellt einen wesentlichen Unterschied zum Risks-and-Rewards-Ansatz des SIC-12 bzw. zu dem Exposure-to-Variability-Ansatz des IFRS 10 dar, die auf Bright-Line-Regeln in Form von absoluten bzw. relativen Mehrheitserfordernissen abstellten.

Für den Fall, dass mehrere Parteien bei einer qualitativen Betrachtung des Vertragswerks variablen Rückflüssen aus derselben Zweckgesellschaft ausgesetzt sind, entscheidet das Power-Kriterium über das Vorhandensein eines Beherrschungsverhältnisses zugunsten einer bestimmten Partei. Der Vorzug der Entscheidungsmacht vor dem Rückflusskriterium im Alternativmodell ist der Vermeidung von quantitativen Bright-Line-Regeln geschuldet. Dies entspricht auch der Ausrichtung des Referenzmaßstabs am Control-Ansatz, der dem Kriterium der Entscheidungsmacht mehr Gewicht beimisst als einer Operationalisierung des Benefits-Elements.

7.4.3 Konkretisierung des Konzepts der ruhenden Kontrolle hinsichtlich dessen Beginn und Ende

7.4.3.1 Ziele der standardübergreifenden Control-Untersuchung

Das Konzept der ruhenden Beherrschung auf der zweiten Stufe des Alternativmodells dient dem Nachweis eines Mutter-Tochter-Verhältnisses bei umfassenden Unternehmensverträgen, wie sie bei Zweckgesellschaften üblich sind. Wie bei den Konzepten de lege lata für diesen Unternehmenstypus treten hierbei regelmäßig Auslegungsfragen auf: Erstens kann der Kontrollbeginn insbesondere dann unklar sein, wenn zwischen den involvierten Parteien ein Interessenausgleich herbeizuführen ist. Zweitens ist es ggf. nicht unmittelbar ersichtlich, ob für eine bestimmte Partei ein Kontrollverhältnis (noch) besteht, wenn sowohl diese als auch andere Parteien über diverse gegenwärtige oder bedingte, latente Power-Rechte hinsichtlich des Autopiloten einer Special Purpose Entity verfügen. Selbst wenn in der Vergangenheit ein bestimmtes Unternehmen die einheitliche Leitung nachweislich ausübt hat, stellt sich dann die Frage, ob zwischenzeitlich ggf. die Kontrolle übergegangen ist, wenn auch andere involvierte Unternehmen ähnliche (latente) Eingriffsmöglichkeiten innehaben. Eine Präzisierung der Kontrollchronologie – sowohl hinsichtlich des Beginns als auch des Endes – scheint daher erforderlich. Hierzu dient im Folgenden eine standardübergreifende Analyse von „control" zur Identifikation von Gemeinsamkeiten innerhalb des IFRS-Normsystems. Die Ausführungen greifen, sofern möglich, hierbei auf jüngere Standardprojekte zurück, die den derzeitig verfolgten Referenzmaßstab des *IASB* zutreffend widerspiegeln, der (überwiegend) an „control" ausgerichtet ist.

Die Reihenfolge der zu prüfenden Regelungsgebiete fängt mit solchen Sachverhalten an, die primär auf dingliche Sachen gerichtet sind, sodass mit der Umsatzrealisierung (von Waren) und Leasingtransaktionen begonnen wird. Hieran schließen sich Standards an, die den Beginn und den Übergang bzw. die Beendigung von Rechten regulieren, wie es bei Versicherungsverträgen und Finanzinstrumenten der Fall ist. Jeweils nach den Ausführungen zum Beginn und Ende von „control" findet eine Übertragung der Ergebnisse auf das alternative Konzept zur Abgrenzung der wirtschaftlichen Einheit des Konzerns statt.

7.4.3.2 Beginn bzw. Erlangung von Kontrolle

Bei einer Control-Analyse beim Umsatzakt ist zu beachten, dass einschlägige Regelungen hierzu den Übergang der Ware bzw. die Erbringung der Leistungspflicht primär aus der Perspektive des Verkäufers regeln. Damit handelt es sich um das Ende der Verfügungsmacht an der Kaufsache. Um demnach den Startzeitpunkt mit dem Standardentwurf zu konkretisieren, ist hier die Sichtweise des Kunden einzunehmen. Der bisherige Standard zur Umsatzrealisierung, der IAS 18, weist noch eine (starke) Dominanz des Risks-and-Rewards-Ansatzes auf,[1226] sodass er hier nicht weiter betrachtet werden soll.[1227] Nach dem im November 2011 veröffentlichte überarbeiteten Exposure Draft „Revenue from Contracts with Customers" (ED/2011/6) bestimmt sich der Zeitpunkt des Umsatzausweises anhand der Erfüllung der Leistungsverpflichtung. Diese tritt ein, wenn der zugesicherte Vermögenswert in die Verfügungsgewalt des Kunden übergeht bzw. wenn er Nutzen aus der Ware oder Dienstleistung zieht.[1228] Die Nutzenziehung des Kunden stellt demnach das zentrale Kriterium dar. Allerdings setzt die Vorschrift implizit ein vorangegangenes Verpflichtungsgeschäft voraus, wie aus den verwandten Begriffen „promised good"[1229] und „performance obligation"[1230] abzuleiten ist. Die Vertragsunterzeichnung ist somit zeitlich vor der Kontrollerlangung über den Vermögenswert erfolgt.

Der Standardentwurf zu Leasingverträgen (ED/2010/9) konkretisiert den Startzeitpunkt von „control" im Rahmen der bilanziellen Vermögenswertzurechnung des Leasingobjekts. Der Leasingnehmer hat die Rechte und Pflichten aus der Leasing-Transaktion zum „date of commencement" nach dem Right-of-Use-Modell anzusetzen.[1231] Es handelt sich um den Zeitpunkt, ab dem der Leasingnehmer den Nutzen aus dem Leasingobjekt ziehen kann.[1232] Der

---

[1226] Vgl. IAS 18.14(a).
[1227] Der überarbeitete Standardentwurf führte allerdings im Gegensatz zum vorangegangenen Exposure Draft eine Risiko-Chancen-Betrachtung als Indikator ein. Vgl. ED/2011/6, Tz. BC84.
[1228] Vgl. ED/2011/6, Tz. 31 f. Vgl. ferner *Lühn* (2010), S. 274.
[1229] ED/2011/6, Tz. 31.
[1230] ED/2011/6, Tz. 31.
[1231] Vgl. ED/2010/9, Tz. 10.
[1232] Vgl. ED/2010/8, App. A.

Zeitpunkt des Verpflichtungsgeschäfts, also der Tag der Unterzeichnung des Leasingvertrags („date of inception"), ist hingegen nicht für die Control-Erlangung beim Leasingnehmer relevant.[1233] Ähnlich wie bei den angestrebten Regelungen zur Umsatzrealisierung beginnt die bilanzielle Vermögenswertzurechnung erst mit der Nutzenziehung und nicht mit dem Verpflichtungsgeschäft, das allerdings gedanklich vorausgegangen sein muss. Für den Zugang von Sachen fallen oft das Verpflichtungs- und das Verfügungsgeschäft zeitlich auseinander, sodass auch die Nutzenziehung später beginnt. Folglich ist eine Bilanzierung der Sache im IFRS-Normsystem erst möglich, wenn die Nutzenziehung anfängt; dies ist zumeist mit dem Zugang des zivilrechtlichen Eigentums an dem jeweiligen Gegenstand gegeben.

Bei Finanzinstrumenten handelt es sich hingegen – anders als bei den obigen beiden Sachverhalten – um Rechte, die sich auf künftige Cashflows beziehen. Hier beginnt die Kontrolle über den finanziellen Vermögenswert (bzw. die finanzielle Verpflichtung) gemäß IAS 32.11 mit dem jeweiligen Vertragsabschluss, da ab diesem Zeitpunkt ein Rechtsanspruch auf den künftigen Zahlungsstrom vorliegt. Der Zugangszeitpunkt bei Finanzinstrumenten verdeutlicht, dass bei Rechten das Verpflichtungsgeschäft und der Beginn der Nutzenziehung zeitlich zusammenfallen, da der Vertragsabschluss künftige Ansprüche (exakt) definiert und somit den Vertragsparteien Planungssicherheit verschafft.

Ähnlich wie bei Finanzinstrumenten handelt es sich bei Versicherungsverträgen um die Erlangung einer Rechtsposition bezüglich künftiger Versicherungsleistungen statt um eine dingliche Sache. Eine Konkretisierung des Beginns von „control" enthält der Exposure Draft „Insurance Contracts" (ED/2010/8). Die aus dem Versicherungsvertrag resultierenden Ansprüche und Verpflichtungen sind zum früheren der beiden folgenden Zeitpunkte anzusetzen: dem Zeitpunkt, zu dem der Versicherte an den Vertragsinhalt gebunden ist (Unterzeichnung des Vertrags durch den Versicherten) oder dem Zeitpunkt, zu dem der Versicherungsschutz beginnt, wie es durch eine vorläufige Deckungszusage möglich ist,[1234] sodass der Vertrag faktisch ins Leben gerufen wird. Eine Verfügungsgewalt über die Ansprüche und Schulden aus Versicherungsverhältnissen bestehen daher nicht erst mit dem Verpflichtungsgeschäft (Vertragsunterzeichnung), sondern bereits schon mit der Konsumierung von Versicherungsdienstleistungen des Kunden. Dass der Versicherungsvertrag dem Versicherer spätestens dann zuzurechnen ist, wenn die Vertragsunterzeichnung vorliegt, entspricht der Vorgehensweise bei Finanzinstrumenten. Beiden Parteien gewährt das Verpflichtungsgeschäft Sicherheit hinsichtlich der künftigen Versicherungsleistung. Hingegen steht auf den ersten Blick der Beginn des Control-Verhältnisses mit der Nutzenziehung durch eine Deckungszusage im Widerspruch zu dem Zugang bei Finanzinstrumenten, da die Nutzenziehung des Versicherungsnehmers (Ge-

---

[1233] Vgl. hierzu *Muggenthaler/Mujkanovic* (2010), S. 306.
[1234] Vgl. ED/2010/8, Tz. 14. Vgl. ferner *Ellenbürger/Kölschbach* (2010), S. 1230.

fahrtragung) noch nicht auf der Grundlage eines wirksam zustande gekommenen privatrechtlichen Vertrags beruht. Dies verwundert zunächst, da beide Regelungsbereiche primär den Start einer Rechtsposition regeln. Die Inkonsistenz kann allerdings dadurch geklärt werden, dass bei dem Beginn der bilanziellen Vermögenswertzurechnung des Versicherungsvertrags durch eine Deckungszusage anstelle des Vertrags die gesetzlichen Regelungen treten. Weigert sich der potenzielle Versicherungsnehmer, den Vertrag endgültig zu unterschreiben, obwohl er bereits Versicherungsleistungen genossen hat, erlangt das Versicherungsunternehmen einen zivilrechtlichen Entgeltanspruch für die bereits gestellte Risikotragung.[1235] Tritt dagegen nach erteilter Deckungszusage und vor Vertragsunterzeichnung das versicherte Ereignis ein, so ist das Versicherungsunternehmen zur Schadensleistung verpflichtet und zwar unabhängig davon, ob der avisierte Vertrag noch zustande kommt oder nicht.[1236]

Als Zwischenergebnis ist somit die folgende Gemeinsamkeit aller Sachverhalte festzuhalten: Es muss für den Beginn von „control" mindestens ein vertraglicher oder ein gesetzlicher Rechtsanspruch bestehen, der eine Beherrschung über die Nutzenpotenziale verschafft, die entweder unmittelbar oder in Zukunft beginnen. Bei Sachen fallen oft das Verpflichtungsgeschäft und das erstmalige Konsumieren zeitlich auseinander. Das Beherrschungsverhältnis beginnt hier mit dem Anfall der ersten „benefits". Hingegen ist bei Rechten der Zeitpunkt des Vertragsabschlusses oder der zeitliche Ausgangspunkt einer anderen (gesetzlichen) Anspruchsgrundlage mit dem der anfänglichen Nutzenziehung identisch.

Bei einer konzeptionellen Übertragung dieser Erkenntnisse auf Konsolidierungsfragen ist festzustellen, dass Zweckgesellschaften als Unternehmen Rechtsbündel darstellen. Ein Control-Verhältnis beginnt daher mit dem Abschluss der gesellschafts- bzw. schuldrechtlichen Verträge, die ohne sofortige Aufnahme der Geschäftsaktivitäten der Special Purpose Entity der beherrschenden Partei Planungssicherheit hinsichtlich der künftigen Nutzenpotenziale und der Risikotragung sowie der latenten Eingriffsrechte verschaffen. Das Verpflichtungsgeschäft und das Verfügungsgeschäft fallen – wie bei anderen Rechten – auf den gleichen Zeitpunkt. Dass die Zahlungsströme aus der Beziehung zu der Special Purpose Entity erst in der Zukunft anfallen, ist hierfür unerheblich, da zu Beginn die erreichte Rechtssicherheit die erstmalige Nutzenziehung darstellt.

In einfachen Transaktionen mit Zweckgesellschaften ist die Subsumption des standardübergreifenden Control-Anfangs bei Rechten offensichtlich. Bei einer klassischen Verbriefungs-

---

[1235] Nach deutschem Zivilrecht wäre hier der Tatbestand der ungerechtfertigten Bereicherung gemäß § 812 BGB erfüllt. Ferner gelten die Zahlungspflichten bei einem Nichtzustandekommen des Hauptvertrags nach § 50 VVG, wenn eine vorläufige Deckung vereinbart wurde.
[1236] Die vorläufige Deckung stellt eine besondere Form des Versicherungsvertrags dar, aus dem im Schadensfall die Leistungspflicht des Versicherers resultiert. Vgl. § 1 i.V.m. § 49 VVG. Der Beginn der vorläufigen Deckung kann von der Zahlung einer Prämie abhängen. Vgl. § 51 VVG.

transaktion mit nur einem Forderungsverkäufer, der die Verträge zu seinen Gunsten gestaltet und unterzeichnet, übt dieser erkennbar eine einheitliche Leitung zum Gründungszeitpunkt aus. Bei modernen Verbriefungstransaktionen sind hingegen zumeist mehrere Parteien involviert. Folglich gilt die Aussage, dass der Vertragsabschluss Sicherheit über die künftigen Geschäftstätigkeiten der Zweckgesellschaft verschafft, für alle Beteiligten. Hier ist eine differenzierte Betrachtungsweise erforderlich, um eine beherrschende Partei während des Gründungsakts festzustellen. Für diese Auslegungsfrage findet sich keine Entsprechung in anderen Regelungssachverhalten der IFRS, weil eine Zweckgesellschaft als Rechtsbündel nicht exklusiv nur einer Partei dient. Indes dienen z.B. einzelne Versicherungen oder Finanzinstrumente ausschließlich einer bestimmten Partei jeweils in der Rolle des Sicherungsnehmers bzw. -gebers. Im Gegensatz hierzu unterhält eine Special Purpose Entity vielfältige Geschäftsbeziehungen zu anderen Entitäten, denen sie auch Nutzen stiftet, ohne dass diese Macht über die Tätigkeiten der Zweckgesellschaft haben. Bei mehreren involvierten Unternehmen sind die Verhältnisse in der logischen Sekunde des Gründungszeitpunkts der Zweckgesellschaft daher präzise zu analysieren; die folgenden zwei präzisierenden Aspekte bieten sich hierbei an:

– die Verhandlungsmacht zum Gründungszeitpunkt und
– der Umfang des Interesses über die vorherbestimmten Geschäftstätigkeiten.

Das erste Merkmal, die Verhandlungsmacht zum Gründungszeitpunkt, knüpft an das Verpflichtungsgeschäft an und erweitert es um eine wirtschaftliche Betrachtungsweise. Der zu erzielende Interessenausgleich zwischen mehreren Vertragsparteien bei Vertragsabschluss bzw. bei dessen Anbahnung gewährt oft einen gewissen Spielraum, sofern es die Wettbewerbssituation zulässt. Existieren beispielsweise auf dem lokalen Finanzmarkt für einen mittelständischen Forderungsverkäufer nicht ausreichend Verbriefungsplattformen, besitzt die Hausbank einen (entscheidenden) Wettbewerbsvorteil, den sie bei der Ausgestaltung der Verträge nutzt. Mittels einer Analyse der Konkurrenzlage und der damit verbundenen Verhandlungsmacht kann daher eine Machtstellung beim Gründungsakt identifiziert werden. Diese kann sich auch darin äußern, dass die bevorteilte Partei (im Beispiel die Hausbank) latente Rechte zum Eingriff in die Vorherbestimmung der Special Purpose Entity gegenüber den anderen Parteien (hier dem Forderungsverkäufer) durchsetzt. Steht die Hausbank dagegen bei Initialisierung der Verbriefungsplattform in scharfer Konkurrenz zu anderen Anbietern, die sie dazu zwingt, die Plattform relativ stark nach den Wünschen der in die Special Purpose Entity involvierten übrigen Marktteilnehmer zuzuschneiden, kann sich die Zurechnungssituation anders darstellen, denn dann fehlt es – zumindest wirtschaftlich – an der Kontrolle durch die Hausbank.

Der zweite Aspekt konkretisiert die Bestimmung der Nutzenpotenziale der allgemeinen Control-Definition während des Gründungsakts. Die Analyse zielt darauf ab, welchem Unternehmen die Abstimmung der Geschäftstätigkeiten in ihrer Gesamtheit primär im Rahmen einer qualitativen Betrachtung nutzt. Bei mehreren involvierten Unternehmen dient die Untersuchung der Klärung, in welchem Umfang die Vorherbestimmung der Geschäftsaktivitäten für eine bestimmte Partei in deren Interesse liegt. Es besteht hier eine Bandbreite; angefangen vom Motiv der Determinierung einzelner Tätigkeiten bis hin zu einer umfassenden Nutzenziehung an der Gesamtheit aller durch den Autopiloten vorgegeben Tätigkeiten. Abgesehen davon, dass zwar jede Partei daran interessiert ist, dass die Zweckgesellschaft als Vertragspartner nicht zahlungsunfähig wird, ist allerdings regelmäßig ein Unternehmen zu identifizieren, dessen Rückflüsse nicht nur bei einer Insolvenz der Special Purpose Entity, sondern auch im Normalbetrieb in Abhängigkeit aller Aktivitäten schwanken. Dies ist an einem Beispiel zu verdeutlichen.

Die Forderungsverkäufer eines ABCP-Multi-Seller-Conduits bezwecken mit einem poolspezifischen Credit Enhancement die Begrenzung potenzieller Verluste aus Zahlungsausfällen im jeweiligen Einzelkreditpool bis zu einer festgelegten Obergrenze. Die Ausgestaltung der restlichen Instrumente spielt für die Forderungsverkäufer keine Rolle, solang die Verbriefungsplattform solvent bleibt, sodass sie ihren Zahlungsverpflichtungen vertragsgerecht nachkommen kann. Dem Sponsor hingegen dient die ABCP-Plattform mit allen satzungsmäßigen und vertraglichen Regelungen der Erzielung von Residualgewinnen, da er Zinsüberschüsse (Excess-Spread-Zahlungen) aus dem Verbriefungsprogramm als Belohnung für seine Dienstleistungen (und seine Risikotragung) erhält. Ihm ist an der Funktionsweise des Verbriefungsprogramms als Ganzes gelegen. Das bedeutet, dass er neben dem poolspezifischen auch das programmweite Credit Enhancement, die Liquiditätsfazilität und Zins- und Währungssicherungsmaßnahmen im Rahmen des Autopiloten zu seinen Gunsten festlegen will. Dies weist darauf hin, dass der Sponsor mit dem Vertragsabschluss nicht nur einzelne Teilaktivitäten, sondern sämtliche Handlungen der Zweckgesellschaft nach seinen betriebswirtschaftlichen Zielen prägen möchte. Wenn sich das Motiv der Vorherbestimmung auf die Gesamtheit der Geschäftsaktivitäten einer Zweckgesellschaft richtet, wie es hier beim Sponsor zutrifft, spricht dies für eine einheitliche Leitung zum Gründungszeitpunkt durch ihn, da dann – eine (gewisse) Verhandlungsmacht bzw. ein Wettbewerbsvorteil vorausgesetzt – davon auszugehen ist, dass die gesamte Vorherbestimmung der Aktivitäten des Conduits primär dem Sponsor dient.

Zusammenfassend ist für Zweckgesellschaften hinsichtlich des Control-Beginns innerhalb des Alternativkonzepts de lege ferenda festzuhalten, dass der Anfangspunkt in der logischen Sekunde des Vertragsabschlusses liegt. Bei mehreren Vertragspartnern übt in diesem Moment dasjenige Unternehmen seine Beherrschungsmacht tatsächlich aus, das über eine hinreichende Verhandlungsmacht verfügt, um sein Interesse der Vorherbestimmung sämtlicher künftiger Aktivitäten der Zweckgesellschaft zu determinieren, um daraus künftig variable Rückflüsse zu generieren. Es liegt somit eine einheitliche Leitung zum Gründungszeitpunkt zugunsten dieser Partei vor. Diese Sichtweise knüpft an die Erkenntnisse der standardübergreifenden Control-Analyse an und erweitert sie sachgerecht für umfassende Unternehmensverträge mit mehreren Beteiligten.

7.4.3.3 Verlust bzw. Übergang von Kontrolle

Bei umfassenden Unternehmensverträgen ist das Ende eines Control-Verhältnisses für das Alternativkonzept zu präzisieren. Die Konkretisierung ist wiederum durch eine standardübergreifende Control-Analyse vorzunehmen.

Die Regelungen zur Umsatzrealisierung sind durch die Perspektive des Verkäufers geprägt. Der Leistungspflichtige hat nach dem im November 2011 veröffentlichten Re-Exposure Draft (ED/2011/6) die Erlöse zu vereinnahmen, wenn der zugesicherte Vermögenswert in die Verfügungsgewalt des Kunden übergeht bzw. wenn dieser Nutzen aus der Ware oder der Dienstleistung ziehen kann.[1237] Die Umsatzrealisierung ist folglich nach dieser zentralen Norm des Standardentwurfs von der Kontrollerlangung des Abnehmers abhängig.

Für Leasingtransaktionen erfolgt innerhalb des Standards lediglich eine Konkretisierung der Ausbuchung beim Leasinggeber, die sich allerdings nach dem Risks-and-Rewards-Ansatz richtet. Diesen fallweisen Rückgriff auf quantitative Bright-Line-Regeln kritisieren sowohl diese Arbeit[1238] als auch die Literatur[1239] als nicht stringent. Eine Analyse unterbleibt daher.

Der Abgang von finanziellen Vermögenswerten und Schulden ist explizit nach IAS 39 geregelt. Im einfachen Fällen endet der Ansatz eines Finanzinstruments mit dem Ablauf der vertraglich vereinbarten Laufzeit.[1240] Aufgrund der Fungibilität von Finanzinstrumenten kommt es oft zu einem Transfer auf andere Parteien. Für diesen Fall sieht IAS 39 eine Abgangsprüfung vor, dessen Ausgestaltung unverändert in den ab 2015 anzuwendenden Standard IFRS 9 übernommen wurde, nachdem die angestrebte Abschaffung des Risks-and-Rewards-Ansatzes[1241] (vorerst) gescheitert ist.[1242] Das Interesse der Prüfung richtet sich hier auf den subsidiären Control-Ansatz der Abgangsvorschriften für Finanzinstrumente, der anzuwenden ist, wenn die substanziellen Chancen und Risiken weder übertragen noch zurückbehalten wurden.[1243] Nach IAS 39 bzw. künftig nach IFRS 9 hängt eine verbleibende Verfügungsmacht im Rahmen der Abgangsprüfung von Finanzinstrumenten daran, ob der Empfänger des

---

[1237] Vgl. ED/2011/6, Tz. 31 f. Vgl. ferner *Lühn* (2010), S. 274.
[1238] Vgl. Abschnitt 3.5.3.2.
[1239] Vgl. z.B. *Lorenz* (2010), S. 2557.
[1240] Vgl. IAS 39.17(a) bzw. IFRS 9.3.2.3(a).
[1241] Vgl. ED/2009/3, Tz. IN11.
[1242] Vgl. IFRS 9.IN8. Vgl. hierzu kritisch *Christian* (2011), S. 7.
[1243] Vgl. IAS 39.20(c) bzw. IFRS 9.3.2.6(c).

Finanzaktivums die Fähigkeit besitzt, den Vermögenswert zu verkaufen.[1244] Sofern der Erwerber den Vermögenswert einseitig ohne Zustimmung des Forderungsverkäufers weiterveräußern kann, muss der Übertragende den Vermögenswert ausbuchen. Der Erwerber des Finanzinstruments hat die Verfügungsmacht am Finanzinstrument aber in dieser Hinsicht nur dann erlangt, wenn für dieses ein aktiver Markt besteht, sodass er es jederzeit veräußern und wieder zurückkaufen kann, sofern eine optional ausübbare Rückübertragungsverpflichtung des Erwerbers gegenüber dem Verkäufer besteht. Folglich hängt der Control-Verlust des Verkäufers eines Finanzinstruments im Rahmen der Derecognition-Regeln des IAS 39 bzw. IFRS 9 von der Fähigkeit des Erwerbers ab, über den Vermögenswert zu verfügen. Somit ist – wie beim Standardentwurf zur Umsatzrealisierung – auch bei finanziellen Vermögenswerten der Abgang von der Control-Erlangung des Erwerbs abhängig.

Bei Versicherungsverträgen sind die Abgangsregeln im Vergleich zu Finanzinstrumenten weniger komplex. Nach dem diesbezüglichen Standardentwurf (ED/2010/8) endet die bilanzielle Zurechnung des Versicherungsvertrags beim Versicherer, wenn der Vertrag in der Form abgelaufen ist, dass der Versicherer keinen Risiken mehr ausgesetzt ist.[1245] Einen Transfer von Versicherungen von einer auf eine andere Partei beleuchten die angestrebten Vorschriften nicht, da Versicherungsverträge regelmäßig nicht übertragbar sind. Die Versicherungsunternehmen können ohne explizite Zustimmung des Versicherungsnehmers die mit ihm geschlossenen Verträge nur in Rückversicherungen geben mit der Folge, dass die originären Ansprüche und Verpflichtungen weiterhin bei ihm verbleiben und es nur einen Anspruch auf vollständige oder teilweise Übernahme der sich verwirklichenden Schäden gegenüber dem Rückversicherer hat.[1246] Daher können die Vorschriften zu Versicherungen zur Konkretisierung der Beendigung der Kontrolle i.S.e. Übertragung nicht wesentlich beitragen.

Als Zwischenfazit ist festzustellen, dass die Regelungen zum Umsatzakt und zum Verkauf von Finanzinstrumenten eine Übertragung präzisieren. Eine neue bilanzielle Vermögenswertzurechnung liegt bei einem Transfer dann vor, wenn der Erwerber der Ware bzw. des Finanzinstruments über das erworbene Objekt verfügt. Die Erkenntnis der Ausbuchung bei einer Kündigung oder mit dem Ablauf der Vertragslaufzeit ist zwar auch übertragbar auf Zweckgesellschaften. Jedoch stellt dies einen offensichtlichen, nicht weiter auszuführenden Tatbestand dar, der nicht zur Klärung solcher Zweifelsfragen beiträgt, die bei mehreren in eine Zweckgesellschaftstransaktion involvierten Unternehmen auftreten. Diese Regel bestätigt lediglich,

---

[1244] Vgl. IAS 39.23 i.V.m. IAS 39.AG42 bzw. künftig IFRS 9.3.2.9 i.V.m. IFRS 9.B.3.2.7.
[1245] Vgl. ED/2010/8, Tz. 67.
[1246] Vgl. hinsichtlich einer Legaldefinition EG-Rückversicherungslinie (2005/68/EG), Artikel 2, 1(a). Vgl. auch weiterführend *Liebwein* (2009), S. 9 f.

dass die Beendigungs- bzw. Kündigungsmöglichkeit ein (latentes) Entscheidungsrecht einer kontrollierenden Partei repräsentiert.

Die Beobachtung, dass erst die Control-Erlangung eines Dritten das Ende der bisherigen Kontrolle durch das ursprüngliche Mutterunternehmen besiegelt, ist in das Alternativmodell sachgerecht zu integrieren. Hierbei sind die folgenden zwei Extremfälle zu unterscheiden:

1.) Ein Unternehmen hat zwar in der Vergangenheit (zum Gründungszeitpunkt oder später) nachweislich eine einheitliche Leitung ausgeübt. Anschließend verfügen aber mehrere Parteien über jederzeitig ausübbare und/oder bedingt ausübbare Rechte.

2.) Weder die Partei, die zum Gründungszeitpunkt eine einheitliche Leitung ausgeübt hat, noch eine andere Partei besitzt irgendwelche latente Eingriffsmöglichkeiten in den Autopilot-Mechanismus.

Im ersten Fall verfügt das ursprünglich kontrollierende Unternehmen so lang über eine ruhende Beherrschung, wie die anderen Parteien ihre latenten Power-Rechte nicht ausüben können. Dies ist offenkundig dann der Fall, wenn diese noch gar nicht bestehen. Das bedeutet, dass die involvierten Parteien die Verträge nicht zeitgleich unterschreiben. Bei Multi-Seller-ABCP-Programmen gründet zumeist im ersten Schritt der Sponsor das Conduit, sodass er es anfänglich auch kontrolliert. Die Forderungsverkäufer, die oft ebenso über bedingte latente Power-Rechte (z.B. das Forderungsmanagement bei Zahlungsausfällen) verfügen, treten erst später in eine Vertragsbeziehung mit der Zweckgesellschaft ein. Besitzen sowohl der Sponsor als auch die Forderungsverkäufer jederzeitige Eingriffsmöglichkeiten, ist bei den Vertragsabschlüssen mit den Forderungsverkäufern zu prüfen, welche Partei zu einer Änderung der geschäftspolitischen Vorherbestimmung befähigt ist. Im Regelfall ist dies zwar auch nach dem Verpflichtungsgeschäft des Conduits mit dem Forderungsverkäufer nach wie vor der Sponsor, weil er zumeist im Gegensatz zu den Forderungsverkäufern ein umfassendes Interesse an der Gesamtheit des ABCP-Programms hat, aus dem er (residuale) Zinsüberschüsse erhält. Allerdings ist im Einzelfall zu prüfen, ob ein Control-Übergang infolge neuer Verträge vorliegt, die seit der Gründung geschlossen wurden.

Eine weitere Subsumption des ersten Falls stellen bedingte, latente Eingriffsrechte aller Parteien dar. Sind die Rechte der Parteien nicht jederzeit ausübbar, sondern bedingt, ist nach der standardübergreifenden Kontrollchronologie dem ursprünglich identifizierten Mutterunternehmen, hier dem Sponsor, so lang die Vorherbestimmung zuzurechnen, bis eine andere Partei den Autopiloten bei dem Eintritt des Power-verleihenden Ereignisses tatsächlich ändert. In diesem Fall hat ein anderes Unternehmen über die Zweckgesellschaft tatsächlich verfügt und es ist anzunehmen, dass dieses Unternehmen die Änderung der geschäftspolitischen Ausrichtung zu seinen Gunsten durchgeführt hat. Der Kontrollübergang ist somit durch eine erneute Ausübung der einheitlichen Leitung erfolgt.

Im zweiten Extremfall hat ein Unternehmen zwar eine einheitliche Leitung im Rahmen der Gründung einer (Verbriefungs-)Zweckgesellschaft nachweislich ausgeübt. Allerdings verfügt es nach der Aufnahme der Geschäftstätigkeit der Special Purpose Entity weder über gegenwärtige noch über bedingte Eingriffsmöglichkeiten in den Autopiloten, wie dies bei Brain-Dead-Strukturen üblich ist. Auch andere Parteien besitzen keine latenten Power-Rechte. Fraglich ist hierbei, ob die Partei, die in der Vergangenheit eine einheitliche Leitung ausgeübt hat, noch über eine ruhende Beherrschung verfügt.

Nach den standardübergreifenden Beobachtungen hinsichtlich eines Control-Übergangs könnte einerseits die Auffassung vertreten werden, dass keine andere Partei bislang und in Zukunft über die Zweckgesellschaft verfügen kann. Ein Eingriff in den Autopiloten ist somit für alle Beteiligten unmöglich. Die in der Vergangenheit geschaffenen Verhältnisse gelten noch bis zum aktuellen Stichtag fort.

Andererseits würde der komplette Verzicht auf jegliche latente Eingriffsmöglichkeiten in die Vorherbestimmung bei gleichzeitiger Bejahung eines Mutter-Tochter-Verhältnisses bei formaler Betrachtungsweise gegen den History-does-not-matter-Grundsatz verstoßen, denn die Zurechnung erfolgt dann ausschließlich aufgrund der Vertrags- und Kontrollsituation, die zum (ggf. lange zurückliegenden) Zeitpunkt der Aufsetzung der Verbriefungsplattform gegeben war. Auf die aktuelle, stichtagsbezogene Kontrollsituation kommt es scheinbar nicht an.

Der auf den ersten Blick vorliegende Widerspruch zwischen dem standardübergreifenden Control-Übergang und dem History-does-not-matter-Grundsatz ist dadurch aufzulösen, dass streng genommen hier gar kein Übergang von Kontrolle vorliegt, sondern deren endgültiger Untergang von vornherein beabsichtigt ist. In der logischen Sekunde des Beginns der Kontrolle über die Zweckgesellschaft verschwindet selbige. Eine Analogie zum Übergang der Verfügungsmacht ist folglich abzulehnen. Eine Partei, die eine Brain-Dead-Struktur (ohne künftige, bedingte latente Entscheidungsmöglichkeiten) gründet, ist daher nur für eine logische Sekunde die diesbezügliche Muttergesellschaft. Anschließend verliert sie die Beherrschung über eine solche Special Purpose Entity endgültig. Nicht nur im normalen Geschäftsbetrieb, sondern auch bei Störfällen (wie z.B. in Form der Finanzmarktkrise) kann der Initiator bei einer Brain-Dead-Zweckgesellschaft keine Eingriffe mehr in den Autopiloten vornehmen. Eine Blockade oder Beendigung der Vorherbestimmung ist hier ebenfalls nicht möglich.

Die Verhältnisse, die in der Vergangenheit unwiderruflich festgelegt wurden, wirken bis heute fort, sodass bei ausschließlicher Anwendung des Konzepts der einheitlichen Leitung zum Gründungszeitpunkt eine Muttergesellschaft zwar identifizierbar wäre. Allerdings ist hier eine Wertung des Standardsetzers notwendig, ob eine Verletzung des nicht-kodifizierten History-does-not-matter-Prinzips ohne gegenwärtige und/oder künftige Heilungssachverhalte hinnehmbar ist. Diesbezüglich stellte das *IASB* mit IFRS 10.B53 klar, dass der alleinige Akt der Prädeterminierung in der Vergangenheit nicht ausreicht, um ein Mutter-Tochter-Verhältnis nachzuweisen. Vielmehr müssen mindestens bedingte Eingriffsrechte zugunsten des beherrschenden Unternehmens vorliegen.[1247]

Die Forderung, dass das kontrollierende Unternehmen am Bilanzstichtag mindestens über latent ausübbare Eingriffsrechte verfügen muss, ist sachgerecht, da andernfalls die Gefahr der Notwendigkeit von nicht zweckkonformen quantitativen Bright-Line-Regeln für Zweifelsfragen bestünde. Denn ein alles entscheidendes History-does-matter-Kriterium benötigt im Fall mehrerer Gründerparteien einer solchen Brain-Dead-Struktur eine Operationalisierung zur Bestimmung des Meistbegünstigen. Der Rückgriff auf einen Risks-and-Rewards-Ansatz wäre zur Herbeiführung eines Ergebnisses der Konsolidierungsprüfung erforderlich und regelmäßig ausschlaggebend. Die Wertungsentscheidung des *IASB*, dass das Konzept der einheitlichen Leitung zum Gründungszeitpunkt nicht ausreicht, um ein ruhendes Beherrschungsverhältnis nachzuweisen, gilt daher auch für das hier zu entwerfende qualitative De-lege-ferenda-Modell.

Die Fremdkapitalgeber einer solchen Brain-Dead-Zweckgesellschaft absorbieren jegliche variablen Cashflows – sowohl positive als auch negative –, ohne jemals irgendwie den Autopiloten ändern oder stoppen zu können. Das alleinige Tragen variabler Rückflüsse reicht für ein Beherrschungsverhältnis entsprechend der allgemeinen Control-Definition nicht aus, selbst wenn es nur einen (Haupt-)Fremdkapitalgeber gäbe. Der auf die Weise aufgesetzte Mechanismus beendet sich bei solchen Brain-Dead-Konstrukten von selbst, wenn entweder das (Fremd-)Kapital aufgebraucht ist oder in der hundertprozentigen Vorherbestimmung ein Verfallsdatum hinterlegt ist.

Die Ausführungen zu den Brain-Dead-Strukturen zeigen, dass nach der Kontrollchronologie ein Mutterunternehmen einer Zweckgesellschaft im Anschluss einer einheitlichen Leitung in der Vergangenheit, bei der es die Vorherbestimmung bzw. den Autopiloten aufgesetzt oder geändert hat, noch über gegenwärtige und/oder bedingte latente Rechte verfügen muss, um eine ruhende Beherrschung zu bejahen.

7.4.4 Zwischenergebnis: Axiome des Alternativkonzepts

Das Alternativkonzept, das durchweg auf qualitative Kriterien zur Identifikation eines Mutter-Tochter-Verhältnisses zwischen Konzernentitäten zurückgreift, umschließt folgende Axiome, die die obigen Erkenntnisse zusammenfassen:

[1247] Vgl. zu Verdeutlichung auch IFRS 10.B53, Examples 11 und 12.

1.) Eine konzernspezifische Beherrschung stellt eine Bestimmungsbefugnis eines Mutterunternehmens über die Geschäftstätigkeit einer Tochtergesellschaft dar, die das beherrschende Unternehmen nutzt, um aus dieser Unternehmensbeziehung variable Rückflüsse zu ziehen. Zum Nachweis einer Beherrschung ist zwischen unvollständigen und umfassenden Unternehmensverträgen zu differenzieren.

2.) Bei unvollständigen Unternehmensverträgen ist nur ein (geringer) Teil der Geschäftsaktivitäten geregelt. Das Mutterunternehmen kann daher laufend Tätigkeiten des Tochterunternehmens bestimmen. Bei diesem Unternehmenstypus – zumeist klassische Beteiligungsunternehmen – verfügt das Mutterunternehmen zum Stichtag über eine Rechtsposition, die es ihm unter Beachtung einer wirtschaftlichen Betrachtungsweise ermöglicht, jederzeit die Geschäftspolitik umfassend zu bestimmen, um aus dem Tochterunternehmen eigentümertypische, variable Rückflüsse zu erhalten. Hierbei müssen die (gesellschafts-)rechtlichen Entscheidungsmöglichkeiten zum Bilanzstichtag ausübbar sein.

3.) Bei umfassenden Unternehmensverträgen sind die Geschäftsaktivitäten weitgehend vorherbestimmt, sodass das Mutterunternehmen auf eine jederzeitige umfassende Bestimmungsmöglichkeit über das beherrschte Unternehmen – regelmäßig eine Zweckgesellschaft – zum Bilanzstichtag verzichtet, ohne dass hierdurch die Nutzenziehung aus der Unternehmensbeziehung beeinträchtigt wird. Das beherrschende Unternehmen verfügt hier über eine ruhende Beherrschung, indem ihm die Aktivitäten der beherrschten Zweckgesellschaft zuzurechnen sind (ruhende Entscheidungsmacht), aus denen es variable Rückflüsse absorbiert. Zum Nachweis einer ruhenden Entscheidungsmacht müssen folgende drei Punkte kumulativ vorliegen:

   a. Das beherrschende Unternehmen hat in der Vergangenheit den Autopilot-Mechanismus zu seinen Gunsten aufgesetzt und/oder geändert. Es liegt folglich eine einheitliche Leitung in der Vergangenheit vor.

   b. Ein Eingriff mittels jederzeitiger und/oder bedingter latenter Rechte in die Vorherbestimmung des beherrschten Unternehmens ist bedarfsgerecht möglich und betrifft die geschäftspolitische Ausrichtung der Zweckgesellschaft.

   c. Es erfolgte seit der tatsächlichen, letztmaligen Ausübung der Kontrolle zwischenzeitlich kein Übergang der Entscheidungsmacht auf dritte Unternehmen. Zur Beurteilung eines Kontrolltransfers bei mehreren Inhabern von latenten Eingriffsrechten besitzen solche Bestimmungsbefugnisse mehr Gewicht, die die Geschäftspolitik stärker im Vergleich zu den anderen Rechten der übrigen Inhaber prägen können. Außerdem sind gegenwärtige Rechte im Vergleich zu bedingten Rechten dominant. Ferner ist im Fall von bedingten Eingriffsrechten die Kontrollchronologie entscheidend.

4.) Zum Nachweis des Punkts 3a, dass in der Vergangenheit eine einheitliche Leitung durch eine Muttergesellschaft vorliegt, ist zu analysieren, ob diese Partei über die notwendige Verhandlungsmacht zum Vertragszeitpunkt verfügte, um ihre Interessen hinsichtlich der Gesamtheit der vorherbestimmten Tätigkeiten zu ihrem Gunsten zu gestalten. Eine Partei, deren Motiv an dem Autopiloten nur auf einzelne Teilaktivitäten gerichtet ist und die nicht an einer Determinierung sämtlicher künftiger Aktivitäten des anderen Unternehmens interessiert ist, gilt nicht als beherrschendes Unternehmen, wenn andere Parteien ebenfalls in den Abstimmungsprozess involviert sind bzw. waren.

5.) Die jederzeitigen bedingten und/oder gegenwärtigen Eingriffsrechte des Punkts 3b müssen auf die geschäftspolitische Ausrichtung des Autopiloten gerichtet sein, sodass diese Rechte eine strategische Änderung, Blockade oder Beendigung herbeiführen können.

6.) Besitzen mehrere Parteien latente Eingriffsrechte, kommt es beim Punkt 3c zur Auslegungsfrage, ob ein Kontrollübergang stattgefunden hat. In solchen Fällen gilt folgende Hierarchie:

a. Gegenwärtige latente Eingriffsrechte besitzen im Vergleich zu bedingten Rechten mehr Durchsetzungskraft, da sie am Bilanzstichtag ausübbar sind, ohne dass ein Power-verleihendes Ereignis eintreten muss. Haben (in seltenen Fällen) mehrere Parteien gegenwärtige Eingriffsrechte, gelten die als maßgeblich, die in höherem Maß die geschäftspolitische Prägung der Zweckgesellschaft betreffen.

b. Besitzen zwei (oder mehrere) Parteien ausschließlich bedingte latente Power-Rechte, die die geschäftspolitische Zwecksetzung des beherrschten Unternehmens ändern, blockieren oder stoppen können, liegt ein Beherrschungsverhältnis durch diejenige Partei vor, die zuletzt die einheitliche Leitung ausübt hat. Denn diese Partei hat in der Vergangenheit tatsächlich die Vorherbestimmung zu ihren Gunsten geändert, sodass die damaligen Entscheidungen immer noch die gegenwärtigen Verhältnisse zum Stichtag prägen. Diese Regel schützt auch vor bilanzpolitisch motivierten Sachverhaltsgestaltungen, indem Dritten zwar (bedeutende) latente Eingriffsmöglichkeiten gewährt werden, deren Ausübung aber an (nahezu) unmögliche Ereignisse geknüpft sind, um dadurch eine Konsolidierung zu vermeiden.

7.5 Komponentenansatz als Auffanglösung für verbleibende Zweifelsfragen

Nach der Prüfung der obigen Axiome des Alternativkonzepts können in bestimmten (wohl eher seltenen) Fällen Zweifelsfragen verbleiben, wenn eine Partei mit einer einheitlichen Leitung in der Vergangenheit nicht bestimmbar ist. Dies ist dann zutreffend, wenn zwei Vertragsparteien eine ähnliche Verhandlungsmacht und ein identisches Interesse am Autopiloten als Ganzes aufweisen. Außerdem müssen beide über latente Entscheidungsrechte verfügen, die zwar unterschiedlich ausgestaltet sind, sich aber jeweils dazu eigenen, das geschäftspolitische Ziel des Autopiloten zu ändern oder zu stoppen.

Als Beispiel ist ein Structured Investment Vehicle denkbar, das zwei Kreditinstitute betreiben: Die Bank A verwaltet die Aktivseite der Zweckgesellschaft, indem sie das Wertpapierportfolio entsprechend den Anlagebestimmungen verwaltet. Die Bank B ist für die Refinanzierung des SIV-Konstrukts verantwortlich und führt die Emission der ABCP durch. Beide Parteien verfügen über variable Rückflüsse. Beide Parteien erhalten positive Cashflows aus den erzielten Zinsüberschüssen, sodass sie an der Gesamtheit aller vorherbestimmten Tätigkeiten interessiert sind, um die positive Zinsspanne und damit ihre Rückflüsse zu optimieren. Liegt bei der Gründung keine Beauftragung vor, sondern handelt es sich tatsächlich um ein gemeinsames Projekt von zwei Kreditinstituten mit gleicher Marktmacht, fällt die Analyse schwer. Ferner verfügt Bank A über ein gegenwärtig ausübbares, latentes Entscheidungsrecht, die Anlagestrategie in bestimmten Punkten zu ändern. Gleichzeitig besteht zugunsten der Bank B ein jederzeitiges Vetorecht hinsichtlich von Ankäufen neuer Wertpapiere, da die Partei B für die Refinanzierung dieser Investitionen der SIV verantwortlich ist.

Im zuvor beschriebenen Sachverhalt ist weder eine eindeutige Entscheidung hinsichtlich der einheitlichen Leitung zum Gründungszeitpunkt möglich noch ein Übergang der Kontrolle im Sinn einer Kontrollchronologie erkennbar. Ferner liegt zumeist auch kein Gemeinschaftsunternehmen i.S.d. IAS 31 bzw. IFRS 11 vor, da bei solchen und ähnlichen Verbriefungskonstrukten im Vertragswerk regelmäßig keine gemeinsame Führung vereinbart ist, auf die die involvierten Parteien wegen des Autopilot-Mechanismus oft verzichten.

Sowohl die alten als auch die neuen Konsolidierungsregeln der IFRS sehen im Fall von mehreren Inhabern latenter Eingriffsrechte in ein vorherbestimmtes Unternehmen einen quantitativen Ansatz zur Herbeiführung einer Konsolidierungsentscheidung vor, indem sie eine Chancen-Risiko-Analyse zur Herbeiführung einer Konsolidierungsentscheidung vorschreiben.[1248]

Das Alternativkonzept verzichtet de lege ferenda auf Modelle wie den Risks-and-Rewards- oder den Exposure-to-Variability-Ansatz, da ein Rückgriff auf Bright-Line-Regeln dem konzeptionellen Ziel eines qualitativen Control-Modells entgegensteht. Für die geschilderten Auslegungsfragen, in denen eine Beherrschung nicht nach den obigen Axiomen des De-lege-ferenda-Konzepts nachweisbar ist, bedarf es einer Auffanglösung, die ebenfalls konsistent mit der Deduktionsbasis dieser Arbeit in Kapitel 3 ist.

[1248] Vgl. SIC-12.10(c), (d) und IFRS 10.B11, B13.

Hieraus ist Folgendes abzuleiten: Wenn die bilanzierende Gesellschaft ein Beherrschungsverhältnis nicht auf der Ebene des Rechtsbündels des anderen Unternehmens nach den aufgestellten qualitativen Prämissen des Alternativmodells feststellt, muss es den Control-Ansatz auf der Ebene der einzelnen Rechte und Pflichten aus der Unternehmensverbindung anwenden. Es liegt folglich ein Komponentenansatz vor, da statt einer Vollkonsolidierung die jeweiligen Vermögenswerte und Schulden aus der Transaktion mit einem anderen Unternehmen bilanziell anzusetzen sind.

Die Forderung nach einem Auffangkonzept für den Übergang von Konzernverbindungen zu Transaktionen mit fremden Unternehmen am (Kapital-)Markt findet sich auch in der wissenschaftlichen Literatur wieder.[1249] Hier ist insbesondere *Reiland* zu nennen. Er hat mit dem Contractual Claims Approach im Rahmen von Vermögensübertragungen aufgezeigt, dass eine Bruttobilanzierung für eine Minderung des Anreizes von Sachverhaltsgestaltungen zur Umgehung der Konsolidierungspflicht konzeptionell geeignet ist.[1250]

In einem Beispiel verdeutlicht *Reiland* den Ansatz mittels eines Financing-Equity-Swap, den ein Unternehmen mit einer Zweckgesellschaft abschließt. Im Einzelabschluss aktiviert das Unternehmen, das Aktien mit einer Rückübertragungsvereinbarung an die Special Purpose Entity verkauft, nach dem Bilanzabgang der Wertpapiere einen Rückübertragungsanspruch auf die Aktien und passiviert in gleicher Höhe eine Verpflichtung zur Zahlung des Kaufpreises.[1251] Indem der Einzelabschluss bereits einen Rückübertragungsanspruch und eine Zahlungsverpflichtung an die Zweckgesellschaft aufweist, besteht aus Sicht des Vermögensstatus kein bilanzpolitischer Anreiz, eine Konsolidierung der Special Purpose Entity zu vermeiden, die in ihrem Einzelabschluss auf der Aktivseite die Aktien und auf der Passivseite verbriefte Verbindlichkeiten bilanziert. Infolge der betragsmäßigen Gleichheit des Einzel- und Konzernabschlusses hinsichtlich der Bilanzsumme unterscheidet sich eine Konsolidierung von einer Nicht-Konsolidierung der Zweckgesellschaft lediglich in der Postenbezeichnung, wie es Abb. 41[1252] verdeutlicht.[1253]

[1249] Vgl. v.a. *Reiland* (2006), S. 356–359 und *Ewelt-Knauer* (2010), S. 151–155, 224–227. *Ewelt-Knauer* befürwortet ebenfalls einen Komponentenansatz zur Abbildung von Transaktionen Dritter. Sie betont allerdings weniger die hiermit verbundene Auffanglösung für die Konsolidierungsfrage bei Zweckgesellschaften, sondern kritisiert die unterschiedliche Bilanzierung von Finanz- und Versicherungsrisiken.

[1250] Vgl. zur Anwendung des Contractual Claims Approach auf Transaktionen mit Zweckgesellschaften *Reiland* (2006), S. 356–359.

[1251] Vgl. *Reiland* (2006), S. 357.

[1252] Vgl. hinsichtlich einer ähnlichen Grafik *Reiland* (2006), S. 357. Die obige Abbildung enthält gegenüber dem Original die Vereinfachung, dass die Zweckgesellschaft kein Eigenkapital aufweist.

[1253] Vgl. *Reiland* (2006), S. 357.

Einzelabschluss nach *Reilands* Contractual Claims Approach		Konzernabschluss bei einer Konsolidierung der Zweckgesellschaft	
Rückübertragsanspruch gegenüber der Zweckgesellschaft 100	Zahlungsverpflichtung gegenüber der Zweckgesellschaft 100	Aktien 100	Verbriefte Verbindlichkeiten 100
Kasse 100	Eigenkapital 100	Kasse 100	Eigenkapital 100

Abb. 41: Verdeutlichungsbeispiel zu *Reilands* Contractual Claims Approach

Reilands Contractual Claims Approach überzeugt durch eine konsequente Berücksichtigung der gegenwärtig bestehenden Rechtspositionen. Darüber hinaus entschärft der Ansatz die Frage, ob eine Beherrschung des Unternehmens über die Zweckgesellschaft vorliegt. Die Konsolidierung wirkt sich lediglich auf den Ausweis einzelner Bilanzposten aus. Seine Delege-ferenda-Forderung ist daher weitreichend; nach dem von ihm konzipierten Ansatz werden „sämtliche im Rahmen von Vermögenswertübertragungen getroffenen Zusatzvereinbarungen (Derivate) brutto bilanziert"[1254]. *Reilands* Untersuchung beschränkt sich hierbei auf Vermögenswertübertragungen.

In Anwendung auf Verbriefungsplattformen gibt es allerdings nicht nur Forderungsverkäufer, sondern auch Beteiligte (wie z.B. die Sponsoren von ABCP-Programmen), die vor dem Ankauf durch die Zweckgesellschaft keinerlei Verfügungsmacht über diese Vermögenswerte hatten, sodass keine Vermögenswertübertragung vorliegt. Es stellt sich daher die Frage, ob eine generelle Bruttobilanzierung aller derivativen Finanzinstrumente möglich ist, um auch solche Fälle mit dem Contractual Claims Approach abzubilden.

Eine theoretisch denkbare, durchgängige Bruttobilanzierung sämtlicher Derivate führt zu einer fragwürdigen Bilanzverlängerung. Beispielsweise würde bei einer solchen Bruttoabbildung eines Zinsswaps (mit dem Austausch fester gegen variable Zinszahlungen) jeder Vertragspartner den Nominalbetrag aktivieren und gleichzeitig passivieren.

Diese Bilanzierung konfligiert mit der allgemeinen Vermögenswertdefinition, da hier lediglich ein Tausch von Zinszahlungen ohne tatsächliche Kapitalüberlassung vorliegt. Der Nominalbetrag einer solchen Swapvereinbarung dient ausschließlich der Berechnung der Zahlungs-

---

[1254] *Reiland* (2006), S. 298.

ströme.[1255] Folglich würden bei einer Bruttodarstellung Vermögenswerte und Verbindlichkeiten in der Bilanz angesetzt, denen keine tatsächlichen Ansprüche und Verpflichtungen in gleicher Höhe gegenüberstehen.

Das *IASB* hat daher im Rahmen der Überarbeitung der Bilanzierung von Finanzinstrumenten sowohl durch die Veröffentlichung des ab 2015 anzuwendenden IFRS 9 (Phase 1)[1256] als auch durch die Überarbeitung der ab 2014 geltenden Saldierungsvorschriften des IAS 32 n.F. an der Nettobilanzierung von Derivaten[1257] zum Fair Value entsprechend der bisherigen Abbildung[1258] festgehalten. Während der Erarbeitung der jeweiligen neuen Vorschriften fand keine Diskussion bezüglich einer Bruttobilanzierung von derivativen Finanzinstrumenten statt. Damit bleibt festzuhalten, dass zwar eine prinzipielle Bruttobilanzierung von derivativen Finanzinstrumenten zur Anwendung des Contractual Claims Approach auf sämtliche Konsolidierungsfragen bei Zweckgesellschaften sowohl de lege lata als auch de lege ferenda nicht umsetzbar ist.

Allerdings ist unter Beachtung des geltenden Referenzmaßstabs aus *Reilands* Beobachtung die Forderung abzuleiten, dass für Fälle außerhalb der Bilanzierung von Derivaten ein Komponentenansatz als Bruttodarstellung zu bevorzugen ist, um bilanzpolitischen Anreiz abzumindern. Relevanz entfaltet dieser Appell bei der bilanziellen Abbildung von Finanzgarantien, für die ein faktisches Wahlrecht zwischen einem Netto- und einem Bruttoausweis besteht.[1259] Eine Finanzgarantie stellt sowohl nach IAS 39 als auch nach IFRS 9 einen Vertrag dar, bei dem der Sicherungsgeber zur Leistung einer Entschädigungszahlung verpflichtet ist, die den Sicherungsnehmer für einen tatsächlich entstandenen Verlust entschädigt, der auf Zahlungsausfällen bestimmter Schuldner zurückzuführen ist.[1260] Bei einer Bruttodarstellung erfolgt sowohl ein Ansatz der barwertigen Prämienforderung als auch des (barwertigen und wahrscheinlichkeitsgewichteten) Zeitwerts der Garantieverpflichtung. Bei einem Nettoausweis erfolgt ein saldierter Ausweis zum Fair Value, der anfänglich null beträgt. Zur Wahrung der Ausrichtung des IFRS-Normsystems an der Asset Liability View[1261] und zur Reduzierung von bilanzpolitischen Anreizen zu Sachverhaltsgestaltungen ist eine Abschaffung des faktischen Wahlrechts zugunsten einer explizit vorgeschriebenen, einheitlichen Bruttobilanzierung bei Finanzgarantien zu befürworten. Wie stark die bilanzpolitischen Motive damit gesenkt

---

[1255] Vgl. zu Wirkungsweise von Zinsswapvereinbarungen *Prahl/Naumann* (2000), Tz. 96; *Krumnow u.a.* (2004), § 340e HGB, Tz. 359.
[1256] Vgl. IFRS 9.4.2.1(a).
[1257] Vgl. IAS 32.AG38B.
[1258] Vgl. IAS 39.9.
[1259] Vgl. zur Diskussion einer Brutto- versus eine Nettobilanzierung bei Finanzgarantien *Scharpf/Weigel/Löw* (2006), S. 1497; *Struffert* (2006), S. 220; *Hommel/Christ/Morawietz* (2008), S. 354–356.
[1260] Vgl. zur Definition von Finanzgarantien IAS 39.9 bzw. IFRS 9.App. A.
[1261] Vgl. umfassend hinsichtlich der konzeptionellen Befürwortung der Bruttobilanzierung von Finanzgarantien *Hommel/Christ/Morawietz* (2008), S. 354–356.

werden können, hängt von der betragsmäßigen Höhe der jeweiligen einzelnen Rechte und Pflichten im Verhältnis zur Bilanzsumme der nicht-konsolidierten Zweckgesellschaft ab. Je größer das Verhältnis, desto bedeutender die Reduzierung des bilanzpolitischen Anreizes zu Sachverhaltsgestaltungen.

Zur Verdeutlichung sei angenommen, dass ein Garantiegeber einer nicht-konsolidierungspflichtigen Zweckgesellschaft deren Forderungsportfolio in Höhe von 10 Mio. € mittels Finanzgarantien absichert. Unter Beachtung der Eintrittswahrscheinlichkeit beträgt annahmegemäß der Prämienbarwert und der dem gegenüberstehende (risikoneutrale) Zeitwert der Garantieverpflichtung 1 Mio. €. Zu beachten ist, dass die Wahrscheinlichkeit hier nur die Bewertung beeinträchtigt und nicht als Zugangskriterium gilt. Die Verpflichtung ist deshalb nach herrschender Meinung auch dann zu passivieren, wenn die Wahrscheinlichkeit ihres Eintritts am Bilanzstichtag nicht höher ist als die Wahrscheinlichkeit ihres Nichteintritts.[1262] Wird diese von dem Grundgedanken des IAS 37.15 abweichende Bilanzierungsanforderung akzeptiert, hat bei einer Bruttodarstellung der Garantiegeber jeweils eine Forderung und eine Verpflichtung in Höhe von 1 Mio. € anzusetzen. Bei einer Nettodarstellung erfolgt anfänglich kein Bilanzansatz. Eine Passivierung ist erst vorzunehmen, wenn durch eine Erhöhung der Ausfallwahrscheinlichkeit die Garantieverpflichtung den Prämienbarwert übersteigt. Bei der Bruttobilanzierung erfolgt hier ein Ausweis in Höhe von 10% der Bilanzsumme der Zweckgesellschaft, sodass der bilanzpolitische Anreiz von Sachverhaltsgestaltungen zur Vermeidung der Konsolidierung in gleichem Maße sinkt, wie Abb. 42 für den Zugangszeitpunkt verdeutlicht.

[1262] Vgl. unter Auslegung des IAS 39.BC21(d)(i) i.V.m. IAS 39.AG4(a), IAS 39.43 *Grünberger* (2006), S. 86 f.; *Scharpf/Weigel/Löw* (2006), S. 1498; *Burkhardt/Weis* (2007), S. 40 f.

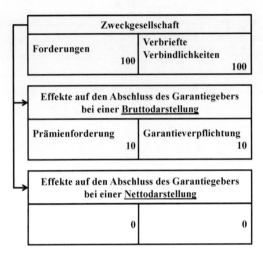

Abb. 42: Brutto- und Nettobilanzierung einer Finanzgarantie im Vergleich zu einer Konsolidierung der Zweckgesellschaft

Eine weitere Minderung bilanzpolitisch motivierter Sachverhaltsgestaltungen ist durch ergänzende Anhangangaben zu Transaktionen mit nicht-konsolidierten Zweckgesellschaften zu erreichen, wie es IFRS 12 ab der Berichtsperiode 2013 bzw. für EU-Unternehmen ab 2014 vorschreibt.[1263] Es handelt sich um Aspekte der Risikodarstellung, die nicht in Zusammenhang mit den hier aufgezeigten Analogien zur wirtschaftlichen Vermögenswertzurechnung stehen. Eine umfassende Darstellung zu den Neuerungen des IFRS 12 findet sich in Abschnitt 6.10.

7.6 Abschließende Betrachtung des Alternativmodells

Das dargestellte Alternativkonzept ist stringent an „control" ausgerichtet, sodass es dem identifizierten Referenzmaßstab des gegenwärtigen „standardsetting" entspricht. Es zeichnet sich durch eine klare Differenzierung zwischen unvollständigen und umfassenden Unternehmensverträgen aus und trägt somit den vertragstheoretischen Grundformen möglicher Unternehmenstypen Rechnung.

Die erste Stufe des Modells für unvollständige Unternehmensverträge ist durch die gegenwärtige Kontrolle in hohem Maß objektiviert. Eine Ausweitung des Stichtagsprinzips – insbesondere im Hinblick auf die Behandlung noch nicht ausübbarer, potenzieller Stimmrechte (wie z.B. Aktienoptionen) – unterbleibt daher.

[1263] Vgl. *EU* (2013), Art. 2.

Die zweite Ebene des Alternativmodells gilt für umfassende Unternehmensverträge, die regelmäßig bei Zweckgesellschaften vorliegen. Die Stufe greift auf die Idee der Kontrollchronologie zurück, wobei der Beginn und das Ende eines konzernspezifischen Beherrschungsverhältnisses de lege ferenda durch eine standardübergreifende Interpretation des Control-Kriteriums festgelegt wird. Durch den Rückgriff auf das Konzept der einheitlichen Leitung in der Vergangenheit, als letztmalig die Vorherbestimmung bzw. der Autopilot der Zweckgesellschaft einer Änderung durch die beherrschende Partei unterlag, erfährt das Konzept auch auf der zweiten Stufe eine hinreichende Objektivierung, ohne direkt mit dem Stichtagsprinzip zu brechen. Denn die Determinierung künftiger Aktivitäten der beherrschten Zweckgesellschaft wirkt sich noch in der Gegenwart auf die Nutzenziehung des Mutterunternehmens aus. Gleichzeitig findet der nicht-kodifizierte allgemeine History-does-not-matter-Grundsatz dadurch Beachtung, dass eine einheitliche Leitung zum Gründungszeitpunkt nicht ausreichend ist. Es müssen auch noch (bedingte oder gegenwärtige) latente Entscheidungsrechte vorliegen, um bedarfsgerecht in den Autopilot-Mechanismus eingreifen zu können. Nur in diesem Fall liegt eine ruhende Beherrschung vor, da dann ein zwischenzeitlicher Verlust bzw. ein Übergang der Kontrolle auf einen Dritten seit der nachweislichen einheitlichen Leitung in der Vergangenheit zu negieren ist.

Das Alternativkonzept setzt zwar für die beiden Control-Stufen eine Rechtsposition zum Bilanzstichtag voraus. Allerdings erfährt die Auslegung eine Erweiterung durch den Substance-over-Form-Grundsatz. Dies äußert sich erstens dadurch, dass die konzeptionelle Zweistufigkeit den vertragstheoretischen Unterschieden zwischen normalen Unternehmen und Zweckgesellschaften Rechnung trägt. Zweitens würdigt das Modell die zum Stichtag bestehenden gegenwärtig ausübbaren bzw. bedingt ausübbaren Rechte unter Beachtung der jeweiligen Kontrollchronologie und der geschäftspolitischen Bedeutung dieser latenten Rechte. Mit der vorgenommenen Abwägung zwischen dem Abstrahieren von der bloßen Rechtslagen und der gleichzeitigen Beachtung von Verlässlichkeitsaspekten folgt das Alternativmodell einer von *Moxter* formulierten Bilanzierungsweisheit: „[S]oviel wirtschaftliche Betrachtungsweise wie möglich, soviel Objektivierung [...] wie nötig"[1264].

Die aufgestellten Axiome erfordern Detailkenntnisse zum Gründungszeitpunkt einer Zweckgesellschaft bzw. über die Historie der Geschäftsbeziehung. Das De-lege-ferenda-Modell enthält – unvermeidbar wie wohl jedes Konsolidierungsmodell – gewisse bilanzpolitische Spielräume, die schon dadurch entstehen, dass begriffliche Abgrenzungen erforderlich sind, die eine Wertungsentscheidung auf Seiten des Standardsetzers und eine Auslegungsentscheidung auf Seiten des Bilanzierenden erfordern. So ist eine Differenzierung von unvollständigen und

---

[1264] *Moxter* (1983), S. 305. Vgl. ferner hierzu *Hommel* (2007b), S. 184.

umfassenden Unternehmensverträgen notwendig, was in Grenzfällen bilanzpolitische Spielräume eröffnet. Ferner muss das bilanzierende Unternehmen bei Zweckgesellschaften Eingriffsrechte, die die geschäftspolitische Prägung tangieren, von solchen unterscheiden, die lediglich auf operative Tätigkeiten abstellen. Auch hier ergeben sich Klassifizierungsspielräume. Diese können aber im Zeitablauf durch qualitative Vergleiche mit ähnlichen Transaktionen erheblich eingeschränkt werden. Es kann beispielsweise bei Verbriefungstransaktionen eine Analyse von Marktusancen erfolgen, die eine Differenzierung von geschäftspolitischen und rein operativen Eingriffsrechten ermöglicht. Abweichungen von einem gegebenen Marktstandard sind argumentativ – insbesondere vor dem Konzernabschlussprüfer – zu begründen.

Im Gegensatz hierzu erscheinen die Ermessensspielräume bei dem de lege lata verwandten Risks-and-Rewards-Ansatz ungleich größer, da die Einschätzungen über Eintrittswahrscheinlichkeiten der künftigen Cashflows in hohem Maß unternehmensindividuell sind. Selbst ein Vergleich mit anderen Unternehmen schafft kaum ein Mehr an Objektivierung, da die Unsicherheit über die Zukunft der Zahlungsströme dem Modell innewohnt. Im Alternativmodell erfolgt hingegen die qualitative Auslegung der Control-Kriterien unter Bezugnahme der Kenntnisse aus vergangenen Transaktionen. Sie ist damit ausreichend verlässlich möglich. Generell zielt der hier verfolgte Lösungsansatz auf eine qualitative Beantwortung der Zurechnungsfrage, die unabhängig von subjektiven Einschätzungen künftiger Ereignisse ist, sodass weitgehend eine Reduzierung von bilanzpolitischen Ermessensspielräumen erreicht wird.

Verbleiben nach dem Alternativkonzept zur Abgrenzung der wirtschaftlichen Einheit des Konzerns Zweifelsfragen, ist ein konzernspezifisches Beherrschungsverhältnis zu verneinen. Statt eines konzeptfremden Rückgriffs auf einen Risks-and-Rewards-Ansatz zur Herbeiführung einer Entscheidung erfolgt eine bilanzielle Abbildung der einzelnen Rechte und Pflichten aus der Unternehmensbeziehung nach dem Komponentenansatz. Dies entspricht der Asset Liability View der IFRS. Des Weiteren findet damit durchweg über alle Betrachtungsebenen – sowohl innerhalb des zweistufigen, alternativen Konsolidierungskonzepts als auch in der präferierten Auffanglösung – ein qualitativer Control-Ansatz Anwendung, wodurch der Referenzmaßstab des gegenwärtigen „standardsetting" erreicht wird.

8 Thesenförmige Zusammenfassung

1) Bei einem Verbriefungsprogramm kauft eine als Conduit bezeichnete Zweckgesellschaft (Special Purpose Entity) revolvierend finanzielle Vermögenswerte und refinanziert diese Erwerbe durch eine regelmäßige Neuemission von kurzfristig laufenden Verbriefungstiteln. Diese tragen die Bezeichnung „Asset Backed Commercial Papers" (ABCP).

2) ABCP-Programme sind in zwei Arten unterteilbar: ABCP-Programme i.e.S. und Arbitrage-ABCP-Programme. ABCP-Programme i.e.S. dienen primär der Refinanzierung einer Vielzahl zumeist mittelständischer Forderungsverkäufer. Hingegen zielen Arbitrage-ABCP-Konstrukte darauf, den beteiligten Parteien Erträge zu generieren, die v.a. aus der Fristentransformation zwischen der Aktiv- und der Passivseite der Zweckgesellschaft resultieren. Die dabei entstehenden Liquiditätsrisiken werden durch Kreditlinien reduziert, die die initiierenden Banken den Zweckgesellschaften gewähren. Benötigen die Verbriefungsprogramme diese Kreditlinien in großem Umfang, wie es während der Subprime-Krise infolge von Störungen auf dem ABCP-Markt der Fall war, löst dies bei den Gewährleistern außerordentliche, finanzielle Belastungen aus.

3) Die Frage, ob die einschlägigen Regelungen der IFRS zweckadäquat sind, kann systemimmanent nur beantwortet werden, wenn Klarheit über die Deduktionsbasis, also das Primärziel der IFRS, besteht. Bilanztheoretisch zielen die IFRS-Normen primär auf den Vermögensstatus ab (Asset Liability View). Zur Ermittlung des Vermögens benötigt das IFRS-Rechnungslegungssystem trennscharfe Kriterien für die Zuordnung der wirtschaftlichen Zugehörigkeit (Eigentum bzw. Inhaberschaft) zu einem Unternehmen bzw. Konzern. Eine Analyse des jüngeren „standardsetting" weist darauf hin, dass das *IASB* diese Zuordnung mit dem Control-Ansatz standardübergreifend vornehmen will. Folglich muss sich aus Konsistenzgründen auch die Abgrenzung des IFRS-Konsolidierungskreises an diesem Kriterium ausrichten.

4) IAS 27 und SIC-12 regeln die bilanzielle Erfassung von Zweckgesellschaften. Ihre Bestimmungen gerieten während der Subprime-Krise in die Kritik, weil sie den Konsolidierungskreis unvollständig erfassten. Aber auch aus konzeptioneller Sicht konnten sie nicht überzeugen. Während sie die Einbeziehung von Nicht-Zweckgesellschaften in den Konsolidierungskreis regelmäßig anhand des Control-Kriteriums beurteilen, greifen sie – ohne inhaltlich nähere Begründung – bei der Einordnung von Special Purpose Entities als Konzerntochtergesellschaften auf den quantitativen, ermessensbehafteten Risks-and-Rewards-Ansatz zurück.

5) Der für EU-Unternehmen ab 2014 anzuwendende neue Standard IFRS 10 beseitigt diesen konzeptionellen Missstand. Er gilt einheitlich für alle Unternehmenstypen einschließlich Special Purpose Entities und verfolgt daher formal einen One-size-fits-all-Ansatz. Das

einheitliche Konsolidierungsmodell ist am Control-Ansatz ausgerichtet. Eine Beherrschung liegt vor, wenn beim Mutterunternehmen Entscheidungsmacht („power"), variable Rückflüsse und eine Möglichkeit der Rückflussbeeinflussung gegeben sind. Um den Konsolidierungskreis nicht zu eng zu ziehen, berücksichtigt der Standard beim Vorliegen einer vorherbestimmten Geschäftspolitik nicht nur gegenwärtige Power-Rechte, sondern auch bedingte Bestimmungsmöglichkeiten der Aktivitäten des vermeintlichen Tochterunternehmens. Die Kasuistik dieser Erweiterungen des Control-Modells konfligiert mit dem proklamierten, einheitlichen Beherrschungskonzept für alle Unternehmenstypen und kommt nicht ohne fallweise, quantitative Analysen aus, die große Ähnlichkeiten zum Risks-and-Rewards-Ansatz aufweisen. IFRS 10 drängt demnach für diese Ausnahmefälle eine Risiko-Chancen-Analyse lediglich zurück, ohne sie endgültig abzuschaffen.

6) Die vorliegende Arbeit stellt diesen Vorschriften einen in sich geschlossenen Lösungsansatz gegenüber, der auf einem rein qualitativen Control-Konzept basiert. Das Modell trägt vertragstheoretischen Unterschieden zwischen klassischen Unternehmen und Zweckgesellschaften durch eine differenzierte Betrachtungsweise Rechnung, die sich in das Regel- und Prinzipiengefüge der IFRS harmonisch einfügt. Danach konkretisiert sich die Beherrschung bei Zweckgesellschaften unter Rückgriff auf eine Kontrollchronologie, die auf einer standardübergreifenden Analyse des Control-Kriteriums basiert. Demnach beginnt ein Beherrschungsverhältnis mit der tatsächlichen Ausübung der Kontrolle nach dem Konzept der einheitlichen Leitung zum Gründungszeitpunkt. Um das nicht-kodifizierte History-does-not-matter-Prinzip nicht zu verletzen, müssen neben einer nachweislichen, einheitlichen Leitung in der Vergangenheit zumindest latente Eingriffsmöglichkeiten bestehen. Diese müssen gegenwärtig unbedingt oder gegenwärtig bedingt ausübbar sein. Haben mehrere Parteien solche latenten Power-Rechte inne, wird eine Konsolidierungsentscheidung durch eine stringente, qualitative Analyse herbeigeführt, die sich nach der Tragweite solcher Rechte auf die geschäftspolitische Ausrichtung der Zweckgesellschaft, der Durchsetzungskraft der Rechtsposition sowie der Kontrollchronologie richtet. Quantitative Risiko-Chancen-Analysen kommen nicht zur Anwendung. Damit gelingt eine weitreichende Eindämmung von bilanzpolitischen Spielräumen.

7) Ist nach dem Control-Konzept keine Beherrschung zugunsten eines Unternehmens nachweisbar, ist de lege ferenda ein Komponentenansatz als Auffangkonzept zu favorisieren. Eine Bruttobilanzierung aller identifizierten Rechte und Pflichten aus einer Unternehmensverbindung mit einem konzernfremden Unternehmen entspricht sowohl der Asset Liability View als auch dem Control-Ansatz, der hier auf der Ebene der einzelnen Rechte und Pflichten Anwendung findet. Außerdem verringert eine solche zweckkonforme Bruttobilanzierung den bilanzpolitischen Anreiz, eine Konsolidierung einer Zweckgesellschaft zu vermeiden, da keine Off-Balance-Transaktion mehr möglich ist.

Verzeichnis der zitierten Schriften

AAA (1965): The Entity Concept, in: The Accounting Review, Vol. 40 (1965), S. 358–367.

AAA (1977): Statement on Accounting Theory and Theory Acceptance, Evanston (USA) 1977.

Adrian, Axel (2009): Grundprobleme einer juristischen (gemeinschaftsrechtlichen) Methodenlehre, Berlin 2009.

AFME/ESF (2010): AFME/ESF Securitisation Data Report, Q1: 2010, o. O. 2010, einzusehen unter: http://www.afme.eu (Abruf am 03.01.2011), S. 1–29.

AFME/ESF (2011): AFME/ESF Securitisation Data Report, Q1: 2011, o. O. 2011, einzusehen unter: http://www.afme.eu (Abruf am 17.06.2011), S. 1–26.

AFME/ESF (2012): AFME/ESF Securitisation Data Report, Q4: 2011, o. O. 2012, einzusehen unter: http://www.afme.eu (Abruf am 01.06.2012), S. 1–28.

AFME/ESF (2014): AFME/ESF Securitisation Data Report, Q4: 2013, o. O. 2014, einzusehen unter: http://www.afme.eu (Abruf am 13.04.2014), S. 1–31.

Agodia, Christopher/Doupnik, Timothy S./Tsakumis, George T. (2009): Principles-Based Versus Rules-Based Accounting Standards: The Influence of Standard Precision and Audit Committee Strength on Financial Reporting Decision, AAA 2009 Mid-Year International Accounting Section (IAS) Meeting, January 2009, einzusehen unter http://papers.ssrn.com/sol3/papers.cfm?abstract_id=1275851 (Abruf am 06.10.2011).

AICPA (1973): Report of the Study Group on the Objectives of Financial Statements, New York (USA) 1973.

Alenfeld, Christoph (2002): Refinanzierung über ABS: Wie Asset-Backed-Commercial-Papers (ABCP) funktionieren, in: Bankinformation und Genossenschaftsforum, 29. Jg. (2002), S. 18–20.

Alchian, A. A. (1965): Some Economics of Property-Rights, in: II Politico, Vol. 30 (1965), S. 816–829.

Alvarez, Manuel/Büttner, Manuel (2009): ED 10 Consolidated Financial Statements – Neue Regelungen zur Konsolidierung von Abschlüssen, in: IRZ, 4. Jg. (2009), S. 201–207.

Antoni, Manfred (1983): Vor einem Paradigmawechsel: Betriebswirtschaftslehre als Kulturwissenschaft, in: Fischer-Winkelmann, Wolf F. (Hrsg.), Paradigmawechsel in der Betriebswirtschaftslehre?, Spardorf 1983, S. 54–78.

Arnold, Vicky/Byington, J. Ralph/McKenzie, Phyllis (1993): Asset Backed Securities: Solutions to Accounting and Reporting Problems, in: Journal of Corporate Accounting and Finance, Winter 1992/93, S. 143–152.

Arbeitskreis „Finanzierung" der Schmalenbach-Gesellschaft (1992): Asset Backed Securities – ein neues Finanzierungsinstrument für deutsche Unternehmen?, in: zfbf, 44. Jg. (1992), S. 495–527.

Baetge, Jörg/Hayn, Sven/Ströher, Thomas (2006): IAS 27 Konzern- und separate Einzelabschlüsse, Baetge, Jörg u.a. (Hrsg.), Rechnungslegung nach IFRS, Kommentar auf Grundlage des deutschen Bilanzrechts, 2. Aufl., Stuttgart 2003, Stand: Dezember 2006.

Baetge, Jörg/Kirsch, Hans-Jürgen/Thiele, Stefan (2004): Bilanzanalyse, 2. Aufl., Düsseldorf 2004.

Baetge, Jörg/Kirsch, Hans-Jürgen/Thiele, Stefan (2011a): Bilanzen, 11. Aufl., Düsseldorf 2011.

Baetge, Jörg/Kirsch, Hans-Jürgen/Thiele, Stefan (2011b): Konzernbilanzen, 9. Aufl., Düsseldorf 2011.

Baker, R. C./Hayes, R. (2004): Reflecting form over substance: the case of Enron Corp., in: Critical Perspectives on Accounting, Vol. 15 (2004), S. 767–785.

Ballwießer, Cornelia (1997): Die handelsrechtliche Konzernrechnungslegung als Informationsinstrument – Eine Zweckmäßigkeitsanalyse, Frankfurt am Main u.a. 1997.

Ballwieser, Wolfgang (1987): Grundsätze der Aktivierung und Passivierung, in: Castan, Edgar u.a. (Hrsg.), Beck'sches Handbuch der Rechnungslegung, Band I, München 1987, Abschnitt B 131.

Ballwieser, Wolfgang (2005a): Die Konzeptionslosigkeit des International Accounting Standards Board (IASB), in: Crezelius, Georg/Hirte, Heribert/Vieweg, Klaus (Hrsg.), Gesellschaftsrecht – Rechnungslegung – Sportrecht, FS Volker Röhrich, Köln 2005, S. 727–745.

Ballwieser, Wolfgang (2005b): Bilanzrecht zwischen Wettbewerb und Regulierung – Eine ökonomische Analyse, in: Bayerische Akademie der Wissenschaft – Philosophisch-Historische Klasse (Hrsg.), Sitzungsberichte, o. Jg. (2005), S. 5–37.

Ballwieser, Wolfgang (2005c): Grundsätze ordnungsmäßiger Buchführung, in: Castan, Edgar u.a. (Hrsg.), Beck'sches Handbuch der Rechnungslegung, München, Stand: Dezember 2005 (Loseblattsammlung), Abschnitt B 105.

Ballwieser, Wolfgang (2009): IFRS-Rechnungslegung, 2. Aufl., München 2009.

Ballwieser, Wolfgang/Küting, Karlheinz/Schildbach, Thomas (2004): Fair Value – erstrebenswerter Wertansatz im Rahmen einer Reform der handelsrechtlichen Rechnungslegung?, in: BFuP, 56. Jg. (2004), S. 529–549.

Bär, Hans Peter (2000): Asset Securitisation, 3. Aufl., Bern 2000.

Bartelt, Niklas (1999): Asset-Backed Securities: ein Produkt für deutsche Banken, Wiesbaden 1999.

Baxter, G. C./Spinney, J. C. (1975): A Closer Look at Consolidated Financial Statement Theory (part I), in: CA Magazine, Vol. 104 (January 1975), S. 31–36.

Beck, Hanno/Wienert, Helmut (2009): Die Finanzkrise im Spiegel der Bankbilanz, in: WiSt, 38. Jg. (2009), S. 251–353.

Becker, Reinhard (2009): Die Konsolidierung von Zweckgesellschaften vor dem Hintergrund der Subprime-Krise, in: Anzinger, Heribert M. (Hrsg.), Die Bilanzierung und Eigenmittelunterlegung von Kreditrisiken bei Kredit-Arbitrage-Programmen unter Einschaltung von Zweckgesellschaften, Analyse und Berichte zum Wirtschafts- und Steuerrecht, Darmstadt 2009, S. 79–134.

Becker, Hans Paul/Peppmeier, Arno (2006): Bankbetriebslehre, 6. Aufl., Ludwigshafen 2006.

Beidenbach, Marc (2005): Real Estate Securitization, Köln 2005.

Beisse, Heinrich (1980): Handelsbilanzrecht in der Rechtsprechung des Bundesfinanzhofs, in: BB, 35. Jg. (1980), S. 637–646.

Beisse, Heinrich (1984): Zum Verhältnis von Bilanzrecht und Betriebswirtschaftslehre, in: StuW, 61. Jg. (1984), S. 1–14.

Beisse, Heinrich (1990): Rechtsfragen der Gewinnung von GoB, in: BFuP, 42. Jg. (1990), S. 499–514.

Beisse, Heinrich (1994): Zum neuen Bild des Bilanzrechtssystems, in: Ballwieser, Wolfgang u.a. (Hrsg.), Bilanzrecht und Kapitalmarkt, FS Adolf Moxter, Düsseldorf 1994, S. 3–31.

Bell, William H. (1925): Accountants Reports, New York (USA) 1925.

Belton, Terry/Galen, Burghardt (1993): Volatility Arbitrage in the Treasury Bond Basis, in: The Journal of Portfolio Management, Vol. 19, No. 3 (1993), S. 66–77.

Bennett, Bruce/Bradbury, Michael/Prangnell, Helen (2006): Rules, Principles and Judgment in Accounting Standards, in: Abacus, Vol. 42, No. 2 (June 2006), S. 189–203.

Berger, Jens/Kaczmarska, Karolina (2009): ED Derecognition – Darstellung der vorgeschlagenen Änderungen zur Ausbuchung von Finanzinstrumenten, KoR, 9. Jg. (2009), S. 319–328.

Berndt, Thomas (2001): Vorsichtsprinzip und Grundsatz der Bilanzwahrheit im Rahmen der Jahresabschlussrichtlinie, in: zfbf, 53. Jg. (2001), S. 366–390.

Berndt, Thomas (2005): Wahrheits- und Fairnesskonzeption in der Rechnungslegung, Stuttgart 2005.

Berndt, Thomas/Hommel, Michael (2009): Das Realisationsprinzip – 1884 und heute, in: BB, 64. Jg. (2009), S. 2190–2194.

Bertsch, Andreas (1995): Rechnungslegung von Konzernunternehmen – Probleme und alternative Konzeptionen, Heidelberg 1995.

Betsch, Oskar (2001): Factoring, in: Gerke, Wolfgang/Steiner, Manfred (Hrsg.), Handbuch des Bank- und Finanzwesens, 3. Aufl., Stuttgart 2001, Sp. 681–691.

Beyhs, Oliver/Buschhüter, Michael/Wagner, Bernadette (2009): Die neuen Vorschriften des IASB zur Abbildung von Tochter- und Zweckgesellschaften in ED 10, in: KoR, 9. Jg. (2009), S. 61–73.

Beyhs, Oliver/Buschhüter, Michael/Schurbohm, Anne (2011): IFRS 10 und IFRS 12: Die neuen IFRS zum Konsolidierungskreis, in: WPg, 64. Jg. (2011), S. 662–671.

Bigus, Jochen (2000): Finanzierung über Asset Backed Securities – Ansatzpunkte für eine finanzierungstheoretische Analyse, in: Zeitschrift für Bankenrecht und Bankenwirtschaft, 12. Jg. (2000), S. 33–44.

Blanchard, Oliver (2008): The Crisis: Basic Mechanisms and Appropriate Policies, in: MIT Department of Economics Working Paper Series, No. 09-01 (2008).

Bloss, Michael/Ernst, Dietmar/Häcker, Joachim/Eil, Nadine (2009): Von der Subprime-Krise zur Finanzkrise – Immobilienblase: Ursachen, Auswirkungen, Handlungsempfehlungen, München 2009.

Böckem, Hanne/Stibi, Bernd/Zoeger, Oliver (2011): IFRS 10 „Consolidated Financial Statements": Droht eine grundlegende Revision des Konsolidierungskreises?, in: KoR, 11. Jg. (2011), S. 399–409.

Böcking, Hans-Joachim (1994): Verbindlichkeitsbilanzierung – wirtschaftliche versus formalrechtliche Betrachtungsweise, Wiesbaden 1994.

Böcking, Hans-Joachim (1997): Betriebswirtschaftslehre und wirtschaftliche Betrachtungsweise im Bilanzrecht, in: Budde, Wolfgang Dieter/Moxter, Adolf/Offerhaus, Klaus (Hrsg.), Handelsbilanzen und Steuerbilanzen, FS Heinrich Beisse, Düsseldorf 1997, S. 85–103.

Böcking, Hans-Joachim (2004): Internationalisierung der Rechnungslegung und ihre Auswirkungen auf die Grundprinzipien des deutschen Rechts, in: DK, 2. Jg. (2004), S. 177–183.

Böcking, Hans-Joachim/Gros, Marius (2010): Zur künftigen Konzeption der Rechnungslegung im Mittelstand – eine Untersuchung unter besonderer Berücksichtigung des internationalen Wettbewerbs –, in: Kathan, Daniel u.a. (Hrsg.), Wertschöpfungsmanagement im Mittelstand, Tagungsband des Forums der deutschen Mittelstandforschung, Wiesbaden 2010, S. 121–144.

Böcking, Hans-Joachim/Nowak, Karsten (2000): Die Bedeutung des Börsenkurses bei Unternehmensbewertungen, in: FB, 2. Jg. (2000), S. 17–24.

Bonham, Mike u.a. (2009): International GAAP 2009, London (UK) 2009.

Bores, Wilhelm (1935): Konsolidierte Erfolgsbilanzen und andere Bilanzierungsmethoden für Konzerne und Kontrollgesellschaften, Würzburg 1935.

Boulkab, Rachid/Marxfeld, Jan/Wagner, Claus-Peter (2008): Asset Backed Commercial Paper Conduits – Struktur, Risiken und Bilanzierung, in: IRZ, 3. Jg. (2008), S. 497–504.

Brakensiek, Sonja (2001): Bilanzneutrale Finanzierungsinstrumente in der internationalen und nationalen Rechnungslegung: die Abbildung von Leasing, Asset-Backet-Securities-Transaktionen und Special purpose entities im Konzernabschluss, Herne 2001.

Brakensiek, Sonja/Küting, Karlheinz (2002): Special Purpose Entities in der US amerikanischen Rechnungslegung – Können Bilanzierungsregeln Fälle wie die Enron-Insolvenz verhindern?, in: StuB, 4. Jg. (2002), S. 209–215.

Breidert, Ulrike/Moxter, Adolf (2007): Zur Bedeutung wirtschaftlicher Betrachtungsweise in jüngeren höchstrichterlichen Bilanzrechtsentscheidungen, in: WPg, 60. Jg. (2007), S. 912–919.

Brenken, Anke/Papenfuß, Holger (2007): Unternehmensfinanzierung mit ABS, Frankfurt am Main 2007.

Brinkmann, Ralph/Leibfried, Peter/Zimmermann, Marc (2008): Die Subprime-Kreditkrise im Spiegel der Rechnungslegung, in: IRZ, 3. Jg. (2008), S. 333–340.

Bundesverband deutscher Banken (2009): Zur Diskussion über eine angemessene Regulierung der Verbriefungsaktivitäten von Banken, Berlin 2009.

Burkhardt, Katja/Weis, Juliane (2007): Bilanzierung von Kreditderivaten nach IAS 39, in: IRZ, 2. Jg. (2007), S. 37–44.

Busch, Julia/Zwirner, Christian (2012): Konsolidierung von Zweckgesellschaften nach IFRS 10, in: IRZ, 7. Jg. (2012), S. 373–376.

Busse von Colbe, Walther/Chmielewicz, Klaus (1986): Das neue Bilanzrichtlinien-Gesetz, in: DBW, 46. Jg. (1986), S. 326.

Busse von Colbe, Walther/Ordelheide, Dieter/Gebhardt, Günther/Pellens, Bernhard (2010): Konzernabschlüsse, 9. Aufl., Wiesbaden 2010.

Camfferman, Kees/Zeff, Stephen A. (2007): Financial Reporting and Global Capital Markets: A History of the International Accounting Standards Committee 1973–2000, Oxford (UK) u.a. 2007.

Carson, Gordon C. (1923): Elimination of Intercompany Profits in Consolidated Statements, in: JAccy, Vol. 36 (1923), S. 1–6, 390 f.

Cerveny, Frank/Bechtold, Hartmut (2010): Verbriefungen – aktuelle Lage und Perspektiven des Marktes, in: Immobilien & Finanzierung, 61. Jg. (2010), S. 436–439.

Chatfield, Michael (1977): A History of Accounting Thought, 2. Aufl., Huntington (USA) 1977.

Christian, Dieter (2011): Erweiterung von IFRS 9 um finanzielle Verbindlichkeiten, in: PiR, 7. Jg. (2011), S. 6–12.

Coase, R. (1960): The Problem of Social Cost, in: The Journal of Law and Economics, Vol. 3 (1960), S. 1–44.

Coenenberg, Adolf G./Haller, Axel/Schultze, Wolfgang (2009): Jahresabschluss und Jahresabschlussanalyse, 21. Aufl., Stuttgart 2009.

Covitz, Daniel M./Liang, Nellie/Suarez, Gustavo (2009): The Evolution of a Financial Crisis: Panic in the Asset-Backed Commercial Paper Market, in: Finance and Economics Discussion Series Divisions of Research & Statistics and Monetary Affairs of the Federal Reserve Board, Washington (USA) 2009, einzusehen unter: www.federalreserve.gov/pubs/feds/2009/.../200936pap.pdf (Abruf am 10.01.2011), S. 1–46.

Cramer, Jörg E. u.a. (2007a): Begriff „Arbitrage", in: Cramer, Jörg E. u.a. (Hrsg.), Enzyklopädisches Lexikon des Geld-, Bank- und Börsenwesens, Band 1: Buchstaben A-I, 5. Aufl., Frankfurt am Main 2007, S. 37 f.

Cramer, Jörg E. u.a. (2007b): Begriff „Spekulation", in: Cramer, Jörg E. u.a. (Hrsg.), Enzyklopädisches Lexikon des Geld-, Bank- und Börsenwesens, Band 1: Buchstaben A-I, 5. Aufl., Frankfurt am Main 2007, S. 1773.

Dechow, Patricia M./Myers, Linda A./Shakespeare, Catherine (2009): Fair Value Accounting and Gains from Asset Securitizations: A Convenient Earnings Management Tool with Compensation Side-Benefits, in: JAE, Vol. 49, No. 1 (February 2010), Issue 2, S. 2-25.

Demsetz, H. (1967): Toward a Theory of Property-Rights, in: American Economic Review, Vol. 57 (1967), S. 347-359.

Deutsche Bank (2012): Jahresbericht 2011, Frankfurt am Main 2012.

Dietrich, Anita/Krakuhn, Joachim/Sierleja, Lukas (2011): Berücksichtigung von Prinzipal-Agenten-Beziehungen im Rahmen der Abgrenzung des Konsolidierungskreises nach IFRS 10, in: IRZ, 6. Jg. (2011), S. 519–524.

DiPiazza, Samuel A. Jr. u.a. (2008): Principles-Based Accounting Standards, White Paper delivered by the CEOs of the International Audit Networks at the Global Public Policy Symposium, January 2008, einzusehen unter http://www.globalpublicpolicy symposium.com/GPPC_PBS_White_Paper.pdf (Abruf am 06.10.2011).

Dobler, Michael (2004): Risikoberichterstattung, Eine ökonomische Analyse, Frankfurt am Main u. a. 2004.

Döllerer, Georg (1959): Grundsätze ordnungsmäßiger Bilanzierung, deren Entstehung und Ermittlung, in: BB, 14. Jg. (1959), S. 1217–1221.

Döllerer, Georg (1968): Statische oder dynamische Bilanz?, in: BB, 23. Jg. (1968), S. 637–641.

Dreger, Karl-Martin (1969): Der Konzernabschluß: Grundsätze ordnungsmäßiger Konsolidierung. Konzernrechnungslegung nach Aktienrecht 1965 in Anlehnung an Technik und Praxis in den USA, Wiesbaden 1969.

Dreyer, Gerhard/Schmid, Hubert/Kronat, Oliver (2003): Bilanzbefreiende Wirkung von Asset-Backed-Securities-Transaktionen, Kritische Anmerkung zur IDW Stellungnahme IDW RS HFA 8, in: BB, 58. Jg. (2003), S. 91–97.

Ebeling, Ralf Michael (1995a): Die Einheitsfiktion als Grundlage der Konzernrechnungslegung, Stuttgart 1995.

Ebeling, Ralf Michael (1995b): Die zweckmäßige Abbildung der Anteile fremder Gesellschafter im Konzernabschluß nach deutschem HGB, in: DBW, 55. Jg. (1995), S. 323–346.

Eick, Karl-Gerhard/Ehrcke, Heike (2009): Variable interest entities und special purpose entities – Ein Leitfaden zu den Konsolidierungsvoraussetzungen von Zweckgesellschaften nach IFRS und U.S. GAAP, in: Weber, Claus-Peter (Hrsg.), Berichterstattung für den Kapitalmarkt, FS Karlheinz Küting, Stuttgart 2009, S. 211–245.

Ekkenga, Jens (2001): Neuordnung des Europäischen Bilanzrechts für börsennotierte Unternehmen: Bedenken gegen die Strategie der EG-Kommission, in: BB, 56. Jg. (2001), S. 2362–2369.

Ellenbürger, Frank/Kölschbach, Joachim (2010): Vor einem großen Schritt hin zu neuen Bilanzierungsstandards, in: Die Versicherungswirtschaft, 65. Jg. (2010), S. 1230.

Emse, Cordula (2005): Verbriefungstransaktionen deutscher Kreditinstitute – Eine Analyse alternativer Strukturvarianten und deren regulatorischer Erfassung nach Grundsatz I und Basel II, Wiesbaden 2005.

Engeländer, Stefan/Kölschbach, Joachim (2004): Der International Financial Reporting Standard 4 für Versicherungsverträge, in: Die Versicherungswirtschaft; 59. Jg. (2004), S. 574–579.

Engel-Ciric, Dejan/Schuler, Christoph (2005): Factoring und Asset-Backed-Securities-Transaktionen nach IFRS, in: PiR, Beilage zur IFRS-Bilanzierung, 2. Jg. (2005), S. 19–24.

Erchinger, Holger/Melcher, Winfried (2011): IFRS-Konzernrechnungslegung – Neuerungen nach IFRS 10, in: DB, 64. Jg. (2011), S. 1229–1238.

EFRAG (2012): Feedback Report on Field-Test on IFRS 10, IFRS 11 and IFRS 12, Stand: 27.02.2012, einzusehen unter: http://www.efrag.org/files/EFRAG%20public%20letters/Consolidation/Feedback_report_on_field_tests_on_IFRS_10_IFRS_11_and_IFRS_12.pdf (Abruf am 04.05.2012).

ESF/ICMA (2008): ESF and ICMA Review of the European ABCP Market, Structures, Reporting Practices and Investor Considerations, einzusehen unter: http://icmagroup.org/ICMAGroup/files/d4/d47605fa-8d5e-488b-991e-286ea1920ab_3.pdf (Abruf am 03.01.2011), S. 1–11.

ESF (2009): AFME/ESF Securitisation Data Report, Q1: 2009, London (UK), New York (USA) u.a. 2009, einzusehen unter: http://www.europeansecuritisation.com/Communications/Archive/Current/2009-Q1_ ESF_FINAL.pdf (Abruf am 05.04.2010), S. 1–29.

Euler, Roland (2002): Paradigmenwechsel im handelsrechtlichen Einzelabschluss: Von den GoB zu den IAS, in: BB, 57. Jg. (2002), S. 875–880.

Ewelt-Knauer, Corinna (2010): Der Konzernabschluss als Berichtsinstrument der wirtschaftlichen Einheit, Köln 2010.

Feng, M./Gramlich, J. D./Gutpa, S. (2009): Special Purpose Vehicles: Empirical Evidence on Determinants and Earnings Management, in: Accounting Review, Vol. 84, No. 6 (2009), S. 1833–1876.

Feld, Klaus-Peter (2007): Bilanzierung von ABS-Transaktionen im IFRS-Abschluss – Anwendung von IAS 39 und SIC-12, konzeptionelle Probleme und Folgen für die Abschlussprüfung, Düsseldorf 2007.

Financial Stability Board (2008): Report on the Financial Stability Forum on Enhancing Market and Institutional Resiliance, einzusehen unter: http://www.financialstabilityboard.org/pulications/r_0804.pdf (Abruf am 15.01.2009).

Findeisen, Klaus-Dieter (1998): Asset-Backed Securities im Vergleich zwischen US-GAAP und HGB, in: DB, 51. Jg. (1998), S. 481–488.

Findeisen, Klaus-Dieter/Roß, Norbert (1999): Asset-Backed-Securities-Transaktionen im Einzel- und Konzernabschluss des Veräußerers nach International Accounting Standards, in: DB, 52. Jg. (1999), S. 2224–2227.

Findeisen, Klaus-Dieter/Sabel, Elmar/Klube, Jan (2010): Reduktion des Konsolidierungskreises durch das BilMoG?, in: DB, 63. Jg. (2010), S. 965–971.

Fischer, Daniel T. (2010): Der Standardentwurf Conceptual Framework for Financial Reporting – The Reporting Entity (ED/2010/2), in: PiR, 6. Jg. (2010), S. 112 f.

Fischer, Daniel T. (2011): IFRS 10 – Consolidated Financial Statements, in: PIR, 7. Jg. (2011), S. 173 f.

Fisher, Paul M./Taylor, William J./Cheng, Rita H. (1999): Advanced Accounting, 7. Aufl., Cincinnati (USA) 1999.

FitchRatings (2001): Asset-Backed Commercial Papers Explained, New York (USA) u.a. 2001, einzusehen unter: http://www.fitchratings.com bzw. http://pages.stern.nyu.edu/~igiddy/ABS/fitchabcp.pdf (Abruf am 30.12. 2010), S. 1–16.

FitchRatings (2004): Asset-Backed Commercial Papers Explained, Asset-Backed Criteria Report, New York (USA) 2004, einzusehen unter: http://www.securitization.net/pdf/-Fitch/ABCP_1Dec04.pdf (Abruf am 03.01.2011).

Franke, Florian (2009): Synergien in Rechtsprechung und Rechnungslegung, Wiesbaden 2009.

Frese, Michael/Uhl, Laurenz (2009): Die Zukunft des deutschen Verbriefungsmarktes im Lichte von Änderungen im europäischen Regelwerk, in: ZfgK, 62. Jg. (2009), S. 935–939.

Fuchs, Hermann/Gerloff, Otto (1954): Die konsolidierte Bilanz, Köln 1954.

Fülbier, Rolf Uwe (2006): Systemtauglichkeit der International Financial Reporting Standards für Zwecke der steuerlichen Gewinnermittlung, in: StuW, 36. Jg. (2006), S. 228–242.

Fülbier, Rolf/Gassen, Joachim/Ott, Eckhard (2010): IFRS for SMEs für den europäischen Mittelstand? – Einige theoretische und empirische Überlegungen, in: DB, 63. Jg. (2010), S. 1357–1360.

Fülbier, Rolf Uwe/Fehr, Jane (2010): IASB und FASB machen Ernst mit der neuen Leasingbilanzierung: Der Standardentwurf zu „Leases" liegt vor, in: WPg, 63. Jg. (2010), S. 1019–1023.

Fülbier, Rolf Uwe/Pferdehirt, Marc Henrik (2005): Überlegungen des IASB zur künftigen Leasingbilanzierung: Abschied vom off balance sheet approach, in: KoR, 5. Jg. (2005), S. 275–285.

Gassen, Joachim/Eisenschink, Timo/Weil, Matthias (2010): Das Konzept der rechnungslegenden Einheit nach ED/2010/2, in: WPg, 63. Jg. (2010), S. 805–810.

Gassen, Joachim/Fischkin, Michael/Hill, Verena (2008): Das Rahmenkonzept-Projekt des IASB und des FASB: Eine normendeskriptive Analyse des aktuellen Stands, in: WPg, 61. Jg. (2008), S. 874–882.

Glander, Sven/Blecher, Christian (2011): Die adäquate Abbildung von Zweckgesellschaften im Konzernabschluss, in: KoR, 11. Jg. (2011), S. 467–475.

Glautier, Michel W. E./Underdown, Brain (2001): Accounting theory and practice, Essex (United Kingdom) 2001.

Gebhardt, Günther/Naumann, Thomas K. (1999): Grundzüge der Bilanzierung von Financial Instruments und von Absicherungszusammenhängen nach IAS 39, in: DB, 52. Jg. (1999), S. 1461–1469.

Gelhausen, Hans Friedrich/Deubert, Michael/Klöcker, André (2010): Zweckgesellschaften nach BilMoG: Mehrheit der Risiken und Chancen als Zurechnungskriterium, in: DB, 63. Jg. (2010), S. 2005–2011.

Gelhausen, Hans Friedrich/Fey, Gerd/Kämpfer (2009): Rechnungslegung und Prüfung nach dem Bilanzrechtsmodernisierungsgesetz, Düsseldorf 2009.

Gelhausen, Wolf/Fey, Gerd (1996): Schwierige Auslegung der Accounting Standards, in: Blick durch die Wirtschaft vom 17.04.1996, S. 9.

Glüder, D./Böhm H. (2003): Neue KfW-Modelle – Innovationen im Fördergeschäft, in: ZfgK, 56. Jg. (2003), S. 646–651.

Goebel, Andrea (1995): Möglichkeiten der Entschlüsselung von Konzernkrisen mit der Methode der integrativen Konzernabschlussanalyse, Bergisch Gladbach/Köln 1995.

Göth, Peter (1997): Das Eigenkapital im Konzernabschluß – Bilanzielle Darstellung, Ergebnisverwendungsrechnung, Konsolidierungstechnik, Stuttgart 1997.

Goldberg, Harold H. (1990): An Introduction to Asset Backed Securities, in: Ledermann, Jess (Hrsg.), The Handbook of Asset-Backed Securities, New York (USA), S. 177–199.

Goldschmidt, Peter/Weigel, Wolfgang (2009): Die Bewertung von Finanzinstrumenten bei Kreditinstituten in illiquiden Märkten nach IAS 39 und HGB, in: WPg, 62. Jg. (2009), S. 192–204.

Goethe, Johann Wolfgang (1808): Faust – Eine Tragödie, Erster und zweiter Teil, Tübingen 1808, im Nachdruck des Deutschen Taschenbuch Verlags, München 1997.

Gräfer, Horst/Scheld, Guido A. (2009): Grundzüge der Konzernrechnungslegung, 11. Aufl., Berlin 2009.

Grau, Andreas (2002): Gewinnrealisierung nach International Accounting Standards, Wiesbaden 2002.

Griesar, Patrick (1998): Verschmelzung und Konzernabschluß: Konsolidierungsanforderungen und Konsolidierungsmethoden – am Beispiel der Aufnahme eines konzernfremden Unternehmens durch ein Konzernbeteiligungsunternehmen, Düsseldorf 1998.

Grossman, S. J./Hart, O. D. (1986): The Costs and Benefits of Ownership: A Theory of Vertical and Lateral Integration, in: Journal of Political Economy, Vol. 94 (1986), S. 691–719.

Grote, Andreas/Pilhofer, Jochen (2012): Führt der Re-Exposure Draft ED/2011/6 zu gravierenden Änderungen der Umsatzrealisierung oder wird der Berg eine Maus gebären?, in: KoR, 12. Jg. (2012), S. 105–113.

Grünberger, David (2006): Bilanzierung von Finanzgarantien nach der Neufassung von IAS 39, in: KoR, 6. Jg. (2006), S. 81–92.

Gryshchenko, Vladimir (2010): Die Krise als Wegweiser?! – Zweckgesellschaften nach ED 10, in: PiR, 6. Jg. (2010), S. 42–46.

Gynther, Reginald S. (1967): Accounting concepts and behavioral hypotheses, in: The Accounting Review (April 1967), S. 274–290.

Hachmeister, Dirk/Glaser, Andreas (2012): Konsolidierung in Abhängigkeit des Geschäftsmodells kein Ausgangspunkt für eine informationsorientierte Rechnungslegung (Teil 1), in: KoR, 12. Jg. (2012), S. 165–169.

Haeger, Bernd/Zündorf, Horst (1991): Abgrenzung des Konsolidierungskreises nach wirtschaftlicher Zugehörigkeit, in: DB, 44. Jg. (1991), S. 1841–1848.

Haeger, Bernd/Zündorf, Horst (2009): Die Abbildung von Gemeinschaftsunternehmen im Konzernabschluss nach IFRS, in: Weber, Claus-Peter (Hrsg.), Berichterstattung für den Kapitalmarkt, FS Küting, Stuttgart 2009, S. 247–266.

Hassemer, Winfried (1968): Tatbestand und Typus: Untersuchungen zur strafrechtlichen Hermeneutik, Köln u.a. 1968.

Hauck, Anton/Prinz, Ulrich (2005): Zur Auslegung von (europarechtlich übernommenen) IAS/IFRS, in: DK, 3. Jg. (2005), S. 635–641.

Hayn, Benita (1999): Konsolidierungstechnik bei Erwerb und Veräußerung von Anteilen – Ein Leitfaden zur praktischen Umsetzung der Erst-, Übergangs- und Endkonsolidierung, Herne/Berlin 1999.

Helaba (2010): Geschäftsbericht 2009, Frankfurt am Main/Erfurt 2010.

Helaba (2011): Geschäftsbericht 2010, Frankfurt am Main/Erfurt 2011.

Helaba (2012): Geschäftsbericht 2011, Frankfurt am Main/Erfurt 2012.

Helmschrott, Harald (1999): Einbeziehung einer Leasingobjektgesellschaft in den Konzernabschluß des Leasingnehmers nach HGB, IAS und US GAAP, in: DB, 52. Jg. (1999), S. 1865–1871.

Helten, Elmar (1994): Ist Risiko ein Konstrukt? Zur Quantifizierung des Risikobegriffes, in: Hesberg, Dieter/Nell, Martin/Schott, Winfried (Hrsg.), Risiko, Versicherung, Markt, FS Walter Karten, Karlsruhe 1994, S. 19–25.

Herdzina, Klaus (1999): Wettbewerbspolitik, 5. Aufl., Stuttgart 1999.

Hendler, Matthias (2002): Abbildung des Erwerbs und der Veräußerung von Anteilen an Tochterunternehmen nach der Interessentheorie und der Einheitstheorie, Lohmar/ Köln 2002.

Hendler, Matthias (2007): Der Konzernabschluss nach IFRS – Der Abschluss der wirtschaftlichen Einheit, in: Kirsch, Hans-Jürgen/Thiele, Stefan (Hrsg.), Rechnungslegung und Wirtschaftsprüfung, FS Jörg Baetge, Düsseldorf 2007, S. 243–275.

Hoffmann, Wolf-Dieter (2010): Prinzipienorientierte Bilanzierung, in: PiR, 6. Jg. (2010), S. 334–336.

Hoffmann, Wolf-Dieter/Lüdenbach, Norbert (2007): Die bilanzielle Abbildung der Hypothekenkrise und die Zukunft des Bilanzrechts, in: DB, 60. Jg. (2007), S. 2213–2219.

Hommel, Michael (1998a): Bilanzierung immaterieller Anlagewerte, Stuttgart 1998.

Hommel, Michael (1998b): Überschuldungsmessung nach neuem Insolvenzrecht: Probleme und Lösungsmöglichkeiten, in: ZfB, 68. Jg. (1998), S. 297–322.

Hommel, Michael (2005): Die Neubewertungsmethode als Allowed Alternative Treatment für Sachanlagen und immaterielle Anlagewerte, in: Bieg, Hartmut/Heyd, Reinhard (Hrsg.), Fair Value – Bewertung in Rechnungswesen, Controlling und Finanzwirtschaft, München 2005, S. 287–308.

Hommel, Michael (2007a): Rückstellungsbewertung im Spannungsverhältnis von Management-Approach und Fair-Value-Approach, in: PiR, 3. Jg. (2007), S. 322–329.

Hommel, Michael (2007b): Rückstellungsbilanzierung und Objektivierung nach HGB und IFRS, in: Wehrheim, Michael/Heurung, Rainer (Hrsg.), Steuerbelastung – Steuerwirkung – Steuergestaltung, FS Winfried Mellwig, Wiesbaden 2007, S. 179–207.

Hommel, Michael/Christ, Andreas/Morawietz, Anja (2008): Bilanzierung von Credit Default Swaps nach IFRS, in: DK, 6. Jg. (2008), S. 352–360.

Hommel, Michael/Franke, Florian/Rößler, Bettina (2008): Die bilanzielle Behandlung des Minderheitengoodwill gemäß Bilanzrechtsmodernisierungsgesetz, IAS 27 und IFRS 3, in: DK, 6. Jg. (2008), S. 157–166.

Hommel, Michael/Rammert, Stefan (2012): IFRS-Bilanzanalyse case by case, 3. Aufl., Frankfurt am Main 2012.

Hommel, Michael/Rammert, Stefan/Wüstemann, Jens (2011): Konzernbilanzierung case by case, 3. Aufl., Frankfurt am Main 2011.

Hommel, Michael/Rößler, Bettina (2009): Komponentenansatz des IDW RH HFA 1.016 – eine GoB-konforme Konkretisierung der planmäßigen Abschreibungen?, in: BB, 64. Jg. (2009), S. 2526–2530.

Hommel, Michael/Schmidt, Reinhard H./Wüstemann, Jens (2004): Adolf Moxter und die Grundsätze ordnungsmäßiger Rechnungslegung – Kontinuität und Zukunft eines Forschungsleitbildes –, in: WPg, 57. Jg. (2004), Sonderheft 2004, S. 84–98.

Hommel, Michael/Schmitz, Stefanie (2011): ED/2010/6: Revenue from Contracts with Customers – Die Umsatzrealisation unter Kontrolle?, in: WPg, 64. Jg. (2011), S. 17–24.

Honoré, Anthony M. (1961): Ownership, in: Guest, Anthony Gordon (Hrsg.), Oxford essays in jurisprudence, London (UK) u.a. 1961, S. 107–147.

Hsu, Audrey Wen-hsin/Duh, Rong-Ruey/Cheng, Kang (2012): Does the Control-based Approach to Consolidated Statements Better Reflect Market Value than the Ownership-based Approach?, in: The International Journal of Accounting, Vol. 47, Issue 2 (2012), S. 198–225.

Hülbert, Jan-Peter/Pytlik, Matthias (2010): Verbriefungen von Leasing-Forderungen – Bedeutung für den Mittelstand und Verfügbarkeit seit der Finanzkrise, in: ZfgK, 63. Jg. (2010), S. 1036–1040.

Husband, George R. (1954): The entity concept in accounting, in: The Accounting Review (October 1954), S. 552–563.

Hylton, D. P. (1966): Principles and Procedures of Modern Accounting Practice, Englewood Cliffs (USA) 1966.

IDW (2006): WP-Handbuch, Band I, 13. Aufl., Düsseldorf 2006.

IKB (2007a): IKB Geschäftsbericht 2006/2007, Düsseldorf 2007.

IKB (2007b): Geänderter Geschäftsbericht 2006/2007 (Dieser Geschäftsbericht ersetzt den Geschäftsbericht 2006/2007, erstmals veröffentlicht am 28. Juni 2007), Düsseldorf 2007.

IWF (2009): Global Financial Stability Report, September 2009.

Jaedicke, Robert K./Sprouse, Robert T. (1965): Accounting Flows: Income, Funds and Cash, Englewood Cliffs (USA) 1965.

Jendruschewitz, Boris/Nölling, Philip (2007): Unternehmensfinanzierung mittels ABS-Programmen, in: Seethaler, Peter/Steitz, Markus (Hrsg.), Praxishandbuch Treasury-Management – Leitfaden für die Praxis des Finanzmanagements, Wiesbaden 2007, S. 209–225.

Jensen, Michael C./Meckling, William H. (1976): Theory of the Firm: Managerial Behavior Agency Costs and Ownership, in: Journal of Financial Economics, Vol. 3, No. 4, S. 305–360.

Joint Working Group (2000): Draft Standard and Basis for Conclusions – Financial Instruments and Similar Items, London (UK) 2000.

Jumpertz, Norbert (2009): Factoring – Aus Forderungen Bares machen, in: SteuerConsultant, 9. Jg. (2009), S. 36–39.

Kampmann, Helga/Schwedler, Kristina (2006): Zum Entwurf eines gemeinsamen Rahmenkonzepts von FASB und IASB, in: KoR, 6. Jg. (2006), S. 521–530.

Karten, Walter (1972): Die Unsicherheit des Risikobegriffes. Zur Terminologie der Versicherungsbetriebslehre, in: Braeß, Paul/Farny, Dieter/Schmidt, Reimer (Hrsg.), Praxis und Theorie der Versicherungsbetriebslehre, FS H.L. Müller-Lutz, Karlsruhe 1972, S. 147–169.

Kaufmann, Arthur (2011): Problemgeschichte der Rechtsphilosophie, in: Kaufmann, Arthur/ Hassemer, Winfried/Neumann, Ulfrid (Hrsg.), Einführung in Rechtsphilosophie und Rechtstheorie der Gegenwart, 8. Aufl., Heidelberg, S. 26–147.

Kerl, Alexander G./Grunert, Jens (2008): Asset Backed Securities am Beispiel der Programme der Kreditanstalt für Wiederaufbau, in: WiSt, 37. Jg. (2008), S. 326–330.

Kester, Roy B. (1925): Accounting Theory and Practice, Band II, New York (USA) 1925.

Kester, Roy B. (1946): Advanced Accounting, 4. Aufl., New York (USA) 1946.

Khasawneh, Radi (2007): Die Subprime-Pest, Deutsches Risk v. 1. November 2007, einzusehen unter: http://www.risk.net (Abruf am 19.12.2008), S. 1–6.

Kirchner, Christian (2005): Zur Interpretation von internationalen Rechnungslegungsstandards: das Problem „hybrider Rechtsfortbildung", in: Schneider, Dieter u.a. (Hrsg.), Kritisches zu Rechnungslegung und Unternehmensbesteuerung, Berlin 2005, S. 201–217.

Kirsch, Hans-Jürgen/Ewelt, Corinna (2009): ED 10 Neuabgrenzung des Konsolidierungskreises: ein kleiner Schritt in die richtige Richtung, in: BB, 64. Jg. (2009), S. 1574–1578.

Kirsch, Hans-Jürgen/Ewelt-Knauer, Corinna (2011): Abgrenzung des Vollkonsolidierungskreises nach IFRS 10 und IFRS 12 – Update zu BB 2009, 1574 ff., in: BB, 66. Jg. (2011), S. 1641–1645.

König, Tobias (2009): Darstellung der im Rahmen der Subprime Krise bekannt gewordenen speziellen Geschäfte zwischen Kreditinstituten und Spezialgesellschaften im Jahresabschluss nach HGB und IAS/IFRS, in: Anzinger, Heribert M. (Hrsg.), Die Bilanzierung und Eigenmittelunterlegung von Kreditrisiken bei Kredit-Arbitrage-Programmen unter Einschaltung von Zweckgesellschaften, Analyse und Berichte zum Wirtschafts- und Steuerrecht, Darmstadt 2009, S. 6–78.

Kothari, Vinod (2006): Securitization, The Financial Instrument of the Future, Singapur 2006.

KPMG (2011): IFRS 10 – Die neuen Regelungen zur Konsolidierung, in: KPMG (Hrsg.), IFRS Update, Berlin/Düsseldorf 2011, einzusehen unter: http://www.kpmg.de /ifrs20 (Abruf am 28.01.2012), S. 1–4.

Krumnow, Jürgen u.a. (2004): Rechnungslegung der Kreditinstitute, Kommentar zum deutschen Bilanzrecht unter Berücksichtigung von IAS/IFRS, 2. Aufl., Stuttgart 2004.

Küpper, Karlheinz (2005): Unternehmensrechnung und Ethik, in: Schneider, Dieter u.a. (Hrsg.), Kritisches zu Rechnungslegung und Unternehmensbesteuerung, FS Theodor Siegel, Berlin 2005, S. 22–44.

Kustner, Clemens (2004): Special Purpose Entities – Wirtschaftliche Merkmale und Bilanzierung in der internationalen Rechnungslegung, in: KoR, 4. Jg. (2004), S. 308–318.

Küting, Karlheinz (2011): Unbestimmte Rechtsbegriffe im HGB und in den IFRS: Konsequenzen für Bilanzpolitik und Bilanzanalyse, in: BB, 66. Jg. (2011), S. 2091–2095.

Küting, Karlheinz/Gattung, Andreas (2003): Konzerntheorien in der nationalen und internationalen Konzernrechnungslegung, in: ZVglRWiss, 102. Jg. (2003), S. 505–527.

Küting, Karlheinz/Gattung, Andreas (2007): Zweckgesellschaften als Tochterunternehmen nach SIC-12, in: KoR, 7. Jg. (2007), S. 397–408.

Küting, Karlheinz/Mojadadr, Mana (2011): Das neue Control-Konzept nach IFRS 10, in: KoR, 11. Jg. (2011), S. 273–285.

Küting, Karlheinz/Mojadadr, Mana/Strauß, Marx (2011): Der Objektivierungsgrundsatz im HGB- und IFRS-System, in: DB, 64. Jg. (2011), S. 1404–1410.

Küting, Karlheinz/Weber, Claus-Peter (2009): Die Bilanzanalyse, 9. Aufl., Stuttgart 2009.

Küting, Karlheinz/Grau, Philipp/Seel, Christian (2010): Grundlagen der Konzernrechnungslegung, in: DStR, 48. Jg. (2010), Beihefter zu Heft 22, S. 35–52.

Küting, Karlheinz/Weber, Claus-Peter (2010): Der Konzernabschluss, 12. Aufl., Stuttgart 2010.

Kuhner, Christoph (2004a): Auf dem Weg zur Prinzipienbasierung der kapitalmarktorientierten Rechnungslegung? – Einige Anmerkungen zum aktuellen Diskussionsstand –, in: WPg, 57. (2004), S. 261–271.

Kuhner, Christoph (2004b): Rezension von Moxter, A.: Grundsätze ordnungsmäßiger Rechnungslegung, Düsseldorf 2003, in: ZfB, 74. Jg. (2004), S. 750–753.

Kunkel, Paul/Leipold, Stefan (2011): Refinanzierung durch Verbriefung von Leasing-Forderungen – Eine Bestandsaufnahme aus der Praxis, in: Finanzierung Leasing Factoring, 57. Jg. (2011), S. 19–24.

Kupsch, Peter (2008): Konvergenz internationaler Rechnungslegungssysteme – Stand und Entwicklungsperspektiven, in: Ballwieser, Wolfgang/Grewe, Wolfgang (Hrsg.), Wirtschaftsprüfung im Wandel, Festgabe 100 Jahre Südtreu/Deloitte, München 2008, S. 345–366.

Laubach, Wolfgang/Findeisen, Klaus-Dieter/Murer, Alexander (2010): Leasingbilanzierung nach IFRS im Umbruch – der neue Exposure Draft „Leases", in: Der Betrieb, 65. Jg. (2010), S. 2401–2410.

Lebertshuber, Bonaventura (1986): Unternehmensvertragsrecht und Konzernhandelsbilanz, Frankfurt am Main/Bern/New York 1986.

Leffson, Ulrich (1987a): Die Grundsätze ordnungsmäßiger Buchführung, 7. Aufl., Düsseldorf 1987.

Leffson, Ulrich (1987b): Ausformulierte und nicht ausformulierte gesetzliche Vorschriften im Bilanzrecht des HGB, in: DBW, 47. Jg. (1987), S. 3–7.

Leitner, Susanne (2009): Abschaffung der Quotenkonsolidierung nach ED 9 des IASB, in: IRZ, 4. Jg. (2009), S. 29–37.

Leitner-Hanetseder, Susanne/Schausberger (2011): Änderung der Einbezugskriterien gem. IFRS 10, in: IRZ, 6. Jg. (2011), S. 379–385.

Li, David H. (1960a): The nature and treatment of dividends under the entity concept, in: The Accounting Review (October1960), S. 674–679.

Li, David H. (1960b): The nature of corporate residual equity under the entity concept, in: The Accounting Review (April 1960), S. 258–263.

Liebwein, Peter (2009): Klassische und moderne Formen der Rückversicherung, 2. Aufl., Karlsruhe 2009.

Littleton, Ananias C. (1952): The Significance of Interest Cost, in: The Accounting Review, Vol. 27 (April 1952), S. 167–173.

Littleton, Ananias C. (1953): Structure of Accounting Theory, in: AAA (Hrsg.), American Accounting Association Monograph No. 5, zitiert nach 6. Aufl., Menasha (USA).

Löcke, Jürgen (1998): Steuerrechtliche Aktivierungsgrundsätze und Property-Rights-Theorie, in: StuW, 75. Jg. (1998), S. 124–132.

Lorenz, Karsten (2010): IFRS Exposure Draft „Leases": Abschaffung des wirtschaftlichen Eigentums bei Leasingverhältnissen?, in: BB, 65. Jg. (2010), S. 2555–2560.

Lorig, Arthur N. (1964): Some basic concepts of accounting and their implications, in: The Accounting Review (July 1964), S. 563–573.

Lotz, Ulrich/Gryshchenko, Vladimir (2011): Implikationen für Verbriefungstransaktionen, in: PiR, 7. Jg. (2011), S. 149–155.

Lüdenbach, Norbert (2012): § 32 Tochterunternehmen im Konzern- und Einzelabschluss, in: Lüdenbach, Norbert/Hoffmann, Wolf-Dieter (Hrsg.), Haufe IFRS-Kommentar, 10. Aufl., Freiburg i. Br. u.a. 2012.

Lüdenbach, Norbert/Hoffmann, Wolf-Dieter (2002): Enron und die Umkehrung der Kausalität bei der Rechnungslegung, in: DB, 55. Jg. (2002), S. 1169–1175.

Lüdenbach, Norbert/Freiberg, Jens (2012): Der Beherrschungsbegriff des IFRS 10 – Anwendung auf normale vs. Strukturierte Unternehmen, in: PiR, 8. Jg. (2012), S. 41–50.

Lühn, Michael (2010): Neukonzeption der Umsatzrealisierung nach IFRS durch ED/2010/6 „Revenue from Contracts with Customers", in: PiR, 6. Jg. (2010), S. 273–279.

Marelja, Kristijan (2009): Bilanzielle Grundlagen der Eigenmittelunterlegung von Risiken aus Verbriefungen, in: Anzinger, Heribert M. (Hrsg.), Die Bilanzierung und Eigenmittelunterlegung von Kreditrisiken bei Kredit-Arbitrage-Programmen unter Einschaltung von Zweckgesellschaften, Analyse und Berichte zum Wirtschafts- und Steuerrecht, Darmstadt 2009, S. 135–181.

Matena, Sonja (2004): Bilanzielle Vermögenszurechnung nach IFRS – Konzept und Analyse der Zurechnung von Vermögenswerten zum bilanziellen Vermögen von Unternehmen, Düsseldorf 2004.

Matthews, John (1964): Accounting Theory and Method, Hongkong 1964.

Meissmer, Volker (2010): Verbriefung von Handelsforderungen – oder wie eine intelligente Finanzierungsform unter die Mühlsteine von CRD und Basel III gerät, in: ZfgK, 63. Jg. (2010), S. 1033–1035.

Mellwig, Winfried (1983): Bilanzrechtsprechung und Betriebswirtschaftslehre. Zu einigen Grundlagen der steuerlichen Bilanzrechtsprechung und ihrer betriebswirtschaftlichen Kritik, in: BB, 38. Jg. (1983), S. 1613–1620.

McLaney, Eddie/Atrill, Peter (2008): Accounting, Harlow (UK) 2008.

Michler, Albrecht F./Thieme, H. Jörg (2009): Finanzmarktkrise: Marktversagen oder Staatsversagen?, in: Jahrbuch für die Ordnung von Wirtschaft und Gesellschaft, Stuttgart 2009, S. 185–221.

Montgomery, R. H. (1923): Auditing Theory and Practice, 3. Aufl., New York (USA) 1923.

Moody's (2002): Moody's Approach to Evaluating Credit Arbitrage ABCP Programs, o. O. 2002.

Moody's (2003): The Fundamentals of Asset-Backed Commercial Paper, o. O. 2003.

Moonitz, Maurice (1974): Obtaining Agreement on Standards in the Accounting Profession, in: AAA (Hrsg.), Studies in Accounting Research No. 8, Sarasota (USA) 1974.

Moxter, Adolf (1961): Offene Probleme der Rechnungslegung bei Konzernunternehmen, in: Zeitschrift für handelswissenschaftliche Forschung, 13. Jg. (1961), S. 641–653.

Moxter, Adolf (1979): Statische und dynamische Bilanzinterpretation?, in: WISU, 8. Jg. 1979, S. 432–436.

Moxter, Adolf (1983): Wirtschaftliche Gewinnermittlung und Bilanzsteuerrecht, in: StuW, 60. Jg. (1983), S. 300–307.

Moxter, Adolf (1984a): Bilanzlehre. Band I: Einführung in die Bilanztheorie, 3. Aufl., Wiesbaden 1984.

Moxter, Adolf (1984b): Das Realisationsprinzip – 1884 und heute, in: BB, 39. Jg. (1984), S. 1780–1786.

Moxter, Adolf (1985): Das System der handelsrechtlichen Grundsätze ordnungsmäßiger Bilanzierung, in: Gross, Gerhard (Hrsg.), Der Wirtschaftsprüfer im Schnittpunkt nationaler und internationaler Entwicklungen, FS Klaus von Wysocki, Düsseldorf 1985, S. 17–28.

Moxter, Adolf (1986): Ulrich Leffson und die Bilanzrechtsprechung, in: WPg, 39. Jg. (1986), S. 173–177.

Moxter, Adolf (1987): Zum Sinn und Zweck des handelsrechtlichen Jahresabschlusses nach neuem Recht, in: Havermann, Hans (Hrsg.), Bilanz- und Konzernrecht, FS Reinhard Goedeler, Düsseldorf 1987, S. 361–374.

Moxter, Adolf (1989): Zur wirtschaftlichen Betrachtungsweise im Bilanzrecht, in: StuW, 66. Jg. (1989), S. 232–241.

Moxter, Adolf (1994): Georg Döllerers bilanzrechtliches Vermächtnis, in: StuW, 71. Jg. (1994), S. 97–102.

Moxter, Adolf (2007): Über Bilanztheorien, in: Kirsch, Hans-Jürgen/Thiele, Stefan (Hrsg.), Rechnungslegung und Wirtschaftsprüfung, FS Jörg Baetge, Düsseldorf 2007, S. 405–417.

Muggenthaler, Barbara/Mujkanovic, Robin (2010): Die Bilanzierung von Leasingverhältnissen nach ED/2010/9, in: PiR, 6. Jg. (2010), S. 305–312.

Mujkanovic, Robin (2008): Die Konsolidierung von Zweckgesellschaften nach IFRS und HGB vor dem Hintergrund der Subprime-Krise und des BilMoG, in: StuB, 10. Jg. (2008), S. 136–141.

Mujkanovic, Robin/Raatz, Pascal (2008): Der Component Approach nach IAS 16 im HGB-Abschluss?, in: KoR, 8. Jg. (2008), S. 245–250.

Müller, Christian/Overbeck, Horst/Bühner, Klaus (2005): Der Risk- und Rewards-Ansatz von Zweckgesellschaften nach IFRS – Die Cashflow-Analyse nach FIN 46 als mögliches Vorbild für eine praxisorientierte Auslegung von SIC-12?, in: BB, 60. Jg. (2005), Spezialheft Nr. 8, S. 26–32.

Müller, Welf/Maul, Silja (1999): Auslegungsprobleme im Rahmen der über § 292a HGB zur Anwendung kommenden Normensysteme, in: Breuninger, Gottfried E./Müller, Welf/ Strobl-Haarmann, Elisabeth (Hrsg.), Steuerrecht und europäische Integration, München 1999, S. 445–456.

Münstermann, Hans (1957): Konsolidierte Bilanzen deutscher Konzerne, in: ZfhF, 9. Jg. (1957), S. 435–447.

Nastansky, Andreas/Strohe, Hans Gerhard (2010): Die international Finanz- und Bankenkrise und ihre wesentlichen Ursachen, in: WiSt, 39. Jg. (2010), S. 23–29.

Ochs, Dieter (1976): Das Vordringen konglomerater Konzernstrukturen, Bochum 1976.

Ohl, Hanns-Peter (1994): Asset-Backed Securities – Ein innovatives Instrument zur Finanzierung deutscher Unternehmen, Wiesbaden 1994.

Olbrich, Michael (2000): Zur Bedeutung des Börsenkurses für die Bewertung von Unternehmungen und Unternehmensanteilen, in: BFuP, 52. Jg. (2000), S. 454–465.

Ordelheide, Dieter (1984): Kapitalkonsolidierung nach der Erwerbsmethode, in: WPg, 37. Jg. (1984), S. 237–245, 270–274.

Oser, Peter/Milanova, Elitsa (2011): Aufstellungspflicht und Abgrenzung des Konsolidierungskreises – Rechtsvergleich zwischen HGB/DRS 19 und dem neuen IFRS 10, in: BB, 66. Jg. (2011), S. 2027–2032.

Paton, William A./Littleton, Ananias C. (1940): An Introduction to Corporate Accounting Standards, in: AAA (Hrsg.), American Accounting Association Monograph No. 3, Columbus (USA) 1940.

Paul, Stephan (1994): Bankenintermediation und Verbriefung: neue Chancen und Risiken für Kreditinstitute durch Asset Backed Securities?, Wiesbaden 1994.

Peemöller, Volker H. (2003): Bilanzanalyse und Bilanzpolitik: Einführung in die Grundlagen, 3. Aufl., Wiesbaden 2003.

Peemöller, Volker H./Hofmann, Stefan (2005): Bilanzskandale – Delikte und Gegenmaßnahmen, Berlin 2005.

Pelger, Christoph (2009): Entscheidungsnützlichkeit in neuem Gewand: Der Exposure Draft zur Phase A des Conceptual Framework-Projekts, in: KoR, 9. Jg. (2009), S. 156–163.

Pellens, Bernhard/Basche, Kerstin/Sellhorn, Thorsten (2003): Full Goodwill Method – Renaissance der reinen Einheitstheorie in der Konzernbilanz?, in: KoR, 3. Jg. (2003), S. 1–4.

Pellens, Bernhard/Fülbier, Rolf Uwe/Gassen, Joachim (2011): Internationale Rechnungslegung, 8. Aufl., Stuttgart 2011.

Pellens, Bernhard/Sellhorn, Thorsten/Streckenbach, Jana (2003): Neue Abgrenzungskriterien für den Konsolidierungskreis – Zur Bilanzierung von Zweckgesellschaften nach FIN 46, in: KoR, 3. Jg. (2003), S. 191–194.

Person, Jeanne K. (1990): Introduction to Mortgages and Mortgage Backed Securities, in: Lederman, Jess (Hrsg.), The Handbook of Asset-Backed Securities, New York (USA), S. 343–383.

Philipp, Fritz (1967): Risiko und Risikopolitik, Stuttgart 1967.

Polizu, Cristina (2007): An Overview of Structured Investment Vehicles and Other Special Purpose Entities, in: Servigny, Arnaud de/Jobst, Norbert (Hrsg.), The Handbook of Structured Finance, New York (USA) u.a. 2007, S. 621–775.

Pollock, T./Stadum, E. M./Holtermann, G. C. (1991): Die Sekurisierung und ihre Zukunft in Deutschland, in: Recht der Internationalen Wirtschaft, 37. Jg. (1991), S. 275–281.

Prahl, Reinhard/Naumann, Thomas K. (2000): Financial Instruments, in: Wysocki, Klaus von/Schulze-Osterloh, Joachim (Hrsg.), Sonderdruck aus Handbuch des Jahresabschlusses, Stand: August 2000, Berlin 2000.

PricewaterhouseCoopers (2007): IFRS Manual of Accounting 2008 – Global guide to International Financial Reporting Standards, Kingston-upon-Thames (UK) 2007.

PricewaterhouseCoopers (2010): Manual of accounting – IFRS 2011, London (UK) 2010.

PricewaterhouseCoopers (2012): IFRS für Banken, 5. Aufl., Frankfurt am Main 2012.

Pütz, Timo/Ramsauer, Jürgen (2009): ED 10 Consolidated Financial Statements – eine Verbesserung gegenüber den aktuellen Regelungen des IAS 27 und SIC-12?, in: WPg, 62. Jg. (2009), S. 867–878.

Ratcliffe, T. A. (2005): To consolidate or not, in: Journal of Accountancy, Vol. 178 (2005), S. 75–79.

Reiland, Michael (2006): Derecognition – Ausbuchung finanzieller Vermögenswerte – Eine Analyse der Regelungen in IAS 39, SFAS 140 und FRS 5, Düsseldorf 2006.

Reiland, Michael (2011): IFRS 10: Sachgerechte Abgrenzung des Konsolidierungskreises oder Spielwiese für Bilanzpolitiker?, in: DB, 64. Jg. (2011), S. 2729–2736.

Revsine, Lawrence (1973): Replacement Cost Accounting, Engelwood Cliffs (USA) 1973.

Revsine, Lawrence/Collins, Daniel W./Johnson, W. Bruce/Mittelstaed, H. Fred (2008): Financial Reporting and Analysis, Upper Saddle River/New Jersey (USA) 2008.

Richter, Rudolf/Furubotn, Eirik Grundtvig (2003): Neue Institutionenökonomik – Eine Einführung und kritische Würdigung –, 3. Aufl., Tübingen 2003.

Ricken, Stephan (2008): Verbriefung von Krediten und Forderungen in Deutschland, Düsseldorf 2008.

Röhl, Klaus F./Röhl, Hans Christian (2008): Allgemeine Rechtslehre, 3. Aufl., Köln/München 2008.

Roever, W. Alexander/Fabozzi, Frank J. (2003): A primer on securitization, in: The Journal of Structured and Project Finance, Vol. 9 (2003), S. 5–19.

Rother, Sandra (2006): Mittelstands-CDO – Muntermacher für den ABS-Markt?, in: ZfgK, 59. Jg. (2006), S. 1061–1064.

Rudolph, Bernd (2008): Lehren aus den Ursachen und dem Verlauf der internationalen Finanzkrise, in: zfbf, 60. Jg. (2008), S. 713–741.

Rudolph, Bernd (2012): Zur Regulierung von Schattenbanken, in: ZfgK, 65. Jg. (2012), S. 650–653.

Rüthers, Bernd/Fischer, Christian (2010): Rechtstheorie, Begriffe Geltung und Anwendung des Rechts, 5. Aufl., München 2010.

Rüthers, Bernd/Fischer, Christian/Birk, Axel (2011): Rechtstheorie mit Juristischer Methodenlehre, 6. Aufl., München 2011.

Ruhnke, Klaus (2008): Rechnungslegung nach IFRS und HGB, 2. Aufl., Stuttgart 2008.

SachsenLB (2008): Geschäftsbericht 2007, Leipzig 2008.

Sachverständigenrat (2010): Chancen für einen stabilen Aufschwung, Jahresgutachten 2010/11, Stand: November 2010, Wiesbaden 2010.

Schäfer, Henry/Kuhnle, Oliver (2006): Die bilanzielle Behandlung von Zweckgesellschaften und ihre Bedeutung im Rahmen der Corporate Governance, Düsseldorf 2006.

Scharenberg, Sigrun (2009): Die Bilanzierung von wirtschaftlichen Eigentum in der IFRS-Rechnungslegung, Wiesbaden 2009.

Scharpf, Paul/Weigel, Wolfgang/Löw, Edgar (2006): Die Bilanzierung von Finanzgarantien und Kreditzusagen nach IFRS, in: WPg, 59. Jg. (2006), S. 1492–1504.

Schildbach, Thomas (2007): IFRS – Irre Führendes Rechnungslegungs-System – Teil 1, in: IRZ, 2. Jg. (2007), S. 9–16.

Schildbach, Thomas (2008): Der Konzernabschluss nach HGB, IFRS und US-GAAP, 7. Aufl., München 2008.

Schimmelschmidt, Uwe/Happe, Peter (2004): Off-Balance-Sheet-Finanzierungen am Beispiel der Bilanzierung von Leasingverträgen im Einzelabschluss und im Konzernabschluss nach HGB, IFRS und US-GAAP, in: DB, 57. Jg. (2004) (Beilage 9), S. 1–12.

Schindler, Joachim (1986): Kapitalkonsolidierung nach dem Bilanzrichtlinien-Gesetz, Frankfurt am Main/Bern/New York 1986.

Schlapp, Thomas (1989): Theoriestrukturen und Rechtsdogmatik, Berlin 1989.

Schmalenbach, Eugen (1919): Grundlagen dynamischer Bilanzlehre, in: zfhF, 13. Jg. (1919), S. 1–101.

Schmalenbach, Eugen (1962): Dynamische Bilanz, 13. Aufl., Köln/Opladen 1962.

Schmidt, Carsten (2010): Die equity-Methode – Interessentheoretische One-Line-Consolidation oder Bilanzierung eines Vermögenswerts?, in: PiR, 6. Jg. (2010), S. 61–66.

Schmidt, Fritz (1928): Die organische Tageswertbilanz, 3. Aufl., 1928 (Nachdruck Wiesbaden o. Jg.).

Schmittat, Johannes E. (2007): Asset Backed Securities – Die Verbriefung von Handelsforderungen als Finanzalternative für den großen Mittelstand, Wiesbaden 2007.

Schmitz, Stefanie (2012): Bilanztheorie in der US-amerikanischen und internationalen Standardsetzung, Wiesbaden 2012.

Schmidt, Matthias (2003): Ökonomische Überlegungen zur Rechnungslegungsregulierung bei Vorliegen hybrider Kooperationsformen, in: DBW, 63. Jg. (2003), S. 138–155.

Schmidt, Matthias/Berg, René/Schmidt, Peer (2011): Die Herstellung der Justiziabilität von IFRS, in: BFuP, 63. Jg. (2011), S. 53–75.

Schmidt, Reinhard H. (1988): Neuere Property Rights-Analysen in der Finanzierungstheorie, in: Buddäus, Dietrich/Gerum, Elmar/Zimmermann, Gebhard (Hrsg.), Betriebswirtschaftslehre und Theorie der Verfügungsrechte, Wiesbaden 1988, S. 239–267.

Schmotz, Thomas (2004): Pro-forma-Abschlüsse, Wiesbaden 2004.

Schneider, Dieter (1983): Rechtsfindung durch Deduktion von Grundsätzen ordnungsmäßiger Buchführung aus gesetzlichen Jahresabschlußzwecken?, in: StuW, 11. Jg. (1983), S. 141–160.

Schneider, Jürgen (2009): Wirtschaftliches Eigentum und Ertragsrealisierung bei Grundstücksgeschäften, in: PiR, 5. Jg. (2009), S. 38–43.

Schruff, Wienand/Rothenburger, Manuel (2002): Zur Konsolidierung von Special Purpose Entities im Konzernabschluss nach US-GAAP, IAS und HGB, in: WPg, 55. Jg. (2002), S. 755–765.

Schulte, Muriel (2010): Systemdenken im deutschen und französischen Handelsrecht, Wiesbaden 2010.

Schultz, Florian (2001): Das Special Purpose Vehicle – wirtschaftliche Betrachtungsweise und offene Rechtsfragen, in: Hommelhoff, Peter (Hrsg.), Gesellschaftsrecht, Rechnungslegung, Steuerrecht, FS Welf Müller, München 2001, S. 705–730.

Schwarcz, Steven L. (1997): Die Alchemie der Asset Securitization, in: DB, 50. Jg. (1997), S. 1289–1297.

Schweinberger, Stefan/Horstkötter, Markus (2010): Zur Bilanzierung von Versicherungsverträgen gemäß den Vorschlägen des ED /2010/8, in: KoR, 10. Jg. (2010), S. 546–553.

SEC (2003): Study Pursuant to Section 108(d) of the Sarbanes-Oxley Act of 2002 on the Adoption by the United States Financial Reporting System of a Principles-Based Accounting System, Stand: 25.07.2003, einzusehen unter http://www.sec.gov/news/ studies/principlesbasedstand.htm (Abruf am 06.10.2011).

Selch, Barbara (2003): Der Lagebericht. Risikoberichterstattung und Aufstellung nach IDW RS HFA 1, Wiesbaden 2003.

Sickmann, Eric (2005): Konsolidierung von Variable Interest Entities, Düsseldorf 2005.

Simon, Herman Veit (1899): Die Bilanz der Aktiengesellschaft und der Kommanditgesellschaft auf Aktien, 3. Aufl., Berlin 1899.

Simon, Herman Veit (1910): Die Bilanz der Aktiengesellschaft und der Kommanditgesellschaft auf Aktien, 4. Aufl., Berlin 1910.

Smith, Pamela/Kivi, Leslie/Wagner, Colette (2004): Principles-Based Standards and the Determination of Control for Consolidation, in: CPA Journal, Vol. 74, No. 5 (January 2004), S. 11–13.

Sommer, Rainer (2008): Die Subprime-Krise – Wie einige faule US-Kredite das internationale Finanzsystem erschüttern, Hannover 2008.

Soroosh, J./Ciesielski, J. (2004): Accounting for Special Purpose Entities Revised: FASB Interpretation 46(R), in: The CPA Journal, Vol. 74, No. 7 (July 2004), S. 30–37.

Spetzler, Eugen (1991): Die richtlinienkonforme Auslegung als vorrangige Methode steuerjuristischer Hermeneutik, in: Recht der Internationalen Wirtschaft, 37. Jg. (1991), S. 579–582.

Sprouse, Robert T. (1957): The significance of the concept of the corporation in accounting analyses, in: The Accounting Review (July 1957): S. 369–378.

Sprouse, Robert T./Moonitz, Maurice (1962): A Tentative Set of Broad Accounting Principles: An Accounting Research Study, in: AICPA (Hrsg.), New York (USA) 1962.

Standard&Poor's (2002): Structured Investment Vehicle Criteria, einzusehen unter: http://www2.standardandpoors.com/portal/site/sp/en/au/page.article/3,2,2,0,103765-0771233.html (Abruf am 03.01.2011).

Standard&Poor's (2003): Structured Investment Vehicle Criteria: New Developments, einzusehen unter: http://www.standardandpoors.com bzw. http://www.securitization.net/pdf/sp_SIVCriteria_04Sep03.pdf (Abruf am 03.01.2011).

Standard&Poor's (2007): Structured Investment Vehicles: Under Stormy Skies, An Updated Look At The Weather, einzusehen unter http://www.stan dardandpoors.com (Abruf am 30.07.2008).

Staubus, George J. (1959): The residual equity point of view in accounting, in: The Accounting Review, Vol. 34, No. 1 (January 1959), S. 3–13.

Staubus, George J. (1961): A Theory of Accounting to Investors, Berkeley (USA) 1961 (Nachdruck Lawrence (USA)) 1971.

Stibi, Bernd/Kirsch, Hans-Jürgen/Ewelt-Knauer (2011): DRS 19: Pflicht zur Konzernrechnungslegung und Abgrenzung des Konsolidierungskreises, in: WPg, 64. Jg. (2011), S. 761–772.

Streckenbach, Jana Isabelle (2006): Bilanzierung von Zweckgesellschaften im Konzern – Abgrenzung der wirtschaftlichen Einheit nach US-GAAP und IFRS –, Bochum 2006.

Struffert, Ralf (2006): Asset Backed Securities-Transaktionen und Kreditderivate nach IFRS und HGB, Wiesbaden 2006.

Sunley, W. T. (1923a): Minority Interests in Inter-company Profits, in: JAccy, Vol. 35 (1923), S. 350–355.

Sunley, W. T. (1923b): Intercompany Profits, in: JAccy, Vol. 36 (1923), S. 310–313.

Suojanen, Waino W. (1954): Accounting theory and the large corporation, in: The Accounting Review (July 1954), S. 391–398.

Sürken, Silke (1999): Abgrenzung der wirtschaftlichen Einheit nach US-GAAP – Neuere Entwicklungen und Vergleich mit den deutschen Vorschriften, Frankfurt am Main 1999.

Syring, Johanna/Thelen-Pischke, Hiltrud (2008): Regulatorische Aufarbeitung der Subprime-Krise, in: ZfgK, 61. Jg. (2008), S. 906–910.

Tanski, Joachim S. (2006): Bilanzpolitik und Bilanzanalyse nach IFRS, München 2006.

Theisen, Manuel René (2000): Der Konzern: Betriebswirtschaftliche und rechtliche Grundlagen der Konzernunternehmung, 2. Aufl., Stuttgart 2000.

Theißen, Rolf (1993): Die „verdrängende" Stimmrechtsausübung in der GmbH, in: DB, 46. Jg. (1993), S. 469–472.

Thelen-Pischke, Hiltrud (2010a): Dauerbrenner – aufsichtsrechtliche Konsolidierung aller Arten von Zweckgesellschaften?, in: ZfgK, 63. Jg. (2010), S. 940–941.

Thelen-Pischke, Hiltrud (2010b): Die aufsichtsrechtliche Konsolidierung von Zweckgesellschaften unter Berücksichtigung der Auswirkungen des BilMoG, in: ZfgK, 63. Jg. (2010), S. 187–195.

Thelen-Pischke, Hiltrud/Christ, Andreas (2008): Die aufsichtsrechtliche Gruppe im Fokus der Bankenaufsicht – Öffnung des § 10 a KWG für Konzernabschlüsse, in: WPg, 61. Jg. (2008), S. 67–74.

Turwitt, Mathias (1999): Asset-backed Finanzierungen und handelsbilanzielle Zuordnung, Wiesbaden 1999.

Tweedie, David (2002): Oversight Hearing on „Accounting and Investor Protection Issues Raised by Enron and Other Public Companies", Prepared Statement of Sir David Tweedie, Chairman of the International Accounting Standards Board, and Former Chairman of the United Kingdom's Accounting Standards Board, 14 February 2002, einzusehen unter http://banking.senate.gov/02_02hrg/021402/tweedie.htm (Abruf am 06.10.2011).

Tweedie, David (2005): Take it from the Top, in: A Plus, o. Jg. (2005), Heft Juni 2005, S. 31–34.

Tweedie, David (2007): Can Global Standards be Principle Based?, in: The Journal of Applied Research in Accounting and Finance, Vol. 2, Issue 1 (2007), S. 3–8.

Watrin, Christoph/Struffert, Ralf (2003): Asset Backed Securities-Transaktionen im Einzel- und Konzernabschluss nach IAS, in: KoR, 3. Jg. (2003), S. 398–408.

Weber, Claus-Peter (1991): Praxis der Kapitalkonsolidierung im internationalen Vergleich, Stuttgart 1991.

Weber, Claus-Peter (2004): Kontinentaleuropäische Rechnungslegungstradition und Principles-Based-Rechnungslegung nach den International Financial Reporting Standards, in: Lange, Thomas A./Löw, Edgar (Hrsg.), Rechnungslegung, Steuerung und Aufsicht von Banken, FS für Jürgen Krumnow, Wiesbaden 2004, S. 35–54.

Weber, Manfred (2010): Kaufmännisches Rechnen von A–Z, 9. Aufl., Freiburg 2010.

Weißenberger, Barbara E./Maier, Michael (2006): Der Management Approach in der IFRS-Rechnungslegung: Fundierung der Finanzberichterstattung durch Informationen aus dem Controlling, in: DB, 59. Jg. (2006), S. 2077–2083.

Wich, Stefan (2009): Entfernungsverpflichtungen in der kapitalmarktorientierten Rechnungslegung der IFRS, Wiesbaden 2009.

Wiedmann, Harald/Schwedler, Kristina (2007): Die Rahmenkonzepte von IASB und FASB: Konzeption, Vergleich und Entwicklungstendenzen, in: Kirsch, Hans-Jürgen/Thiele, Stefan (Hrsg.), Rechnungslegung und Wirtschaftsprüfung, FS Jörg Baetge, Düsseldorf 2007, S. 679–716.

Wiese, Götz Tobias (1998), Steuerliche Behandlung von Securitisations, in: BB, 53. Jg. (1998), S. 1713–1720.

Wildner, Stephan (2004): Nutzungsrechte in Handels- und Steuerbilanz, Aachen 2004.

Wittchen, Ingo (1995): Die Warenkreditversicherung, Karlsruhe 1995.

Wolf, Birgit/Hill, Mark/Pfaue, Michael (2003): Strukturierte Finanzierungen – Projektfinanzierung – Buy-out-Finanzierung – Asset-Backed-Securities-Strukturen, Stuttgart 2003.

Wolf, Sandra (2010): Bilanzierung von Zuschüssen nach HGB und IFRS, Wiesbaden 2010.

Wollmert, Peter/Achleiter, Ann-Kristin (1997): Konzeptionelle Grundlagen der IAS-Rechnungslegung (Teil I), in: WPg, 50. Jg. (1997), S. 209–222.

Wollmert, Peter (2011): Die Neuregelungen zur Konzernrechnungslegung nach IFRS 10, IFRS 11 und IFRS 12: aufwändiger – auch besser?, in: WPg, 64. Jg. (2011), Editorial zum Heft 14, S. I.

Wüstemann, Jens/Kierzek, Sonja (2005): Ertragsvereinnahmung im neuen Referenzrahmen von IASB und FASB – internationaler Abschied vom Realisationsprinzip?, in: BB, 60. Jg. (2005), S. 424–434.

Wüstemann, Jens/Wüstemann, Sonja (2010a): Umsatzerlöse aus Kundenverträgen nach IFRS – Neuausrichtung an der Erfüllung von Verpflichtungen in ED/2010/6, in: BB, 65. Jg. (2010), S. 2035–2040.

Wüstemann, Jens/Wüstemann, Sonja (2010b): Why Consistency of Accounting Standards Matters: A Contribution to the Rules-Versus-Principle Debate in Financial Reporting, in: Abacus, Vol. 46 (2010), S. 1–27.

Wüstemann, Jens/Wüstemann, Sonja (2011): Exposure Draft ED/2011/6 „Revenue from Contracts with Customers" – Überarbeitung als Kompromiss, in: BB, 66. Jg. (2011), S. 3117–3119.

Yoshida, Takeshi (1976): Methoden und Aufgaben der Ermittlung der Grundsätze ordnungsmäßiger Buchführung, in: Baetge, Jörg (Hrsg.), Bilanzierungsfragen, FS Ulrich Leffson, Düsseldorf 1976, S. 49–64.

Zeyer, Fedor/Engler, Dorothea (2012): Brutto- oder Netto-Umsatzausweis nach IFRS – Strukturierungshilfe bei der Ermessensausübung in der Prinzipal-Agenten-Frage, in: KoR, 12. Jg. (2012), S. 121–128.

Zippelius, Reinhold (1989a): Der Gleichheitsgrundsatz, in: Zippelius, Reinhold/Müller, Georg (Hrsg.), Der Gleichheitsgrundsatz, Berlin/New York 1989, S. 7–36.

Zippelius, Reinhold (1989b), Rechtsphilosophie, 2. Aufl., München 1989.

Zoeger, Oliver/Möller, Andreas (2009): Konsolidierungspflicht für Zweckgesellschaften nach dem Bilanzrechtsmodernisierungsgesetz (BilMoG), in: KoR, 9. Jg. (2009), S. 309–315.

Zülch, Henning (2005): Die Rechnungslegungsnormen des IASB – Hierarchie, Lücken und Inkonsistenzen –, in: PiR, 1. Jg. (2005), S. 1–7.

Zülch, Henning/Burghardt, Stephan (2009): ED 10 „Consolidated Financial Statements": Entwurf zur Abbildung von Tochter- und Zweckgesellschaften, in: PiR, 5. Jg. (2009), S. 80–82.

Zülch, Henning/Erdmann, Mark-Ken/Wünsch, Martin (2008): Geplante Änderungen bei der Bilanzierung von gemeinschaftlich geführten Unternehmen durch den Exposure Draft ED 9 Joint Arrangements, in: WPg, 61. Jg. (2008), S. 204–208.

Zülch, Henning/Erdmann, Mark-Ken/Popp, Marco (2011): Kritische Würdigung der Neuregelungen des IFRS 10 im Vergleich zu den bisherigen Vorschriften des IAS 27 sowie SIC-12, in: KoR, 11. Jg. (2011), S. 585–593.

Zülch, Henning/Popp, Marco (2012): Reformation der IFRS-Konzernrechnungslegung (Teil I): – Das Control-Konzept nach IFRS 10 –, in: DK, 10. Jg. (2012), S. 245–255.

Zündorf, Horst (1987): Quotenkonsolidierung versus Equity-Methode – Zur Einbeziehung von Gemeinschaftsunternehmen in den Konzernabschluss nach neuem Konzernbilanzrecht, Stuttgart 1987.

Verzeichnis der Verlautbarungen von Standardisierungsgremien

Deutsches Rechnungslegung Standards Committee (2011): Deutscher Rechnungslegungsstandard Nr. 19 (DRS 19), Pflicht zur Konzernrechnungslegung und Abgrenzung des Konsolidierungskreises, Loseblattsammlung, 16. Ergänzungslieferung, Stand: 04.2011, Stuttgart 2011.

FASB (2003): FASB Interpretation No. 46 (revised December 2003), Consolidation of Variable Interest Entities – an interpretation of ARB No. 51, Norwalk (USA) 2003.

FASB (2009): Statement of Financial Accounting Standards No. 167 – Amendments to FASB Interpretation No. 46(R), Norwalk (USA) 2009.

IASB (2005): IASB update (October 2005), London (UK) 2005, einzusehen unter http://www.ifrs.org/NR/rdonlyres/2365B0DD-2A9A-4714-AD68-F04708FFF3CE/0/oct05.pdf (Abruf am 06.05.2011).

IASB (2008a): Information For Observers, Project: Consolidation, Case title: Multi-Seller-Conduit (Agenda paper 14B(3)) vom 23.07.2008, einzusehen unter: http://www.iasb.org/NR/rdonlyres/3086F609-E88F-41A5-A0FB-5945114F51A0/0/-Consols0807b14B3obs.pdf (Abruf am 15.01. 2009).

IASB (2008b): Information For Observers, Project: Consolidation, Case title: Structured Investment Vehicle (Agenda paper 14B(1)) vom 23.07.2008, einzusehen unter: http://www.iasb.org/NR/rdonlyres/3086F609-E88F-41A5-A0FB-5945114F51A0/0-/Consols0807b14B1obs.pdf (Abruf am 15.01.2009).

IASB (2008c): ED 10 „Consolidated Financial Statements", Stand: Dezember 2008, einzusehen unter http://www.ifrs.org/NR/rdonlyres/DAEA5425-4ABE-4217-8429-DB-395333E8CC/0/ED10_STANDARD_1208.pdf (ED 10 (Standard)) und http://www.ifrs.org/NR/rdonlyres/95D5B02F-6E52-4DFC-B6F5-9063B26CA810/0/-ED10_BASIS_1208.pdf (ED 10.BC) und http://www.ifrs.org/NR/rdonlyres/DECB-BE17-47E8-45DA-BC5D-03248B0879E5/0/ED10_IE_1208.pdf (ED 10.IE) (Abruf am 10.02.2011).

IASB (2009): Exposure Draft „Derecognition" (ED/2009/3) – Proposed amendments to IAS 39 and IFRS 7, Stand: April 2009, einzusehen unter: http://www.ifrs.org/NR/-rdonlyres/74354283-FBBE-4B0D-9D45-FFB88BFE313B/0/EDDerecognition.pdf (Abruf am 15.06.2011).

IASB (2010a): Exposure Draft „Conceptual Framework for Financial Reporting: The Reporting Entity" (ED/2010/2), Stand: März 2010, einzusehen unter: http://www.ifrs.org/NR/rdonlyres/363A9F3B-D41C-41E7-9715-79715E815BB1/0/EDConceptualFrameworkMar10.pdf (Abruf am 15.06.2011).

IASB (2010b): Exposure Draft „Leases" (ED/2010/9), Stand: August 2010, einzusehen unter http://www.ifrs.org/NR/rdonlyres/C03C9E95-822E-4716-81ED-04B9CC4943BE/0/EDLeasesStandard0810.pdf (Abruf am 15.06.2011).

IASB (2010c): Exposure Draft „Insurance Contracts" (ED/2010/8), Stand: Juli 2010, einzusehen unter: http://www.ifrs.org/NR/rdonlyres/508B3E26-4355-46E6-ACCF-248-E76AD3457/0/ED_Insurance_Contracts_Standard_WEB.pdf (Abruf am 15.06.2011).

IASB (2010d): Exposure Draft „Revenues from Contracts with Customers" (ED/2010/6), Stand: Juni 2010, einzusehen unter: http://www.ifrs.org/NR/rdonlyres/EFA36EF7-238C-4C88-9C36-D6AACEB7762F/0/EDRevRecogSt0610.pdf (Abruf am 15.06.2011).

IASB (2010e): FASB Roundtable Meetings on IASB Staff Draft Consolidated Financial Statements, einzusehen unter: http://www.ifrs.org/NR/rdon lyres/8E6FE4B4-D9E3-4637-A4F7-F50B5C591D79/0/Consols1210b13Aobs.pdf (Abruf am 03.05.2011).

IASB (2010f): Staff Draft „Consolidated Financial Statements", Stand: September 2010, einzusehen unter http://www.ifrs.org/NR/rdonlyres/9EB291F372 A741C5BFDC-A3C678B84CAF/0/IFRSXConsolidationStaffDraftSept292010.pdf (Abruf am 03.03.2011).

IASB (2010g): Transfer of Financial Assets – Project Summary and Feedback Statement, Stand: Oktober 2010, einzusehen unter: http://www.ifrs.org/NR/rdonlyres/ 11E3DD-94-6D23-4046-BAB3-51015DCAF402/0/FeedbackStatementAmendsIFRS 72.pdf (Abruf am 14.10.2011).

IASB (2011a): Exposure Draft „Offsetting Financial Assets and Financial Liabilities" (ED/2011/1), Stand: Januar 2011, einzusehen unter: http://www.ifrs.org/NR/ rdonlyres/7E046B06-30CC-4E83-9317-35AB081F44AA/0/EDOffsettingFinancialAssetsjanuary2011.pdf (Abruf am 06.07.2011).

IASB (2011b): Exposure Draft „Investment Entities" (ED/2011/4), Stand: August 2011, einzusehen unter: http://www.ifrs.org/NR/rdonlyres/E8EF4421-3006-4E31-AB0C-C86 A-27CD2EE9/0/EDInvestmentEntities.pdf (Abruf am 27.10.2011).

IASB (2011c): Exposure Draft „Revenue from Contracts with Customers" (ED/2011/6), einzusehen unter: http://www.ifrs.org/NR/rdon lyres/F88D0071-39A5-41D8-9374-A6-355927F459/0/RevRec_EDII_ Standard.pdf (Abruf am 13.04.2012).

IASB (2011d): International Financial Reporting Standards 2012 – Consolidated without early application – Official pronouncements applicable on 1 January 2012 – Does not include IFRSs with an effective date after 1 January 2012 (Blue book), London (UK) 2011.

IASB (2011e): International Financial Reporting Standards 2012 – Official pronouncements issued at 1 January 2012. Includes IFRSs with an effective date after 1 January 2012 but not the IFRSs they will replace (Red book), 2 Bände, London (UK) 2011.

IASB (2012): Investment Entities – Amendments to IFRS 10, IFRS 12 and IAS 27, London (UK) 2012.

IDW (2011a): IDW Stellungnahme zur Rechnungslegung: Einzelfragen zur Bilanzierung von Finanzinstrumenten nach IFRS (IDW RS HFA 9) (Stand: 11.03.2011), in: FN-IDW 2011, S. 326.

IDW (2011b): International Financial Reporting Standards IFRS, amtliche EU-Texte (Englisch – Deutsch), Stand: Dezember 2010, 6. Aufl., Düsseldorf 2011.

IDW (2012): IDW Stellungnahme zur Rechnungslegung: Einzelfragen zur Anwendung von IFRS (IDW RS HFA 2) (Stand: 06.06.2012), in: FN-IDW 2012, S. 380.

IFRIC (2006): IFRIC Update vom September 2006.

Gesetzesverzeichnis

AktG (2010): Aktiengesetz vom 06.09.1965 (BGBl. I S. 1089), zuletzt geändert am 09.12.2010 (BGBl. I S. 1900).

BGB (2011): Bürgerliches Gesetzbuch vom 18.08.1896 (RGBl. S. 195), zuletzt geändert am 27.07.2011 (BGBl. I S. 1600).

FMStG (2009): Gesetz zur Umsetzung eines Maßnahmenpakets zur Stabilisierung des Finanzmarkts (Finanzmarktstabilisierungsgesetz – FMStG) (BGBl. I S. 1982), zuletzt geändert am 24.09.2009 (BGBl. I S. 3151).

FMStFG (2010): Gesetz zur Errichtung eines Finanzmarktstabilisierungsfonds (Finanzmarktstabilisierungsfondsgesetz – FMStFG) vom 17.10.2008 (BGBl. I S. 1982), zuletzt geändert am 09.12.2010 (BGBl. I S. 1900).

GmbHG (2009): Gesetz betreffend die Gesellschaft mit beschränkter Haftung vom 20. April 1892 (RGBl. S. 477), zuletzt geändert am 31.07.2009 (BGBl. I S. 2509).

GWB (2011): Gesetz gegen Wettbewerbsbeschränkungen vom 15.07.2005 (BGBl. I S. 2114), zuletzt geändert am 26.07.2011(BGBl. I S. 1554).

HGB (2011): Handelsgesetzbuch (ohne Seehandel) vom 10.05.1897 (RGBl. S. 219), zuletzt geändert 01.03.2011 (BGBl. I S. 288).

KWG (2011): Gesetz über das Kreditwesen (Kreditwesengesetz – KWG) vom 09.09.1998 (BGBl. S. 2776), zuletzt geändert am 22.06.2011 (BGBl. I S. 1126).

RechKredV (2011): Verordnung über die Rechnungslegung der Kreditinstitute und Finanzdienstleistungsinstitute (Kreditinstituts-Rechnungslegungsverordnung – RechKredV), zuletzt geändert am 11.12.1998 (BGBl. I S. 3658), zuletzt geändert am 09.06.2011 (BGBl. I S. 1041, 1043 f.).

SolvV (2009): Solvabilitätsverordnung (SolvV) vom 14.12.2006 (BGBl. S. 2926), zuletzt geändert am 23.12.2009 (BGBl. I S. 3971).

VVG (2008): Gesetz über den Versicherungsvertrag (Versicherungsvertragsgesetz – VVG) vom 23.11.2007 (BGBl. I S. 2631), zuletzt geändert am 22.12.2011 (BGBl. I S. 3044).

Verzeichnis amtlicher Verlautbarungen

Deutscher Bundestag (2009): Beschlussempfehlung und Bericht des Rechtsausschusses zu dem Gesetzentwurf 16/10067 – Entwurf eines Gesetzes zur Modernisierung des Bilanzrechts – BilMoG, BT-Drucksache 16/12407.

EG (1999): Beschluss des Rates vom 28. Juni 1999 zur Festlegung der Modalitäten für die Ausübung der der Kommission übertragenen Durchführungsbefugnisse (Abl. EG Nr. L 184 S. 23).

EG (2002): Verordnung Nr. 1606/2002/EG des Europäischen Parlamentes und des Rates vom 19. Juli 2002 betreffend die Anwendung internationaler Rechnungslegungsstandards (Abl. EG Nr. L 243 S. 1).

EG (2005): Richtlinie 2005/68/EG des Europäischen Parlaments und des Rates vom 16. November 2005 über die Rückversicherung und zur Änderung der Richtlinien 73/239/EWG, 92/49/EWG des Rates sowie der Richtlinien 98/78/EG und 2002/83/EG (Abl. EU Nr. L 323 S. 1).

EU (2008): Konsolidierte Fassung des Vertrags über die Arbeitsweise der Europäischen Union vom 9. Mai 2008 (Abl. EU Nr. C 115 S. 47).

EU (2013): Verordnung Nr. 313/2013 der Kommission vom 4. April zur Änderung der Verordnung EG/1126/2008 zur Übernahme bestimmter internationaler Rechnungslegungsstandards gemäß Verordnung EG/1606/2002 des Europäischen Parlaments und des Rates im Hinblick auf Konzernabschlüsse, Gemeinsame Vereinbarungen und Angaben zu Anteilen an anderen Unternehmen: Übergangsleitlinien (Änderungen an IFRS 10, IFRS 11, IFRS 12) (Abl. EU Nr. L 95 S. 9).

Anhang

Anlage Nr. 1: Mehrperiodiges Beispiel zur Verdeutlichung der Cashflows einer SIV-Konstruktion

Das folgende Beispiel verdeutlicht die Cashflows eines Structured Investment Vehicles über drei Perioden nach der Gründung. Die Zahlungsströme sind in Abb. 43 tabellarisch zusammengefasst. Das Konstrukt emittiert ABCP, Medium Term Notes und Capital Notes. Neben den Investoren zählen zu den wesentlichen Beteiligten:

- Der Sponsor S; er strukturiert das SIV-Konstrukt, indem er ein umfassendes Vertragswerk ausarbeitet und die Zweckgesellschaft gründet.
- Der Investment-Manager I; er verwaltet die angekauften Vermögenswerte der Zweckgesellschaft unter Beachtung der Anlagerichtlinie, die vom Sponsor S erarbeitet wurde.
- Der Administrator A; er ist verantwortlich für die Passivseite der SIV; d.h., dass er die revolvierende Emission der Verbriefungstitel vornimmt. Er stellt die Liquiditätsfazilität (i.H.v. 20% des Nominalvolumens der Vermögenswerte der SIV), die neben dem Liquiditätsrisiko auch das Kreditrisiko nach der Ausschöpfung des Credit Enhancement absichert.

Die SIV verfügt über ein Reservekonto zum Ausgleich von aufgetretenen Verlusten als Credit Enhancement. Die Aufstockung des Reservekontos erfolgt mittels der erzielten Zinsüberschüsse bis zu einem Maximalbetrag von 5 Mio. €. Die zinsinduzierten Excess Spreads, die nicht zur Erhöhung des Kontoguthabens benötigt werden, weil das Konto bereits durch Thesaurierungen in den Vorperioden über den Maximalbetrag verfügt, sind an die folgenden Beteiligten entsprechend den Vertragsbedingungen auszuzahlen:

- 40% dieser Residualgewinne bekommen die Capital-Notes-Investoren als variable Verzinsung,
- 30% erhält der Investment-Manager I als variable Vergütung für seine Dienstleistungen,
- 25% steht dem Administrator A als Entgelt für seine Tätigkeiten zu und
- 5% erhält der Sponsor S.[1265]

Das Zielvolumen beträgt 100 Mio. €. Innerhalb der vertraglichen Regelungen des SIV-Konstrukts schreibt die Anlagerichtlinie vor, dass die Special Purpose Entity ausschließlich AAA-, AA- und A-geratete ABS-Tranchen kaufen darf, die Hypothekenkredite aus dem Land L verbriefen. Die angestrebte Refinanzierung der Zweckgesellschaft sieht die folgende Tranchierung der emittierten Schuldverschreibungen vor, die für SIV-Konstrukte üblich ist:

[1265] Vgl. hinsichtlich Beispiele mit ähnlicher Verteilung *IASB* (2008b), Tz. 15.

- Es sind 10 Mio. € als Capital Notes zu begeben, deren ursprüngliche Laufzeit 10 Jahre beträgt. Die Capital-Notes-Inhaber erhalten eine variable Verzinsung. Daher erfolgt eine Vereinbarung, dass die Capital-Notes-Inhaber 40% der jährlichen Residualgewinne (Excess Spreads nach Auffüllung des Reservekontos zum Maximalbetrag) erhalten. Gemäß den Verträgen haben die Capital Notes alle Erstverluste nach Inanspruchnahme des Credit Enhancement (d.h. nach Auflösung des Excess-Spread-Kontos) zu tragen.
- Des Weiteren erfolgt eine Emission von Medium Term Notes in Höhe von 30 Mio. €, die eine Laufzeit von 5 Jahren aufweisen. Die Zahlungsansprüche aus den Medium Term Notes werden vorrangig vor den Capital-Notes-Inhabern bedient.
- Die restliche Refinanzierung basiert auf einer Emission von ABCP am Geldmarkt.[1266] Angestrebt ist ein Volumen von 60 Mio. €. Die Zahlungsansprüche der Commercial-Papers-Inhaber sind nach dem Vertragswerk vorrangig vor den Zahlungsverpflichtungen an die Capital- und den Medium-Term-Notes-Inhaber zu bedienen.

Die Gründung des SIV-Konstrukts findet erfolgreich am 01.01.X1 statt. Es ist anzunehmen, dass am ersten Geschäftstag bereits die Zielstruktur des ABS-Portfolios von 100 Mio. € sowie der angestrebte Refinanzierungsmix erreicht werden. Am 31.12.X1 erfolgt die Bestimmung der positiven und negativen Cashflows der Periode.[1267] Wertänderungen des Portfolios liegen während der Berichtsperiode X1 nicht vor. Der Investment-Manager I erzielt einen durchschnittlichen Zins von 10% für das ABS-Portfolio (100 Mio. €), sodass der Zinsertrag 10 Mio. € beträgt. Nach der Gläubigerrangreihenfolge sind diese positiven Rückflüsse nach folgendem Zahlungsschema zu verteilen:

- Zunächst sind die fest vereinbarten Gebühren und Entgelte i.H.v. 1 Mio. € zu zahlen. Die SIV hat laufende Gebühren (für Ratingagenturen, Absicherungsgeschäfte, Abschlussprüferhonorare) i.H.v. 1 Mio. € im Jahr.
- Für die Commercial Papers (60 Mio. €) hat der Administrator einen Festzinssatz von 4%[1268] vereinbart, sodass eine Auszahlung von 2,4 Mio. € als Zinsen erfolgt. Gleichzeitig erhalten die Inhaber der Papiere den Nominalwert i.H.v. 60 Mio. €, die mittels Neuemission von Geldmarktpapieren refinanziert werden.
- Anschließend findet eine Begleichung der Zahlungsansprüche der Medium-Term-Notes-Investoren i.H.v. 2,1 Mio. € (7% von 30 Mio. €) statt.

[1266] Der Geldmarkt ist ein Markt für Schuldverschreibungen unter einem Jahr. Vgl. *Krumnow u.a.* (2004), § 16 RechKredV, Tz. 17.
[1267] Es handelt sich im Folgenden um eine Cashflow-Betrachtung und nicht um eine GuV.
[1268] Der Zinssatz setzt sich aus einem Credit Spread von 2% und dem im Ausgangsbeispiel angenommenen risikolosen Marktzins von 2% zusammen. Der Zinssatz für ABCP ist hier höher als bei dem Beispiel zu Multi-Seller-Conduits, da hier angesichts der Struktur ein Ausfallrisiko für den ABCP-Investor gegeben ist.

- Damit verbleibt ein Überschuss von 4,5 Mio. € (Excess Spread vor Credit Enhancement), der zur Erhöhung des Reservekontos dient. Da das Konto bislang noch über kein Guthaben verfügt und ein Zielbetrag von 5 Mio. € zu thesaurieren ist, erfolgt eine Buchung der vollen Summe auf das Konto.

Für die Folgeperiode X2 ist anzunehmen, dass exakt die gleichen Zinssätze vereinbart sind. Ceteris paribus kommt es daher erneut zu einem Excess Spread (vor Credit Enhancement) von 4,5 Mio. €. Jedoch erfolgt eine Überweisung von 0,5 Mio. € auf das Reservekonto, das damit das vereinbarte Limit von 5 Mio. € erreicht. Der Residualgewinn von 4,0 Mio. € verteilt sich (entsprechend den vertraglich geregelten Prozentsätzen) auf die Capital-Notes-Inhaber, den Investment-Manager, den Administrator und den Sponsor.

Die Periode X3 erweist sich als Krisenjahr für Hypothekenkredite des Landes L. Die den Darlehen zugrunde liegenden Immobiliensicherheiten haben einen Wertverlust erlitten, nachdem die dortigen Immobilienpreise stark zurückgingen. Daher stufen die Ratingagenturen die bislang als AAA-, AA- und A-gerateten ABS-Tranchen, die Hypothekendarlehen aus dem Land L verbriefen, auf AA, A und BBB herunter. Die Zinszahlungen aus den einzelnen Tranchen bleiben in X3 konstant.

Der Investment-Manager muss einen Teil des Portfolios verkaufen, da die SIV gemäß der Anlagerichtlinie keine BBB-Tranchen halten darf. Daher veräußert er alle ABS dieser Tranche, die bislang zu einem Nominalwert von 20 Mio. € in den Büchern stehen. Als Kaufpreis erzielt er (wegen der angespannten Marktlage und der verschlechterten Ratingurteile) lediglich 5 Mio. €, sodass die SIV 15 Mio. € als Abgangsverlust realisiert. Da damit das Volumen der Vermögenswerte um 15 Mio. € abnimmt, kommt es zu einer Anpassung der Refinanzierungsstruktur, sodass bei der am gleichen Tag anstehenden ABCP-Neuemission 15 Mio. € (nominal) weniger emittiert werden. Weil eine Auszahlung der aktuell ausgegebenen Geldmarktpapiere allerdings zum Nominalwert erfolgt, stellt der Wertverlust somit einen negativen Cashflow in gleicher Höhe dar. Zusammen mit den positiven und negativen Cashflows (ceteris paribus) liegt ein negativer Excess Spread von 5,5 Mio. € für die Periode X3 vor (vor Inanspruchnahme des Credit Enhancement). Die Behebung dieses Liquiditätsengpasses erfolgt durch die Auflösung des Reservekontos in Höhe von 5 Mio. €. Die verbleibende Differenz von 0,5 Mio. € wird durch eine Inanspruchnahme der Liquiditätsfazilität beglichen.

Bei folgender Abbildung (Abb. 43), die die drei Perioden zusammenfasst, handelt es sich um eine Cashflow-Betrachtung. Daher geht hieraus nicht hervor, dass die Capital-Notes-Inhaber in der Periode X3 die Erstverluste nach dem Credit Enhancement (Auflösung des Reservekontos) von 0,5 Mio. € tragen. Buchhalterisch sind daher die Zahlungsverpflichtungen aus der Rückzahlung der Capital Notes zum Nominalwert um diesen Betrag zu kürzen. Die entsprechende Minderung des Cashflows (–0,5 Mio. €) gegenüber den Capital-Notes-Investoren tritt erst in deren Rückzahlungsperiode (später als X3) ein. Für den Administrator, der die Liquiditätsfazilität gewährt, entsteht in X3 ein Kreditverhältnis durch die Inanspruchnahme der Liquiditätsfazilität.

	Periode X1 in Mio. €	Periode X2 in Mio. €	Periode X3 in Mio. €
Positive Cashflows			
Zinsen aus ABS-Portfolio	10,0	10,0	10,0
Cashflow aus Verkäufen			5,0
Negative Cashflows			
Entgelte, Gebühren	−1,0	−1,0	−1,0
Festzinsen auf Commercial Papers (60 Mio. €, 4%)	−2,4	−2,4	−2,4
Festzinsen auf Medium Term Notes (30 Mio. € nominal, 7%)	−2,1	−2,1	−2,1
Mindereinnahmen wegen Emissionsrückgang infolge von Wertminderungen*			−15,0
Excess Spread vor Credit Enhancement	**4,5**	**4,5**	**−5,5**
Erhöhung des Guthabens des Reservekontos (bis zur Grenze von 5 Mio. €)	−4,5	−0,5	5,0
Excess Spread nach Credit Enhancement („Verteilbare Residualgewinne")	**0,0**	**4,0**	**−0,5**
Variable Auszahlung an Capital-Notes-Inhaber (40% des Residualgewinns)	0,0	−1,6	0,0
Variable Auszahlung an Investment-Manager I (30% des Residualgewinns)	0,0	−1,2	0,0
Variable Auszahlung an Administrator A (25% des Residualgewinns)	0,0	−1,0	0,0
Variable Auszahlung an Sponsor S (5% des Residualgewinns)	0,0	−0,2	0,0
Inanspruchnahme der Liquiditätsfazilität	0,0	0,0	**−0,5**

* Wertminderungen entsprechen hier Cashflows, da anzunehmen ist, dass in dieser Höhe auch das Volumen an Geldmarktpapieren bei der ausstehenden Neuemission sinken wird.

Abb. 43: Mehrperiodige Cashflowbetrachtung bei einer SIV-Konstruktion

Anlage Nr. 2: Risks-and-Rewards-Ansatz zur Bestimmung des Trägers der mehrheitlichen Risiken und Chancen eines Multi-Seller-Conduits

Ausgangsbasis und Zielsetzung:
Die folgende Berechnung des Risks-and-Rewards-Ansatzes basiert auf dem Beispiel-ABCP-Programm aus Abschnitt 2.9. Auf der Grundlage dieser Angaben zu Konditionen und Volumina sollen im Folgenden die Schritte bei der Durchführung eines Risks-and-Rewards-Ansatzes nach SIC-12.10(c), (d) verdeutlicht werden. Die Analyse findet im Zeitpunkt zu Beginn der Transaktion (01.01.X1) statt. Als statistische Methode findet die Berechnung von Abweichungen zum Erwartungswert Anwendung.

Schritt 1: Ermittlung der Cashflows der beteiligten Parteien
Zunächst erfolgt eine Bestimmung aller negativen und positiven Zahlungsströme der drei Forderungsverkäufer A, B und C sowie des Sponsors S. Zur Ermittlung der negativen Zahlungsströme sind verschiedene Szenarien zu bilden, bei denen erwartungsgemäß eine spezifische Anzahl an Zahlungsausfällen vorliegt. Zur Vereinfachung wird angenommen, dass sich die Zahlungsausfälle symmetrisch über die drei Portfolios verteilen. Bei bis zu sechs Forderungsausfällen (d.h. je Portfolio zwei) von den insgesamt 30 Forderungen, die das ABCP-Programm jeweils i.H.v. 500 T€ angekauft hat, reicht das poolspezifische Credit Enhancement der Forderungsverkäufer aus (je 1 Mio. €), um die Verluste voll zu decken. Die drei poolspezifischen Credit Enhancements A, B und C fangen folglich insgesamt 3 Mio. € an Wertminderungsverlusten auf.

Die darüber hinausgehenden Verluste gleicht das Reservekonto (programmweites Credit Enhancement) aus, das ein Guthaben von 6 Mio. € aufweist. Das bedeutet, dass bei mehr als 18 Zahlungsausfällen bzw. einem Gesamtverlust aus Zahlungsausfällen von über 9 Mio. € die Liquiditätsfazilität die weiteren Verluste auffängt. Sowohl der Verbrauch des Reservekontos (6 Mio. €) als auch die Inspruchnahme der Liquiditätsfazilität (maximal 21 Mio. €) hat der Sponsor S zu tragen, da ihm das Reservekontoguthaben bei einer möglichen Auflösung des ABCP-Programms vertraglich zusteht und er die Liquiditätsfazilität stellt.

Neben den Cashflows, infolge der Inanspruchnahme des Credit Enhancement, bestehen weitere Zahlungsströme. Der Sponsor erhält als Vergütung den zinsinduzierten Excess Spread i.H.v. 1.261 T€, sofern das programmweite Credit Enhancement nicht in Anspruch genommen wird. Dies trifft auf die Szenarien I bis III zu. Die Forderungsverkäufer müssen szenariounabhängig jeweils 300 T€ als Gebühren an das Conduit zahlen. Dieser Betrag deckt die Transaktionskosten des ABCP-Programms.

Aus der obigen Erhebung der Zahlungsansprüche für die jeweiligen Szenarien und Parteien lässt sich die folgende Tabelle (Abb. 44) ableiten, die die Cashflows zum Ende der Transaktion (01.01.X2) verdeutlicht.

Szenarien	1	2	3	4	5	6	7	8
	Anzahl der Ausfälle	Kumulierte Ausfallverluste	Tragung negativer Cashflows aus Forderungsausfällen durch Credit Enhancement				Sonstige Cashflows	
			Forderungsverkäufer			Sponsor	Für jeweils A, B, C (Gebühr)	Sponsor S (Excess Spread)
			A	B	C	S		
I	0	0	0	0	0	0	–300	1.261
II	3	–1.500	–500	–500	–500	0	–300	1.261
III	6	–3.000	–1.000	–1.000	–1.000	0	–300	1.261
IV	18	–9.000	–1.000	–1.000	–1.000	–6.000	–300	0
V	60	–30.000	–1.000	–1.000	–1.000	–27.000	–300	0

Szenarien	10	11	12	13
	Aggregierte Cashflows			
	Forderungsverkäufer			Sponsor
	A	B	C	S
I	–300	–300	0	1.261
II	–800	–800	–800	1.261
III	–1.300	–1.300	–1.300	1.261
IV	–1.300	–1.300	–1.300	–6.000
V	–1.300	–1.300	–1.300	–27.000

Abb. 44: Erhebung der Cashflows je Partei und Szenario zum Ende der Transaktion

Schritt 2 und 3: Bestimmung der Barwerte und Eintrittswahrscheinlichkeiten

Die obigen Cashflows fallen zum Ende der Transaktion an. Mit dem risikolosen Zinssatz (hier 2%) erfolgt eine Ermittlung der Barwerte der aggregierten Zahlungsströme je Partei (Schritt 2). Die Summe stellt die Cashflows für das Conduit dar. Darüber hinaus findet eine Schätzung der Eintrittswahrscheinlichkeiten für jedes der fünf Szenarien statt (Schritt 3). Abb. 45 zeigt die Barwerte und Eintrittswahrscheinlichkeiten je Szenario.

Szenarien	Wahrscheinlichkeit	Barwerte der aggregierten Cashflows				Summe der Cashflows auf Conduit-Ebene
		A	B	C	S	
I	75,0%	–294	–294	0	1.236	648
II	15,0%	–784	–784	–784	1.236	–1.117
III	5,0%	–1.275	–1.275	–1.275	1.236	–2.587
IV	3,5%	–1.275	–1.275	–1.275	–5.882	–9.706
V	1,5%	–1.275	–1.275	–1.275	–26.471	–30.294

Abb. 45: Barwerte zu Transaktionsbeginn und Eintrittswahrscheinlichkeiten der Szenarien

Schritt 4: Berechnung der Erwartungswerte und der Abweichungen zum Erwartungswert für das Conduit und die jeweiligen Parteien

Anschließend sind die Erwartungswerte und die positiven bzw. negativen Abweichungen vom Erwartungswert für das Conduit, die drei Forderungsverkäufer A, B, C und den Sponsor S zu ermitteln (Abb. 46 bis 48).

	Berechnung für das Conduit					
1	2	3	4	5 = 3 - [∑ (4)]	6 = 2 * 5, wenn positiv	7 = 2 * 5, wenn negativ
Szenarien	Wahrschein-lichkeiten	Barwerte	Gewichtete Barwerte	Abweichungen vom Erwartungswert	Gewichtete positive Abweichungen	Gewichtete negative Abweichungen
I	75,0%	648	486	1.253	940	0
II	15,0%	–1.117	–168	–512	0	–77
III	5,0%	–2.587	–129	–1.982	0	–99
IV	3,5%	–9.706	–340	–9.101	0	–319
V	1,5%	–30.294	–454	–29.689	0	–445
Summe	100,0%		*–605* = ∑ (4) =Erwartungswert		940	–940

Abb. 46: Gewichtete Abweichungen vom Erwartungswert für das Conduit

	Berechnung jeweils für die Forderungsverkäufer A, B und C					
1	2	3	4	5 = 3 - [∑ (4)]	6 = 2 * 5, wenn positiv	7 = 2 * 5, wenn negativ
Szenarien	Wahrschein-lichkeiten	Barwerte	Gewichteter Barwert	Abweichungen vom Erwartungswert	Gewichtete positive Ab-weichungen	Gewichtete negative Ab-weichungen
I	75,0%	–294	–221	172	129	0
II	15,0%	–784	–118	–319	0	–48
III	5,0%	–1.275	–64	–809	0	–41
IV	3,5%	–1.275	–45	–809	0	–28
V	1,5%	–1.275	–19	–809	0	–12
	100,0%		*–466* = ∑ (4) = Erwartungs-wert		129	–129

Abb. 47: Gewichtete Abweichungen vom Erwartungswert jeweils für die Forderungsverkäufer A, B und C

	Berechnung für den Sponsor S						
1	2	3	4	5 = 3 - [∑ (4)]	6 = 2 * 5, wenn positiv	7 = 2 * 5, wenn negativ	
Szenarien	Wahrscheinlichkeiten	Barwerte	Gewichteter Barwert	Abweichungen vom Erwartungswert	Gewichtete positive Abweichungen	Gewichtete negative Abweichungen	
I	75,0%	1.236	927	665	499	0	
II	15,0%	1.236	186	665	100	0	
III	5,0%	1.236	62	665	33	0	
IV	3,5%	−5.882	−206	−6.454	0	−226	
V	1,5%	−26.471	−397	−27.042	0	−406	
	100,0%		572		632	−632	
			= ∑ (4) = Erwartungswert				

Abb. 48: Gewichtete Abweichungen vom Erwartungswert für den Sponsor S

Schritt 5: Bildung von Relationen mittels der Risikomaße

Abschließend sind die Ergebnisse des vierten Schritts mittels relativer Verhältniszahlen auszuwerten. Es erfolgt eine Ermittlung der Relationen der Abweichungen vom Erwartungswert der Einzelparteien jeweils zu der Abweichung vom Erwartungswert des Conduits. Das Ergebnis zeigt Abb. 49.

	Unternehmensebenen	Gewichtete positive Abweichungen vom Erwartungswert	Gewichtete negative Abweichungen vom Erwartungswert	Anteile nach Abweichungen vom Erwartungswert
1	SPE	940	−940	100% (Soll)
2	A	129	−129	14%
3	B	129	−129	14%
4	C	129	−129	14%
5	S	632	−632	67%
6	Summe der Zeilen 2, 3, 4 und 5	1.019	−1.019	109% (Ist)
7	Abweichung der Zeilen 1 und 6	79	79	

Abb. 49: Relationen der Risikomaße (vor Korrektur)

Mangels einer exakten Normalverteilung der Cashflows zu den Wahrscheinlichkeiten entspricht die Summe der Einzelergebnisse nicht exakt dem Ergebnis auf Gesamtebene des Conduits, sodass eine absolute Differenz bei den Anteilen besteht, die zu einer Summe von 109%

führt. Es ist daher eine Korrektur vorzunehmen.[1269] Diese Anpassung ist vorzugsweise für die Partei durchzuführen, die vor der Korrektur bereits den größten Anteil aufweist (hier der Sponsor). Hieraus ergibt sich die Tabelle (Abb. 50) mit korrigierten Verhältniszahlen.

	Unternehmensebenen	Gewichtete positive Abweichungen vom Erwartungswert	Gewichtete negative Abweichungen vom Erwartungswert	Anteile nach Abweichungen vom Erwartungswert
1	SPE	940	−940	100% (Soll)
2	A	129	−129	14%
3	B	129	−129	14%
4	C	129	−129	14%
5	S (korrigiert)	553	−553	58%
6	Summe der Zeilen 2, 3, 4 und 5	940	−940	100% (Ist)

Abb. 50:   Relationen der Risikomaße (nach Korrektur)

Interpretation:

Der Sponsor S trägt 58% der Variabilität der Chancen und Risiken aus dem Conduit des ABCP-Programms. Nach SIC-12.10(c), (d) stellt diese absolute Mehrheit ein Indiz für eine Beherrschung des Conduits durch den Sponsor S dar.

[1269]   Vgl. zu dieser Korrekturmethode *Schäfer/Kuhnle* (2006), S. 61.

Springer Gabler RESEARCH

„Rechnungswesen und Unternehmensüberwachung"
Herausgeber: Prof. Dr. Hans-Joachim Böcking, Prof. Dr. Michael Hommel
und Prof. Dr. Jens Wüstemann
zuletzt erschienen:

Andreas D. Christ
Verbriefungsplattformen nach IFRS
Konsolidierungsprüfung von Zweckgesellschaften
2014. XXV, 280 S., 50 Abb., Br. € 59,99
ISBN 978-3-658-06164-7

Nadja Kiehne
Zur Entscheidungsnützlichkeit von Zwischenberichten
Eine kritische Würdigung vor dem Hintergrund der IFRS-Rechnungslegung
und der aktuellen Corporate Governance
2013. XXI, 276 S., 13 Abb., 16 Tab., Br. € 49,95
ISBN 978-3-8349-3584-7

Bettina Rößler
Abgrenzung und Bewertung von Vermögensgegenständen
Abschreibung und verlustfreie Bewertung gemäß HGB und BFH-Rechtsprechung
2012. XXII, 255 S., 9 Abb., Br. € 49,95
ISBN 978-3-8349-2944-0

Stefanie Schmitz
Bilanztheorie in der US-amerikanischen und internationalen Standardsetzung
Eine historische und wissenschaftstheoretische Analyse
2012. XIX, 263 S., 2 Abb., 1 Tab., Br. € 49,95
ISBN 978-3-8349-2992-1

Axel Schulten
Rollenverständnis und Vergütung des deutschen Aufsichtsrats
Eine empirische Analyse
2013. XXIV, 242 S., 31 Abb., 58 Tab., Br. € 49,99
ISBN 978-3-658-00470-5

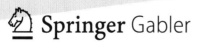

Änderungen vorbehalten. Stand: Mai 2014. Erhältlich im Buchhandel oder beim Verlag.
Abraham-Lincoln-Str. 46 . 65189 Wiesbaden . www.springer-gabler.de

Printed in Germany
by Amazon Distribution
GmbH, Leipzig